Diagnosing Literary Genius

Diagnosing Literary Genius: A Cultural History of Psychiatry in Russia, 1880-1930
by Irina Sirotkina

문학 천재 진단하기: 정신의학자들이 탐구한 위대한 러시아 작가들

초판1쇄 펴냄 2022년 1월 3일

지은이 이리나 시롯키나
옮긴이 이수현
펴낸이 유재건
펴낸곳 그린비
주소 서울시 마포구 와우산로 180, 4층
대표전화 02-702-2717 | **팩스** 02-703-0272
홈페이지 www.greenbee.co.kr
원고투고 및 문의 editor@greenbee.co.kr

주간 임유진 | **편집** 홍민기, 신효섭, 구세주, 송예진 | **디자인** 권희원, 이은솔 | **마케팅** 유하나, 육소연
물류유통 유재영, 한동훈 | **경영관리** 유수진

學問思辨行: 배우고 묻고 생각하고 판단하고 행동하고

독자의 학문사변행을 돕는 든든한 가이드 _ 그린비 출판그룹

그린비 철학, 예술, 고전, 인문교양 브랜드
엑스북스 책읽기, 글쓰기에 대한 거의 모든 것
곰세마리 책으로 통하는 세대공감, 가족이 함께 읽는 책

문학 천재 진단하기

정신의학자들이 탐구한 위대한 러시아 작가들

이리나 시롯키나 지음

이수현 옮김

Diagnosing
Literary
Genius

그린비

약어표

서지 사항이 반복되어 등장할 경우 아래의 줄임말을 사용하여 표기하였다.

ARAN   Arkhiv Rossiiskoi akademii nauk(Archive of the Russian Academy of Sciences)[러시아 과학아카데미 기록보관소]

Arkhiv psikhiatrii   *Arkhiv psikhiatrii, neirologii i sudebnoi psikhologii*[『정신의학, 신경학 및 법심리학 기록보관소』]

GARF   Gosudarstvennyi arkhiv Rossiiskoi Federatsii(State Archive of the Russian Federation)[러시아연방 국립기록보관소]

Klinicheskii arkhiv   *Klinicheskii arkhiv genial'nosti i odarennosti...*[『천재성과 재능… 임상 기록보관소』](Ch. 5, n. 91을 보라)

Obozrenie psikhiatrii   *Obozrenie psikhiatrii, nevrologii i eksperimental'noi psikhologii*[『정신의학, 신경학 및 실험심리학 비평』]

TsGALI   Tsentral'nyi gosudarstvennyi arkhiv literatury i iskusstva(Central State Archive of Literature and Arts)[문학·예술 국립중앙기록보관소]

TsGIAM   Tsentral'nyi gosudarstvennyi arkhiv istorii i arkhitektury Moskvy (Central State Archive of the History and Architecture of Moscow)[모스크바 역사·건축 국립중앙기록보관소]

Vestnik klinicheskoi   *Vestnik klinicheskoi i sudebnoi psikhiatrii i nevropatologii*[『임상 및 법의학 정신병리 및 신경학 통보』]

Vestnik psikhologii   *Vestnik psikhologii, kriminal'noi antropologii i gipnotizma*[『심리학, 범죄인류학 및 최면술 통보』]

Voprosy filosofii   *Voprosy filosofii i psikhologii*[『철학과 심리학의 문제들』]

Zhurnal nevropatologii   *Zhurnal nevropatologii i psikhiatrii imeni S. S. Korsakova*[『코르 사코프 기념 신경병리학 및 정신의학 저널』]

기록보관소 내 서지 위치는 f.(보관소); op.(목록); d.(서류철); ed. khr.(서고); l, ll.(장) 으로 표시된다.

│일러두기│

1 이 책은 Irina Sirotkina, *Diagnosing Literary Genius: A Cultural History of Psychiatry in Russia, 1880-1930*, Johns Hopkins University Press, 2003을 완역한 것이다.

2 옮긴이의 주는 각주 내용 앞에 '[옮긴이]'라고 썼으며, 본문과 각주 내용 중 옮긴이가 추가한 부분은 대괄호([ ])로 표기했다.

3 원서의 표기를 따라 인용 및 강조의 의미로 사용된 따옴표는 모두 큰따옴표로 통일하였으며, 직접인용문 안에 따옴표를 표기해야 할 경우에만 작은따옴표를 사용하였다.

4 외국어 고유명사는 2002년에 국립국어원에서 펴낸 외래어표기법을 따라 표기하되, 국내에서 통용되는 관례를 고려하여 예외를 두었다.

5 원어를 병기할 필요성이 있는 인명이나 원서 영문명 등은 각주에 표기되지 않은 경우에 한해 본문에 표시했다.

머리말

이 글은 정신의학 역사상 유례없는 일로 러시아에서 새로운 장르가 형성되는 주요 시기를 설명하고 있을 뿐만 아니라 작가와 문학에 대한 정신의학적 논의에 집중하고 있다. 이러한 관점은 의사를 비롯해 일반인이 러시아 문화가 깃든 러시아 문학을 이해하는 데 중요한 역할을 한다. 문학은 러시아 안팎의 이미지를 만들어 냈는데, 특히 두려움이나 열망 등의 감정을 단적으로 그려 냈다. 관광객들은 톨스토이와 도스토옙스키를 보기 위해 러시아에 오고, 러시아인들은 타티아나 라리나의 로맨틱한 모습이나 오블로모프의 느긋한 형상에 자신을 투영한다.

러시아 정신의학의 제도화는 러시아 역사상 가장 변화무쌍한 시기 중 하나와 맞물린다. 러시아에서 이 시기는 전쟁과 혁명의 격변뿐만 아니라 경제, 과학, 문화의 급진적 변화로 대변된다. 19세기 중후반은 작가와 문학이 대중에 큰 영향을 끼친, 러시아 문학의 황금기로 알려져 있다. 정신의학자들은 문학에 관해 기술함으로써, 문화와 정치적 삶에 개입했을 뿐만 아니라 문학에 관한 보편적 관심을 이용해 자신들의 의학 관련 활동에 대한 지지를 확산시키고자 했다.

각국의 정신의학자들은 작가들이 그랬던 것처럼 자신들도 인간 본성에 관한 통찰력을 제시했다고 주장한다. 러시아에서 문학의 예외적인 독점적 위상을 고려할 때, 정신의학자들의 이러한 자화자찬은 지나친 면이 없지 않다. 정신의학자들은 고골과 도스토옙스키처럼 저명한 작가들이 묘사한 인간의 결핍된 도덕적 측면과 병리적 부분을 자신의 연구와 비교하며 전문적인 이미지를 쌓아 갔다. 그들은 고골과 도스토옙스키 주인공들의 특이점과 정신병에 관한 기술에 몰두하며 문학을 자신들의 권위를 세우는 데에 이용했다. 러시아 정신의학자들은 일찍이 병적학 장르를 받아들였는데, 병적학이란 유명인들의 각종 도덕적 일화와 예술비평을 의료 진단과 섞어 쓴 전기를 말한다.

정신의학자들의 문학에 대한 접근은 단순히 유명인들을 "나열" 하는 시도에 그치지 않았다. 러시아의 경우에는 정신의학자, 작가 그리고 일반 대중 간의 관계가 유독 미묘하고 흥미롭다. 병적학은 러시아 대중들에게 애증의 장르였다. 사실 의학자들이 유명 작가의 정신병을 가정할 때, 몇몇 의학자들은 문학에 대한 애정에 방해가 되지 않도록 진단 결과를 바꾸기도 하였다. 또한, "정신의학적 비평"의 장르가 1917년 혁명 전후로 짧게 번성하다가 소비에트 시대가 지속되며 비판의 대상이 된 점도 주목할 만하다.

필자는 도입부에서 러시아 정신의학과 병적학 산업의 본성에 대해 기술하고 있다. 초반 세 개의 장은 고골, 도스토옙스키와 톨스토이의 정신의학적 "진단"에 대한 것인데, 이 논의의 핵심 결론 하나는 다양한 형태의 정신 치료가 적극적으로 수용됐다는 것이다. 4장에서는 정신의학자들이 정신위생과 관련된 소위 타락한 문학에 대해 제시한 치료법을 다룬다. 5장에서 필자는 천재에 대해 이상하지만 중요한 관점을 보이는 소비에트 시기로 거슬러 올라가 정신의학을 기술한다. 위 요소들을 합친 이 글은 반세기 동안 러시아 의학과 사회에 대한 병리학을 영어로 기술한 최초의 서적 분량의 서술이다. 필자 본인은 이 책을 통해 정신의학과 문학이 연결돼 러시아 사학자나 문화사가들이 의학 역사에 좀 더 전문화된 관심을 갖기를 희망한다.

이 책을 쓰는 동안 여러 기관과 많은 동료에게서 아낌없는 지지를 받았다. 먼저, 연구원 자리를 제공하고 당시 런던 소재 웰컴의 학사연구소에 한 해 동안 머물게 도움을 준 웰컴 트러스트가 있다. MIT의 과학, 기술, 사회 프로그램(The Science, Technology and Society Program)에서는 학년을 보낼 수 있도록 초대해 줬고 로렌 그레이엄은 이 기간 훨씬 오래전부터 긴 시간 응원해 주었다. 파리의 옴므과학회(The Maison des Sciences de l'Homme)는 연구원 과정에 뽑아 주고, 세르주 네쉰느(Serge Netchine)와 가브리엘 네쉰느-그린베르그(Gabrielle Netchine-Grynberg)가 프랑스 언어, 문화, 장학금 등을 제공하도록 도움을 주었다. 원고를 마무리할 때, 파리지앵 도서관 기록보관소(Parisian libraries archives)를 이용할 수 있도록 도와준 레진 플라와 파리 5대학에 감사한다. 또한, 맨체스터대학교에서 피터 맥마일러(Peter McMylor), 웨스 새록(Wes Sharrock)과 사회학 분야의 다른 동료들을 만날 수 있었다. 러시아에서는 프레오브라젠스키병원 부속 공공박물관의 책임자인 듀세이코 박사(Dr. S. D. Dusheiko) 덕분에 도서관 내 자료들을 활용할 수 있었다. 로저 스미스로부터 초기부터 전체 원고에 대한 조언과 내 영문 작업까지 프로젝트 전반에 관해 도움을 받아 따뜻한 감사의 말을 전하고 싶다. 2장 전체 내용은 학술지 『정신의학사 9』(*History of Psychiatry* 9, 1998, pp. 135~149)의 「바제노프 작품 속 질병의 개념」(The Notion of Illness in the Works of N. N. Bazhenov)에서 볼 수 있다. 이 학술지의 편집자는 본 작업을 마칠 수 있도록 지속적으로 격려해 준 로이 포터이다.

차례

서론

19세기 러시아 인텔리겐치아의 역사철학은 일정 부분 러시아 문학철학과 관련된다. 러시아 인텔리겐치아 삶의 실상은 힘없고 비참한 대중의 삶 속에서 강압적으로 소진된, 오직 문학 속에서만 타올랐던 불길과도 같은 것이었다. 사랑과 증오, 정치 투쟁, 깊은 도덕적 요구 — 이 모든 것은 문학속에서 찬란하게 빛났다. 러시아 문학은 러시아 인텔리겐치아의 성서이다.

—이바노프-라줌니크*

위인의 미스터리의 베일을 벗기는 것, 그의 영혼의 퍼즐을 풀어내는 것, 그 업적의 위대함을 밝혀내는 것, 위인의 예술적 사고에 숨겨진 개념을 통찰해 내는 것 (…) 이것이 동시대인의 당면 과제이자 의무가 되어야 한다.

—시코르스키**

• R. V. Ivanov-Razumnik, *Istoriia russkoi obshchestvennoi mysli: Individualism i meshchanstvo v russkoi literature i zhizni XIX veka*, 3d ed., St. Petersburg: M. M. Stasiulevich, 1911, pp. 13~14.

•• I. A. Sikorskii, *Psikhologicheskoe napravlenie khudozhestvennogo tvorchestva Gogolia* (*Rech' v pamiat' 100-letnei godovshchiny Gogolia*, 1909, 4, 10), Kiev: Universitet Sv. Vladimira, 1911, p. 2.

"어떠한 의료 정보 없이 누군가를 온전히 이해한다는 것은 어불성설이다. 언어학자를 비롯해 탁상공론을 일삼는 이른바 전문가들이 사람을 재단하고 행동을 평가하는 꼴을 지켜보기란 견디기 힘든 일이다. 그들은 인간을 이해할 때 상식이나 도덕적 행동강령에 우선하는 근본적이고 불가피한 것에 대해 간과한다."[1] 이 말은 유명인의 질병에 관심을 가졌던 독일의 신경학자 파울 율리우스 뫼비우스가 의학에 문외한인 전기(傳記) 작가와 비평가들을 향해 던진 말이다. 뫼비우스는 의학적 관점에 입각해 위인의 전기를 집필했으며, 이 새로운 장르를 가리켜 병리학 전기, 즉 "병적학"이라고 명명했다.[2] 뫼비우스

---

1 파울 율리우스 뫼비우스는 다음에서 인용되었다. Francis Schiller, *A Möbius Strip: Fin-de-siècle Neuropsychiatry and Paul Möbius*, Berkeley: Univ. of California Press, 1982, p. 80.
2 "병적학"(pathography) 장르는 19세기 말, 20세기 초에 널리 유행하지만 이후 유사 장르인 "성격분석학적 전기"에 의해 가려진다. "병리 전기"가 재소환된 것임에도 불구하고 뫼비우스의 작가성은 흔히 잊히고, 주로 프로이트가 언급된다. 다음을 참조하라. Anne Hawkins, "The Two Pathographies: A Study in Illness and Literature", *Journal of Medicine and Philosophy 9*, 1984, pp. 231~252.

는 의학적 지식이 없는 전기 작가를 상식과 도덕적 판단에 의존하는 한계가 있는 사람들로 평가하며 그들의 이해를 뛰어넘는 심오한 성찰을 이뤄 내고자 했다.

20세기 역사가는 뫼비우스의 이 발언을 의학적 전문 지식이 상식적 판단보다 우선한다는 의학자의 주장으로 이해할지 모른다. 실제로 일부 역사가는 19세기 의학이 문학을 의학 용어로 제한했다고 주장한다. 이것은 의사들, 특히 특정 정신의학자들이 작가의 질병을 상세히 기술한 자신의 저서가 창조적 저작물이라는 이미지를 만들어 낸 데 따른다. 가장 대표적인 예로 천재는 간질에 의한 것은 아닐지라도 적어도 간질과 관련이 있으며 퇴폐(degeneration)의 신호라고 주장한 이탈리아의 정신의학자이자 범죄인류학자인 체사레 롬브로소를 들 수 있다.[3] 그의 제자들은 예술 및 과학적 재능이 신경 구조 내에 구조화되어 있다는 가정하에 여전히 재능과 정신적 특성 간의 상호관계를 입증하려는 시도를 이어 가고 있다.[4] 이러한 연구의 결과

---

3 [옮긴이] 2010년 용어 개정에 따라 '간질' 대신 '뇌전증'이라는 용어가 권장되지만, 러시아 작가와 문학작품을 다루는 책의 특성상 러시아 문학계에서 통용되는 '간질'로 표기한다.

4 신경정신 연구의 예는 다음을 참조하라. Loraine K. Obler and Deborah Fein eds., *The Exceptional Brain: Neurophysiology of Talent and Special Abilities*, New York: Guilford, 1989. 심리학 연구물은 보통 창조성을 인지 과정에 둔다. 다음의 연구 역시 참조하라. Albert Rothenberg, *Creativity and Madness: New Findings and Old Stereotypes*, Baltimore: Johns Hopkins Univ. Press, 1990. 일부 심리학자는 자신의 연구를 체사레 롬브로소와 막스 노르다우의 견해에 직접적으로 관련시킨다. 예컨대, 콜린 마틴데일은 병에 걸린 천재에 내재한 롬브로소식 특성이 창조 과정 심리학을 발전시키는 데 이용될 수 있다고 주장했다. 관련하여 다음을 참조하라. Colin Martindale, "Degeneration, Disinhibition and Genius", *Journal of the History of the Behavioral Sciences* 7, 1971, pp. 177~182. 심리학 용어로 창조성을 재정립하기 위한 최근의 시도에 대해서는 다음을 참조하라. Hans Eysenck, *Genius: The Natural History of Creativity*, Cambridge: Cambridge Univ. Press, 1995.

로 문학은 "의학으로 설명 가능한 어떤 징후", 즉 질병의 산물로 변질됐다.[5]

1960년대와 1970년대에는 작가의 신체적 장애를 진단하고 문학을 병리의 산물로 설명하려는 시도가 일탈 이론과 사회 통제 이론의 관점에서 재해석됐다. 이 이론에 따르면 권력 집단은 일탈자 혹은 비정상인이라는 "꼬리표 달기"와 "낙인찍기"를 통해 개인 및 집단을 통제하고자 했다. 당시에 비정상으로 분류됐던 사람들은 훗날 낙인찍기 과정의 "희생자"로 재평가됐다.[6] 같은 맥락에서 일탈 이론가들은 소위 전문가들과 특정 의학 관련 종사자들을 사회 통제를 위한 강력한 도구로 인식했다.[7] 이 이론의 맥락에서 보면 개인의 병력은 쉽사리 낙인찍기의 도구가 될 수 있었다. 관련 내용은, 예컨대 조지 베커의 저서 『미치광이 천재에 대한 논쟁: 일탈 사회학적 관점에서의 연구』에서 확인된다.[8] 베커는 의학적 낙인찍기의 결과로 천재의 개념이 바뀌었다고 주장한다. 18세기 낭만주의자들은 그 당시 뛰어난 인간의 영혼, 악마의 이미지로 파악됐던 "천재"에서 시적 영감을 얻고자 했다. 베커는 그러한 낭만주의자들의 이야기를 상세히 기술했다.

---

5 Michael Neve, "Medicine and Literature", eds. W. F. Bynum and Roy Porter, *Companion Encyclopedia of the History of Medicine* 2, London: Routledge, 1993, p. 1530.

6 Erving Goffman, *Stigma: Notes on the Management of Spoiled Identity*, Englewood Cliffs, N. J.: Prentice-Hall, 1963; Jack P. Gibbs, *Norms, Deviance and Social Control*, New York: Elsvier, 1981.

7 다음을 참조하라. Peter Conrad and Joseph W. Schnieder, *Deviance and Medicalization: From Badness to Sickness*, St. Louis: C. V. Mosby, 1980. 통제와 힘의 용어를 통한 광기에 대한 설명은 푸코의 『광기의 역사』 등과 같은 저작에 의해 도입되었다. Erving Goffman, *Asylums*, New York: Anchor, 1961; David Rothman, *The Discovery of the Asylum*, Boston: Little, Brown, 1971; Thomas S. Szasz, *The Manufacture of Madness*, New York: Harper & Row, 1970.

8 George Becker, *The Mad Genius Controversy: A Study in the Sociology of Deviance*, Beverly Hills, Calif.: Sage, p. 48.

1836년 프랑스 의학자 루이 프랑수아 레뤼(Louis-François Lélut)는 소크라테스의 "악마", 즉 그의 "내면의 목소리", 지혜의 내적 원천을 말 그대로 환영이라고 해석했다. 레뤼의 저서 『소크라테스의 악마』(*Démon de Socrates*)는 베커에 따르면 최초의 병리 전기이다.[9] 10년 뒤, 레뤼는 파스칼에 대한 병리 전기도 집필했다.[10] 이후 "병리 전기"라는 이 논쟁적 장르는 사드, 바이런, 에드거 앨런 포, 귀스타브 플로베르 등 위대한 작가의 생의 단면을 의학적으로 제시하며 프랑스에서 번성하게 된다.[11]

　　낙인찍기의 또 다른 예는 낭만주의 시대와 빅토리아 시대의 예술적 천재에 대한 정의를 병치해 비교함으로써 확인된다. 낭만주의자들은 천재 예술가의 자발성, 정서, 비이성성 및 직관을 강조하기 위해 "신병"(神病, 신들림), 다시 말해 플라톤의 열정이라는 고대의 개념을 사용했다. 이와는 대조적으로 도덕, 합리성, 자아 성찰의 가치를 숭상하는 빅토리아 시대 사람들은 언급한 특성을 유아적이고 무책임한 것으로 인식했으며, 천재 예술가를 통제가 필요한 "비이성적" 예술가로 간주했다. 따라서 이후에 예술적 천재의 이미지가 사회적 낙인으로 변질한 데는 예술가의 책임 또한 없지 않다. 이렇듯 천재 예

9　[옮긴이] 플라톤의 『대화』 편에 나오는 내용. 소크라테스는 어릴 때부터 신성의 표식이 자신의 귀에 "내면의 목소리"를 들려줬는데, 그것을 "다이모니온(악마)"이라 불렀다. 이 책의 러시아어본에는 이러한 내용이 기술되어 있다.

10　*Ibid.*, p. 28.

11　마크 미칼레는 프랑스에서의 병리 전기학 출현과 남성 히스테리에 관한 의학적 정당화 간의 연대기적 관계를 관찰한다. 그는 또한 병리 전기가 성격분석 전기와 성격분석적 미술비평의 전조가 되었음을 지적한다. 다음을 참조하라. Mark S. Micale, *Approaching Hysteria: Disease and Its Interpretations*, Princeton: Princeton Univ. Press, 1995, p. 245.

술가의 재해석은 단순히 낙인찍기 과정만으로 설명될 수 없다. 이에 응답해 역사가와 사회학자들은 일탈 이론의 수정을 제안했다. 그들은 "희생자"가 의식적으로 "일탈적" 정체성을 선택함으로써 꼬리표 붙이기의 과정을 시작할 수 있었다고 주장했다.[12] 베커는 "천재는 광인인가의 논쟁에서 핵심은 (⋯) 천재가 그에게 광인의 꼬리표 달기를 일삼던 속물들의 무력한 '희생자'가 아니라는 데 있다. (⋯) 천재가 스스로 '희생양 만들기'에 상당히 기여했을 뿐만 아니라, 어느 정도는 부추기기까지 했다"고 보았다. 때문에 "신들림은 천재 예술가의 원천이다"라는 낭만주의자들의 주장은 위험한 발언처럼 보인다. 로이 포터가 풍자적으로 지적한 바와 같이 당시 낭만주의자들은 자신을 가리켜 "광기가 있다"고 말하면서 그 결과까지는 염두에 두지 않았다. 이는 결과적으로 19세기 의학자들이 "신들림"과 예술적 천재성 모두를 의학적으로 범주화해 변형시키는 것을 가능하게 만들었다.[13]

베커는 꼬리표 달기의 최초 주동자가 의학자가 아니라는 사실은 인정하지만 "광기 어린 천재의 이미지를 부추긴 사람은 누구인가?"라는 질문에 대한 답은 대부분 의학 관련자라고 분명하게 말한다. 그러나 이후 사회학자 및 역사가들은 이상(異常)이라는 개념은 여러 집단의 노력으로 만들어지며 앞서 언급한 사회적 통제 역시 일반적으

---

12 미국 현대 예술가들이 본 일탈적 자기정체성의 구조에 대해서는 다음을 참조하라. Ronald J. Silvers, "The Modern Artists' Asociability: Constructing a Situated Moral Revolution", ed. Jack D. Douglas, *Deviance and Respectability: The Social Construction of Moral Meanings*, New York: Basic Books, 1970, pp. 404~434.

13 George Becker, "The Mad Genius Controversy", ed. Robert S. Albert, *Genius and Eminence: The Social Psychology of Creativity and Exceptional Achievement*, Oxford: Pergamon, 1983, p. 38; R. S. Porter, *A Social History of Madness: Stories of the Insane*, London: Routledge, 1987, p. 65.

로 다중적인 원인을 갖는다고 강조한다. 그렇다면 같은 논리로 의학 종사자들이 기타 전문가 집단보다 꼬리표 달기의 과정을 이끌거나 주도하지 않았다고 주장할 수 있다. 최근의 역사 기록은 의학적 낙인 찍기라는 개념의 한계를 보여 준다.[14] 그러므로 비록 이 개념이 고유한 타당성을 가질지라도 역사적 연구의 관점하에 더 큰 그림의 틀 속에서 다뤄져야 한다. 지금까지의 연구는 낙인찍기라는 개념 정립에서 병적학의 다채로운 역사가 제대로 평가받지 못하고 있다는 것을 보여 준다.

사회 집단의 권력욕구에 관심을 가지는 사회학자는 직업군의 활동을 사회적 권력에 대한 요구로 기술한다. 이와는 대조적으로 역사가는 특정 전문 직종의 문화에 대해 언급할 수 있다. 그들은 직업이 어떤 식으로 관련되어 있고, 직업에 따라 사회적 태도와 가치를 어떻게 취사선택하는지 역시 명백하게 밝혀내고 싶어 할지 모른다. 병리학사(史)에서도 저자가 누구인지, 그들이 구체적으로 어떠한 직업을 경험했는지, 그들의 직업적·개인적인 목표와 병리의 연구가 여타의 활동과 어떻게 관련돼 있는지를 아는 것 등이 중요하다. 이는 문화사를 기록하는 정신의학자가 주장하는 내용의 맥락적 의미와 관련되는 것으로 사회 통제 이론과 무관하다. 따라서 서론의 첫머리에 인용한 뇌비우스의 비판은, 위인들의 정신적 문제를 제멋대로 재단하고 폄

---

14 Becker, *The Mad Genius Controversy*, p. 48. 샌더 길먼은 저서에서 의학적 표현 문제를 인종 및 성에 가해지는 낙인찍기의 광범위한 문화적 현상과 접목시켰다. 다음을 참조하라. *Disease and Representation: Images of Illness from Madness to AIDS*, Ithaca, N.Y.: Cornell Univ. Press, 1988; *The Case of Sigmund Freud: Medicine and Identity at the Fin de Siècle*, Baltimore: Johns Hopkins Univ. Press, 1993.

훼하는 비의학적 전기 작가나 문학비평가들을 직접적으로 겨냥하고 있다고 할 수 있다.

역사가 프랜시스 실러가 지적한 바와 같이 뫼비우스는 위인의 병리에 관한 입증되지 않은 발언들을 검증하기 위해 병적을 기록하기 시작했다. 그는 루소, 쇼펜하우어, 괴테에 대해 자신이 의도한 바를 잘 보여 줄 수 있는 모범적 연구 성과를 내놓음으로써 세속적 전기의 영향력을 희석시키려고 했다. 자신의 글로 "위인을 비하하지 않았다". 예술가에 대한 뫼비우스의 태도는 "정체를 폭로하기"보다는 "공감하는" 것이었다. 아울러 그는 "모든 사람을 이상자(異常者, 비정상)로 간주하는 경향, 특히 예술가의 눈부신 빛을 의학적 논평으로 퇴색시키고 싶어 하는 정신의학자들의 공통된 욕망"이 존재한다는 것을 인정했다. 그러나 뫼비우스는 자신의 이러한 시도를 통해 독자가 욕망의 "또 다른 예"를 발견하는 것을 원치 않았다. 정신의학 연구를 통해 그가 성취하고자 한 포부는 정상과 병리의 간극을 좁히는 것이었고, 대부분은 "정신이상"이 그 사람의 나머지 인간성을 분리시키지 않는다는 점, 오히려 대다수 사람이 정신 장애를 그들이 믿고 생각하는 것보다 덜 겪고 있다는 것을 밝혀내는 것이었다. 그는 자신의 병리 전기에 이러한 것들을 담아내고자 애쓰며 다음과 같이 기술했다. "건강한 마음과 병든 마음으로 구분하는 만연한 낡은 이분법을 극복해야 한다. (⋯) 누구나 어느 정도는 병적이다. (⋯) 인간이 정상이거나 비정상 둘 중에 하나라는 주장은 신화와 클리셰일 뿐이다."[15]

---

15 Schiller, *Möbius Strip*, pp. 79~80, p. 81.

이 책에서 필자는 의학자들이 직업적인 것뿐 아니라 도덕적 견해 및 자신들의 세계관을 표현함으로써 그들 고유의 관심을 더 큰 문화와 병합시키고자 원했으며, 병적학이 이러한 야망의 무대가 됐다고 주장한다. 19세기 전기 장르가 선과 고귀한 삶을 묘사한 것과 같이 병리학 장르 역시 도덕적인 관점을 담고 있었다. 빅토리아 시대의 정신의학자들은 진보, 이성, 문명을 신봉했다. 그들의 믿음은 [감금이 아닌 보호시설이라는 개념의] 요양 정신의학 이데올로기, 퇴폐 이론, 병적학 등 모두에 고른 관심과 비중을 두도록 했다. "의료 행위는 단순히 의료 실습에 그치는 게 아니라 그 자체로 도덕적이며, 종교적 목자의 역할을 훈련하는 것이었다. 이것이 의사에게 직업적 위상과 권위를 가져다주었다"라는 마이클 클라크의 말처럼 도덕에 관한 관심이 빅토리아 시대 정신의학자들의 정체성을 일정 수준 형성해 주었다. 러시아의 동시대인은 서구 빅토리아 시대 사람들처럼 자신들도 병적학 장르를 사회적으로 이슈화할 수 있음을 인지했다. 실제로 1890년대 초 우크라이나 하리코프 지역의 정신의학 교수인 코발렙스키는 폭군 이반과 기타 전제군주에 대한 러시아 최초의 병적학을 작성했다.[16]

병적학의 집필 동력이나 이 장르가 갖는 의미는 병적학이 쓰인 시기와 문화에 따라 고유의 차이를 갖는다. 영국과 러시아의 정신

---

16 Michael J. Clark, "The Rejection of Psychological Approaches to Mental Disorder in Late Nineteenth-Century British Psychiatry", ed. Andrew Scull, *Madhouses, Mad-Doctors and Madmen: The Social History of Psychiatry in the Victorian Era*, London: Athlone, 1981, p. 292; P. I. Kovalevskii, "Ioann Groznyi i ego dushevnoe sostoianie", *Psikhiatricheskie eskizy iz istorii*, vol. 2, Khar'kov: Zil'berberg, 1893.

의학자들은 문학이 그들 직업에 매우 귀중한 수단이라고 믿었고 이를 강조했다. 그러나 표면적으로 같아 보이는 그들의 방점은 서로 다른 이해관계에 따른 것이었다. 1860년대 후반 영국 정신생리학자 헨리 모즐리의 발언과, 그로부터 약 40년 후 러시아의 정신의학자 샤이케비치가 언급한 유사 발언을 비교해 보자. 모즐리는 자신의 저서 『마음의 생리와 병리』에서 "셰익스피어 같은 예술가는 개인의 개성은 물론 개인과 그를 둘러싼 환경과의 관계를 민감한 통찰력으로 꿰뚫어 무수한 무질서 속에 존재하는 질서를 인식해 냈다. 이를 바탕으로 삶의 개혁에 필요한 방법들을 자신의 창조적 예술작품 속에 폭로함으로써 현실의 불안정한 상황 혹은 과학의 모호한 일반론으로부터 얻을 수 있는 것 이상의 가치 있는 정보를 제시한다"라고 적고 있다. 러시아 정신의학자 샤이케비치도 거의 같은 취지의 발언을 한다. "그러나 과학적인 방법으로 얻어진 것이 아무리 유의미할지라도, 실험심리학 지지자들이 약속하는 미래가 아무리 멋지더라도 마음의 작용은 대단히 주관적인 것이기 때문에 직관적인 이해 없이는 상당 부분 불분명한 채로 남겨지게 될 것이다. 바로 이 점이 문학과 예술이 언제나 우리 정신의학자에게 귀중한 자료가 되는 이유이다."[17]

상술한 영국과 러시아의 정신의학자 모두는 전략적 이유로 과학을 희생시키며 문학을 칭송했다. 그러나 그들의 목적은 서로 달랐다. 의학 역사가 크리스토퍼 로렌스가 주장하는 바와 같이 빅토리아 시

---

17 모즐리에 대해서는 다음을 참조하라. Helen Small, "'In the Guise of Science': Literature and the Rhetoric of Nineteenth-Century English Psychiatry", *History of the Human Sciences*, no. 1, 1994, p. 44; M. O. Shaikevich, "Psikhologicheskie cherty geroev Maksima Gor'kogo", *Vestnik psikhologii*, no. 1, 1904, p. 55.

대와 에드워드 시대에 기반을 둔 의사가 의학 직종 내에서 자신의 높은 지위를 인증하는 방법은 문학, 특히 고전에 대한 관심을 드러내는 것이었다. 문학에 관한 이해는 권위를 품위 있게 드러낼 수 있는 수단이었으며, 정교한 의료 시술을 연마하고 고도의 기술을 갖춘 숙련의와 신참을 변별시키는 기제였다. 엘리트 의사는 신참의 좁은 식견에 대해 자신의 박학다식을 강조함으로써 기득권을 유지했다. 문학자 헬렌 스몰은 이러한 해석을 확장시켰다. 정신의학자에게 "문학은 성공의 표시, 교양 있는 의사라는 확인서 (…) 겉치레일 뿐이었다".[18]

이와는 대조적으로 샤이케비치는 정신의학 분야가 널리 확립되고 새로운 과제에 직면했던 시기에 문학을 연구했다. 1904년 그는 문학에 대한 찬미의 글을 쓴다. 이때는 러시아의 대학과 의학 전문학교에 심리학 연구실이 등장하던 시기로 정신이상자에게 심리 실험이 적용됐다. 심리 실험은 독일 심리학자 에밀 크레펠린의 영향을 받았다. 크레펠린은 정신이상 관련 질병에 대한 새로운 분류를 제시하였고 정신이상 진단에 "형식을 갖춘" 접근법을 발전시킨 학자였다. 당시 러시아에는 프랑스 정신의학이 대중적이었는데, 크레펠린식 접근은 그러한 전통을 이어 갔다. 샤이케비치는 문학을 인용하고 참조하면서 새로운 심리학적 접근을 고안한 크레펠린에게 의심의 눈초리를 보냈다. 뿐만 아니라 심리학을 실험에 입각해 적용하는 것 자체에 대한 의구심을 가졌다. 실험심리학과 크레펠린의 정신의학에 대한 샤

---

18 Christopher Lawrence, "Incommunicable Knowledge: Science, Technology and the Clinical Art in Britain", *Journal of Contemporary History* 20, 1985, pp. 503~520; Small, "'In the Guise of Science'", p. 47.

이케비치의 반기는 그가 자연주의적이고 실증주의적 관점에 반감을 가졌음을 시사한다. 신칸트주의 철학의 도전을 받고 있던 실증주의와 정신과학(Geisteswissenschaften) 이데아는 세기가 바뀌면서 그 정점을 지났다고 할 수 있다. 정신의학자들은 새로운 접근법에 관심을 가지기 시작했고 자연주의적 사고방식의 대안으로 문학 속에서 다른 형태의 "이성적 판단 모델"을 감지해 냈다.

혹자는 좀 더 일반화시켜 서양의 정신의학자들보다 러시아 정신의학자들이 보다 철저하고 더 다양한 방식으로 문학적 자료에 의존했다고 주장할 수도 있다. 문학이 "단지 장식적인" 의미 이상이었으며 다목적으로 수용됐다는 것은 러시아 문화에서 문학이 차지하는 위치를 고려할 때 납득할 만하다. 19세기 러시아에서 문학이 정치 및 대중적 삶의 유일한 방출구로서 가장 중요한 문화적 자원이었다는 지적은 역사 기록물에서 자주 확인된다. 1860년대와 1870년대 당시 가장 영향력 있는 문학비평가 가운데 한 사람인 체르니솁스키는 자주 인용되는 다음의 글에서 러시아에서는 문학이 철학을 대신하며, 문학은 현재 우리가 인문학이라고 부르는 학문군에 속하면서 동시에 대중의 의견을 표현하는 거의 유일한 매체라고 주장했다.

수준 높은 지성 사회가 형성된 국가에서는 다양한 분야의 지적 활동이 존재하는데, 그 가운데 이런 표현이 가능하다면 노동 분야로 일컬을 수 있는 유일한 분야가 바로 문학이다.

우리가 외국 문학과 비교해 우리 문학을 어떻게 평가하든지 간에 우리의 지적 운동에서 문학이 기여하는 바는 프랑스나 독일 혹은 영국 문학이 자국의 지적 운동에 기여하는 것보다 여전히 큰 비중을 차지하고 있다. 따라서 우리 문학에는 그 어떤 것보다 더 큰 책임감이 드리워진다. (…) 영국에서는 디킨스의 이야기가 디킨스 본인과 다른 소설가는 물론이고 철학자, 법률가, 언론인, 경제학자 등에 의해서 회자된다. 우리의 경우는 소설가를 제외하고는 그 누구도 이야기의 주제를 비롯해 그 어떤 것에 대해서도 언급하지 않는다.

이런 까닭에 디킨스는 소설가 자신이 시대의 문제를 반영하는 대변자로서의 역할에 직접적인 책임감을 느낄 필요가 없다고 생각하는 것이 가능할지 몰라도 러시아 소설가는 순수문학 이외의 다른 분야에서 소설가의 표현이 발견되는 한, 작가가 시대의 문제를 반영하는 대변자로서의 역할로부터 자유로울 수 없다.[19]

리처드 파이프스는 이런 견해가 1860년부터 1890년 사이에 확산됐던 소위 공리주의 비평에 기인한다고 보았다. 실제로 이 "학파"의 지도자였던 피사레프와 체르니솁스키는, 작가란 전적으로 "대중의 사회·정치적 열망을 해소하기 위해 자신의 펜을 들어야 한다"는 입장을 피력했다. 예술의 사회적 책무에 대한 논의는 이미 19세기 훨씬 이전부터 시작됐다. 문학사가 빅터 테라스(Victor Terras)는 시인이자 혁명가였던 릴레예프의 말, "나는 시인이 아니다, 나는 시민이다"라는 선언에 주목했다. 이 발언 이후, 문학은 사회의 거울이자 건설자가 되어야 한다는 요구가 대중적 논쟁에서 재생산됐으며, 같은 기조

---

19 체르니솁스키에 대해서는 다음을 참조하라. Richard Pipes, *Russia under the Old Regime*, New York: Charles Scribner's Sons, 1974, pp. 278~279; Joseph Frank, *Through the Russian Prism: Essays on Literature and Culture*, Princeton: Princeton Univ. Press, 1990, p. 154.

가 19세기 내내 이어졌다고 보았다.[20] 또 다른 문학사가는 문학비평가 도브롤류보프가 러시아 사회의 발전을 추적하며 정치적 관점을 논의할 때마다 각 시대 문학작품 속 주인공에 대한 비평적 논문을 썼다는 사실을 지적한다. 또한 문학비평가 체르니셉스키는 합리적 사회에 관한 자신의 이상향을 널리 확산시키기 위해『무엇을 할 것인가?』라는 소설을 집필했다.[21] 러시아 지식인은 문학을 러시아인의 내적 삶의 박동으로 인식했다. 알렉산드르 솔제니친의 말처럼 [국가의] 공식적 이데올로기에 반하는 사회적 활동에 기여하며 문학은 제2의(대안) 정부를 형성했다.[22] 이를 심각하게 받아들인 권력층 또한 거대한 검열 제도로 맞섰다.

한 러시아 문화비평가는 20세기에 접어들며 "문학에 대한 무지, 무관심, 문학을 사랑하지 않는 것이 방관자, 사회와 국가에 잉여적 구성원, 소심하고 무관심한 이기적 인간을 배태했다"고 적고 있다.[23] 러시아 역사와 사회 속에서 작가는 "누구나 그의 말에 귀를 기울이는" 중심인물이 됐고 여기에 정신의학자도 예외는 아니었다. 정신의학자들은 인간 정신을 탐구하고 시대의 심리적 불안정성을 반영하는 데에 정신의학의 목적이 있다고 보았다. 따라서 그들은 정신의학 저서

---

20 Pipes, *Russian under the Old Regime*, p. 279: Victor Terras, *Belinskij and Russian Literary Criticism: The Heritage of Organic Aesthetics*, Madison: Univ. of Wisconsin Press, 1974, p. 16.

21 R. A. Peace, *Russian Literature and the Fictionalization of Life*, Hull, U. K.: Hull Univ. Press, 1976, p. 11.

22 솔제니친에 대해서는 다음을 참조하라. Joe Andrew, *Russian Writers and Society in the Second Half of the Nineteenth Century*, London: Macmillan, 1982, p. 14.

23 V. V. Rozanov, "Tri momenta v istorii russkoi kritiki"(1892), *Sochineniia*, Moscow: Sovetskaia Rossia, 1990, p. 156.

를 기술하는 데 소설 속 인물들이 직접적인 예로 사용될 수 있다고 주장했으며,[24] 순수문학을 그들 직업의 "진정한 교과서"라고 칭했다.[25] 한 비평가는 어떤 정신 질환이 정신의학 분류 안에 자리매김하기 위해서는 이에 앞서 작가들, 특히 푸시킨, 톨스토이, 도스토옙스키 같은 러시아 천재 작가에 의해 문학 속에서 이미 표현되고 다뤄진 것이어야 한다고 주장했다.[26] 또 다른 정신의학자는 도스토옙스키야말로 일반 대중으로 하여금 정신 질환을 이해하기 쉽도록 했으며, 그 어떤 대중화된 과학적 주제보다 사람들의 관심을 끈다고 생각했다.[27] 그는 도스토옙스키의 인본주의적 작품이 정신병원을 개선하는 토대를 마련했고 수감자의 삶을 개선하는 데 일조했다고 생각했다. 일반 대중의 공감을 얻을 수 있는 최고의 방법은 정신의학과 문학이 같은 종류의 사회, 도덕적 문제와 관련돼 있다는 것을 강조하는 것이었다. 정신의학자들은 작가를 위대한 "정신병리학자"이자 선구자로 묘사함으로써 강력한 지원군을 얻게 됐다. 또한 문학에 대한 논의를 매개 기

24　N. N. Bazhenov, *Psikhiatricheskie besedy na literaturnye i obshchestvennye temy*, Moscow: Mamontov, 1903, p. 24

25　I. A. Sikorskii, "Uspekhi russkogo khudozhestvennogo tvorchestva: Rech' v torzhestvennom zasedanii II-go s"ezda otechestvennykh psikhiatrov v Kieve", *Voprosy nervno-psikhicheskoi meditsiny*, no. 3, 1905, pp. 497~504; no. 4, p. 613.

26　예컨대, 정신의학자 트로신은 푸시킨이 「스페이드의 여왕」(1834)에서 조현병에 대한 문학적 해설을 제공했다고 주장했다. G. Ia. Troshin, *Pushkin i psikhologiia tvorchestva*, Prague: Society of Russian Physicians in Czechoslovakia, 1937, p. 304. 마찬가지로 정신의학자 바제노프는 도스토옙스키가 "최근까지 우리가 알지 못했던 정신병에 대한 정확한 묘사를 제공했다"고 썼다. 다음을 참조하라. N. Bajenoff(Bazhenov), *Gui de Maupassant et Dostoïewsky: Etude de psychologie comparée*, Lyon: Stork & Masson, 1904, p. 24.

27　V. M. Bekhterev, "Dostoevsky i khudozhestvennaia psikhopatologiia", S. Belov and N. Agitova, "V. M. Bekhterev o Dostoevskom", *Russkaia literatura*, no. 4, 1962, p. 139.

제로 이용함으로써 자신들의 사회적 지위를 강력하게 함과 동시에 스스로 문화를 다채롭게 하고 있다고 자부했다.

　그러나 일부 정신의학자는 작가를 경쟁자로 인식해 자신들만의 특별함을 유지하려고 애썼다. 도스토옙스키와 투르게네프 연구서를 쓴 도르팟(현 타르투, 에스토니아) 출신 한 교수는 자신의 권위를 확보하기 위해 두 작가의 작품에 나타난 "병리적 현상에 대해 엄밀한 정확성과 절대적 진실성"을 확인할 필요가 있다고 생각했다.[28] 수십 년 전『리어왕』에 대한 글을 쓴 영국의 한 정신의학자도 유사한 언급을 했다. "이 놀라운 연극 무대 전체에서 우리는 증거를 발견한다. (…) 특정 의학 분야에 몸담은 우리 외에는 잘 모르는, 일상에서는 접하기 힘든 셰익스피어의 위대한 의학 지식을 말이다."[29] 그의 러시아 동료 한 사람은 의학에 문외한인 대중도 스스로 고골의 '정신병'이 갖는 진정한 의미를 이해할 수 있다고 본 반면, 또 다른 동료는 "정신의학자의 도움을 받을 때만 독자가 도스토옙스키의 인물을 완전히 이해할 수 있다"고 주장했다.[30]

　그러나 정신의학자들이 문외한의 판단을 뛰어넘는 자신들의 권위 있는 의학 지식이 필요하다고 확신했음에도 불구하고, 정작 문학에 대한 그들의 글은 실제로 문학비평가의 견해와 밀접하게 관련돼 있었다. 예술의 사회적 책임이라는 독트린을 채택했던 러시아의 급

28　V. F. Chizh, *Turgenev kak psikhopatolog*, Moscow: Kushnerev, 1899, p. 104.

29　애브너 오티스 켈로그(1866)에 대해서는 다음을 참조하라. Ekbert Faas, *Retreat into the Mind: Victorian Poetry and the Rise of Psychiatry*, Princeton: Princeton Univ. Press, 1988, p. 31.

30　V. F. Chizh, "Pliushkin, kak tip starcheskogo slaboumiia", *Vrachebnaia gazeta*, no. 10, 1902, p. 217. 무라토프(V. A. Muratov)에 대해서는 다음을 참조하라. T. E. Segalov, "Bolezn' Dostoevskogo"(1907), *Nauchnoe slovo*, no. 4, trans. F. Ge, 1929, p. 92.

진적 비평가들은 후기 고골의 작품을 "사회적 현실도피"라고 혹평했다. 문학비평가 벨린스키는 고골이 "반동적인" 종교적 믿음 때문에 젊은 시절 민주적 이상향을 "배신한" 것을 설명하기 위해 작가의 정신 질환을 이유로 들었다. 이에 따라 정신의학자들도 각자 자신의 전문적 소견을 내놓으며 고골의 사례를 정신 질환으로 진단했다. 20세기 초 러시아 문학비평계에서 예술의 사회적 책임론이 그 지위를 상실해 갈 즈음 고골에 대한 평가 역시 재진단되었다. 이 책의 1장에서 논하게 될 "고골의 사례"는 19세기 정신의학이 러시아 사회 전반은 물론 문학비평가의 도덕 프로젝트와 얼마나 결속돼 있었는가를 보여준다. 또한 문학비평가와 정신의학자가 어떻게 문학에 대한 자신들의 관점을 "도덕적인" 것에 대비되는, 20세기에 도래하는 "심리적인" 관점으로 바꾸게 되었는가에 대해 논할 것이다.

문학은 단지 정신의학 연구의 대상이라는 관점과는 대조적으로, 정신의학과 문학의 상호작용을 가정하는 일부 역사가는 문학작품의 인물들을 정신의학적 진단을 통해 현실에서도 참조할 수 있음을 지적해 왔다. "문학과 의학" 연구에서 작가의 내면은 물론이고 작품 속 인물에 미치는 작가의 영향을 정신의학적 관점에서 연구하려는 경향이 증가하고 있다.[31] 몇십 년 전만 해도, 가령 헨리 엘렌베르거가 정신의학적 병력과 동시대의 소설 사이에 친화성이 있다는 정도를 언급하는 수준이었으나, 최근에는 미칼레가 히스테리를 진단하면서 플로베르의 『보바리 부인』이 끼친 역할을 논하는 데 자신의 연구서 전체

---

31 이러한 접근의 대변 창구는 1982년부터 출간된 계간지 『문학과 의학』(Literature and Medicine)
    이었다.

를 할애할 정도가 됐다.[32] 정신의학자들이 간질 진단 연구에서 도스토옙스키의 작품 속 "간질" 증상을 보이는 다수의 인물을 연구 주제로 삼는 것(도스토옙스키 본인이 간질을 앓았던 것으로 전해진다) 역시 그러하다.[33] 그러나 도스토옙스키의 동시대 사람들은 작가의 질병 자체에 대해서 언급하는 것을 꺼렸다. 당시 간질은 타락의 상징이었기 때문이다. 러시아 정신의학자들은 도스토옙스키의 재능에 경의를 표하며, 작가에게 정신적으로 문제가 있다고 규정하는 데에 주저했다. 그중 한 명인 바제노프는 유감의 뜻을 전하며 만약 자신이 감히 도스토옙스키의 병을 진단하게 된다면, 과학적 반달리즘이 아니라 존경의 마음으로 하겠다고 밝혔다.[34] 바제노프는 데카당 작가와 시인들을 퇴폐로 규정했지만 존경받는 작가인 도스토옙스키에게 그러한 명칭을 붙이는 것만큼은 피하고 싶어 했다. 정신의학자들은 도스토옙스키 병에 대해 적당한 병명을 붙이기 위해 퇴폐의 개념을 재고해야만 했고, 결국 대안으로 "시대에 앞선 사람들"(pro-generation, 이하 선구자)이라는 개념을 만들어 냈다. 도스토옙스키의 천재적 재능은 정신의학자들의 견해에서조차도 퇴폐의 증상을 보이는 것이 아니라 오히

---

32 "피넬의 사례 연구의 상당수가 발자크의 소설에서 차용된 것으로 보인다는 점은 이미 지적되었다. 같은 방법으로, 자네의 환자들은 졸라의 주인공 일부와 상당한 유사점을 보인다. (⋯) 그러나 호프만슈탈의 엘렉트라는 에우리피데스의 엘렉트라보다 유명한 브로이어의 안나와 훨씬 더 많이 닮았다. 프로이트의 도라는 슈니츨러의 단편들 가운데 하나에 속하는 것으로 보인다. (⋯) 마찬가지로 세련되고 매우 성적인 세기말의 사회환경으로부터 전자는 작품 속 인물들을 그려 냈고, 후자는 자신의 환자들을 묘사했다." 다음을 참조하라. Henri Ellenberger, *The Discovery of the Unconscious: The History and Evolution of Dynamic Psychiatry*, London: Allen Lane, 1970, p. 283; Micale, *Approaching Hysteria*, p. 245.

33 James L. Rice, *Dostoevsky and the Healing Art: An Essay in Literary and Medical History*, Ann Arbor, Mich.: Ardis, 1985.

34 Bajenoff, *Maupassant et Dostoïewsky*, p. 36.

려 인류의 진보적 혁신의 징표였다. 2장에서는 저명한 작가와의 만남이 퇴폐에 대한 정신의학자들의 견해를 어떻게 바꿔 놓았는지가 기술될 것이다.

러시아 급진주의자들이 톨스토이를 비판하자 정신의학자들은 다시금 고골의 경우에서와 마찬가지로 급진주의자들의 평가를 지원했다. 급진주의자들은 톨스토이가 독재의 반대편에 서지 않았으며, 혁명 대신에 비폭력, 자가 발전의 사상을 선전했다고 비난했다. 그들은 톨스토이를 "명석한 작가지만 나쁜 편견을 가진 사람"이라고 평가했다. 이러한 평가는 정신의학자들이 톨스토이의 상태를 신경증 혹은 심지어 "정서적 간질"로 진단을 내릴 때까지 반복적으로 인용됐다. 3장에서는 톨스토이의 진단에 관한 이야기를 함과 동시에 작가가 어떻게 "저항"했는지, 다시 말해 톨스토이의 철학이, 톨스토이의 문학작품과 인성이 정신의학자들로 하여금 어떻게 자신들의 독트린을 재고하도록 만들었는지를 논하고 있다. 이러한 일들이 러시아에 정신요법이 도입됨과 동시에 일어났다는 사실이 중요하다. 일부 의사가 심리 치료를 실시해 보고자 할 때 톨스토이의 철학은 정신요법과 정신분석을 긍정적으로 받아들이는 분위기를 제공했다. "영혼의 교육"에 관한 톨스토이의 관심은 정신의학자들이 심리 치료에 대한 고유의 개념을 발전시키는 데 도움이 됐다. 편협한 사고를 가진 전문가들에 대한 톨스토이의 비판은 일부 정신의학자로 하여금 기존의 이론보다 오히려 "개인의 철학"으로 치료가 된다는 믿음을 갖도록 만들었다. 그것은 어떤 특정한 독트린을 선택하는 것보다 심리 치료의 다양한 개념을 수용하도록 독려하는 것이었다. 또한 "외진 수도원" 같은 격리된 장소에 신경증 환자를 위한 소규모 클리닉이나 요양소의 설립을 촉발시켰는데, 이는 의사들이 자유롭게 고유의 정신요법을 시행할 수 있도록 하기 위해서였다. 전통적인 정신의학을 강하게 거부했던 톨스토이는 자발적으로 보호시설 가운데 한곳으로 도피함으로써 신경 요양소를 "승인"했다.[35]

정신의학자들은 병적학을 쓰고 문학작품 속 인물에 대해 논함으로써, 정치적 원인을 문학비평 형태로 토론하는 러시아식 전통을 공유했다. 영국, 미국 등과 같이 러시아의 정신의학자들도 셰익스피어의 연극, 특히 〈햄릿〉에 매혹됐다. 그러나 햄릿에 대한 그들의 이해는 특정한 상황에 의해 형성된 것이었다. 러시아의 정신의학자들은 햄릿의 우유부단함과 소심함이 햄릿을 압박하는 상황 때문이라고 설명하며 자국의 정치적 상황을 투사했다. 햄릿이 처한 상황에 의해서든 러시아의 당대 상황에 의한 것이든 간에 억압은 사람의 성격을 꼬이게 하고 "불완전한 심리 상태"를 만든다고 주장했다. 그들은 억압받고 신경쇠약증에 걸린 러시아 지식인들에게서 햄릿 같은 의지박약의 모습을 보았다. 1905년 최초의 러시아 혁명은 정치적 상황을 변화시켰고 정신의학자들은 새로운 형태의 환자를 접하게 된다. 그 환자는 우유부단한 햄릿과 달리 세르반테스의 『돈키호테』의 주인공같이 이상하지만 활기차고 결단력 있는 병리적 "이타주의자"였다. 정신의학자들은 문학작품 속 인물로 환자들을 개념화하고 정신병에 대한 가치 지향적 접근법을 기반으로 질병의 원인을 환자의 뇌에서보

---

35 1888년, 톨스토이는 모스크바 근교에 있는 오그라노비치(Ogranovich) 박사의 "신경증 환자를 위한 요양 지역"에서 몇 주를 보냈다. 다음을 참조하라. S. A. Tolstaia, *Dnevniki: Part 2: 1891-1897*, Moscow: Sabashnikovy, 1929, p. 108, 236.

다 시대정신에서 찾고자 했다. 이를 통해 정신과학 안에서의 정신의학, 다시 말해 명백히 사회적 의미를 갖는 정신의학을 창조했다. 이것이 4장에서 논의되는 10월 혁명 직전의 문화적 혼돈기의 특징이었다.

혁명은 다수의 유토피아 및 반(半)유토피아 프로젝트의 길을 열었다. 그중 몇몇은 실현되기도 했다. "예방정신의학"이 그 예인데, 소비에트와 포스트 소비에트 시대의 러시아에서 신경정신의학 진료소와 정신 건강 치료를 위한 기초 교육 기관을 네트워크화하는 계획이었다. 반면에 동일한 내용의 프로젝트인 천재들을 위한 진료소는 실현되지 못했다. 후자를 계획했던 우랄 출신 정신의학자 세갈린은 정신병이 재능을 촉진한다고 믿었다. 그는 정신 질환은 잘 배양돼야 하고 국가 기관을 통해 보호돼야 한다고 주장했다. 실현되었든 되지 않았든 간에 상술한 두 프로젝트 모두를 관통하는 것은 대중, 국가, 정신의학적 통제를 특별 기관에 통합하려는 경향성이었다. 오늘날의 관점에서 되짚어 보면, 이러한 경향 속에서 훗날 지식인 박해를 위해 이용된 기관들의 일부 근간을 볼 수 있을 것이다.[36] 세갈린의 프로젝트는 정신의학적 관점이란 작품 및 작가에 대한 기존 입장을 되풀이

---

36 이후 소비에트 시기에 정신의학은 자주 정치적 억압의 도구로 사용됐다. 그러나 이러한 주제는 본 연구의 범주 밖에 있다. 소비에트연방의 정신의학 남용의 역사에 관한 상당량의 참고문헌이 있다. 다음을 참조하라. Sidney Bloch and Peter Reddaway, *Soviet Psychiatric Abuse: The Shadow over World Psychiatry*, London: Victor Gollancz, 1984; Semyon Gruzman, *On Soviet Totalitarian Psychiatry*, Amstredam: International Association of the Political Use of Psychiatry, 1989; Zh. A. Medvedev and R. A. Medvedev, *A Question of Madness*, trans. Alexander Lehrman, Ann Arbor, Mich.: Karoma, 1980; Theresa C. Smith and Thomas A. Oleszczuk, *No Asylum: State Psychiatric Repression in the Former USSR*, New York: New York Univ. Press, 1996; Robert van Voren ed., *Soviet Psychiatric Abuse in the Gorbachev Era*, Amsterdam: International Association of the Political Use of Psychiatry, 1989.

하며 여론을 따라가는 경향이 있다는 것을 재차 확인시켜 주었다. 이러한 무비판적 메아리는 혁명 이전 시기에는 급진적 지식인들에게서만 볼 수 있었다. 이에 반해 소비에트 시기에는 반대의 목소리가 거의 사라지고 체제에 맞춰진 여론이 형성됐다. 이것이 왜 정신의학자들이 러시아사 각각의 시기에 각기 다른 사회적 권력과 제휴하였는가라는 물음에 대한 답을 제공한다. 5장에서는 초기 소비에트 시기 문학과 정신의학자들의 관계를 추적하고 있다.

정신의학사 문헌의 엄청난 양적 증가에도 불구하고 이것은 러시아 내 통합적이고 체계적인 정신의학사 기록물의 출현으로 이어지지 못했다. 러시아어로 된 단 두 편의 역사서가 정신의학사에 대한 기본적인 정보를 제공해 줄 뿐이다. 페도토프의 연구는 1860년대 개혁 이전 시기 정신의학의 기관화에 초점을 맞추었고, 유딘의 영향력 있는 역사서는 좀 더 이후 시기인 소비에트 시대까지의 정신의학의 발달을 다뤘다.[37] 1950년대에 쓰인 이 역사서들은 현재 러시아에서의 연구, 의학사적 기록물의 발달, 정치적 변화 등을 고려해 수정돼야만 한다.[38] 영어로 된 연구서 가운데 줄리 베일 브라운의 업적이 가장 뚜렷하다. 브라운은 1860년대부터 10월 혁명에 이르는 기간을 집중적으로 다뤘다. 복잡한 정치적 배경을 비교하는 한편, 정신의학의 전문화

---

37 D. D. Fedotov, *Ocherki po istorii otechestvennoi psikhiatrii(vtoraia polovina XVIII veka i pervaia polovina XX veka)*, Moscow: Institut psikhiatrii, 1957; T. I. Iudin, *Ocherki istorii otechestvennoi psikhiatrii*, Moscow: Medgiz, 1951.

38 최근 러시아 언어 관련 연구 장학금은 오히려 드물며, 정신의학 학술지에 간헐적으로 실린 전기적 논문이 주를 이룬다. 게리시(Gerish)가 집필한 저술이 가장 유익하다. 다음 장에서 다루고 있는 그의 연구에 관한 참고문헌과 다음을 참조하라. *P. B. Gannushkin*, Moscow: Meditsina, 1975; *P. P. Kashchenko(1859-1920)*, Moscow: Meditsina, 1980.

에 연구의 초점을 맞추었다. 이에 반해 케네스 딕스는 그 이전 시기를 대상으로 정신병에 관한 러시아 대중의 태도를 기술했다. 조랍스키는 러시아 심리학에 대한 "비평사"에서 18세기부터 스탈린 체제 시기까지의 정신의학의 발전을 다루었다.[39]

관련한 역사적 논평들은 예카테리나 2세 치세 중 설립된 최초의 정신 질환 전문 기관을 여제의 지역정부 개혁과 관련짓는다. 1775년 예카테리나는 각 지역에 공공복지부를 두고 정신병원 설립에 대한 책임을 맡겼다.[40] 19세기 중반까지 러시아에는 40여 개의 정신병원이 세워졌으나, 이 병원들은 대개 피해야 할 공포의 장소로 인식됐다. 니콜라이 1세 재위 중 정부가 격리시설 개혁을 위한 위원회를 만들었으나 눈에 띄는 발전은 없었다. 1860년대 혁신의 거대한 흐름 속에서

---

39 Julie Vail Brown's "The Professionalization of Russian Psychiatry: 1857~1922", Ph. D. diss., Univ. of Pennsylvania, 1981; "Heroes and Non-Heroes: Recurring Themes in the Historiography of Russian-Soviet Psychiatry", eds. M. S. Micale and Roy Porter, *Discovering the History of Psychiatry*, New York: Oxford Univ. Press, 1994, pp. 297~307; "Revolution and Psychosis: The Mixing of Science and Politics in Russian Psychiatric Medicine, 1905-1913", *Russian Review 46*, 1987, pp. 283~302; "Professionalization and Radicalization: Russian Psychiatrists Respond to 1905", ed. Harley D. Balzer, *Russia's Missing Middle Class: The Professions in Russian History*, Armonk, N.Y.: M. E. Sharpe, 1996, pp. 143~167; "Psychiatrists and the State in Tsarist Russian", *Social Control and the State*, eds. Stanley Cohen and Andrew Scull, New York: M. Robertson, 1983, pp. 267~287; "Social Influences on Psychiatric Theory and Practice in Late Imperial Russia", eds. Susan Gross Solomon and John F. Hutchinson, *Health and Society in Revolutionary Russia*, Bloomington: Indiana Univ. Press, 1990, pp. 27~44.

Kenneth Steven Dix, "Madness in Russia, 1775-1864: Official Attitudes and Institutions for Its Care", Ph. D. diss., Univ. of California, 1977; David Joravsky, *Russian Psychology: A Critical History*, Oxford: Blackwell, 1989.

40 영어로 된 혁명 이전 러시아 정신의학사에 대한 간략하고 좋은 소개는 브라운의 글("Psychiatrists and the State in Tsarist Russia")을 참조하라. 다음 절에서 부분적으로 브라운의 해설을 활용하고 있다.

교육과 공공보건의 책임이 1864년에 형성된 지역자치정부 젬스트보로 옮겨졌다. 1875년 정부는 정신과적 치료가 필요한 모든 사람을 수용하는 권한을 젬스트보에 일임하며 시설 확장과 신축에 필요한 자금을 지원했다.

크림 전쟁 패배 뒤 러시아에서 이뤄진 의학 교육 개혁은 정신의학의 발달을 촉진했다. 1857년 상트페테르부르크 소재 외과의사아카데미에 최초로 정신의학과가 설립됐다. 이 학과의 학과장 발린스키(I. M. Balinski)는 러시아 최초의 정신과의사협회(1862)의 설립자이기도 했다. 제1회 정신과 의사 전국 대회가 1887년에 개최됐다. 1911년에 러시아 정신의학 및 신경병리학의사협회가 만들어졌으며 1883년에는 최초의 정신의학 잡지들이 출간됐다. 그중 하나는 발린스키의 외과의사아카데미 선배인 메르제옙스키(I. P. Merzheevskii)가, 다른 하나는 우크라이나 하리코프의 코발렙스키가 출판했다. 하리코프대학교는 코발렙스키의 주도하에 두 번째로 정신의학과를 조직했다. 과거 메르제옙스키의 학생이었던 베흐테레프는 1885년 카잔에 신설된 정신의학과 학과장으로 임명됐다. 모스크바에서는 상트페테르부르크, 하리코프, 카잔에서보다 뒤늦은 1893년에서야 정신의학과가 신경학과에서 공식적으로 분리됐다. 그리고 19세기 말 10여 년 동안 대부분의 러시아 대학에서 정신의학 프로그램을 개설하기에 이른다.

이러한 혁신은 직업 구조에 변화를 가져왔다. 또한 정신과 치료에서 서구 모델에 대한 관심을 고조시켰다. 정신의학자들은 벨기에, 영국, 프랑스, 독일, 스위스 등지의 정신병원을 견학하기 위해 국외로 향했다. 가난한 사람을 위해 일하는 젬스트보 의사들은 "정신의학 견학"을 마치고 러시아의 일상으로 복귀 후 (젬스트보) 지방정부와 중앙정부에 정신 치료 개혁을 위한 압력을 행사했다. 그들은 성과에 만족하지 못했다. 19세기 말 마지막 10년 사이에 정신병원의 수가 몇 배로 증가했지만, 서양의 여러 국가에 비하면 인구 대비 그 수가 적었다. 더욱이 한편으론 중앙과 지방정부 권력, 다른 한편으로는 의료지원이 절실한 대중 사이에 놓인 정신의학자들의 입장이, 그들이 직업적으로 각성되는 계기가 됐다. 러시아 정신의학자들은 국가의 이익에 반하더라도 정신이상자의 편에 설 것을 선언했다. 그들은 제도개혁을 주변 식민지 나라에도 도입하고 정신병을 앓고 있는 사람들에게 가족 같은 치료를 제공하려고 노력했다. 사설 클리닉과 요양소를 열기도 했다. 정신의학자들은 정부와 협상하는 과정에 직업적·정치적 권력을 구축했다. 러시아에 곧 불어닥칠 대변혁 전야, 급진적 성향이든 보수적 성향이든 간에 거의 대부분의 정신의학자가 정치, 사회, 문학 토론에 참여했다.

이 책은 1880년대부터 1930년대까지의 시기를 다루고 있다. 이 기간은 정신의학의 직업적 기반이 잡히고, 새로운 형태의 실습을 위한 연구, 심리 치료의 도입, 러시아 혁명에 뒤이은 대전환 등 정신의학에서의 주된 변화가 이뤄지는 시기이다. 러시아에 정신요법이 도입되었을 때 그것은 역사가들로부터 많은 주목을 받았다. 그리고 이 시기는 정신요법 전반에 커다란 변화를 초래했다는 점에서 중요하다고 할 수 있다.[41] 러시아 정신의학사에 대한 해설서가 부재한 가운데

---

41 러시아에서 정신분석 역사에 대한 연구물이 빠르게 생산되고 있다. 다음을 참조하라. Alberto Angelini, *La psicanalisi in Russia: dai precursori agli anni trenta*, Naples: Liguori Editore, 1988; Michèle Bertrand ed., *Psychanalyse en Russie*, Paris: L'Harmattan, 1992; Alexander Etkind, *Eros of the Impossible: The History of Psychoanalysis in Russia*, trans. Noah Rubins and Maria

본 저서는 아마도 이 직종에서 가장 격변기였을 것으로 추정되는 해당 시기에 대한 직관을 제공해 준다. 병적학이라는 장르를 통해서 당시를 살펴보는 것은 러시아 문화에서 러시아 문학이 차지하는 핵심적 역할을 확인하는 근거가 된다. 병적학에 초점을 맞추는 한편, 전반적으로 문학과 정신의학의 관계에 집중하는 것은 정신의학자들이 관여한 프로젝트 및 사회에서 그들의 지위에 대한 우리의 이해를 분명히 한다. 정신의학자들은 러시아 지식인과 가치를 공유하며 문학을 국가 정신보건과 참살이의 필수적 부분으로 인식했다. 예컨대 정신의학자들은 러시아 젊은이를 양성하고 교육하며, 그들의 감성을 배양하고 국가의 존엄성을 각성시켰다. 아울러 자신들의 의지를 강화하기 위해 문학의 중요성을 강조하는 동시에 정신의학자들 고유의 투쟁방식으로 작가동맹을 만들었다. 이러한 러시아 정신의학의 격동의 역사는 문학에 관한 토론 속에서 명백해진다.

Rubins, Boulder, Colo.: Westview, 1997; James L. Rice, *Freud's Russia: National Identity in the Evolution of Psychoanalysis*, New Brunswick, N. J.: Transaction, 1993; V. M. Leibin ed., *Zigmund Freid, psikhoanaliz i russkaia mysl'*, Moscow: Respublika, 1994; Magnus Ljunggren, *The Russian Mephisto: A Study of the Life and Work of Emilii Medtner*, Stockholm: Almqvist & Wiksell International, 1994; Martin Miller, *Freud and the Bolsheviks: Psychoanalysis in Imperial Russia and the Soviet Union*, New Haven: Yale Univ. Press, 1998.

1

고골과 도덕주의자 그리고 19세기 정신의학

사람들은 인간의 뇌가 머리에 있다고 믿지만, 그것은 진실이 아니다. 뇌는
카스피해에서 불어오는 바람을 타고 온다.

—고골[•]

정신의학자들은 최근까지 정신 질환이란 뇌 장애로 인한 급변 현상이라고
생각했다. 따라서 정신 질환 문제 해결의 확증을 뇌에서 찾고자 했지만, 그
러한 탐색으로 원하는 해답을 얻을 수 없었다. 그들은 여전히 풀리지 않는
과제에 대한 대안으로 기능주의, 분자학, 화학 이론 등에서 답을 찾기 시작
했다. (…) 그럼에도 불구하고 해답의 실마리를 찾을 수 있는 가장 이상적
분야인 심리학과 정신분석적 관점에서의 연구는 허용되지 않았다.

—예르마코프[••]

• Nikolai Gogol, *Diary of a Madman and Other Stories*, trans. Ronald Wilks, London: Penguin Books, 1972, pp. 33~34(first edition, 1835).

•• I. D. Ermakov, *Ocherki po analizu tvorchestva Gogolia* (*Organichnost' proizvedenii Gogolia*), Moscow: GIZ, 1922, p. 221.

뛰어난 재능과 사회비평으로 존경받던 니콜라이 고골이 자신의 전성기에 소설 집필을 그만두고 종교에 심취한 것을 두고 당대 사람들은 일생일대의 놀라운 반전이라 여기며 큰 의구심을 가졌다. 명석한 작가이자 열렬한 애국자였던 고골이 광신도가 된 이유가 정신 질환으로 판명되기까지 "고골의 수수께끼"는 동시대인을 당혹스럽게 했다.[1] 당시 사람들은 도덕적 판단 기준에 따라 인물을 평가했으므로 의학적 검증의 필요성을 간과했다. 그들은 급진적 문학비평가의 말을 좇아 작가가 온전하고 제대로 된 작품을 창작하기 위해서는 사회적 대의(social cause)에 복무해야 한다고 믿었다. 이런 분위기 속에서 정신분석학자들도 자신의 목소리를 내며 사회적 논쟁에 개입하기 시작한다. 고골 사후 50여 년 뒤 고골의 정신 질환에 관한 격렬한 논쟁에 정신분석학이 활용된다. 1902년 바제노프와 치시가 작성한 두 권의 병

---

1 뱌젬스키(P. A. Viazemskii)는 다음에서 인용되었다. "당신의 삶은 수수께끼였고, 이제 당신의 죽음마저 그러하다." Victor Erlich, *Gogol*, New Haven: Yale Univ. Press, 1969, p. 210.

적학은 19세기에 만연해 있던 견해, 즉 고골이 정신 질환에 시달렸다는 소문이 권위를 갖게 된 근거가 됐다. 이 두 명의 정신의학자는 예술은 사회적 사명에 복무해야 한다는 대중의 생각을 의학적 근거로 뒷받침하고자 했다.

특히 치시는 고골을 도덕적이라고 평가하기 위해 설득력 있게 의학적 근거를 제시한다. 그는 도덕적 입장을 견지한 자신의 프로젝트에서 정신분석학과 경험심리학적 관점으로 고골에 관해 기술했다. 그러나 20세기의 시작과 때를 같이해 고골에 대한 문학비평가들의 생각은 바뀌었다. 그들은 1차 러시아 혁명 전야에 독재정치에 저항했던 고골에 대해 목적의 부재로 혼란에 빠진 작가가 자신의 역할을 오판하여 그릇된 행동을 저질렀다고 본 기존의 견해 대신 승리한 천재라는 수식어를 붙이고자 했다. 이러한 이유로 치시의 견해는 "긴 19세기"[2]의 도덕 프로젝트를 재고하고 고골의 광기를 새로운 혁명 비전에 따라 재평가하려는 젊은 동료들로부터 공격을 받게 되었다. 그들은 고골의 논쟁에 새로운 차원의 개념, 즉 천재란 퇴폐의 신호를 드러내는 것이 아니라 인류의 발전을 이끈다는 주장을 도입했다. 아울러 낡은 도덕적 논리 및 고골에 대한 기존의 진단을 재고하라고 요구했다.

---

2 [옮긴이] '긴 19세기'는 러시아 문학비평가이자 작가인 일리야 에렌부르크(Ilya Ehrenburg)와 영국 역사가이자 마르크스주의자인 에릭 홉스봄(Eric Hobsbaum)이 유럽을 이해하는 데 특징적인 사상의 발전을 반영하는 1789~1914년까지의 역사적인 기간을 특정하기 위해 만든 용어이다.

니콜라이 바실리예비치 고골

여러 작가가 고골의 전기를 집필했다. 그중에서 가장 널리 읽힌 전기는 고골의 생애를 두 부분으로 분명하게 나눈다. 초기 작품 활동에서 고골은 독자층의 진심 어린 사랑과 광범위한 인기를 누렸다. 모국어인 우크라이나어로 농민과 상류사회를 묘사한 초기 작품에는 러시아인의 보편적 진지함과 대비되는 가벼운 해학이 넘쳐났다. 고골은 작가 초년 시절 희극 『감찰관』을 썼다. 러시아의 공직생활을 비열하고 우스꽝스럽게 묘사하면서 작품을 통해 관료사회의 만연한 부패, 관료의 교만과 노예근성을 그려 내고자 했다. 그는 이 희극으로 대중적 성공을 거두었으나, 당국으로부터의 비난에 직면하게 된다. 정부 정책에 반대하던 진영은 고골을 자신들의 리더라 생각했다. 고골은 당국의 비판을 피해 이탈리아로 떠났다.[3] 작가는 그곳에서 그의 주요 작품인 『죽은 혼』의 집필을 이어 갔다. 그는 이 소설에서 마지막 인구조사 이후 사망한 농노들, 즉 "죽은 영혼"을 허위로 거래하면서 자신의 가짜 재산을 국가에 저당잡히기 위해 러시아 전역을 여행하는 모험가를 그린다. 러시아 지방의 삶에 대한 화두를 던진 것으로 비친 이 소설은 사회 문제를 공격하는 풍자가로 고골의 평판을 강화했으며, 사람들이 사회 문제에 조소하도록 만들었다. 바로 이러한 방식으로 소설은 러시아인들의 어두운 삶의 단면을 밝혀 주었다.

1840년대에 고골은 줄곧 이탈리아에 거주했고, 러시아에는 잠깐

---

3 [옮긴이] 이에 대해, 고골이 대중의 비속한 반응에 환멸을 느꼈기 때문이라는 견해도 있다.

의 체류 일정으로 방문했다. 오랜 침묵 끝에 『친구와의 서신교환선』을 발표하는데, 이 작품은 러시아 독자층의 폭발적인 반응을 불러일으킨다.[4] 이 책의 예언적 어조는 고골의 이전 작품과는 대조적이었다. 『서신교환선』은 독자의 "잠든 영혼"을 일깨우기 위한 것이었을 뿐만 아니라 임박한 죽음 앞에 기독교적 죽음을 맞이할 준비로서 매우 병약했던 고골 자신을 위한 책이기도 했다. 이 책에는 고골의 "유언"을 비롯해 종교, 정치, 역사 등 다방면의 문제에 관한 작가의 글 모음과 편지가 수록돼 있었다. 그러나 지사는 어떻게 통치해야 하는지, 지주는 토지를 어떻게 관리해야 하는지, 또한 부부는 어떻게 결혼생활을 유지해야 하는지 등 일부 훈계조 내용으로 인해 대부분의 귀족 독자층은 아연실색했으며, 더욱이 고골 자신이 이러한 문제에 대해 실질적 경험이 없었으므로 희극 작가이자 풍자가로서의 고골의 이미지는 주제넘은 설교가의 이미지로 변색된다. 고골에 대한 이러한 부정적 인상을 강화하기 위해 정부 당국자들은 고골이 현 러시아 사회를 지지한다는 증거가 바로 『서신교환선』이라고 선전하며 책을 즉각 출판한다.

이에 고골의 열렬한 독자 가운데 다수가 고골에게 등을 돌렸고, 심지어 몇몇은 그가 황제로부터 사적 이익을 얻기 위해 책을 출판한 것으로 의심의 눈길을 보냈다. 반면, 보수파 슬라브주의자는 『서신교환선』이야말로 고골의 저서 가운데 유일하게 가치 있는 책이라고 칭송하며, 이 책이야말로 당시의 사회·정치적 저항이 『감찰관』과 『죽은

---

4 영어 번역은 다음을 참조하라. Gogol, *Selected Passages from Correspondence with Friends*, trans. Jesse Zeldin, Nashville: Vanderbilt Univ. Press, 1969.

혼』에서 비롯됐다고 본 서구주의자에 대한 승리라고 주장했다. 양측 모두는 고골이 니콜라이 1세 정권에 아첨하는 것처럼 보였다는 사실에 충격을 받았다. 『문학신문』(*Literaturnaia gazeta*)에 실린 서평은 고골이 "마지막 작품 『죽은 혼』을 출간한 뒤 사망했다. 그의 육체적 죽음은 이에 비하면 훨씬 덜 중요하다"라고 선언했다.[5]

『친구와의 서신교환선』을 둘러싼 논쟁은 문학비평가 벨린스키가 고골에게 쓴 공개 편지에서 그 정점에 이른다. 이전부터 고골을 찬미했던 벨린스키는, 일찍이 고골을 가리켜 작가의 관심을 일상의 현실로 돌린 새로운 문학운동인 소위 자연주의학파의 아버지라고 치켜세웠다. 그는 1830년대부터 1840년대 초까지 하층민을 주제로 하는 데다 품위 없는 말씨를 쓴다는 이유로 고골을 비난하던 비평가들에 맞서 작가를 옹호했다. 벨린스키의 예리하고 재치 있는 논박은 고골이 엄청난 인기를 누리는 데 상당한 영향을 미쳤다. 그러나 벨린스키조차도 고골에게 다음과 같이 썼다. "조국이라는 혈연으로 하나된 사람이 조국의 희망, 명예, 영광, 자각과 발전, 진보의 여정에 서 있는 위대한 지도자를 사랑할 수 있을 만큼의 온 열정으로 당신을 사랑합니다. 당신은 그 사랑을 잃게 된 순간에 그런 사랑을 잃었다는 사실에 아주 잠시라도 진심으로 마음의 평정심을 잃어야 합니다." 벨린스키는 고골이 이제 러시아 민중의 종교적 진보에 모든 희망을 걸고 있지만, 그들의 문제와 욕구를 매우 잘못짚고 있다고 언급했다. "러시아를 구원하는 힘은 신비주의나 금욕주의 혹은 경건주의가 아니라

---

5 인용은 다음을 보라. Ruth Sobel, *Gogol's Forgotten Book: Selected Passages and Its Contemporary Readers*, Washington: Univ. Press of America, 1981, p. 186.

문명과 계몽 그리고 인류애에 있음을 당신은 깨닫지 못했습니다."[6]

『서신교환선』의 편지 중 하나는 "러시아 지주 계급"에 쓴 것이었는데, 특히 이 편지가 벨린스키의 분노를 샀다. 이 서신에서 고골은 지주를 향해 소작농에게 복음을 전파하라고 충고했다. 그는 이를 듣지 않는 자가 있다면 "사람들 앞에서 꾸짖고, '불결한 자여! 항상 더러움 속에 살아서 아무것도 보지 못하는구나. 이성을 따르지 않는 자는 개처럼 죽을 것이다'라고 말하라"고 했다.[7] 벨린스키는 격노했다. 그는 고골을 "태형의 제안자이자 무지의 선구자, 반(反)계몽주의 투사, 지옥 속 어둠, 타타르인의 도덕을 찬미하는 사람"으로 간주했다. 광기 외에는 고골의 행동을 품위 있게 설명할 다른 방법이 없다고 공개적으로 언급한 최초의 사람이 벨린스키였다. "당신은 병들어 있거나, 이 경우라면 당신은 서둘러 치료를 받아야 합니다. 그게 아니라면 (…) 나는 내 생각을 말로 옮기는 것조차 두렵습니다!"[8]

러시아 경찰을 피해 안전한 오스트리아의 잘츠부르크에서 작성한 벨린스키의 편지는 고골을 향한 비판뿐만 아니라 러시아 전제정치에 대한 날선 공격을 담고 있었다. 러시아에서 편지를 출판하는 것은 불가능했으며 복사본의 배포 역시 불법이었다. 벨린스키의 편지를 유포한 도스토옙스키는 바로 이 때문에 사형선고(이후 시베리아 유형으로 감형)를 받는다. 그러나 이 서신은 러시아 혁명의식에 막대한 영향을 끼쳤다. 심지어 벨린스키의 영향력이 예술에 대한 이해는 물

---

6 V. G. Belinsky, "Letter to N. V. Gogol"(1847), ed. Ralph E. Matlaw, *Belinsky, Chernyshevsky and Dobroliubov: Selected Criticism*, Bloomington:Indiana Univ. Press, 1976, p. 83.

7 Gogol, *Selected Passages*, p. 139.

8 Belinsky, "Letter to N.V. Gogol", p. 85.

론 사회 속 예술의 위치에까지 미치게 된 것은 주목할 만한 것이었다. 벨린스키는 문학이 사회적 역할을 수행해야 한다고 주장하면서 도덕적 잣대로 "순수예술"을 비판했다.

20세기까지 예술의 사회적 책무를 옹호하는 사람들과 "예술을 위한 예술"을 지지하는 사람들 간의 기나긴 충돌이 러시아 문학과 문학비평의 **화두**였다.[9] 벨린스키는 작가에게 작가 자신의 삶과 작품 사이에 연속성과 일관성을 가질 것을 요구하면서 엄중한 도덕성을 강조했다. 이사야 벌린이 특별히 러시아적인 것으로 규정한 [작가의 삶과 작품 속 내용을 동일시하는] 입장은 삶과 예술의 경계가 모호한 전통으로 확립됐다. 이러한 전통은 예술과 예술가의 일상생활 모두에 동일한 판단의 잣대를 들이댄다. 결과적으로 "예술적 형식은 물론이고 묘사되는 인물의 성격에 대해, 또한 작가의 개인적 자질뿐만 아니라 소설의 내용 전반에 대한 칭찬과 비난, 사랑과 증오, 존경과 멸시 등을 자유롭게 표현할 정도에 이른다".[10] 고골은 이러한 전통의 시험대가 됐고, "러시아적인 태도"라는 이사야 벌린의 주장에 공감하는 비평가나 역사가, 독자에 의해 여러 세대에 걸쳐 끊임없이 평가받게 된다.

1848년 결핵으로 세상을 떠난 벨린스키는 러시아 자유주의자와 혁명가의 영웅이 됐다. 열렬한 애국자 고골과 자유와 민주주의의 배신자 고골이라는 각기 다른 "두 명의 고골"에 대한 벨린스키의 견해

---

9 다음 예를 참조하라. Victor Terras, *Belinsky and Russian Literary Criticism*, Madison: Univ. of Wisconsin Press, 1974.

10 Isaiah Berlin, *Russian Thinkers*, eds. Henry Hardy and Aileen Kelly, London: Penguin Books, 1994, p. 116.

는 러시아인의 마음속에 더욱 깊게 각인됐다.[11] 자신의 책에 대한 논쟁과 관련하여 고골은 "따귀를 맞은" 것과 같이 여겼고 육체적으로는 건강할지라도 "살아 있는 사람의 몸이 끔찍하게 해부당해 애간장을 도려내는 것과 같다"고 느꼈다. 고골은 자신의 잘못을 순전히 개인적인 것으로 받아들여, 이 모든 것을 『친구와의 서신교환선』을 집필하는 동안 얻은 "병적이고 부자연스러운 정신 상태"의 탓으로 돌렸다. 그러나 『친구와의 서신교환선』에 내재해 있는 가치에 대해서는 한 치의 의심도 하지 않았으며 대중에 해로울 수 있다는 점 역시 인정하지 않았다.[12] 그는 자신이 갑작스러운 변화를 겪었다는 사실을 부인했고, 『감찰관』과 『죽은 혼』, 『친구와의 서신교환선』은 영혼의 부패를 묘사해 독자 스스로 개과천선할 수 있게 하려는 의도로 쓰였다고 주장했다. 고골은 오래전부터 품었던 예루살렘 순례의 꿈을 1848년에 이뤘고, 얼마 지나지 않아 그리스정교의 사제이자 수행자인 마트베이 신부의 열렬한 추종자가 됐다. 신부는 속세의 예술은 죄악이라며 고골을 설득했고, 이에 승복한 고골은 1852년 초 『죽은 혼』 제2권의 원고를 불태웠다. 또한 마트베이 신부는 고골에게 사순절 동안 단식할 것을 권했다. 이에 과도할 정도로 식탐을 즐겼던 고골이 아무것도 먹지 않은 채 성상 앞에 무릎을 꿇기도 했다.

블라디미르 나보코프는 감정적으로 불편함을 느껴 고골의 삶의

---

11   "두 명의 고골"이라는 아이디어는 다음을 참조하라. Robert A. Maguire, "Introduction", *Gogol from the Twentieth Century: Eleven Essays*, ed., trans. and intro. Robert A. Maguire, Princeton: Princeton Univ. Press, 1974, pp. 11~13.

12   고골은 다음에서 인용되었다. Sobel, *Gogol's Forgotten Book*, p. 179, 272.

후반부를 서술하는 데 주저했다.[13] 고골이 걱정된 친구들은 의사를 불렀으나 의사들의 진단이 서로 달라, 육체적으로 지친 고골에게 다량의 의약품을 투여하기도 하고 최면술을 시도하기도 했다. 그들 중 한 명은 이후에 그때의 상황에 대해 다음과 같이 회고한다.

> 저녁에 소콜로고르스키(의사 중 한 명)가 고골에게 최면을 걸기 위해 왔다. 그가 고골의 머리 위에, 그런 다음 어깨 아래에 손을 넣고 최면을 시작하려고 하자 고골이 뒤척이며 말했다. "나를 그냥 내버려두시오." 나중에는 클리멘코프가 부름을 받고 왔는데, 그의 거만한 행동이 나를 자극했다. 그는 고골의 손을 강제로 잡은 채, 마치 청각 장애인이나 미치광이를 대하듯 어디가 아픈지를 물으며 고함을 질렀다. 그 행동이 환자를 짜증나게 했음이 분명하다. 고골은 점차 의식을 잃고 있었고 마침내 "나를 좀 내버려두시오"라고 간청했다. 그러고는 고개를 돌리고 자신의 손을 감췄다. 내가 다음 날 아침까지 기다려 보자고 하자, 클리멘코프는 나쁜 피가 빠져나가게 두라거나, 차가운 천으로 고골을 감싸라고 충고했다. 그러나 바로 그날 저녁, 고골이 돌아눕는 순간, 그들은 기술적으로 비누 좌약을 삽입했고, 이 때문에 고골은 다시 울부짖었다.[14]

그다음 날 의사들은 고골을 따뜻한 물에 들어가게 한 후 머리에

---

13 Vladimir Nabokov, *Nikolai Gogol*, New York: New Directions, 1961, p. 129.
14 타라셴코프는 다음에서 인용되었다. V. I. Shenrok, *Materialy dlia biografii N. V. Gogolia*, 4, Moscow: Lissner & Geshel', 1897, p. 860.

찬물을 부었다. 그런 후 고골을 침대에 눕히고 거머리 여섯 마리를 코에 붙여 놓았다. 관장과 방혈(防血)을 함께 쓴 이 치료법이 고골의 죽음을 앞당겼을 것으로 추정된다.

고골의 삶에 대한 의학적 해석

고골의 죽음은 작가의 생애를 재해석해 볼 기회가 되었다. 친구 포고 딘은 고골 사망 관련 기사를 쓰며 대안적인 견해를 피력했다. 그는 고골이 『죽은 혼』의 2권을 폐기한 이유가 "위대한 기독교적 자기희생의 행동인지, 아니면 내면 깊숙이 숨겨 왔던 자기유혹의 결과인지, 그것도 아니라면 비참한 정신 질환에 의한 것인지"를 수사적으로 물었다. 급진적인 비평가 체르니솁스키는 "고골이 한 역할을 비판하기"에 앞서 그의 삶에 대한 심도 있는 조사를 제안했다. 체르니솁스키에 따르면, 고골은 정직하고 충실한 사람이었으나, 생의 말로에 "이상한 망상"에 사로잡혀 "의지와는 반대로" 행동했다. 고골에게 연민을 느꼈던 동료들조차 그가 기이했음을 지적했다. 예컨대, 투르게네프는 죽음의 목전에 있던 고골을 만났을 때 "이 얼마나 영리하고 유별나며 병약한 사람인가"라고 외치고 싶었다. 그런 까닭에 투르게네프는 고골이 "정신이 어떻게 된 비상한 천재"라는 생각을 "모스크바 전체"가 공유했다고 전했다. 우크라이나의 작가이자 민족지학자 쿨리시 역시 고골 심리의 병적 전개를 연구하기 위해 고골의 초기 전기 가운데 하나를 집필했다. 전기의 제1권은 변화가 있었던 것으로 추정되는

해인 1842년 이전을 다뤘고, 제2권은 그 이후의 짧은 시기를 다뤘다.[15]

뒤이은 전기 작가 셴로크는 당대의 도덕적 판단을 온전히 공유했다. "만약 고골이 행복 지침서를 가졌더라면, 만약 거창한 유토피아를 추구하지 않고 풍자로 사회의 병폐를 밝혀내는 일에 겸손히 자신의 능력을 국한할 수 있었다면, 그의 문학과 인생의 결실은 후대에 밝은 별처럼 빛이 되었을 것이다." 셴로크는 고골이 상황에 적절하게 대처하지 못했다는 입장을 견지했으며, 『죽은 혼』 제1권을 집필하는 동안 기력을 상실했다고 주장했다. "이것이 (⋯) 결과적으로 자신의 재능을 매장시킬 (⋯) 신비주의에 이르는 질병으로 고골을 이끌었다." 셴로크 자신도 때때로 고골의 병을 "광기"와 "정신착란"이라고 불렀지만, 그럼에도 불구하고 의사들이 고골에게 행한 최후의 치료에 대해서는 인정하지 않았다. 그들은 고골의 내면세계로 들어가지 못했고 "죽음을 준비하는 위대한 순간이어야 할 최후를 무자비하게 독살시켰다."[16]

고골의 생애를 담은 초기의 의학적 해석 가운데 하나가 이탈리아에서 출판됐다. 롬브로소는 『천재와 광기』에서 천재와 정신 질환의 관계에 대한 일례로 고골을 언급했다. 롬브로소에게 고골의 타락

15 포고딘은 다음에서 인용되었다. Vladimir Voropaev, "Poslednie dni Nikolaia Gogolia", *Literaturnaia ucheba*, no. 2, 1992, p. 55; N. G. Chernyshevsky, (Review of) "Zapiski o zhizni Nikolaia Vasil'evicha Gogolia, St. Petersburg, 1856"(1856), eds. A. K. Kotov and M. Ia. Poliakov, *N. V. Gogol' v russkoi kritike*, Moscow: Khudozhestvennaia literatura, 1953, pp. 391~406; I. S. Turgenev, "Gogol"(1869), ed. S. Mashinskii, *N.V. Gogol' v russkoi kritike i vospominaniiakh sovremennikov*, Moscow: GIZ detskoi literatury, 1951, p. 318(투르게네프는 고골과의 대화 이후, 그의 첫인상인 "피로, 질환, 초조한 불안감"이 사라졌다고 덧붙였다); Nikolai M.(P. A. Kulish), *Zapiski o zhizni N. V. Gogolia*, 2 vols., St. Petersbur, 1856.

16 Shenrok, *Materialy*, p. 16, 28, 862.

한 정체성이란 작가적 재능, 습관, 병에 대한 잘못된 명칭일 뿐이었다. 롬브로소는 고골이 "불행한 연애로 고통받은 뒤, 수년 동안 자신을 무절제한 자위에 내맡겼으나 결과적으로 훌륭한 소설가가 됐다"라고 말했다.

> 고골은 자신의 명성이 정점에 이르렀을 때, 새로운 생각에 사로잡혔다. 그는 자신이 조국을 지나치게 거칠고 사실적으로 묘사해 이것이 혁명을 선동하는지도 모른다고 생각했다. (…) 자신의 글이 서양의 자유주의에 맞선다고 생각했지만, 이러한 해독제로 독자들을 중화시키기에는 역부족이었다. 이후, 그는 집필을 포기했다. 칩거하면서 혁명에 관한 자신의 죄악에 대해 신께 용서를 구하고, 성자들에게 간원하는 기도를 하는 데 몰두했다. 고골은 예루살렘을 성지순례 했고, 이를 통해 어느 정도 위안을 얻을 수 있었다. 그즈음, 1848년 혁명이 일어났고 고골은 다시 양심의 가책을 느꼈다. 니힐리즘의 승리를 보는 것 자체가 그를 괴롭혔다. 그는 불안에 떨며 신성한 러시아가 이교도 서유럽을 무너뜨리는 투쟁에 나서 줄 것을 호소했다. (…) 1852년 위대한 소설가는 쇠잔하여, 정확히는 척수매독으로 인해, 그가 묵언 기도를 하며 마지막 생을 보냈던 성화(聖畵) 앞에서 죽은 채로 발견됐다.[17]

러시아의 동시대인이 그러했듯이 교권(敎權) 개입을 반대했던 롬브로소는 고골의 신비주의를 수용하지 않았으며 고골의 인생에 대

---

17 Cesare Lombroso, *Genio e follia*(1863). 영어 번역서는 다음을 참조하라. *The Man of Genius*, London: Walter Scott, 1891, pp. 98~99.

한 의학적 접근을 새로이 제안했다. 러시아 의사들은 고골의 삶에 대한 비평가들의 견해를 당연하게 여겼다. 예컨대, 벨린스키처럼 자유주의의 가치를 배신한 고골을 비난했다. 의사들도 체르니셉스키와 셴로크가 주장했던 것처럼 정신 질환이 고골의 재능을 파괴했다고 생각했다.

고골의 병에 대한 논쟁에 포문을 연 의사는 러시아의 저명한 정신의학자 바제노프였다. 1901년 12월, 고골 사망 50주기 전야에 바제노프는 모스크바 정신의학 및 신경병리학의사협회에서 연설을 한다. 광범위한 내용을 담은 이 연설은 1년 뒤 책으로 출간됐다.[18] 바제노프는 고골이 중병을 앓았으나 오진으로 잘못된 처치가 이뤄졌다고 보았다. "그 의사들은 자신들이 했던 처치와 정반대로 치료를 했어야 했다. 가령, 피를 빼고 정맥주사로 영양을 공급하지 말고 강제로라도 음식을 먹었어야 했다." 그러나 바제노프는 "다른 분야와 마찬가지로 의학 역시 여러 실수를 통해 올바른 방법을 찾을 수 있기 때문에" 의사들을 이해해야 한다고 주장했다.[19] 바제노프는 고골이 살던 시대보다 현재의 의학이 훨씬 발전했으므로 전기 등의 문헌을 참고한 연구를 통해 스스로 고골의 상태를 진단해 보고자 했다. 당시 고골의 전기 출간을 준비 중이던 셴로크에게 개인적으로 부탁해 자료를 얻을 수 있었다.

---

18 N. N. Bazhenov, "Bolezn' i smert' Gogolia", *Russkaia mysl'*, no. 1, 1902, pp. 133~149; no. 2, pp. 52~71. 다른 출간본은 다음을 참조하라. *Bolezn' i smert' Gogolia*, Moscow, 1902. 영어 요약서는 다음을 참조하라. "Dr. N. N. Bazhenov on Gogol", ed. Andrew Field, *The Completion of Russian Literature*, New York: Atheneum, 1971, pp. 83~99. 필자는 가능한 후자에서 인용한다.

19 "Dr. N. N. Bazhenov", p. 99.

바제노프는 고골이 임종하는 순간까지 옆을 지켰던 타라센코프 (A. P. Tarasenkov) 박사의 의학적 견해에 동의하지 않았다. 고골의 죽음을 지켜보며 충격을 받은 타라센코프는 후일 고골이 받은 고통의 원인은 "정신적인 것"이었다고 결론지었다.

고골의 삶에 관한 모든 내용을 상세히 고찰하지 않고 그의 생각이나 신념, 목표, 주위환경과 같은 눈에 보이는 현상만 가지고 판단한다면 지금껏 그래 왔듯 그의 병을 티푸스나, 위장염, 종교적 광신증 따위로 치부해 버리게 돼 결과적으로 문제의 논지를 흐리게 하기 쉽다. 그러나 그의 집에서 관찰할 수 있었던 자세한 내용을 안다면 이러한 피상적 판단을 내릴 수는 없을 것이다. 마치 그의 죽음이 예정돼 있기라도 하듯이 매우 다양한 증거가 있었고, 증거를 조합해 보는 것만으로도 바른 판단을 내릴 수 있었다. 정신적 요소가 병의 결정적 원인이었다. 탐구하는 작가였던 고골은 러시아 생활을 그려 내는 것에 만족하지 않고 자신의 시적 이미지를 통해 러시아가 더 건설적인 방향으로 변화하도록 어떻게 모두에 영향을 줄 것인가 하는 문제에 몰두했다. 그는 기존의 질서를 싫어했다. 고골은 이를 한탄했고 더 나은 질서, 더 나은 사람들, 더 나은 삶을 찾기를 바랐다.[20]

타라센코프도 고골의 생전 에피소드 하나를 기록으로 전했다. 2월의 춥고 어두운 밤, 고골은 썰매식 마차에 몸을 싣고 마을의 반대

20 타라센코프는 다음에서 인용되었다. Shenrok, *Materialy*, p. 864.

편 끝에 있는 모스크바 시립정신병원인 프레오브라젠스키로 향했다. 그는 병원 입구에서 하차해 문 앞에서 서성대었으나 되돌아갔다. 고골의 다른 친구들처럼 타라센코프도 당시 유로지비[21]로 명성을 얻던 이반 코레샤(Ivan Koreisha)가 그 병원에 입원해 있었으므로 고골이 그를 만나 조언을 구하고자 했을 것으로 추측했다.

그러나 바제노프는 늙은 의사의 추론 어느 것에도 동의하지 않았다. 그는 "그 당시 그리고 훨씬 이후까지 프레오브라젠스키가 모스크바의 유일한 공립정신병원이었다는 것을 기억한다면, 고골의 비밀스러운 행차에 대해 그가 당시 모스크바에 유일한 정신병원의 의사를 만나 상담을 받고자 했던 것으로 설명할 수 있다. 그런 종류의 환자에게서 볼 수 있는 특징이듯 고골도 자신의 정신생활을 위협하는 재앙을 느끼고 도움을 구하고자 찾아갔으나, 그러한 고통을 겪고 있는 사람에게서 나타나는 전형적인 우유부단함으로 인해 병원 문 앞에서 돌아섰다는 추측도 매우 가능하다"고 주장했다. 그럼에도 불구하고 고골이 살던 시대의 정신과 의사들이 이러한 질병 치료에 적절한 도움을 제공할 수 없었을 것이라는 점과 바제노프가 고골의 질환으로 진단한 주기적 정신이상이 고골 사후 2년이 지난 뒤에야 정신질환에 포함됐다는 사실은 바제노프 역시 인정하지 않을 수 없었다. 프레오브라젠스키의 의사들은 상술한 바와 같이 정신이상을 앓는 작가에게 아무런 도움이 되지 못했을 것이다. 왜냐하면, 바제노프가 목

---

21 [옮긴이] 원문의 soothsayer를 여기서는 "유로지비"(iurodivyj)로 옮겼다. 유로지비는 바보, 빈털터리를 뜻하는 슬라브 고어에서 생긴 어휘로 직접적 의미에 따르면 미친 사람, 비정상인을 말한다. 그러나 종교·문화적 맥락에서의 유로지비는 죄악을 드러내고 진실을 설파하는 것을 두려워하지 않는, 신의 지혜를 숨기고 다니는 성자를 뜻한다.

격했듯이, 고골이 죽고 30년이 지난 후에도 그곳은 "병원이 아니라 실성한 사람들을 위한 집이었다. 입구에 '이곳에 들어오는 모든 자는 희망을 버릴지어다'라는 단테의 지옥 구절을 누군가가 써 놓았을 법한 정도"[22]였기 때문이다.

바제노프는 고골의 시대부터 정신의학이 계속 발전돼 왔으므로, 이제는 과학적인 방법으로 고골의 병을 진단할 수 있다고 주장했다. 그는 고골이 정신 질환을 앓았다는 사실 자체는 의심의 여지가 없다고 판단했지만, 고골의 "광기"에 대한 셴로크의 견해는 비판했다. 이는 셴로크의 주장이 고골이 겪지 않은 정신착란, 망상, 우스꽝스러운 행동 등 매우 심각한 증상의 진단을 내포하고 있기 때문이었다. 게다가 바제노프의 견해로는 "셴로크는 고골의 병의 중증 정도나 일반적 정신착란을 판단하기에 절대적으로 자격이 부족했다". 그러한 진단은 오로지 현대 정신의학의 지식으로 무장된 전문가의 특권이기 때문이었다.[23]

바제노프는 고골의 삶에 결정적인 위기가 있었다는 셴로크의 견해를 수용하지 않았다. 대신 고골이 늘 한결같은 생각을 견지했으며, 결과적으로 말년에 더욱 강건해졌다는 일부 친구와 비평가의 의견에 동조했다. 한편, 바제노프는 고골이 이러한 이상주의적 상념으로 인해 언제나 혼란스러웠을 것이라 생각했다. 왜냐하면 고골은 뛰어난 인재로서 진보적인 작품을 썼지만, 생활 태도는 상식을 따르는 보수

---

22 "Dr. N. N. Bazhenov", pp. 85~86.
23 Bazhenov, *Bolezn'*, p. 4.

적 성향을 벗어나지 못했기 때문이다.[24] 그는 심지어 고골이 전도유망했던 시절부터 이미 "우울증을 동반한 신경쇠약증"을 앓고 있었다고 주장했다. 고골은 당시 두통, 불안, 심한 감정 기복에 시달렸고 이상행동을 했다. 바제노프는 고골이 "의심할 바 없이 정신이상 기질이 있는" 어머니로부터 피를 물려받았음을 지적했다. "이러한 완전히 신경과민적인 심리적 바탕에서 고골의 진짜 병이 발생한 것이다. (…) 고골은 오늘날 과학 용어로 주기성 정신병이라고 부르는 병의 일종, 더 구체적으로 말하자면 주기성 우울증으로 생의 중반기부터 말년에 이르는 거의 대부분의 시간을 고통받았다."[25] 고골이 창조 활동을 줄이고 신앙에 몰입한 시기와 이 주기성 질환의 발병이 깊은 관련이 있다.

바제노프의 글은 충분히 입증됐고 고골이 정신 질환을 앓았다는 논거에 설득력을 실었다. 그럼에도 불구하고 바제노프의 결론은 고골이 "퇴폐 유형"(degenerate type)이었다는 롬브로소의 발언보다 훨씬 완곡했다. 바제노프는 고골과 기타 천재들을 퇴폐한 사람으로 간주해서는 안 된다고 믿었다. 바제노프는 대신에 그들을 더 진화한 "창조적인" 사람들로 분류해야 한다고 주장했다. 인류의 진취적인 발전인 창조란 비록 병들었으나 평범한 사람에게 부재한 자질을 갖춘 천재들을 통해 이뤄지기 때문이다. (창작에 관한 바제노프의 의견은 2장에서 다룬다.) 이 책이 나왔을 때 바제노프의 주장은 매우 논란이 됐다. 러시아의 정치, 문학평론의 주류에 극적 전환이 발생한

---

24 *Ibid.*, pp. 32~33.
25 "Dr. N. N. Bazhenov", pp. 86~91.

몇 년 후에 가서야 그의 주장을 옹호하는 사람들이 생겨났다. 그러나 1902년 당시에는 고골이 "시대에 앞선" 천재라는 견해를 지지하는 사람보다 이에 반대하는 세력이 많았다.

바제노프는 모스크바 정신의학 및 신경병리학의사협회에서 고골에 대한 자신의 생각을 연설했으며, 몇 달 뒤 도르파(지금의 에스토니아 타르투)에 체류 중이던 동료 치시도 어느 대학의 모임에서 비슷한 내용의 연설(1904년에 출판됨)을 했다. 두 정신의학자는 다른 배경을 가졌지만, 치시가 연설 도입부에서 분명히 밝히고 있는 바와 같이 유사한 교훈적 목표를 추구했다. 그는 "우리의 위대한 풍자가가 왜 그렇게 적게 저술을 했는지, 어째서 러시아가 절실히 필요로 하던 자신의 경력을 그렇게 일찍 끝냈는지, 왜 가장 왕성히 활동하던 시기를 해외에서 보내야 했는지 그리고 무슨 까닭에 대중적 활동에서 멀어졌는지"를 설명하는 것이 자신의 과제라고 생각했다. 그는 "국가의 자부심인 고골의 작품과 고골의 행동 사이에서 온전한 정신과 정신이상을 구분하기" 위해 나섰다. 그리고 자신이 우울증이라고 진단했던 고골의 질환이 "고골 스스로 러시아를 떠나게 했다"고 결론지었다.[26] 치시가 정리한 고골의 병리는 19세기 정신의학의 도덕적 과제와 밀접한 관련이 있다.

26 치시의 1902년 연설은 다음과 같이 출판됐다. V. F. Chizh, *Bolezn' N. V. Gogolia*, Moscow: Kushnerev, 1904, p. 216.

블라디미르 페도로비치 치시

치시는 우크라이나의 지배층 출신이었다. 장군이었던 아버지는 번창한 농업 지역 폴타바 근처에 땅을 소유했다. 그곳은 고골이 밝고 쾌활한 작품 『디칸카 근교의 야화』를 쓰기 시작한 곳이기도 하다. 그러나 치시는 그 지역의 밝은 기운을 그다지 받지 못했다. 가족이 러시아 스몰렌스크에 살 때 태어났고, 이후 페테르부르크로 유학 왔기 때문이었다.[27] 1878년, 그는 유명한 외과의사아카데미를 졸업한 뒤, 발트해에 있는 요새 섬 크론시타트의 해군병원에서 주임 의사 보조로 봉직하게 됐다. 3년간의 근무를 마친 후, 1881년에 페테르부르크로 돌아와 경찰 기관 산하 정신 질환자 쉼터 의사로 근무하며, 감옥병원의 보조 의사를 겸직했다. 이곳에서 그는 자신이 그동안 의학 교육을 통해 배운 것 이상의 많은 문제에 직면했다. 그중 하나는 범죄와 정신이상의 상관관계에 관한 곤혹스러운 질문들이었다. 치시는 비슷한 계층 출신의 지식인으로 문학비평가이자 역사학자인 옵샤니코-쿨리콥스키 등의 동료들과 이 문제를 공유했다. 옵샤니코-쿨리콥스키는 유년기부터 정신이상자에 대한 반감과 그에 못지않은 흥미가 공존했음을 고백했다. 그에 따르면, 자라면서 자신이 "두 종류의 크나큰 불행, 즉 미쳐 가거나 살해하는, 특히 후자를 겪는 사람들에 속하게 됐다. 그러나 내 개인적 생각으로는, 이 두 가지는 매우 견고하게 엮여

---

27 치시 전기에 관한 정보는 다음을 참조하라. F. S. Tekut'ev, *Istoricheskii ocherk kafedry i kliniki dushevnykh i nervnykh boleznei pri Imperatorskoi Voenno-Meditsinskoi Akademii*, St. Petersburg: Voennaia tipografiia, 1898, pp. 216~220.

있기 때문에 살인에 대한 도덕적 공포는 광기로 확장된다. 그리고 모든 종류의 광기 중에서 가장 끔찍한 것은 소위 '도덕적 광기'이며, 이것은 참을 수 없는 혐오감과 정신적 고통을 유발한다".[28]

이러한 문제에 대한 답을 범죄인류학에서 찾을 수 있었다. 치시, 옵샤니코-쿨리콥스키 외에 여러 사람이 의지적 범죄 행위, 다시 말해 신이 내린 선악에 관한 판단을 거스르는 죄악의 근원적 이유를 찾고자 했다. 그들은 범죄의 원인에 대해 "'악'하거나 '범죄적'인 의지에 의한 것이 아니라 이는 전적으로 범죄자의 심리적 요소 및 신체적 요소의 불완전한 조합"에 따른다고 주장했다.[29] 옵샤니코-쿨리콥스키는 롬브로소의 글을 읽자마자, 그의 학설에 "즉각적으로 매료됐다. 마치 내가 그것을 받아들일 준비를 하고 있기라도 했던 것처럼. (…) 범죄 유형(적어도 심리적인 유형)의 존재는 명백히 나를 위한 것이었다. 나는 범죄자의 영혼과 '도덕'을 원시적으로 재생시킨 (적어도 심리적인) 범죄 유형이 존재한다는 것을 믿어 의심치 않는다. 나는 도덕적 타락, 도덕적 해이 및 지적 장애와 같은 이러한 유형이야말로 세대를 이어 전해지며 최상의 문화적 동력과 성취를 위협하는 심각한 인류의 병증, 운명적인 악이라고 생각한다".[30] 옵샤니코-쿨리콥스키는 이후 철학, 문학, 심리학에 집중하며 학문적 경력을 쌓기 시작한다. 반면, 치시는 정신의학, 범죄인류학, 경험심리학에서 그 해답을 찾으려

28 D. N. Ovsianiko-Kulikovskii, "Iz istorii russkoi intelligentsii: Vospominaniia", *Literaturno-kriticheskie raboty*, no. 2, Moscow: Khudozhestvennaia literatura, 1989, p. 307. 옵샤니코-쿨리콥스키는 자신의 내적 삶에 대해 개인적 설명을 하고 싶어 했으며, 심지어 자기 자신에 대한 "정신분석 연구"를 시도했다.

29 V. F. Chizh, *Kriminal'naia antrpologiia*, Odessa: G. Beilenson & I. Iurovskii, 1895, p. 50.

30 Ovsianiko-Kulikovskii "Iz istorii", p. 309.

했다.

유전인가 환경인가에 관한 선언적 논쟁에서 러시아의 거의 모든 정신의학자는 물론 대부분의 범죄인류학자조차도 사회적 시각을 견지했다. 1889년 파리에서 열린 범죄인류학회에서 러시아 대표들은 각기 다른 시각을 가진 대표 연설자 롬브로소와 프랑스 정신의학자 발렌틴 매그낭 간의 "결투"에 지대한 관심을 보였다. 학회에 참석 중이던 바제노프 역시 독자적으로 탐구하고 싶었기 때문에, 롬브로소와 프랑스 인류학자 레옹스 마누브리에 등과 함께 소르본의 인류학 수집품 중 롬브로소가 전형적인 범죄자의 것으로 언급한 바 있는 두 개골을 살피는 데 시간을 할애했다.[31] 러시아인들은 드문 경우를 제외하고 롬브로소를 반대하는 프랑스인들의 편에 섰다. 그들은 결론적으로 롬브로소를 "불건전한 성향"을 옹호하고 "지나치게 비과학적인 야망"을 가진 사람으로 판단했다.[32] 모스크바대학교에서 법정신의학을 가르친 세릅스키는 "사회는 단순하게 세상에서 제일 불행하고 열등한 사람이 범죄자라고 생각하겠지만, '고등' 범죄자는 오히려 감옥에서 찾기 힘들며 정직한 사람으로 평가받기도 하고, 심지어 적지 않은 경우, 사회의 최고위층에 속하기도 한다"라고 적고 있다.[33]

치시는 롬브로소를 찰스 다윈과 비교했는데, 이는 범죄자 유형에 대한 견해를 비판하던 상당수의 러시아 동료 의사와 달리 롬브로

31　N. N. Bazhenov, "Vtoroi mezhdunarodnyi kongress kriminal'noi antropologii", *Voprosy filosofii*, no. 2, 1889, pp. 17~41.

32　A. K. Vul'fert, "Vozrazheniia na referat d-ra Bazhenova o s"ezde kriminal'noi antropologii", *Voprosy filosofii*, no. 2, 1889, pp. 41~46.

33　V. P. Serbskii, "Prestupnye i chestnye liudi", *Voprosy filosofii*, no. 5, 1896, p. 669.

소가 범죄를 유전으로 볼 뿐만 아니라 "범죄자로 태어난" 사람도 진화상의 퇴폐라고 강조한 것에 착안한 것이었다.[34] 그는 롬브로소를 "천재"라고 불렀으며 동시대인이 이렇듯 "의심의 여지 없이 뛰어난 과학자"를 경멸하는 까닭은 단지 시기심 때문이라고 보았다.[35] 아울러 그는 심리의학에 관한 저서들, 특히 스코틀랜드의 감옥에서 의사로 근무하던 제임스 톰슨(James Thomson)과 영국의 정신의학자 제임스 콜스 프리처드의 저서를 탐닉하며 도덕적 광기에 대한 이들의 견해에 심취했다. 치시의 관점에서 도덕적 광기와 타고난 범죄성은 같은 것이었다. 따라서 그는 도덕적으로 미친 사람은 "반드시 범죄를 저지를 것"이라고 확신했다.[36]

　　치시의 보수적인 도덕관과 그에 못지않은 보수적 정치 성향이 신앙심에 의한 것이 아니었기에 범죄인류학의 과학적 방법론이 자연스럽게 그의 관심을 끌었다. 치시는 감정에 치우치지 않은 언어로 잠재적 외상을 관리하며 기술하는 범죄인류학을 통해 그가 감옥 담당 의사로 근무할 때 목도한 공포에 대한 이성적 해답을 찾을 수 있었다. 그러나 그는 이러한 문제들에 대해서 전혀 기록하지 않았다. 대

34　Stephen Jay Gould, *The Mismeasure of Man*, New York: Norton, 1981, p. 122.

35　V. F. Chizh, "Obozrenie sochinenii po kriminal'noi antropologii", *Arkhiv psikhiatrii*, no. 3, 1893, p. 106. 롬브로소에 대한 러시아 정신의학자들의 비평에 대해서는 다음의 러시아어 번역본에 대한 타르놉스카야의 서평을 참조하라. *The Criminal Man, Vestnik klinicheskoi*, no. 1, 1885, pp. 278~296.

36　V. F. Chizh, "K ucheniiu ob organicheskoi prestupnosti", *Arkhiv psikhiatrii*, no. 1, 1893, p. 176. 러시아어로 출판되었으나("Nravstvennoe pomeshatel'stvo", *Arkhiv psikhiatrii*, no. 3, 1893, pp. 53~68), 러시아 정신의학자들에게 영어 번역본 혹은 독일어 번역본으로 이미 알려져 있던 도덕적 비정상에 대한 단편은 다음을 참조하라. Prichard, *Treatise on Insanity*, 1835. 도덕적 비정상의 개념에 대해서는 다음을 참조하라. Eric T. Carlson and Norman Dain, "The Meaning of Moral Insanity", *Bulletin of the History of Medicine*, no. 1, 1962, pp. 130~140.

신에 그는 양심의 소리, 수치, 후회와 같은 감정 중 어떤 것도 전혀 느끼지 못하는 철저한 범죄 불감증에 대해 써 내려갔다. 범죄자 대다수는 "자기 자신을 적과 경찰관, 법원의 실수에 의한 불행한 희생자"라고 여겼고, 구형과 이후의 삶에 대해 무관심한 것처럼 보였다. 치시는 이러한 경험에도 불구하고 결론에 대한 주된 근거를 문학작품에서 찾았다. 그는 도스토옙스키를 "범죄자의 마음을 유일하게 읽을 수 있는" 천재라고 칭했다.[37] 도스토옙스키가 창작한 소설 속의 범죄자 캐릭터는 지적이고 현명한 사람들이지만, "마음이 절대적으로 불완전하며, 진지한 사명감을 느낀다거나 정기적으로 어떤 활동을 하는 것이 불가능하다는 것 또한 보여 준다". 치시는 감옥에서의 관찰을 기술한 도스토옙스키의 『죽음의 집의 기록』이 범죄인류학의 주요 가설을 뒷받침한다고 보았다. 도스토옙스키는 동료 수감자들에 대해 이렇게 썼다. "그러한 잔혹성은 (…) (정상인한테는) 의심의 여지 없이 불가능하다. 그러나 이들에게는 전혀 범죄가 아니며 그저 하나의 사건일 뿐이다. 타고난 결함이 확실하다. 아직 과학이 발견해 내지 못한 신체적이거나 정신적인 장애일 것이다."[38] 훗날 도스토옙스키의 이책은 영국의 학자 헨리 해브록 엘리스에게도 동일한 인상을 심어 주었다. 엘리스는 도스토옙스키가 "본능적이고 습관적인 범죄자들에게서 보이는 도덕불감증, 부주의, 양심의 가책의 결여, 발랄함"을 작품 속에 가장 잘 묘사했다고 언급했다.[39]

---

37 Chizh, *Kriminal'naia*, pp. 46~47, p. 50.

38 V. F. Chizh, *Dostoevsky kak psikhopatolog*, Moscow: M. Katkov, 1885. 도스토옙스키는 다음에서 인용되었다. *Ibid.*, p. 70, 72.

39 Henry Havelock Ellis, *The Criminal*, 3d ed., London: Walter Scott, 1901, p. 141.

치시는 1881년 페테르부르크로 돌아가 모교인 육군의료사관학교(1881년, 외과의사아카데미에서 개명됨)의 박사 과정에 등록해 메르제옙스키에게서 수학했다. 메르제옙스키의 클리닉은 대학원생들을 위한 심리학, 신경학 실습의 중심지였고, 이러한 열정적인 분위기에 힘입어 스물네 명이 넘는 학생들이 학위논문을 준비하고 있었다. 한 학생은 후일 다음과 같이 회고했다. "페테르부르크 정신의학 클리닉에서 보냈던 날들이야말로 얼마나 아름답고 승승장구하던 시절이었던가! 교수 연구실 옆 실험실 두 곳 모두는 공부하는 학생들로 발 디딜 틈조차 없었다. 오로지 조직학 연구만이 진행되었으나 (…) 뒤쪽 방에서는 피실험 동물의 울음소리가 자주 들렸다."[40] 치시는 2년 내 논문 심사까지 마쳐야 하는 학교 규정을 고려해 전통적인 주제인 진행성 마비의 척수 변화에 관한 조직학 연구를 논문 주제로 삼았다. 그러나 학위논문과 병행해 자신의 진짜 관심 분야였던 정신이상에 관한 두 개의 논문을 성공적으로 완성했다. 하나는 성도착에 관한 것이었고, 다른 하나는 약물(모르핀, 아트로핀, 질산은, 브롬화칼륨)이 신경계에 미치는 영향에 관한 것이었다.[41]

학위를 취득한 전도유망한 러시아 학생들은 학칙에 따라 유럽의 저명 학자 클리닉이나 실험실에서 자신의 연구를 완성할 수 있도록 해외 연수 장학금을 받을 수 있었다. (그가 일했던 교도소와 교도소 병원 관리 기관인) 내무부로부터 장학금을 받은 치시는 유럽 교도소에

---

40   스물여섯 명의 학생들 모두가 메르제옙스키 클리닉에서 학위를 받았다. 학생 블루메뉴(L. V. Blumenau)의 회고는 다음에서 인용되었다. T. I. Iudin, *Ocherki istorii otechestvennoi psikhiatrii*, Moscow: Medgiz, 1951, p. 114.

41   Tekut'ev, *Istoricheskii*, p. 216.

서 시행하는 독방 구금이 건강에 미치는 영향에 관한 과제를 추가로 연구했다. 1880년대, 독방 구금 기간을 연장하는 것과 범죄 발생의 상관관계에 관한 논쟁이 일자 정신의학자의 전문적 견해가 요구됐다.[42] 특히 정신 질환의 발단이 외상이라고 믿던 일부 의사는 장기간의 감금이 이른바 구금반응을 일으킬 수 있다고 보았다. 반면, 정신 질환의 발생을 내부의 유기적 원인이라고 믿었던 의사들은 구금반응이라는 특정 범주를 부인했다.[43] 사람들은 치시가 어느 한 주장에 힘을 실어주고 당국에 명확한 답을 제시해 줄 것으로 기대했다. 국외로 떠나기 전까지 치시는 메르제엡스키의 견해를 좇아 구금반응이 해로울 것으로 추정했고, 심지어 슬라브인들은 다른 민족보다 이런 쪽으로 취약하다고 생각했다.[44] 하지만 1884년 4월부터 1885년 10월 사이에 그가 외국에서 경험한 사건들은 그의 신념을 재고하게끔 했다. 이 시기는 범죄자의 "도덕불감증"에 대한 책들을 통해 간접경험한 것을 실제로 확인하는 계기가 됐다. "나는 벨기에와 독일에서 독방 구금을 하는 교도소를 시찰했고 페테르부르크의 교도소에서 3년 동안 일했다. 그러나 독방 구금의 해로움을 주장하는 일부 관찰자들을 지지할 만한 충분한 증거를 찾지 못했다. 죄수들이 수감과 징벌에 대한 두려움이나 무너진 삶이 주는 신체적·정신적 고통에 얼마나 쉽게 적응하는지 안다면 놀랄 것이다. 그런 사람들을 관찰하다 보면 도덕성이 정신 건

---

42 Joe Sim, *Medical Power in Prisons: The Prison Medical Service in England, 1774-1989*, Milton Keynes, U. K.: Open Univ. Press, 1990, p. 57.

43 다음을 참조하라. Paul Nitsche and Karl Willmans, *The History of the Prison Psychoses*, trans. Francis M. Barnes and Bernard Glück, New York: Journal of Nervous and Mental Diseases Publishing Co., 1912.

44 Chizh, *Dostoevsky*, pp. 10~11.

강에 주는 영향은 무의미하다고 확신하게 된다."[45]

치시는 벨기에, 프랑스, 독일의 여러 교도소를 방문했는데 2년의 해외 연수 기간 중 가장 오래 머문 곳은 파리와 라이프치히였다. 파리에서는 살페트리에르병원에서 저명한 의학자 장 마르탱 샤르코의 강의를 들었고 라이프치히에서는 심리학자 빌헬름 분트, 신경병리학자 파울 플렉시히와 함께 일했다. 또한 낭시의 이폴리트 베른하임, 브뤼셀의 조제프 델뵈프의 최면 강의에 참석했으며 빈에 있는 크라프트 에빙도 방문했다. 그는 정신 질환을 포함해 병리학 전반의 현대적인 연구 기법에 대해 더 많이 배우고자 했다. 치시는 플렉시히의 조직학 연구법과 분트의 심리 실험보다 프랑스식 최면 실험에 더 큰 관심을 보였다. 피실험자가 되어 마약류를 사용해 직접 약물 실험에 참여했고, 이를 통해 자신이 느끼기에 정신 기능에 미치는 약물의 파괴적인 영향은 "정신적 감정들"의 피폐화를 시작으로 점진적으로 드러난다는 것을 밝혔다[이하 약물은 마약류를 뜻한다]. 그는 심지어 지능, 기억, 지각이 정상일지라도 약이 투여된 실험자는 "정신적으로 미치게" 된다고 기록하고 있다.[46] 이에 치시가 자크-조셉 모로와 샤르코 등이 활동하던 파리에 매료됐다는 사실은 놀라운 일이 아니다. 모로는 부자 환자의 주치의로 동행했던 팔레스타인과 시리아로의 여행 이후, 정신 질환 치료와 심리 처치에 해시시를 사용할 것을 권유하기 시작했다. 모로가 주임 의사로 근무하던 살페트리에르병원에서 인턴 과정을 보냈던 샤르코는 자신이 해시시 실험의 피실험자가 되는 것

---

45   V. F. Chizh, *Uchebnik psikhiatrii*, St. Petersburg: Sotrudnik, 1911, p. 37.
46   V. F. Chizh, "Nravstvennost' dushevno-bol'nykh", *Voprosy filosofii*, no. 3, 1891, p. 129.

에 동의했다.[47]

　치시가 약물의 생리학적 영향에 대한 지식을 얻기 위해 프랑스로 간 최초의 러시아인이었던 것은 아니다. 메르제옙스키 클리닉 동기생이었던 다닐로가 프랑스에서 이미 해시시, 코카인을 실험 중이던 샤를 리셰를 돕고 있었다.[48] 치시가 러시아로 귀국하기 한 달 전인 1885년 10월 코카인의 생리학적 영향에 관심이 있던 프로이트가 연수를 위해 샤르코를 방문했다. 다닐로는 자가 실험을 통해 늦은 밤 귀갓길에 누군가가 자신을 공격할지도 모른다는 갑작스러운 불안감에 무의식적으로 주머니 속의 총을 확인하는 동작을 경험했다. 그는 해시시가 "약을 먹은 사람이 스스로 충동을 억제하고 통제할 수 없게 해 생각하는 모든 것을 즉각적으로 행동하게 하는 자동반응"을 일으킨다고 설명했다. 다닐로와 리셰는 약을 투여받은 동물은 "억제력이 결여되고 (…) 사나워진다"라고 보고했다.[49]

47　모로에 대해서는 다음을 참조하라. Virginia Berridge and Griffith Edwards, *Opium and the People: Opiate Use in Nineteenth-Century England*, London: Allen Lane/St. Martin, 1981, p. 68. 샤르코에 대해서는 다음을 참조하라. Jean Tuillier, *Monsieur Charcot de la Salpêtrière*, Paris: Robert Laffont, 1993, p. 45.

48　다닐로(Danillo)는 1874년 외과의사아카데미를 졸업했다. 러시아-터키 전쟁 당시 군의관이었던 그는 박사 학위 취득 후 프랑스에서 학업을 이어 갔다. 1884년 러시아로 돌아온 후 짧은 생을 마감할 때까지 육군의료아카데미에서 학생들을 가르쳤다. 다음을 참조하라. Tekut'ev, *Istoricheskii*, p. 197. 다닐로는 코카인에 대한 리셰와의 공동 연구 외에 수술로 뇌의 반구 하나가 제거된 동물을 대상으로 한 압생트(쑥 종류)의 효과에 대한 단독 연구를 수행했다. 1883년 의학·심리학회, 인류학회, 파리해부학회 회원으로 선출됐다. 그의 연구는 다음을 참조하라. Charles Richet, *L'Homme et l'intelligence: fragments de physiologie et de psychologie*, Paris: Félix Alcan, 1884.

49　다닐로는 다음에서 인용되었다. Richet, *L'Homme*, pp. 499~500. 다닐로와 리셰의 원문은 다음을 참조하라. "l'ablation du cervaux fait perdre à l'animal opéré le pouvoir d'inhibition; il est devenu farouche, sauvage, tressaillant au moindre de bruit, ne s'arrêtant plus quand il a commencé à fuir", *Ibid.*, pp. 494~495.

치료용 약물 사용의 역사는 의학적 판단과 도덕적 판단 사이의 많은 연관성을 시사한다.[50] 19세기에 약물중독은[결과적으로 마약중독] "병과 죄악" 두 가지를 의미했기에, "중독자"는 법은 물론이고 대중의 판단으로 심판받았다.[51] 이에 약물을 일종의 "정신을 들여다보는 현미경"으로 연구 방법에 이용했던 과학자들은 자신들의 연구와 약물남용에 대한 일상적 태도 사이에 분명한 선을 그었다. 그들은 연구를 진행함에 "도덕성(…)이라는 토대를 침범"하지 않고자 했다.[52] 그러나 그들의 노력에도 불구하고 실험 결과의 해석에서 평가의 시선을 벗어날 수는 없었다. 역사학자 로저 스미스가 신경 기능의 위계와 억제라는 개념을 설명할 때 그러했던 것처럼, 의사와 생리학자들은 이미 평가가 반영된 언어를 사용했다. 외과 의사들은 수술 환자에게 처음 마취제를 사용해 봄으로써 "정신 기능의 소실은 의지력 상실에서 시작돼 주의력과 판단력이 상실되고 마침내 생체적 기능만이 남는 식으로 진행된다"는 것을 보여 주었다.[53] 영국의 신경학자 존 헐

---

50 Andreas-Holger Maehle, "Pharmacological Experimentation with Opium in the Eighteenth Century", *Drugs and Narcotics in History*, eds. Roy Porter and Mikuláš Teich, Cambridge: Cambridge Univ. Press, 1995, p. 70.

51 이 두 가지 의미에 대해서는 다음을 참조하라. Berridge and Edwards, *Opium*, pp. 154~155. 중독자 낙인찍기에 대해서는 다음을 참조하라. Thomas Szasz, *Ceremonial Chemistry: The Ritual Persecution of Drugs, Addicts, and Pushers*, Holmes Beach, Fla.: Learning Publications, 1985; Jordan Goodman, Paul E. Lovejoy and Andrew Sherratt eds., *Consuming Habits: Drugs in History and Anthropology*, London: Routledge, 1995; Porter and Teich, *Drugs and Narcotics*.

52 F. E. Anstice, *Stimulants and Narcotics, Their Mutual Relations: With Special Research on the Action of Alcohol, Aether and Chloroform, On the Vital Organism*, London: Macmillan, 1864, p. 246.

53 Roger Smith, *Inhibition: History and Meaning in the Sciences of Mind and Brain*, London: Free Association Books, 1992, p. 45, 169.

링스 잭슨은 진화의 과정에서 상대적으로 먼저 생겨난 기능일수록 더 안정적인 반면, 비교적 최근에 나타난 것일수록 더 취약하다고 말했다. 프랑스의 심리학자 테오뒬 리보는 이 개념을 신경계에 적용해 "정신 기능의 진화 법칙"을 공식화했다. 이 법칙은 약물에 노출된 동물과 사람에게도 적용 가능한 것처럼 보였다. 따라서 치시가 약물 처치에서 문명의 최고이자 최후의 성취 단계인 도덕심이 가장 먼저 영향을 받아 소실된다고 주장한 것으로 미뤄 볼 때 치시의 결론은 현대 과학의 주류에 해당한다.[54]

치시는 분트와 수학하고 연구한 초기 러시아인 가운데 한 사람이었다.[55] 독일인인 분트의 접근법은 자연적 발병이건 최면이나 약물로 인한 것이든 간에 질병을 최고의 심리 실험 대상으로 본 프랑스의 오래된 병리학 전통과 매우 구별됐다.[56] 프랑스의 영향을 받은 러시아에서 분트의 견해는 "기존의 이론과 본질적으로 다른 것"으로 간주되었다. 이는 분트가 최면 상태는 통제된 내성법[57]을 배제한다는

54 Chizh, *Dostoevsky*, p. 70.

55 보링은 1885~1902년 진행한 주의력 실험에 참여한 분트의 학생으로 치시, 플럼(Pflaum), 가이거(Geiger)를 언급했다. 다음을 참조하라. E. G. Boring, *A History of Experimental Psychology*, New York: Century Co., 1929, p. 339. 분트에게 배우거나 함께 작업한 러시아 사람들 가운데 베흐테레프, 랑게, 첼파노프가 있었다.

56 프랑스의 실험 전통에 대해서는 다음을 참조하라. Jacqueline Carroy and Régine Plas, "The Origins of French Experimental Psychology: Experiment and Experimentalism", *History of the Human Sciences*, no. 1, 1996, pp. 73~84. 독일과 프랑스 실험 설계의 차이점에 대해서는 다음을 참조하라. Kurt Danziger, *Constructing the Subject: Historical Origins of Psychological Research*, Cambridge: Cambridge Univ. Press, 1990.

57 [옮긴이] 내성법, 내관(內觀, introspection)은 "내부를 본다"는 의미의 라틴어 introspicere에서 온 말로, 정신을 지배하는 법칙을 발견하기 위해 자신의 정신작용을 들여다보고 관찰하는 심리학의 주요 방법론. 분트는 통제되는 자기관찰법인 내성법을 무엇보다도 신뢰했다. 최면 상태에서의 자기관찰은 불가능하므로, 분트에게 최면은 바람직하지도 객관적이지도 않은 방

이유로 "최면 실험"을 거부했기 때문이다.[58] "동물과 최면에 걸린 피실험자에 대한 실험"만을 객관적이라고 생각했던 사람들은 분트가 최면 실험을 적절한 심리 실험이라고 생각하지 않는 것을 이상하게 여겼다.[59] 분트는 정상적인 의식 구조를 연구하고, 육체적 인과관계에 상응하는 정신적 인과관계를 발견하기 위해 자신의 실험실을 꾸렸다. 쿠르트 단치거가 증명했듯이, 분트는 실질적 내성법 혹은 자기관찰(Selbstbeobachtung)과 "내적 자각"(innere Wahrnehmung, 자극에 대한 단순한 판단)을 구분했다. 그는 자아 보고 기법을 광범위하게 체계화해 발전시키려는 내성법주의자들을 비판했으며 자신의 연구소에서 내성법을 내적 자각에 대한 단순한 기록으로 제한하고자 했다. 분트의 연구소에서 수집한 기록 자료 대부분은 육성 기록이 아닌 키모그래프와 크로노스코프를 이용한 측정 자료로 이루어져 있었다. 자신의 연구 프로그램을 개발한 티치너의 경우에서와 같이 이후 내성법은 심리학 연구의 궁극적인 방법론이 됐다.[60]

법론일 수밖에 없었다.

58 G. I. Chelpanov, *Obzor noveishei literatury po psikhologii(1890-1896)*, Kiev: Universitet Sv. Vladimira, 1897, p. 2.

59 N. N. Lange, "O znachenii eksperimenta v sovremennoi psikhologii", *Voprosy filosofii*, no. 4, 1894, p. 571.

60 Kurt Danziger, "The History of Introspection Reconsidered", *Journal of the History of the Behavioral Sciences* 16, 1980, pp. 241~257. 같은 책 244쪽에서 제임스 맥킨 카텔의 다음 언급이 인용되었다. "내 연구 혹은 내 실험실에서 수행된 연구 대부분이 물리학 혹은 동물학에서의 작업만큼이나 내성법에 독립적이다." 분트와 티치너 사이의 차이점에 대해서는 다음을 참조하라. William R. Woodward, "Wundt's Program for the New Psychology: Vicissitudes of Experiment, Theory and System", *The Problematic Science: Psychology in Nineteenth-Century Thought*, eds. William R. Woodward and Mitchell G. Ash, New York: Praeger, 1982, pp. 167~197.

분트의 제자와 후임자들은 분트가 실험실에서 확립한 연구의 틀을 자유롭게 해석하며 그들의 목적을 달성하기 위해 노력했다. 분트는 실험 연구에서 보다 상위의 심리 과정은 배제했지만, 제자들은 기억과 미학적 판단, 사고를 연구하기 위해 스승의 기술을 발전시켰다.[61] 매킨 카텔과 크레펠린은 마음의 일반적 구조가 아닌 개인차에 관한 정보를 얻기 위해 독립적으로 시간-반응 실험을 하였다. 치시가 페테르부르크에서 약물을 가지고 실험을 하고 있을 당시, 카텔은 대서양 건너편에서 해시시부터 초콜릿에 이르는 온갖 종류의 각성제를 시험했다.[62] 심리 실험에 열중하던 청년 크레펠린은 1882년에 라이프치히대학교의 정신의학 클리닉에서 플렉시히의 조수로 잠시 일했다. 그는 그곳에 심리 실험실을 정착시켰고 약물 실험을 수행했다. 이후, 우연히 분트의 실험실에서 일하게 되는데, 분트는 일반적으로 연구소에서 진행하는 심리 실험의 종류에 확실한 제한을 두었다. 하지만 "약물과 커피, 차의 실험을 확대하고, 정신의 변화를 더 정확히 알아내기 위해 정신 질환 환자의 정신반응을 평가하려는" 크레펠린

---

61 Mitchell G. Ash, *Gestalt Psychology in German Culture, 1890-1967: Holism and the Quest for Objectivity*, Cambridge: Cambridge Univ. Press, 1995, pp. 24~26.

62 라이프치히의 카텔에 대해서는 다음을 참조하라. Michael M. Sokal, "James McKeen Cattell and the Failure of Anthropometric Mental Testing, 1890-1901", Woodward and Ash, *Problematic Science*, pp. 322~345. 카텔과 치시의 관찰은 첨예하게 달랐다. 치시는 마약의 부정적인 영향을 강조했고, "도덕적 감수성"이 가장 먼저 영향을 받는다는 사실을 발견해 이를 발표했다. 이와는 대조적으로 직접 해시시를 경험한 카텔은 "'사랑이라는 강력한 햇와인'을 처음 마신 사람"처럼 기뻐하며 마약에 의한 후유증은 없다고 보고했다. "모든 사후 증상은 유쾌했으며, 어떠한 반응도 일어나지 않았다!!!" 이에 관해서는 다음을 참조하라. James McKeen Cattell, *An Education in Psychology: James McKeen Cattell's Journal and Letters from Germany and England, 1880-1888*, select. and ed. Michael M. Sokal, Cambridge: MIT Press, 1981, pp. 50~51.

의 계획에 반대하지 않았다. 크레펠린이 회고록에 적고 있듯이 분트는 크레펠린이 계획한 대로 연구를 진행하도록 했고, 크레펠린이 라이프치히를 떠날 때 실험 설비를 갖출 수 있도록 심지어 자신의 장비 중 일부를 선물했다.[63]

일부 역사학자가 정신 질환을 앓는 사람에 대한 심리 실험의 역사는 순전히 우연의 일치라고, 즉 분트학파인 크레펠린 역시 우연히 정신의학자가 됐다고 주장했음에도 불구하고,[64] 여기에는 단지 크레펠린의 개인사의 한 단면이라 치부할 수 없는 그 이상의 것이 있었다. 치시도 크레펠린처럼 실험심리학의 조력하에 정신의학을 개혁하는 계획에 열성적이었다. 치시는 라이프치히에 있는 분트의 실험실에서 단순반응과 복잡반응 시간에 관한 기존 학설을 실험했다.[65] 그러나 정신 질환자와 정상인 피실험자의 심리적 차이를 발견하기 위

---

63 "플렉시히가 클리닉 내 심리 실험실을 위한 장치 구성 권한을 내게 일임한 데 따라, 정신반응 측정을 위한 필수장치들을 모두 구비했으며, 규모가 더 큰 일련의 검사에 착수했다 (…) 독극물, (…) 혹은 (…) 마취제, (…) 클로로포름, (…) 아밀 나이트레이트, (…) 알코올, 파라알데히드, 이후에는 모르핀, 차, 카페인 등이 일으킨 정신반응의 속도 변화를 연구하기로 계획했다"는 것을 크레펠린은 기억했다. 다음을 참조하라. Emil Kraepelin, *Memoirs*, Berlin: Springer-Verlag, 1987, pp. 19~26. 분트에 대한 크레펠린의 논평에 대해서는 다음을 참조하라. *Ibid.*, p. 28, 44.

64 다음을 참조하라. A. H. A. C. van Bakel, "Emil Kraepelin and Wundtian Experimental Psychology", *Proceedings of the First European Congress on the History of Psychiatry and Mental Health Care*, eds. Leonie de Goei and Joost Vijselaar, Rotterdam: Erasmus, 1993, pp. 115~124.

65 치시는 1884년 여름 학기에 관련 실험을 시작해 1884~1885년 겨울 학기 내내 실험을 이어 갔다. 다음을 참조하라. Woldmar von Tchisch, "Über die Zeitverhältnisse der Apperception einfacher und zusammengesetzter Vorstellungen, untersucht mit Hülfe der Complicationsmethode", *Philosophische Studien 2*, 1885, pp. 603~604. 러시아어 번역본은 다음과 같다. V. F. Chizh, "Eksperimental'nye issledovaniia po metodu komplikatsii, ob appertseptsii prostykh i slozhnykh predstavlenii(iz laboratorii professora Wundta)", *Vestnik klinicheskoi*, no. 1, 1885, pp. 58~87.

해 정신 질환자 반응 시간에 관한 실험도 병행했다.[66] [정신 질환자와 정상인 피실험자의 반응 시간 차이를 과학적으로 밝혀냄으로써] 분트학파의 실험은 "신경병리적" 실험보다 덜 객관적일 것이라는 의심이 사라졌다. 정신 질환자가 최면 실험의 대상이 되었듯이 분트학파 실험의 대상이 된다면 정신의학의 새로운 장을 열게 될 것이라는 희망이 이전의 의심의 눈길을 거두게 했다.[67] 1887년 모스크바 심리학회의 회의에서 정신의학자 로솔리모와 토카르스키는 분트의 실험과 최면 지속 시간을 증명해 보임으로써 청중의 주목을 받았다.[68] 1895년, 영국의 심리학자이자 인류학자인 리버스는 동료 정신의학자들 앞에서 반응 시간 실험을 시연했다. 그는 아이와 정신 질환자를 연구하는 데 동일 방법을 확대 적용할 수 있다고 주장했다. 같은 해, 토카르스키는 미래의 정신의학자들에게 연구에 필요한 도구를 가르치기 위해 모스크바대학교의 정신의학 클리닉에 심리 실험실을 차렸다.[69]

실험심리학은 많은 정신의학자에게 권위 있는 학문적 이미지를

66 V. F. Chizh, "Appertseptivnye protsessy u dushevno-bol'nykh", *Arkhiv psikhiatrii*, no. 1~2, 1886, p. 32.

67 크레펠린의 후계자들에 대해서는 다음을 참조하라. B. A. Maher and W. B. Maher, "Psychopathology", *The First Century of Experimental Psychology*, ed. Eliot Hearst, Hillsdale, N. J.: Lawrence Erlbaumm, 1979, pp. 566~567.

68 I. E. Sirotkina, "Psikhologiia v klinike: raboty otechestvennykh psikhiatrov kontsa proshlogo veka", *Voprosy psikhologii*, no. 6, 1995, pp. 79~92.

69 W. H. R. Rivers, "Experimental Psychology in Relation to Insanity", *Journal of Mental Science* 14, 1895, p. 597. "아이에게 적용하도록 고안된 이 단순한 방법은 역으로 정신이상자에게도 적용할 수 있을 것이다." 토카르스키는 심리 실험실에서 실험 설계에 대한 묘사와 자신의 실험 결과를 다음과 같이 발표했다. Tokarskii ed., *Notes of the Psychological Laboratory* (Zapiski psikhologicheskoi laboratorii pri psikhiatricheskoi klinike Imperatorskogo Moskovskogo universiteta), 5 vols., Moscow: Kushnerev, pp. 1895~1901.

안겨 주었고 병원의 일상으로부터 탈출하고자 하는 그들의 욕구를 충족시켰다. 한편, 미첼 아슈가 주장한 바와 같이 정신의학자들은 복잡한 측정장치로 심리학을 무장시킴으로써 학술적 존경심 그 이상의 것을 얻었다. 그들은 병원 밖에서 일하던 심리학자들과 공동으로 연구 내용을 정리하고 틀을 갖춰 나갔다. 이에 정신적·도덕적 능력은 측정 가능한 방식으로 작동하거나 작동하지 못하는 심리적 기능으로 변형됐다.[70] 치시는 물론 크레펠린을 분트의 실험실로 이끈 동력은 인간의 도덕적인 감정을 과학적으로 연구할 수 있다는 가능성이었을 것이다. 크레펠린은 분트의 실험실에서 과중한 연구를 진행하며 "도덕성의 근원에 관해 종합적인 책을 집필했다".[71] 연구 주제는 그의 도덕적 관심에 따라, 가령 작업 능력과 알코올 및 약물이라든가 피로가 작업 능력에 미치는 영향과 같은 것 등이 선택됐다. 그는 기본 특성을 구성하는 속성 목록에 "작업 능력"의 표준치를 포함시켰고, 이 주제에 관한 자신의 연구가 심리의학 분야에서 자신이 이룬 주된 기여라고 생각했다.[72]

그럼에도 불구하고 크레펠린과 치시는 궁극적으로 다른 목표를 추구했다. 크레펠린의 주된 야망은 오래된 현상학적 분류를 병인에

---

70 Ash, *Gestalt Psychology*, p. 67.

71 Kraepelin, *Memoirs*, p. 25.

72 마약과 알코올에 각성된 상태는 "일시적인 정신이상"의 형태였다는 것이 상식이었다. 다음을 참조하라. Maher and Maher, "Psychopathology"; Rivers, "Experimental Psychology". 크레펠린과 인간공학(*Arbeitswissenschaft*)에 대해서는 다음을 참조하라. Anson Rabinbach, *The Human Motor: Energy, Fatigue and the Origins of Modernity*, Berkeley: Univ. of California Press, 1992, pp. 189~194. "작업 능력"이라는 크레펠린의 개념에 대해서는 다음을 참조하라. van Bakel, "Emil Kraepelin", p. 115.

기반한 새로운 분류로 대체함으로써 정신의학을 개혁하는 것이었다. 그는 질병의 기저 구조, 즉 [특정 해부학적 요소는 특정 심리적 증상을 동반한다고 믿었으므로] 해부학적 요소와 심리적 증상으로 구성된 패턴을 찾고자 심리 연구에 착수했다.[73] 크레펠린은 연구에 꾸준히 매진하며 고유의 질병분류표(nosology)를 고안했다. 이 질병분류표는 양극성 장애[조울증]와 조현병[정신분열병]에 대한 유명한 진단 범주와 함께 현대 정신의학 체계의 토대가 되고 있다. 크레펠린은 결과적으로 심리학을 포기하고 임상 실험에 전념했지만, 질병과 심리적 증상의 상관관계를 밝히려는 그의 시도는 다른 곳에서와 마찬가지로 러시아에서도 잘 알려지게 됐다.

반면, 치시는 심리학에 대한 다른 꿈을 가지고 있었다. 그는 정신의학 분류를 완벽하게 하려 한 크레펠린의 목표에 공감하지 못했으며 크레펠린의 조현병 분류 역시 전혀 받아들이지 않았다. 그의 야망은 미친 사람과 범죄자, 정상인을 비교하는 비교심리학 연구를 통해 도덕적 감정의 뿌리를 찾는 것이었다. 그는 최면술과 약물에 관한 이전의 실험에서와 같이,[74] 정신 질환을 앓고 있는 사람과 범죄자는 생물학적으로 도덕성이 약하고 의지박약이 결정되어 있다는 것을 심리 실험을 통해 증명하려 했다. 그는 분트가 주의력과 의지력에 관여하

---

73 다음을 참조하라. Lise Weinstein, Martin Lemon and Alison Haskell, "Schizophrenia from Hippocrates to Kraepelin: Intellectual Foundations of Contemporary Research", *Clinical Psychology: Historical and Research Foudations*, ed. C. Eugene Walker, New York: Plenum, 1991, p. 272.

74 또한 치시는 환자에게 최면을 걸기 위해 아밀 화합물(마약류)을 사용하는 다른 기술들을 결합했다. 다음을 참조하라. V. F. Chizh, *Turgenev kak psikhopatolog*, Moscow: Kushnerev, 1899, p. 104.

는 것으로 파악한 **능동적 통각**(active apperception)의 개념을 높게 평가했는데, 이는 아마도 그가 이 개념 속에서 도덕성의 심리학적 토대를 찾았기 때문일 것이다. 그는 정신 질환자는 틀림없이 주의와 의지에 결함이 있을 것으로 추정했기에 그들에게서 약한 통각의 증거를 찾아내고자 했다. 치시는 분트와 플렉시히의 승인하에 플렉시히의 병원에서 최초로 정신 질환자의 반응 시간에 관한 일련의 실험을 실시했다. 그는 정신 질환자의 반응이 정상 피실험자보다 훨씬 느리다는 것을 발견했고 이것이 의심할 바 없이 약한 통각에 기인한다는 결론을 내렸다. 진행성 마비를 앓는 피실험자가 익숙한 자극에 대해 더 빠른 반응을 보이자 치시는 같은 방식으로 이것이 약한 통각 때문이라고 설명했다. 즉 주의력에 통제받지 않는 연상작용은 더 적은 시간이 필요하다는 것이다.[75]

크레펠린은 다른 정신 질환의 심리적 과정에서 보이는 미묘한 차이에 흥미를 느꼈고 심리학이 현대 언어를 사용해 차별화된 진단을 내놓기를 희망했다. 반면에 치시는 도덕성의 토대에 관심이 있었

75 V. F. Chizh, "Izmerenie vremeni elementarnykh psikhicheskikh protsessov u dushevno-bol'nykh(iz kliniki professora Flechsig'a)", *Vestnik klinicheskoi*, no. 2, 1885, pp. 65~66. 치시는, 크레펠린이 이러한 실험 결과를 토론했고 분트는 그들이 검토하는 것이 필요하다고 생각했다고 전했다. 다음을 참조하라. V. F. Chizh, "Vremia assotsiatsii u zdorovykh i dushevno-bol'nykh", *Nevrologicheskii vestnik*, no. 2, 1894, p. 95. 일부 러시아 정신의학자들이 이러한 실험을 반복했다. 카잔 소재 베흐테레프의 실험실에서 정신의학자 발리츠카야(M. K. Valitskaia)는 진행 중인 중풍을 앓는 환자를 대상으로 다소 다른 결과를 얻었다. 그녀는 연상에 더 오랜 시간이 걸리고, 선택과 관련된 상황에 대한 반응 시간은 정상인에 비해 더 짧다는 것을 알아냈다. 다음을 참조하라. E. A. Budilova, "Pervye russkie eksperimental'nye psikhologicheskie laboratorii", *Iz istorii russkoi psikhologii*, ed. M. V. Sokolov, Moscow: APN RSFSR, 1961, p. 330. 치시 본인은 1890과 1891년 연상에 대한 실험을 반복했다. 치시의 글은 다음을 참조하라. "Vremia assotsiatsii".

으므로 여러 정신 질환의 차이점보다는 정신이상의 "일반적 원인"을 찾고 있었다. 그는 정신이상의 다양성이 아니라 정신이상의 정도에 관심이 있었고, 그의 관점에서 이것은 능동적 통각이 환자에게서 얼마나 잘 유지되는가에 달려 있었다. 그는 "나는 연구 대상이 되는 환자를 선정할 때 질환의 형태는 철저히 무시한다. 왜냐하면 이 단계에서는 오직 정신이상의 각기 다른 정도만을 주목하기 때문이다. (…) 나는 질환의 형태가 아니라 주어진 병리적 상태를 연구한다"라고 썼다.[76] 치시는 시간에 대한 내적 감각을 평가하는 자가 실험을 통해 의지와 기질은 지각 과정으로부터 독립돼 있다는 자신의 주장을 재확인했다. 그는 1년 동안 매일 밤 잠들기 전에 특정 시각에 일어나도록 자신에게 명령했다. 대개는 성공했고, [정해진 시간보다 좀더 일찍 깨는] 자신의 기질을 밝히는 결과를 얻었다. "항상 더 일찍, 결코 늦지 않게"는 그가 잠들어 있을 때조차도 기억되는 개인적 기질이었다. 그는 시간 엄수, 자제, 의지와 같은 자신의 기질 덕분에 분트의 연구실에서 진행된 실험에 적합한 피실험자가 될 수 있었다고 기록했다.[77]

이러한 기질은 또한 치시의 경력에 분명히 도움이 됐다. 그는 1885년 러시아로의 귀국길에 페테르부르크에 있는 성판텔레이몬병원의 정신과 수석 의사로 임명됐다. 그곳에서 그는 라이프치히에서 가져온 기구와 장치들을 갖춘 심리 실험실을 세웠고, 환자에 대한 일

---

76 V. F. Chizh, "Shirota vospriiatiia u dushevno-bol'nykh", *Arkhiv psikhiatrii*, no. 1~2, 1890, p. 26.

77 치시의 자가 실험에 대해서는 그의 다음 논문을 참조하라. "Eksperimental'noe issledovanie vnimaniia vo vremia sna", *Obozrenie psikhiatrii*, no. 9, 1896, p. 674. 실험 대상으로서의 적절성에 대해서는 다음을 참조하라. "Pochemu vozzreniia prostranstva i vremeni postoianny i nepremenny?", *Voprosy filosofii*, no. 3, 1896, p. 245.

련의 실험을 주도했다.[78] 치시는 심리 측정을 이해하지 못하는 반대자들에게 "아름다운 것은 어렵다"라는 플라톤의 말을 빌려 답했다.[79] 그는 서구의 실험심리학의 발달을 좇았고, 이에 관한 내용을 러시아의 학술지에 정기적으로 발표했으며 테오도어 치헨의 『생리심리학』(*Physiological Psychology*)의 러시아어 번역본과 분트의 윤리학 강의를 출처로 하는 자신의 강의 기록들을 수정했다.[80] 그는 이 방면의 권위자가 됐고, 비평가들 사이에서 그의 이름(종종 Woldemar von Tchisch로 번역됐다)은 분트와 프란스 돈데르스, 지그문트 엑스너 등과 나란히 언급됐다.[81] 치시의 경력은 꾸준히 쌓여 갔다. 예를 들어, 1886년에는 육군의료아카데미에서 신경 질환과 정신 질환에 대하여 강의했고, 2년 뒤에는 상트페테르부르크대학교 법학부 법정신의학과의 객원강사(privatdozent, 따로 월급을 받지 않고 수업료만 받는 강사)가 됐다. 그는 법정신의학에서 심리 실험을 이용할 것을 제안했는데, 이는 심리 실험이 정신이상으로 확실히 진단되기 전 정신이상의 첫 신호를 매우 민감하게 감지할 수 있게 하는 방법이었기 때문이다. 그는 지연반응 시간이 정신이상 진행의 부정할 수 없는 징후라고 믿었다. 또한 치시는 러시아에서 범죄자에게 심리 실험을 적용한 최초

---

78 V. A. Zhuravel', "Psikhologiia v sisteme meditsinskogo obrazovaniia Tartusskogo (Iur'evskogo) universiteta", *Tartusskii gosudarstvennyi universitet: Istoriia razvitiia, podgotovka kadrov, nauchnye issledovaniia*, Tartu: Tartusskii gosudarstvennyi universitet, 3, 1982, p. 98.

79 Chizh, "Shirota vospriiatiia", p. 23.

80 V. F. Chizh ed., *O razvitii eticheskikh vozzrenii : Iz lektsii Wundt'a*, Moscow: Universitetskaia tipografiia(M. Katkov), 1886.

81 G. Chelpanov, "Izmerenie prosteishikh umstvennykh aktov", *Voprosy filosofii*, no. 9~10, 1896, pp. 19~57.

의 사람이었다. 그는 "적은 용량의 주의력"이 "도덕 교육의 부재 및 도덕성의 타락"과 결합할 때 범죄 행위를 일으킨다고 결론 내렸다.[82] 1891년, 치시는 도르팟대학교의 교수직을 맡았다. 이곳은 1886년부터 크레펠린이 재직했던 곳으로 이곳에서 그들의 인생이 두 번째로 교차한다.

만약 크레펠린이 독일에서 교수직을 제의받았다면 도르팟을 선택하지 않았을 것이다. 도르팟은 독일어를 사용하는 대학이었지만, 러시아제국 내에 위치했고 독일의 주요 아카데미 센터와 절연돼 있었다. 그곳에서 가르치는 동안 크레펠린은 병원의 재정난이라는 부담을 짊어졌고 주로 에스토니아어와 러시아어로 말하는 환자들과의 언어장벽으로 인해 좌절했다. 그가 기록한 바와 같이 그나마 심리 실험이 그의 학구열을 유지해 주었다. 그는 "실어증과 구별하기에 적합한 정신 질환자에 대한 실험과 양극성 장애 환자에 대한 검사"를 추진했으며, 이후 운 좋게도 "자신의 희생적인 제자들이 박사논문 주제만으로도 수개월 이상의 작업을 할애하며 헌신할 각오가 돼 있다"는 것을 알고 "도르팟 심리학파"를 세웠다.[83]

크레펠린은 1881년 알렉산드르 2세의 암살에 따른 정치적 반동이 대학에 미치기 전까지 도르팟에 남아 있었다. 정부는 학문의 자유를 제한하고 학생과 교수진을 감독하는 장학사의 권한을 강화하려는 계획을 구상했다. 1884년의 고등 교육법은 교수 임명권을 대학으로

---

82 V. F. Chizh, "Prestupnyi chelovek pered sudom vrachebnoi nauki", *Nevrologicheskii vestnik*, no. 1 (app.), 1894, p. 14.

83 Kraepelin, *Memoirs*, p. 45.

부터 교육부로 이관했다.[84] 10년 뒤 도르팟은 러시아풍의 이름인 유리예프로, 대학교는 유리예프제국대학교로 개명됐다. 외국인 교수들은 차르에게 충성을 맹세해야 했고 거부하는 사람은 해직됐다.[85] 크레펠린도 그중 하나였으나 그는 이미 하이델베르크의 교수직을 제의받았기 때문에 그의 경력에는 별문제가 안 됐다.

이후 1891년 치시는 크레펠린의 실험실뿐만 아니라 크레펠린의 학생도 승계받았다. 치시는 학생들에게 생리심리학을 가르치기 시작했다. 곧이어 그는 전국적으로 의학 교육 과정에 이 과목을 도입하는 캠페인에 착수했다. 러시아에 세운 최초의 분트식 실험실들이 정신의학 클리닉으로 병합됐고, 초기의 생리심리학 강좌들이 의과대학에 개설됐다는 사실은 주목할 만하다.[86] 러시아에서 대학 내 철학부 교수진과 교분을 맺고 있던 역사·인문학부 소속의 전통 방식의 심리학자들은 변화의 과정에서 낙오됐다. 그들이 정신에 관한 진정한 지식은 오로지 자기관찰을 통해서만 얻을 수 있으며 실험심리학은 정신 연구를 위한 입문에 불과하다고 주장하는 동안, 의과대학 동료들은 반응 시간을 측정하는 장치를 구매하고 최면 실험을 준비하고 있었다. 키예프의 심리학자이자 후일 모스크바 심리학연구소를 설립한

---

84 Shmuel Galai, *The Liberation Movement in Russia, 1900-1905*, Cambridge: Cambridge Univ. Press, 1973, p. 20.

85 Zhuravel′, "Psikhologiia", p. 97.

86 베흐테레프는 1885년 카잔 정신의학 책임자 자리를 제안받고, 대학이 정신의학 클리닉과 심리 실험실을 열어 준다는 조건으로 이를 수락했다. 다음을 참조하라. V. M. Bekhterev, *Avtobiografiia(posmertnaia)*, Moscow: Ogonek, 1928. 더 이른 시기인 1860년대와 1970년대 발린스키는 상트페테르부르크 의료외과아카데미에서, 코르사코프는 모스크바대학교에서 정신 측정 기구들을 구비하기 시작했으며, 각각 1894년과 1895년에 실험실을 열었다.

첼파노프는 서구식 모델에 따라 모스크바대학교 산하에 민자로 조성된 "심리학연구소"에 관한 글을 쓰면서 대학의 정신의학 클리닉 부속 실험실에 대해 언급했다.[87] 1896년이 되어서야 모스크바대학교의 역사·인문학부는 실험심리학을 교과 과정에 도입했다.[88]

당시 심리 실험이라는 말은 여전히 "천칭, 실험용 안경, 오븐, 병, 칼, 생체해부의 가엾은 희생양"을 떠올리게 했고, 만약 문외한이라면 당황스럽게 "영혼의 무게"라든가 항아리에 영혼을 넣거나 (영혼을) 불에 달구는 것, 해부하는 것이 정말 가능한지에 대한 질문을 할 정도였다.[89] 치시는 정신의학자로서 러시아 실험심리학의 선구자라는 평판을 자랑스러워했다. 따라서 랑게가 실험심리학을 주제로 한 철학박사 학위논문을 심사받으며 [논문에서 심리학 선구자에 대해 언급하지 않음으로써] 정신의학자들이 쌓아 온 업적을 무시하자 격렬히 항의했다.[90] 하지만 실험에 대한 치시의 열의는 점차 약해졌고, 1902년 강단에서 물러났다.[91] 치시의 뜻에 따라 시간이 필요한 실험을 수행하던 (어쨌거나 이제는 학교 밖의 이벤트에 주의를 뺏긴) 학생들의 수도 점차 줄어들었다. 1904년 러시아의 격변 전야에 발간된 논문이 그의

---

87 Chelpanov, *Obzor noveishei*, p. 42.

88 "Khronica", *Voprosy filosofii*, no. 2, 1896, p. 145.

89 V. Serebrianikov, "Eksperimental'naia psikhologiia", *Entsiklopedicheskii slovar'*, 40, Leipzig: Brockhaus & Efron, 1904, p. 285.

90 방어 논리에 참여했던 정신의학자들은 실험심리학에서의 권위는 자신들의 것이라고 공개적으로 선언했다. 다음을 참조하라. "Otchet o dispute N. N. Lange", *Voprosy filosofii*, no. 4, 1894, pp. 564~582. 치시의 이의 제기에 대해 더 자세히는 다음을 참조하라. David Joravsky, *Russian Psychology: A Critical History*, Oxford: Blackwell, 1989, p. 77.

91 N. Girshberg, "O sootnoshenii mezhdu psikhicheskimi sostoianiiami, krovoobrashcheniem i dykhaniem", M. D. diss., Iur'ev Univ., 1902. 다음에서 인용되었다. Zhuravel', "Psikhologiia", p. 100.

실험실에서의 마지막 논문이었다.

1904년 러시아는 러일 전쟁에 착수했다. 전제정부는 "작은 승리를 얻어낸 전쟁"이 대중의 혁명 의지를 분산시킬 수 있을 걸로 생각했지만 바라던 일은 일어나지 않았다. 러시아 함대가 파괴되고 국토는 피폐화되고 수천 명의 생명을 앗아간 전쟁은 재앙으로 끝났다. 이로 인해 전제정부에 대한 극단적 실망이 혁명으로의 열망에 기폭제가 됐다. 정신과 의사들도 다른 의학 전문가들과 함께 이 전쟁에 참전했다. 러시아 군대가 특별히 정신과 서비스를 제공한 것은 이때가 처음이었다. 치시도 그의 제자 몇 명을 군 징집으로 잃었다.

치시는 이제 심리 실험을 외면하고 문학에 관심을 두었는데, 이는 문학만이 유일하게 범죄자와 정신 질환자의 미묘한 심리적 차이를 표현할 수 있다고 생각했기 때문이다. 인정받는 교수였던 그는 더이상 엄밀한 학자라는 명성을 고수할 필요가 없었다. 문학과 예술에 관심을 보임으로써 임상심리학 교수로서의 자신의 월등한 지위를 더 잘 알릴 수 있었기 때문이다. 그는 당시 임상심리학적 접근에 반하는 실험의 한계를 강조하며 다음과 같이 주장했다. "우리가 객관적인 세계를 (…) 아는 것과 같은 동일한 방법으로 환자를 알려는 노력은 지속될 수 없다."[92] 그는 임상심리학은 과학이자 예술이라고 주장하며 왜 러시아의 보트킨과 피로고프 같은 최고의 임상 의사들이 훌륭한 작가였는지를, 또한 샤르코가 어떻게 예술에 통달했는지를 설명했다. 치시의 작업에는 심리 측정 대신 점차 앙리 베르그송의 "직관"과 테

---

92 V. F. Chizh, *Metodologiia diagnoza*, St. Petersburg: Prakticheskaia meditsina, 1913, pp. 40~43.

오도어 립스의 "감정이입" 등이 참고됐다. 그는 자신의 방법, 즉 훌륭한 임상 의사가 표면 아래 깊숙이 "인간성의 본질" 속으로 파고들고자 했던 방식이 소설가나 초상화가가 사용하는 방법과 유사하다고 느꼈다.

치시는 계속해서 문학을 탐구했고 1885년에 도스토옙스키에 관한 책을 집필하기 시작했다. 1898년에는 등장인물의 정신이상을 훌륭히 묘사한 투르게네프에 대해서도 비슷한 연구서를 출간했다. 치시는 이 책에서 도스토옙스키에 관한 책에서보다 더 전문가적 어조로 문학을 진단했는데, 이는 그가 "투르게네프의 작품에 나타난 정신병리 묘사가 절대적으로 정확하다는 것을 인정하는 것이 러시아 정신의학자로서의 의무이자 자신의 책무"라고 믿었기 때문이다.[93] 그는 특히 정신 질환자는 유난히 반짝거리는 눈을 가졌다는 투르게네프의 관찰을 높이 평가했다. 치시는 "간질 특유의 증상"은 환자의 눈에서 금속류에서와 같은 흑연 빛의 섬광이 나타나는 것을 강조한 심리학자로 기억됐다.[94]

1899년 치시는 시인 푸시킨의 탄생 100주년을 기념해 작가에 관한 평론을 썼다. 푸시킨은 여러 세대의 독자층으로부터 사랑을 받았다. 당시 선도적 비평가였던 벨린스키는 푸시킨을 가리켜 "러시아 시의 태양"이라 불렀다. 차르 니콜라이 1세를 포함한 당대의 사람들은 푸시킨을 당대의 가장 총명한 사람 중 하나라고 생각했다. 시인이 노

---

93 Chizh, *Turgenev*, p. 104. 최초 게재본은 다음을 참조하라. *Voprosy filosofii*, no. 4, 1898, pp. 624~648; no. 5, pp. 714~793.

94 P. B. Posvianskii, "Chizh, Vladimir Fedorovich", *Bol'shaia Sovetskaia entsiklopediia*, Moscow: Sovetskaia entsiklopediia, 27, 1977, p. 978.

래하는 삶에 대한 환희는 많은 동료와 여인의 마음을 사로잡았으며 그의 조국에 대한 염려는 러시아인들로 하여금 푸시킨을 국민 시인의 전형으로 칭송하게끔 했다.[95] 1880년 모스크바에서 거행된 푸시킨 기념비 제막식에서 행해진 도스토옙스키의 유명한 연설 후 푸시킨은 정치적 주장을 하고 싶어 하는 사람이라면 누구라도 삶의 태도를 투영하고 싶은 전형이 됐다. 러시아 지식 계급 내 다양한 집단 역시 그들의 가치를 표현하기 위해 푸시킨을 상징적 인물로 이용했다. 그는 신화적 지위를 얻었고 그의 100주년 기념일은 중요한 사회, 정치적 행사가 됐다. 그 결과 푸시킨은 정신의학적 진단 형식의 평론을 포함해 어떠한 유형의 비평도 초월하는 대상이 됐다. 빅토리아 시대의 영국인들이 "미친 셰익스피어를 떠올리는 것은 불가능"하다고 생각한 것과 똑같은 이유로 러시아 지식인들도 미친 푸시킨을 상상할 수 없었다.[96] 치시는 푸시킨이 정신 건강의 화신이라고 주장했다. 푸시킨은 시적 천재성과 함께 "풍부하며 조화롭게 발달한 기질"을 소유했다. 그의 "진선미를 향한 전진"은 "진선미를 이해하거나 사랑하는 것이 불가능한 정신이상자의 무능력"과 뚜렷하게 대비됐다.[97]

---

95 치시의 글은 다음을 참조하라. *Phshkin kak ideal dushevnogo zdorov'ia*, Iur'ev: Tipografiia universiteta, 1899. 이에 몇 년 앞서, 철학자이자 문학비평가인 로자노프는 "어두운" 천재 고골과 "밝은" 천재 푸시킨을 대조했다. 그는 고골의 "고귀한 서정시, 고갈된 상상력의 과일"이 독자에게 파괴적인 영향력을 행사하였고("모두가 자신의 꿈만을 사랑하고 존경하기 시작했다"), 고골 스스로도 자신의 작품 속에서 이상한 파괴적 힘을 감지했다고 주장했다. 다음을 참조하라. V. V. Rozanov, "Pushkin i Gogol" (1891), *Nesovmestimye kontrasty zhitiia: literaturno-esteticheskie raboty raznykh let*, Moscow: Iskusstvo, 1990, p. 228, 233.

96 찰스 램의 저서(*On the Sanity of Genius*, 1823)는 다음에서 인용되었다. Neil Kessel, "Genius and Mental Disorder: A History of Ideas Concerning Their Conjuction", *Genius: The History of an Idea*, ed. Penelope Murray, New York: Basil Blackwell, 1989, p. 198.

97 Chizh, *Pushkin*, p. 20.

빅토리아 시대에 "선한" 사람의 요건은 인간의 아름다움과 위대함을 인식하고, 존경과 사랑, 희망이라는 "선한" 감성들로 충만한 것이었다.[98] 다윈은 동물인 인간에게서 보이는 동료애와 자기희생은 자신의 개인적인 행복보다 오히려 공공의 선과 복지를 위해 행동하도록 하는 "자연스러운 사회적 본능"이라며 이러한 가치의 우월성을 옹호했다.[99] 치시를 포함한 그의 추종자들은 "인간은 물리적 정신 구조의 수준이 더 상위이고 완전하면 할수록 더 큰 인류애를 가질 수 있기에" 완전한 도덕성은 완벽하게 건강한 몸을 전제로 한다고 믿었다. 치시는 또 다른 글에서 히스테리 환자는 동정심을 느낄 수 있으나 선과 악을 구별하지 못하기 때문에 그들의 사랑은 숭고한 도덕적 감정이라기보다는 종잡을 수 없는 변덕에 의한 것이라고 주장했다.[100] 정신이상자들은 고차원의 "지적 감정", 가령 호기심, 지적 탐구, 진실에 대한 사랑 등을 회복이 불가능할 정도로 상실해 왔다. 그들 중 "발명가이자 개혁가인 척하는" 몇몇이 지식에 열정이 있다고 주장할지라도 그들은 실상 진실을 갈망한 것이 아니었다.[101] 어떠한 비난의 여지조차 없던 푸시킨과 달리 완전한 인간이 되기엔 본원적으로 필요한 자질이 부족했던 여러 걸출한 인물들이 치시의 관문을 통과하지 못했다. 고골도 그 가운데 하나였다. "알프레드 드 뮈세, 에드거 포,

98 Walter E. Houghton, *The Victorian Frame of Mind, 1830-1870*, New Haven: Yale Univ. Press, 1957, p. 297.

99 Charles Darwin, *The Descent of Man and Selection in Relation to Sex*(1871), Princeton: Princeton Univ. Press, 1981, p. 70, 98.

100 Chizh, "Nravstvennost'", pp. 146~148.

101 V. F. Chizh, "Intellektual'nye chuvstvovaniia u dushevno-bol'nykh", *Nevrologicheskii vestnik*, no. 1, 1896, pp. 27~52; no. 2, p. 76; no. 3, pp. 1~18.

보들레르, 베를렌, 플로베르, 고골은 대중의 문제에 놀라울 정도로 무관심했다. (…) 고골은 학문을 사랑하지 않았다."[102] 치시의 눈에 그들 모두는 환자였다.

혁명과 도덕성

러시아에서 정치적 갈등이 극에 달한 새로운 세기가 시작됐다. 각각의 사회 계층은 체제에 반대하는 나름의 이유가 있었다. 소작농은 일상적 기근으로 인해, 노동자는 끝없는 착취에 의해, 지식 계급은 정치적 억압으로 인해 러시아인 모두가 전제군주제 아래 강권에 의한 제한적 자유로 고통받았다. 전문적 지식 계급(인텔리겐치아)과 급진적 신사 계급(젠트리)이 이끄는 저항운동은 독재의 종식과 대의정치 확립을 요구했다.[103] 콜레라가 창궐하고 소작농 계급의 빈곤이 가속화되는 한편 노동자의 파업이 빈번했던 19세기의 마지막 10년의 상황은 사람들의 정치의식을 고양시켰다. 의사들 대부분이 젬스트보(지방자치회, 독재정치에 대항했던 곳)에 참여했는데 이들은 일상의 업무에서 사회적 문제를 인식하며 시대의 투쟁에 깊숙이 개입했다. 러시아 의사들은 대개 공공의로서 무거운 책무를 수행했다. 예컨대, 그들은 수당도 없이 체형과 공개처형에 입회해야 하는 법적 의무가 있었고 부

---

102 Chizh, *Pushkin*, p. 18.

103 다음을 참조하라. Roberta Thompson Manning, *The Crisis of the Old Order in Russia: Gentry and Government*, Princeton: Princeton Univ. Press, 1982.

검 및 법정에서 전문가로서 의견을 피력해야 했으며 전염병에 대처해야만 했다. 의사들은 점점 더 급진적이 되었고 저항운동의 선봉에 섰다.[104]

정신과 의사도 예외는 아니어서, 일반 의사들이 정치에 참여하는 수준과 비슷하게 정치에 참여했다.[105] 정치적 태도와 참여 정도는 개인마다 크게 달랐다. 가령, 활동가나 반동적인 학생들 혹은 불온서적을 정신병원 내에 숨기는 사람들이 있는가 하면, "경찰" 정신의학의 지지자로 인식되는 사람들도 있었다.[106] 그러나 그 누구도 시대의 쟁점을 피해 갈 수 없었다. 비록 치시가 체제에 충성하고 민족주의자적 태도로 일관했다고 알려져 있지만 그 역시 동료 정신과 의사들이 정치적 이유로 직위를 박탈당하자 적어도 한 번은 공개적으로 항의한 것이 확인된다.[107] 그러나 치시의 의도는 정치적 투쟁에서 벗어나 자신의 직업적 의무를 다하는 것이었다. 그럼에도 불구하고 그는 자신이 단순하게 문학을 논할 때조차도 여전히 정치적 논쟁 속으로 빨려 들어 간다고 느꼈다.

고골 서거 50주년인 1902년, 사람들은 전국적으로 그를 추모했다. 언제나 고골에 관한 정신의학적 견해를 밝힐 준비가 되어 있던

---

104 다음을 참조하라. Nancy Mandelker Frieden, *Russian Physicians in an Era of Reform and Revolution, 1856-1905*, Princeton: Princeton Univ. Press, 1981.

105 다음을 참조하라. Julie Vail Brown, "The Professionalization of Russian Psychiatry", Ph. D. diss., Univ. of Pennsylvania, 1981, p. 350.

106 야코비(I. Iakobii)는 다음에서 인용되었다. Julie Vail Brown, "Psychiatrists and the State in Tsartist Russia", *Social Control and the State: Historical and Comparative Essays*, eds. Stanley Cohen and Andrew Scull, Oxford: Martin Robertson, 1983, p. 278.

107 V. F. Chizh, "Pis'mo redaktoru", *Nevrologicheskii vestnik*, no. 3, 1895, p. 174.

치시는 기념제에서 『죽은 혼』의 등장인물 중 한 사람에 관한 짧은 논문을 썼다. 러시아 독자에게 이 익살스러운 인물, 푸시킨이 아닌 플류시킨(Pliushkin), 탐욕을 가리키는 플류시카(pliushka)에서 유래한 이 이름은 탐욕의 동의어로 이해됐다. 그러나 치시는 플류시킨이 "탐욕스러운 유형의 사람이라기보다는 노인성치매의 전형"이라고 주장했다. 그는 플류시킨의 명명백백한 탐욕은 "가장 원초적인 이기심조차" 상실한 무목적적인 무의미한 습관 그 이상도 이하도 아니며, 그런 까닭에 이는 욕구가 아니라 순수한 병리라고 보았다. 치시의 글이 게재되자 옛 제자 카플란이 치시의 의견에 이의를 제기했다. 카플란은 플류시킨이 "마음이 옹졸하고 비참하며 혐오스럽지만" 이는 정상적인 노화의 결과일 뿐 질병이 빚어낸 결과는 아니라고 반박했다. 그는 플류시킨에 대한 자신의 견해의 정당성을 확보하기 위해 노년은 "끔찍하고 포악하며 무자비하다"는 고골의 말을 인용했다. 카플란보다 훨씬 연장자였던 치시는 건강한 사람은 초고령에 접어든다 할지라도 플류시킨처럼 "그렇게 저속하게 곤두박질칠 수 없으며, 그렇게 공동체와 동떨어져 살 수 없으며, 또 그렇게 부(富)만을 사랑할 수는 없다"고 재반박했다.[108]

다른 정신의학자들이 논쟁에 개입했고, 의학적 진단 이상의 문제가 있음이 분명해졌다. 그들 중 한 사람인 포르투갈로프가 치시-

---

108 치시의 원래 논문 및 이어지는 논쟁의 시작에 대해서는 다음을 참조하라. V. F. Chizh, "Pliushkin, kak tip starcheskogo slaboumiia", *Vrachebnaia gazeta*, no. 10, 1902, pp. 217~220; Ia. F. Kaplan, "Pliushkin: Psikhologicheskii razbor ego", *Voprosy filosofii*, no. 3, 1902, p. 811; V. F. Chizh, "Znachenie bolezni Pliushkina(po povodu stat'i d-ra Ia. Kaplana: 'Pliushkin. Psikhologicheskii razbor ego')", *Voprosy filosofii*, no. 4, 1902, p. 888.

카플란 논쟁에 중재자로 나섰다. 포르투갈로프는 치시와 카플란 모두 문학 속 인물에 정신의학의 전문적 견해를 적용하는 것 자체가 실수라고 생각했다. 그는 자신이 이름 붙인 "정신병리적 문학비평론"을 문학비평가들과 사회학자들의 통제하에 두고 싶어 했다.[109] 포르투갈로프는 무엇보다도 사회적 작가로 구분되는 고골에게 정신의학적 분석을 적용해선 안 된다고 주장했다. 고골의 주인공들에 대해 사회적 전형으로서 각 인물의 중요성을 간과한 상태에서 행해진 해석은 그것이 어떤 심리적 혹은 정신병리적 해석이든 간에 작가의 플롯과 적절히 관련되지 못할 것이 분명하기 때문이었다. 포르투갈로프는 플류시킨이 부를 축적하는 사람을 상징하며, 따라서 그를 자본주의 시대 이전의 인물로 이해해야 한다고 보았다. 플류시킨은 고골이 새로운 유형, 즉 자본주의 사업가로 그린 주인공 치치코프에 대비하기 위해 창조한 인물이었다. 치시와 카플란 모두 플류시킨의 병리를 분석하면서 부상하는 자본주의 시대를 묘사한 이 소설의 진짜 의미를 오독했다. 포르투갈로프는 중대한 사회적 변화의 전야에 정신의학자를 포함한 그 누구도 이 소설의 사회적 의미를 무시할 수 없다는 사실을 전하고자 했다.

---

109 Iulii Portugalov, "Po povodu polemiki prof. V. F. Chizh i d-ra Ia. F. Kaplana(Zametki chitatelia-psikhiatra)", *Voprosy filosofii*, no. 1, 1903, p. 154. 카플란과 치시는 이러한 비평을 철회하지 않고 플류시킨과 고골의 다른 인물들에 대한 그들의 논쟁을 이어 나갔다. 다음을 참조하라. Ia. F. Kaplan, "Pliushkin i Starosvetskie pomeshchiki(po povodu stat'i prof. V. F. Chizha 'Znachenie bolezni Pliushkina')", *Voprosy filosofii*, no. 3, 1903, pp. 599~645; V. F. Chizh, "Otvet Kaplanu(Po povodu stat'i g. Kaplana 'Pliushkin i Starosvetskie pomeshchiki')", *Voprosy filosofii*, no. 4, 1903, pp. 755~759. 이 논쟁의 서평은 다음을 참조하라. V. I. Shenrok, "Itogi gogolevskoi iubileinoi literatury", *Vestnik vospitaniia*, no. 6, 1902, pp. 1~31.

다른 정신의학자들도 치시와 카플란이 플류시킨을 심리학 및 병리학적으로 분석함으로써 "사회의 결함과 범죄를 신경·정신 질환으로 설명하는 거짓된 풍조"에 굴복했다는 데에 동의했다.[110] 또 다른 정신의학자는 정치적으로 중립적인 정신의학은 있을 수 없다는 것에 동조하며 "정신병리학은 예술과 삶의 이론과 실제에서 종교적·도덕적·철학적 문제 해결을 위해 반증의 출처로만 부수적으로 이용될 수 있다"라고 썼다.[111] 정신의학자들은 문학에 대한 정신의학적 분석은 언제나 사회, 문화비평을 통해 제공돼야만 한다고 주장함으로써 정치 투쟁에 기꺼이 참여하려는 자신들의 의지를 표출했다. 예기치 않은 상황 속에서 비록 자신들의 영향력을 확대하려는 욕구에 반하지만 정신의학 영역 밖의 분야에서 주장을 펼침에 따라 자신들의 의학적 전문 영역이 제한되는 것을 수용했다. 정신의학자들은 반민중적 체제와 기근이 상존하는 나라에서 사람들의 건강을 담보하는 것은 이미 그들의 능력 밖이라고 확신했기 때문에 개혁을 통해서건 아니면 혁명을 통해서건 간에 사회적 문제가 충분히 다뤄져야 한다고 생각했다. 1904년 피로고프학회 회의와 1905년 러시아 정신의학 및 신경병리학의사협회 2차 학술 대회 회의, 두 모임은 모두 회의 결의안에 국가의 건전한 정신을 위해 정치 개혁이 필요함을 천명했다. 급진파 대다수는 치시처럼 투쟁에 비켜 있으려 하는 정신의학자에 실망을 표했다.

---

110 I. A. Sikorskii, *Psikhologicheskoe napravlenie khudozhestvennogo tvorchestva Gogolia*(*Rech v pamiat' 100-letnei godovshchiny Gogolia*, April 10, 1909), Kiev: Universitet Sv. Vladimira, 1911, p. 3.
111 M. O. Shaikevich, *Psikhologiia i literatura*, St. Petersburg: Ts. Kraiz, 1910, p. 58.

1903년 치시는 고골의 소설 속 인물이 아닌 (신문 기사, 간행물 기사, 책으로 출판된) 고골 본인을 주제로 한 토론 석상에서 작가의 정신 건강에 대해 언급했다.[112] 플류시킨에 관한 자신의 글에 대한 비판에 대응하지 않으면서 치시는 벨린스키의 주제에 변화를 만들어 냈다. 그것은 도덕적 이유로 고골을 배신자보다는 정신이상자로 간주하는 것이 더 낫다는 것이었다. 치시는 고골의 광기를 그려 내려고 쓴 글에서 고골이 우울증에 시달렸고, 그로 인해 죽음에 이르렀다고 결론 내었다. 이 책은 여러 가지 이유로 혹평을 받았다. 치시의 동료 정신과 의사들마저 그가 일반 대중에 친숙한 작가를 정신 병리로 진단하도록 부추기고 있다고 비판했다. 특히 카체놉스키 박사는 정신이 온전한 사람으로 고골의 명예를 지키는 것에 신경을 썼고 치시를 "독자에게 혼란을 주었다. 독자들은 대부분 정신이상이 있는 사람이 비상한 작품을 창조할 수 있고 (⋯) 훌륭한 이타주의자가 될 수 있다는 것을 이해하지 못할 것이기 때문이다"라며 비난했다. 카체놉스키의 시각으로는 고골의 기이함은 완전히 정상적인 행동 범위에 속했고 육체적인 질병으로 설명될 수 있었다. 그는 고골이 어린 시절 제대로 된 교육을 받지 못한 것이 그를 나태하게 만들었을 것이고, 또한 육체적으로 아플 때 단지 나쁜 성미를 억누를 수 없었을 것이라고 판단했다. 카체놉스키는 고골의 실패를 좋지 않은 건강 탓으로 설명하며 정신의학자들이 고골의 병세를 과장해 묘사하는 것으로 보인다고 비

---

112 다음을 참조하라. V. F. Chizh, "O bolezni Gogolia: Lektsiia, chitannaia 20 marta 1903 go. v Iur'evskom obshchestve estestvoispytatelei", *Saratovskii listok* 70, 1903, p. 2; "Bolezn' N. V. Gogolia", *Voprosy filosofii*, no. 2, 1903, pp. 262~313; no. 3, pp. 418~468; no. 4, pp. 647~681; no. 1, 1904, pp. 34~70; *Bolezn' N. V. Gogolia*.

판했다. 그는 예수의 말을 빌려 다음과 같이 말한다. "어찌하여 형제의 눈 속에 있는 티는 보면서 네 눈 속에 있는 들보는 깨닫지 못하느냐?"[113]

그러나 고골에 대한 벨린스키의 판단을 수용하던 시대는 지나갔음을 시사하는 또 다른 종류의 비판이 치시의 동시대 사람들로부터 나왔다. 치시가 놀라워했을 수 있을 법한데 19세기 내내 만연하던 시각, 즉 문학은 반드시 사회적 과제에 복무해야 한다는 생각이 한물간 시각으로 인식되기 시작한 것이다.

20세기 고골의 복권

비평가들은 고골의 정신이상을 진단하는 주요 근거가 실질적으로 심미적인 것이 아니라 도덕적이었다는 사실에 관심을 가졌다.[114] 프리드리히 니체로부터 영감을 받은 세대에게 이것이 문제가 됐다. 비평가, 철학자, 예술가 들은 "도덕성이 영감을 주는 일은 끝나야 한다. (…) 도덕성은 존재의 창조적인 힘을 방해하는 것으로 인식된다"고 언급하며 예술의 창조 본능과 무의식적 원천에 대해 토론했다. 한 역사학자는 다음과 같이 말했다. "이전 세대의 최고의 미덕이 사회적 과제

---

113 Dr. Kachenovskii, *Bolezn' Gogolia: Kriticheskoe issledovanie*, St. Petersburg: Svet, 1906, p. 115.
114 이 반대 의견은 이후 한 고골 학자에 의해 형식화됐다. "치시 가설의 일부는 유효할 수도 있다. 그러나 그는 관대하게 이념적 편협으로 불릴 수 있는 것에 의해 자신의 문제를 분명히 약화시켰다. 일부 논점에서, 고골의 '반동적' 관점은 그의 정신이상에 대해 논쟁의 여지 없는 증거로 제시되었다. 즉 실제로 증명될 수 있는 것 이상으로 자유방임과 정상 간의 유기적 관계를 가정하는 추론이다." Erlich, *Gogol*, p. 212.

의 실천이었다면, 이제 지식인들은 자기발견과 자기실현이라는 목표를 달성하기 위해 노력한다."[115] "가치 재평가" 분위기 속에 후보 1순위가 된 것은 고골이었다. 고골은 문학에 관한 벨린스키의 도덕적 시각에 토대를 제공해 준 작가였다. 철학자 레프 셰스토프는 러시아의 니체철학에 관한 성명서에서 한 인간으로서의 고골의 평판이 희생되더라도 그의 작품의 가치는 평가돼야만 한다는 기존의 도덕적 관점을 뒤집었다.[116] "고골이 『죽은 혼』 2권의 원고를 불태우자 [이상주의자들에게는 고골이 아닌 고골의 작품만이 필요했으므로] 고골은 미쳤다고 선언됐다. 그렇지 않았다면 이상을 구현하는 것은 불가능했을 것이다. 그러나 고골은 (지구상의 모든 '정상인' 비평가들에게 세상의 불멸을 전할 수 있었던) 귀중한 원고를 쓸 때보다 그것을 불태울 때 더 온전했다. 이상주의자들은 이러한 고통을 절대 견뎌 내지 못할 것이다. 그들은 '고골의 작품'은 필요로 하지만 고골의 '크나큰 불행, 엄청난 추악함, 깊은 실패'로 인해 작가에게는 무관심하다."[117]

고골의 지향점은 19세기 말 러시아의 종교 부흥기에 톨스토이, 드미트리 메레시콥스키 및 기타 종교 사상가들의 공감을 불러일으켰다. 그들은 고골의 기독교관이 작가의 작품을 이해하는 데 절대적으

---

115 니콜라이 베르댜예프(Nikolai Berdiaev)는 다음에서 인용되었다. Edith W. Clowes, *The Revolution of Moral Consciousness: Nietzsche in Russian Literature, 1890-1914*, Dekalb, Ill.: Northern Illinois Univ. Press, 1988, epigraph, 1.

116 [옮긴이] 러시아어본에 따르면 "레프 셰스토프는 진실을 향한 고골의 고통스러운 추구를 간과한 채, 혹은 더 최악으로 정신 질환이라는 상표를 붙여서 고골이 쓴 작품에 대해서만 평가하는 이들을 공격했다".

117 Lev Shestov, *Dostoevsky, Tolstoy and Nietzsche*(1903), Athens, Ohio: Ohio Univ. Press, 1969, p. 322.

로 중요하다는 것을 보여 주었다. 그들은 고골에게 자기모순은 내재적 자질임을 수용하며 고골의 모순에 화해를 시도했다.[118] 메레시콥스키는, 비평가들이 『친구와의 서신교환선』에서 고골이 언제나 종교적이었으며 어떠한 내적 불안도 겪지 않았던 예전과 똑같은 길을 좇았다는 사실을 이해하는 데 실패했다고 주장했다.[119] 그들은 고골이 정신이상자였다는 기존의 판단을 재고했고, 정신의학자들이 과거 고골에게 적용했던 진단의 정상 수치와 증상에 대해 의심했다. 페테르부르크 출신의 젊은 정신의학자 샤이케비치는 수사적으로 "자유, 진실, 인류애, 불의를 싫어하고 빛을 추구하며 타인의 고통을 덜어 주는 일은 오직 정신이 온전하고 건강한 사람만이 할 수 있는 것인지"를 물었다. 그는 반례로 정신 질환을 앓았지만 많은 사랑을 받았던 작가들과 위엄 있는 사람들을 언급했다.[120]

셰스토프와 마찬가지로 정신의학자 트로신은 고골이 정신의학자를 비롯한 비문학계 사람들에게 평가받아야 한다는 시각에 반대했다. "위대한 풍자가의 창조적 의식이 배제된 채 취해지는 개성은 어떠한 꼬리표도 붙여질 수 있는 인위적인 표적이 된다. (…) 과거에는 슬라브주의자와 서구주의자가 작가의 개성을 표적으로 삼았고 지

---

118 [옮긴이] 러시아어본에서는 이에 대해 당시 고골의 행동이 "정신 질환"이 아닌, "종교적 격변"으로 이해됐다고 구체적으로 기술하고 있다. *Klassiki i psikhiatry*, Moskva: Novoe literaturnoe obozrenie, 2008, p. 47.

119 [옮긴이] 심지어 메레시콥스키는 고골에게는 어떠한 종교적 격변도 없었으며 그의 종교적 추구는 전 인생에 걸쳐 지속됐다고 주장했다

120 D. S. Merezhkovskii, "Gogol"(1909), *Izbrannye stat'i: Simvolizm, Gogol', Lermontov*, Munich: Wilhelm Fink, 1972, p. 241. 또한 다음을 참조하라. K. V. Mochul'skii, *Dukhovnyi put' Gogolia*, Paris: YMCA Press, 1934; M. O. Shaikevich, "Psikhopatologicheskii metod v russkoi literaturnoi kritike", *Voprosy filosofii*, no. 3, 1904, p. 321.

금은 정신의학자가 그것을 계승했다. 그들 모두는 '고골을 미치광이로 부르는 것이 최선이다'라고 생각한다."[121] 의학에 헌신하는 진정한 의사였던 트로신은 예술혼을 가진 소수의 정신의학자 중 한 명으로, 음악가이자 시인이었다. 젊은 시절 그는 「음악적 정서」(Musical Emotions)라는 에세이에서 음악의 심리적 효과에 대해 썼고, 죽기 2년 전에 『창작에 미치는 음악의 영향에 대하여』(On the Influence of Music on Creativity)란 책을 출간했다. 그는 뇌의 반사작용에 관해 쓴 자신의 박사논문이 완성된 때와 같은 해 베흐테레프와 함께 저서 『문학과 예술적 감성: 정상적인 것과 병리적인 것』(Literary and Artistic Emotions, Normal and Pathological)을 출판했다.[122]

트로신은 고골의 신념과 작품의 인물 사이에서 보이는 모순에 대해 설명이 필요하다는 데 동의했지만, 그것은 "작가의 방식과 웃음의 심리, 무의식적인 요소 속에서" 모색돼야만 한다고 주장했다.[123] 즉 정신의학적 해석을 작가의 자기인식과 창조적 과정의 무의식적 요소를 최우선으로 하는 심리학적 해석으로 대체하자는 것이다. "고골 자신은 (영감을 얻는) 그 순간을 신의 행동으로 해석한 반면 정신의학

121 G. Ia. Troshin, "Genii i zdorov'e N. V. Gogolia", Voprosy filosofii, no. 1, 1905, pp. 37~82; no. 2, p. 186; no. 3, pp. 333~383.

122 M. B. Mirskii, "Troshin, Grigorii Iakovlevich", Russkoe zarubezh'e: Zolotaia kniga emigratsii: Pervaia tret' XX veka: Entsiklopedicheskii biograficheskii slovar', Moscow: Rosspen, 1997, pp. 629~631.

123 Troshin, "Genii i zdorov'e", p. 54. 웃음에 대한 트로신의 언급은 긍정적인 인물이 부재하다는 이유로 희곡 『감찰관』을 비판했던 사람들에 대한 고골 본인의 반응을 되풀이하는 것이었다. "나는 내 희곡 속에 있는 고결한 인물을 아무도 알아채지 못했다는 것이 유감이다. 그렇다, 전체 내용이 진행되는 가운데 그 안에서 행동하는 고결하고 숭고한 한 사람이 있었다. 이 고결하고 숭고한 사람은 웃음이었다." 인용은 다음을 보라. Rufus W. Mathewson Jr., The Positive Hero in Russian Literature, 2d ed., Stanford: Stanford Univ. Press, 1975, p. 18.

은 신을 과대사고(過大思考)의 개념으로 대체한다. 창조성에 대해 심리학은 둘 중 어느 하나만을 요구하지 않는다. 심리학에서 말하는 창조성은 지적인 요소와 감정적 요소만으로는 창조적 과정이 일어나기에 충분하지 않고 세 번째, 즉 무의식적인 요소가 필요하다는 추론에서 출발한다. 우리에게 마지막 요소의 작용은 여러 면에서 불가사의하다."[124] 트로신은 상상력이 더 풍부하고 덜 도덕적이어서 문학과 작가에게 더 적합한 "창작품의 심리"를 희망했다. 이로써 천재성이 인간 종(種) 퇴폐의 신호인 질병이나 격세유전의 산물이라는 롬브로소 학파의 추론을 거부하게 될 것이다. 또한 천재는 다른 인간보다 우위에 있다는 추론으로부터 새로운 심리학이 시작될 것이다. 트로신은 셰스토프처럼 고골과 도스토옙스키, 니체가 새로운 인류의 선구자라고 믿었다.[125]

트로신은 고골이 "퇴폐"했다는 생각에 반대해 바제노프가 몇 년 전 천재의 "최상위의 정신"에 관해 이야기하던 중 만들어 낸 "시대를 앞선 사람", 즉 선구자라는 용어를 사용했다. 트로신은 바제노프에 동의해 천재는 퇴폐하는 유형이 아닌 도래하는 "앞서 진화한" 유형의 인간을 대표한다고 생각했다. 다른 정신의학자들 또한 비슷한 생각을 했다. 키예프 출신의 정신의학자 시코르스키는 예술가, 작가, 시인과 일부 학자는 정상과는 다른 독특한 정신 구조를 가지지만, 이 차이가 쇠퇴나 퇴폐와는 다른 방향성을 갖는다는 것을 포착했다. 오

124 Troshin, "Genii i zdorov'e", p. 54.
125 러시아에서의 니체 환영식에 대해서는 버니스 글래처 로젠탈이 편집한 다음 두 권의 논문집을 참조하라. *Nietzsche in Russia*, Princeton: Princeton Univ. Press, 1986 그리고 *Nietzsche and Soviet Culture: Ally and Adversary*, Cambridge: Cambridge Univ. Press, 1904.

히려 그 반대였다. 다시 말해 이것은 "인간 정신 구조의 발달이 완성되지 않았으나 이상적인 진화를 향한 단계에서 포착되는 매우 발달된 현상"이었다.[126] 시코르스키는 최근에 출판된 소설과 관련지으며 자신의 논제를 설명했다. 이 책에 등장하는 주인공을 비록 부조화스러운 인간이지만 옳은 방향으로 진화하고 있는 젊고 양심적인 의사 유형의 예로 들었다.

그러나 다른 정신의학자들은 바제노프와 트로신이 주장하는 병을 앓는 천재라는 우월성 이론의 모순을 지적했다. 비평가 샤이케비치는 바제노프가 고골의 정신 질환을 확인하고도 남을 만큼의 엄청난 자료를 수집했으면서도 유감스러워하며 "끝까지 사실을 인정하지 않으며" 최종 진단을 유보했다고 평했다. 바로, 진화라는 이 용어가 극도로 혼란을 주었기 때문이다. 샤이케비치는 다음과 같이 언급했다. "어떤 사람이 주기적 정신이상이나 간질을 앓고 있고 (…) 미술적 재능을 가졌다고 가정해 보자. (…) 그의 긍정적이고 유용한 자질이 더 중요하다면 시대에 앞서 진화한 사람이라고 불릴 것이고, 만약 부정적인 특징에 무게를 더 싣는다면 퇴폐한 사람이라고 불릴 것이다. 이런 경우에는 원래의 용어인 고차원 퇴폐(higher degenerates)라고 하는 것이 훨씬 더 용이하다." 샤이케비치는 고골이 정상인보다 훨씬 더 강한 반응을 보였다는 것을 인정했으나, 그가 쓴 바와 같이 "위대한 창작자의 감성은 우리 같은 일반인과는 그 규모가 다르므로", 정상이 무엇인지와 같은 관점으로 고골을 평가하는 것을 거부한

---

126 I. A. Sikorskii, *O knige V. Veresaeva Zapiski vracha(Chto daet eta kniga literature, nauke i zhizni?)*, Kiev: Kushnerev, 1902, p. 10.

트로신을 향해 같은 반론을 펼쳤다.[127] 샤이케비치 본인이 주기성 정신병이라고 보았던 고골의 병이 단순히 부조화이거나 고차원적 정신유형의 남보다 앞선 진화 과정에서 형성되는 불안정으로 간주될 수 있다는 것을 의심했다.[128]

이러한 토론이 진행되던 때, 사람들은 러시아가 불확실한 미래의 접점에 있다는 인상을 받았다. 1905년 독재정치에 반대하는 사람들의 물결은 극에 달했다. 피의 일요일(1월 9일)이 그해의 서막을 알렸고, 차르에게 보내는 탄원서를 지닌 비무장 노동자 행렬은 페테르부르크의 겨울 궁전으로 향했다. 그들은 "어린 아버지"를 향해 종교적·정치적 신념 때문에 고통받는 사람들에 대한 처벌을 폐지할 것, 시민의 자유를 선언할 것, 보편적인 공교육과 하루 8시간 노동제를 도입할 것, 극빈 계층을 위해 세제를 개편할 것 등을 탄원했다.[129] 일부 노동자는 평화시위임을 강조하기 위해 가족을 데리고 나왔다. 가폰 신부가 선두에서 행렬을 이끌었고, 성상을 들고 뒤따르는 사람들은 찬송가를 불렀다. 군중은 포화를 맞았고 이날의 시위는 대학살로 끝났다. 피의 일요일은 폭력의 기폭제가 됐고, 후일 제1차 러시아 혁명 발발의 단초가 된다.

봉기가 계속되는 동안 전 러시아의사협회는 혁명을 지원하는 전투부대인 연합동맹에서 다른 직종의 단체와 합류했다.[130] 1904년의 피

---

127 Shaikevich, *Psikhologiia i literatura*, pp. 14~15, 16~17. 트로신은 다음에서 인용되었다. *Ibid.*, p. 22.

128 Shaikevich, "Psikhopatologicheskii metod", p. 315.

129 [옮긴이] 저자는 가폰 신부가 『내 삶의 이야기』(*The Story of My Life*, 1905)에서 피의 일요일 당시의 상황을 묘사하며 니콜라이 2세를 "little father, tsar"로 호칭한 것을 환기시키고 있다.

130 Galai, *Liberation Movement*, p. 236.

로고프학회와 1905년의 제2차 러시아 정신의학 및 신경병리학의사 협회 전체 회의 모두 대의정치를 요구하는 최종 성명을 담았다. 좌익 진영의 정신의학자들은 "러시아 정부의 정책이 증가하는 정신 장애 사례의 직접적인 원인"이라고 주장했다.[131] 역사학자 브라운의 말처럼 의학계를 "민주화하는", 특히 정신병원의 통제를 바꾸자는 광범위한 움직임 속에는 차르정부 정책에 대한 그들의 반대가 함축돼 있었다.[132] 책임자는 대개 독단적으로 정신병원을 통제했으며 수련의는 말할 필요도 없고 일반 의사도 병원 생활환경에 거의 아무런 권한이 없었다. 간호사들은 특히 열악한 상황에 있었다. 적정 인원을 초과한 병원의 근무환경에서 간호사와 관리직은 박봉을 받았고, 병동을 제외한 근무지에서는 흔히 잠자리조차 제공받지 못했다.[133] 정신병원도 러시아제국처럼 전제주의 원칙에 입각해서 설립되었기 때문에 러시아제국과 마찬가지로 개혁이 필요했다.

트로신이 보조 의사로 근무하던 페테르부르크의 성니콜라이병원 정신의학과는 가장 열악하고 가장 혼잡하며 가장 형편없게 관리되는 공립정신병원 중 하나로 알려져 있었다. 혁명의 시작과 함께 책임자의 독재적 정책에 불만을 느낀 직원들은 의사 결정에 참여권을 요구했다. 책임자는 그들의 "집단 경영" 제안을 거절했고, 급기야 젊은 의사들은 직원들을 이끌고 사무실에 진입해 책임자를 손수레에

---

131 알트슐러(E. I. Al'tshuller)는 다음에서 인용되었다. Brown, "Professionalization", p. 383.

132 Brown, "Professionalization", pp. 387~388.

133 트로신이 근무한 성니콜라이병원에서는 간호사와 관리인이 1일 16시간 근무했다. 그들은 병실의 업무뿐만 아니라 의사 보조원의 개인 하인 역할부터 병원의 세탁물까지 책임졌다. 다음을 참조하라. "Khronika", *Sovremennaia psikhiatriia*, no. 10, 1913, pp. 836~837.

실어 건물 밖으로 끌어냈다. 그들은 병원의 최고 책임자를 제거한 뒤 환자를 풀어 주기 시작했다. 그 가운데 감금된 "정치적" 죄수도 포함 돼 있었다. 의사들은 체포됐고 법정으로 끌려갔다. 징역 16개월 형을 받은 트로신을 포함해 전원이 형을 선고받았다.[134]

고골에 대해 양극단의 관점을 가진 두 사람, 치시와 트로신은 이제 바리케이드의 양쪽에 대치했다. 자유주의적이거나 급진적인 태도를 가졌던 대다수의 정신의학자와 달리 치시는 항상 차르 정권에 충성했다. 치시는 프랑스의 역사학자이자 철학자인 이폴리트 텐의 선례를 따르며 혁명가를 "병리적 구조에 따른 파괴 욕구, 걱정, 불만"을 가진 "무정부주의자와 정치범"으로 취급했다.[135] 그는 혁명의 선봉자들이 퇴폐했다고 믿었기 때문에 그에게는 1905년부터 1907년까지의 일련의 혁명 관련 사건에 참여한 군중 역시 알코올의존증 환자와 미치광이 무리로 보였다.[136] 그가 다른 시기에 자신의 견해를 뒷받침하기 위해 추구했던 범죄인류학과 실험심리학은 그의 목적에 비춰 둘 모두 지나치게 학술적이었다. 치시는 이제 수십 년 동안의 신념과는 반대로 "과학적" 방법론을 활용하면서 범죄인류학자들이 도스토옙스키와 같은 작가에게서 쉽게 볼 수 있는 "개별 관찰법"을 간과하고 있다고 비판했다.[137]

---

134 트로신과 병원 관리원 슐츠(G. Shults)는 "지능적 범죄자"로 판명났다. 다음을 참조하라. "Khronika", *Sovremennaia psikhiatriia*, no. 10, 1907, p. 383; Brown, "Professionalization", p. 350.

135 Chizh, *Turgenev*, p. 34, 104.

136 V. F. Chizh, "Znachenie politicheskoi zhizni v etiologii dushevnykh boleznei", *Obozrenie psikhiatrii*, no. 1, 1908, p. 10; no. 3, pp. 149~162.

137 Chizh, *Kriminal'naia*, p. 50.

정신의학자들은 혁명 초기에 정신 질환 발병률의 증가에 관한 보고서를 출간했다. 그들은 이러한 증가가 가두시위의 결과라고 믿었다.[138] 치시는 폭력 증가의 책임이 정부에 있다고 본 급진적 동료들과 달리 폭력이 양측 모두로부터 비롯됐다고 주장했다. 그는 반란군이 경찰관과 신부를 고문해 이들에게 심리적 외상을 남긴 사건들을 인용했다. 그는 정신의학자들이 "혁명성 정신 질환"이라는 범주를 고안하자 이전에도 "구금반응" 범주와 러일 전쟁 기간 동안 "전쟁성 정신 질환"이라는 범주를 인정하지 않았던 것처럼 "혁명적 정신 질환" 범주 역시 수용하지 않았다.[139]

치시는 첫째, 정신이상은 분명히 외부 영향보다는 내적 구성의 결과이며 둘째, 동료 정신의학자들이 정치적 공감대를 형성하기 위해 정신이상을 일으키는 외상의 다양한 병인을 고안해 냈다고 믿었다. 그는 동료들이 "(1887년의 정신과 의사) 첫 번째 회의에서 해방운동이 정신 건강에 나쁜 영향을 미친다는 데 동의한 후 (1905년의) 두 번째 회의에서는 자유의 제한이 정신 건강에 나쁜 영향을 준다"고 하

---

138 첫 번째 보고는 1905년 10월 28일, 모스크바 정신의학자협회 회의에 제출된 리바코프(F. E. Rybakov)의 "최근 사건과 관련한 정신 장애"(Mental Disturbances in Connection with Recent Events)였다. 그의 동료들은 제시된 사례로 혁명이 이미 질환을 가지고 있던 사람의 증상을 악화시켰음을 알 수 있다고 주장하면서 이에 대한 그의 견해를 물었다. 다음을 참조하라. "Iz Obshchestva nevropatologov i psikhiatrov v Moskve", *Obozrenie psikhiatrii*, no. 5, 1906, pp. 388~389.

139 "혁명적 정신 장애인"에 대해서는 다음을 참조하라. Julie V. Brown, "Revolution and Psychosis: The Mixing of Science and Politics in Russian Psychiatric Medicine, 1905–1913", *Russian Review* 46, 1987, pp. 283~302. 이에 앞서, 군 정신의학자들은 정신 질환에 걸린 사병과 장교들의 높은 비율을 보고했으며, 전쟁이 특별한 종류의 정신병, "전쟁 정신 장애인"을 생성시켰는지에 대해 토의했다. "감옥 정신 장애인"의 경우에서와 같이 이러한 진단의 구분은 무엇보다도 정치적 문제였다.

자 그들의 모순적인 행태를 비난했다. 혁명의 여파 속에서 정신의학자들이 강압적 분위기가 정신 건강에 해롭다고 경고하자 치시는 "싸움꾼들에 대한 존경심과 그들이 정치적 패배로 정신 질환을 앓게 될수 있다는 생각은 양립 불가하다"고 주장했다.[140] 치시는 혁명 그 자체는 건전하지도 유해하지도 않다고 주장하면서 정신의학을 시대의 투쟁에서 분리하기를 요구했다. 플류시킨에 관한 논쟁에서처럼 정치투쟁에서 비켜나 있는 것이 불가능하다는 것을 깨달은 정신의학자들은 치시의 중립에 관해 의구심을 가졌다. 정신의학자들은 또한 그들이 사형선고의 폐지를 위해 투쟁하고 있을 때 치시가 정치범의 사형에 참관 의사로 참여한 것을 알았다. 치시의 급진파 동료들이 정권의 충실한 지지자라는 이유로 그를 배척했다는 사실은 전혀 놀라운 일이 아니다.[141]

1915년, 치시는 유리예프를 떠났고, 키예프에 기지를 둔 러시아 적십자 서부전선 지부의 담당 의사가 되었다. 볼셰비키 혁명이 일어났을 때도 그는 여전히 키예프에 있었고, 1922년 그곳에서 숨을 거두었다.

---

140 Chizh, "Znachenie politicheskoi", pp. 5~6.
141 모스크바 학술지 『현대 정신의학』(Contemporary Psychiatry)의 편집자 간누시킨은 치시의 논문이 그의 반동적 태도의 산물이라고 공격했다. 다음을 참조하라. Brown, "Revolution and Psychosis", p. 295.

결론: 심리적 인간

1909년 새로이 창간된 논문집 『이정표』(Vekhi)는 셰스토프 등이 1905년 혁명 이전에 착수했던 일들을 계승해 나갔다. 즉 예술적이고 개인적이며 사적인 문제를 대변하게 됐다. 이 잡지의 편집자는 "개인의 내적 삶은 인간존재의 유일한 창조적 힘이고 (…) 어떠한 사회적 재건에서도 유일하게 견고한 기반이 된다는 점에서 정신적 삶의, 사회의 외적 형식에 대한 이론적·실질적 우선권"을 촉구했다.[142] 이 선언이 있던 바로 그해 "러시아의 모든 지식인 계층"뿐만 아니라 문학 세계가 고골 탄생 100주년을 경축했다. 고골의 삶 자체는 물론이고 그의 작품 변천에 대한 어떠한 솔직한 의학적 분석 역시 훨씬 더 어려워졌다는 것은 분명했다.

한동안 고골의 삶과 죽음에 관한 의학적·비의학적 해석 중 어느 것도 우위를 점하지 못했다. 오히려 이 두 견해는 공존했다. 한편으로, 작가 코롤렌코는 고골 추모 글에서, 바제노프가 고골의 질병을 "과학적 진단, 즉 우울 신경증"이라 칭하도록 하는 "훌륭한 업적"을 세웠다고 칭찬했다. 코롤렌코는 바제노프의 추측과 맥을 같이해 고골의 유전적 취약함은 모계유전이 아니라 "아버지 사망의 원인과 같은 질병" 때문이라는 자신의 주장을 뒷받침하는 증거들을 수집했다.[143] 그는 병인에 대해 다음과 같이 말했다. "의사들은 정신적 우울

---

142 헤르셴존(M. A. Gershenzon)은 다음에서 인용되었다. Lionel Kochan, *Russia in Revolution, 1890-1918*, London: Weidenfeld & Nicolson, 1966, p. 148.
143 V. G. Korolenko, "Tragediia velikogo iumorista(Neskol'ko myslei o Gogole)", Kotov and Poliakov, *N.V. Gogol' v russkoi kritike*, pp. 541~542.

증을 생리학적으로 설명했다. 뇌로 통하는 혈관이 좁아져서 피가 감정을 담당하는 영역에 도달할 수 없었다는 것이다. 이것은, 말하자면, 순전히 기계적인 원인이다. 고골은 이미 손상된 하드웨어를 물려받았고, 따라서 우울증에 걸리기 쉬웠으며, 자주 풀이 죽어 있었고 슬픔을 느꼈다." 그러나 정신적 담론은 의학적 담론과 이 부분의 설명에서 서로 맞선다. "천재 작가는 러시아적 삶의 나락에 떨어지고 그것의 정점까지 올라가 보면서 자기 자신을 위한 탈출구이자, 동시에 불행한 조국의 탈출구를 고통스럽게 추구하고 있었다. 그는 다른 어떤 특정한 질병 때문이 아닌, 시간이 지날수록 더 강해지는 심각한 우울증으로 1852년 사망했다. (⋯) 그는 촛불처럼 잦아들었고 마침내 더는 삶을 지탱할 수 있는 그 어떤 것도 남아 있지 않은 사람처럼 소멸했다." "고골의 허약한 몸속에서 두 가지 모순적인 힘이 맞싸운 것"처럼 코롤렌코의 설명에는 "창작 활동의 기쁨"과 "불행한 육체적 영향" 둘 모두가 동일하게 언급됐다.[144]

"심리학의 세기"에 접어들수록, 고골의 내면세계에 대해 두 가지 모순된 성향이 맞선 격전지로 본 해석에 방점이 찍히는 경향이 있다.[145] 새로운 세대는 고골을 "자기 자신을 해방시키고, 스스로 단단하며 강력하다고 느끼고자 노력했으나, 자신감 부재와 내면의 불안정으로 고통받은 천재"로 묘사했다.[146] 정신분석가들은 고골이 자신

144 *Ibid.*, p. 546, 594.
145 [옮긴이] 러시아어본에 따르면, 20세기는 대중적이고 사회적인 것에 대해 자주 내적이고, 개인적인 면에 집중해서 본다는 측면에서 "심리학의 세기"로 불린다.
146 Ermakov, *Ocherki*, 76. 고골의 성격을 분석한 전기에 대해서는 다음을 참조하라. Daniel Rancour-Laferrier, *Out from under Gogol's Overcoat: A Psychoanalytic Study*, Ann Arbor, Mich.: Ardis, 1982.

의 재능과 질병을 창작 활동에 투영함으로써 내부 갈등을 해결했다는 견해에 확신을 얻었다.[147] 더 젊은 세대의 정신의학자들은 새로운 심리학이 "초"인에 관한 니체학파의 시각에 기초할 것이라고 믿었다. 초인은 "'현대'인, '선'(善)인, 기독교인과 기타 허무주의자에 반대되는 (…) '이상적인' 유형의 고차원적 인간이자 반은 '성인'이고 반은 '천재'인" 존재이다.[148] 19세기의 도덕적 인간에 대비되는 새로운 유형의 인간은 "자신과 자신의 감정을 재검하기 위한 공개적인 실패의 장(場)을 외면하는 개인적 인간"이었다.[149] 창작품에 대한 심리와

---

147 고골은 친구에게 다음과 같이 썼다. "내 안에 병마가 이러한 상태를 야기했는지 혹은 내 스스로가 그저 창작을 위해 필요한 상태로 강압적으로 내 마음이 유지되도록 해서 병이 발전했는지는 신만이 가장 잘 아신다. 그 어느 쪽이든 간에 나는 고통을 줄이려는 것이 아니라 오로지 창조하는 것과 창조가 말이 되도록 할 수 있는 순간을 주는 생명이 내 영혼으로 되돌아오게 하리라는 그러한 의미로 내 치료를 생각했다." 다음에서 인용되었다. Vsevolod Setchkarev, *Gogol: His Life and Works*, trans. Robert Kramer, London: Peter Owen, 1965, p. 75.

148 Friedrich Nietzsche, *Ecce Homo*(1908: written in 1888), trans. Anthony M. Ludovici, New York: Russell & Russell, 1964, p. 58. 이미 저서를 읽고 니체에게 감사를 표했던 치시는 그의 통렬한 비평과 인정되던 가치에 대한 반동을 매우 관대히 대했다. 치시는 매번 니체에서 인용했다. 인용된 것은 치시의 도덕적 입장을 지지하는 것들이었다. 다음을 참조하라. Chizh, *Uchebnik psikhiatrii*, p. 316: Chizh, "Znachenie politicheskoi", p. 157.

149 Philip Rieff, *Freud: The Mind of the Moralist*, Garden City, N.Y.: Anchor Books, 1961, p. 2.

150 매과이어와 같이 "고골 예술의 원천을 외부로부터 내적 세계로 재배치"하는 경향이 병적학의 마지막을 의미하는지 물을 수 있다(*Gogol from the Twentieth Century*, 19). 실제로, 고골 생애의 변화 원인으로 질병을 언급하던 전통은 사라졌다. 20세기 말 학자들은 예컨대, 그가 『죽은 혼』의 두 번째 부분을 쓰지 못한 이유가 당대의 주류 담론의 약점에 있다면서, 고골 삶에서의 사건을 문학세계 내에서의 요인에 의해 결정된 것으로 해석했다. 고골에 대한 매과이어의 최근 저서는 "그의 말년의 소위 '영혼의 위기'는 (…) 정말로 문학적 위기였다"라고 주장한다. 고골의 죽음은 작가가 어휘를 잘못 쓴 데 대한 형벌로 인식했던 침묵으로의 탈출로 해석되고 있다. 다음을 참조하라. Robert A. Maguire, *Exploring Gogol*, Stanford: Standford Univ. Press, xiii, 1994, pp. 338~341.
　　신체 기관의 영향을 언급함으로써 "고골의 수수께끼"를 설명하고자 한 시도는 20세기까지 지속됐다. 사이먼 카가를린스키(Simon Kagarlinsky)는 해답은 고골의 동성애성에 있다고 주장한다. 다음을 참조하라. *The Sexual Labyrinth of Nikolai*, Chicago: Univ. of Chicago Press,

정신요법이라는 새로운 분야는 이러한 새로운 인간을 위해 만들어졌다. 치시에게는 이러한 변화가 전혀 편하지 않았을 것이다. "긴 19세기"의 인간인 치시는 본질적으로 고골의 병리를 도덕성에 관한 고골의 염려를 표현하는 하나의 방법으로 생각했다.[150]

1976. 리처드 피스는 고골 글쓰기의 적어도 몇몇 특성의 경우 고골의 "신경과민적 성격"에서 원인을 찾는다. 고골의 예술은 감히 자신 속 깊이 들여다보지 못하는 고골에게 "심리 없는 심리"를 제공한다. 그것은 기괴한 바깥세상, 실상은 내적인 세상을 내보인다. 다음을 참조하라. Richard Peace, *The Enigma of Gogol: An Examination of the Writings of N. V. Gogol and Their Place in the Russian Literary Tradition*, Cambridge: Cambridge Univ. Press, 1981, p. 291. 고골을 의학적 관점에서 관찰하려는 시도는 다음을 참조하라. V. E. Lerner, E. Vitsum and G. M. Kotikov, "Bolezn' Gogolia i ego puteshestvie k sviatym mestam", *Nezavisimyi psikhiatricheskii zhurnal*, no. 1, 1996, pp. 63~71.

2

도스토옙스키: 간질에서
선구자라는 견해에 이르기까지

나는 스파이와 심리학자는 좋아하지 않는다.

— 도스토옙스키*

도스토옙스키는 (…) 심리학자 중 심리학자이다.

— 슈테판 츠바이크**

도스토옙스키 덕분에 일반 독자가 정신 질환을 쉽게 이해할 수 있게 됐다.
(…) 도스토옙스키는 정신병자가 보호시설 수감자 중에만 있는 것이 아니
라 우리의 일상 속에 뒤섞여 있다는 것을 모두에게 증명했다.

— 베흐테레프***

• 도스토옙스키. 『악령』을 위해 준비된 챕터(편집자의 거부로 원본에는 포함되지 못한)
"티혼의 집에서: 스타브로긴의 고백"의 스타브로긴이 티혼에게 하는 말. 인용 출처
는 다음을 참조하라. Mikhail Bakhtin, *Problems of Dostoevsky's Poetics*, ed. and trans.
Caryl Emerson, Minneapolis; Univ. of Minnesota Press, 1984, p. 60.
•• Stefan Zweig, *Three Masters: Balzac, Dickens, Dostoeffsky*, trans. Eden Paul and
Cedar Paul, New York; Viking, 1930, p. 204.
••• V. M. Bekhterev, from "Dostoevsky i khudozhestvennaia patologiia", 1924년 2월
24일 State Institute of Medical Knowledge에서의 연설, 인용 출처는 S. Belov and N.
Agitova, "V. M. Bekhterev o Dostoevskom", *Russkaia literatura*, no. 4, 1962, p. 139.

표도르 미하일로비치 도스토옙스키는 젊은 시절에는 사회주의 사상의 지지자였다. 수년간의 고통과 반성 후 보수적이 되어 그의 이후 소설은 급진파의 극단적 정책에 대한 신랄하고 심도 있는 비평을 담기 시작했다. 반면 급진적 문학비평가들은 도스토옙스키의 "신경질적" 재능을 강조했다. 그중 일부는 심지어 인간의 고통에 대한 도스토옙스키의 관심이 아집과 가학적 취향에 가깝다고 주장했다. 도스토옙스키 사후 이러한 비판적 평가에 작가가 앓던 간질에 대한 소문이 더해졌다. 정신의학자들은 작품 속에서 드러나는 심리적 딜레마와 정신병리학에 대한 노련한 묘사를 근거로 도스토옙스키의 특별한 재능은 아마도 작가 자신이 그러한 병을 경험했기 때문일 것이라 여겼다. 조셉 프랭크의 표현에 의하면, 비평가, 정신의학자 그리고 일부 문학사가의 공조하에 도스토옙스키는 점차 "자신의 반쯤 미친 공상을 통해 환각적 힘을 가진 소설을 창작해 내는 실성 직전의 고통받는 천재"로 인식되었다.

19세기 말 문학과 예술에 큰 관심을 두던 정신의학자 바제노프는 도스토옙스키의 발병이 작품에 어떻게 반영되었는지를 주제로 한 작가 연구를 수행했다.[1] 19세기 무렵의 정신의학은 간질을 퇴폐의 신호로 간주했다. 그러나 바제노프는 자신이 존경하는 이 위대한 작가의 품위를 실추시키는 평가를 하는 데 주저했다. 그는 도스토옙스키와 기타 작가들을 비교 분석하면서 자신의 기존 정신의학적 견해를 바꿔 "선구"의 개념을 도입했다. 그것은 예술적 천재가 최종적으로 도달하는 목표로서 인류의 진보적 발전을 의미했다. 바제노프는 도스토옙스키를 "고차원 퇴폐"로 분류하지 않고, 오히려 미래의 완벽한 인간의 전형으로 삼았다. 마찬가지로 니체철학을 통해 낭만주의 가치의 부흥에 영감을 얻은 세기말의 기타 정신의학자들 역시 퇴폐 이론의 가설을 거부하고 위대한 예술가가 겪는 "고통"을 창작의 병이라는 용어로 재정립하고자 했다.

"잔혹한 재능": 정신의학자 그리고 도스토옙스키를 향한 극단적 비판

1840년대 벨린스키는 예술의 신성한 책무를 저버린 고골에게 실망하면 할수록 젊은 도스토옙스키의 유망한 첫 작품 『가난한 사람들』에 대한 칭찬의 강도를 높였다. 그는 사회 병폐를 묘사한 『가난한 사람들』에 대한 평에서 연민에 호소하는 소설을 오랫동안 기다려 왔는데 이 작품이 바로 그러한 소설이라고 반기며 이 책을 러시아 최초의

---

1 Joseph Frank, *Through the Russian Prism: Essays on Literature and Culture*, Princeton: Princeton Univ. Press, 1990, p. 153.

"사회 소설"로 공표한다. 그러나 도스토옙스키의 후속작들은 벨린스키를 어리둥절하게 만들었다. 호프만식 소설인『여주인』에 혼란스러움을 느낀 벨린스키는 "이상한 일이다! 이해할 수 없는 일이다!"라고 외쳤으며, 분열된 인격에 관한 심리 연구인『분신』에 대해서는 광기의 묘사 자체로 결론지었다.[2] 도스토옙스키와 동시대를 살았던 비평가 발레리안 마이코프는 벨린스키와 대조적으로『분신』이 골랴드킨과 그의 분신을 통해 인류 보편의 의미를 표현하고 있다고 언급하며 작품에 대한 신뢰를 드러냈다. 마이코프는 질문을 던졌다. "자신에게 물어보라. 자신의 내면에 누구에게도 고백하고 싶지 않은 골랴드킨의 분신과 같은 무언가가 존재하고 있지 않은가?"[3]

초기부터 온건과 급진을 막론하고 모든 비평가가 도스토옙스키의 "심리적 태도"에 관심을 보였다. 그럼에도 불구하고 그들의 해석은 각기 달랐다. 온건파는 그러한 태도에서 도스토옙스키 소설의 강점을 보았지만, 급진파는 이를 실패로 간주했다. 가령, 마이코프의 평가는 긍정적이었는데, 그는 인간의 영혼을 꿰뚫어 보는 작가의 능력을 "물질의 화학적 성분을 분석하는 과학자의 경험"에 비유했다.[4] 반면, 모름지기 예술가란 시대의 문제를 다뤄야 한다고 주장한 벨린스키와 그의 추종자들은 도스토옙스키가 심리학자일 뿐이며, 그의 작품은 심리 스케치에 불과하다고 비난했다. 도스토옙스키는 "심리학

---

2 벨린스키는 다음에서 인용되었다. Vladimir Seduro, *Dostoevsky in Russian Literary Criticism, 1846-1956*, New York: Octagon Books, 1957, p. 6. 이후 인용은 도스토옙스키의 문학비평에 대한 블라디미르 세두로의 설명을 따른다.

3 마이코프(Maikov)는 다음에서 인용되었다. *Ibid.*, p. 12.

4 *Ibid.*

자"라는 말이 갖는 경멸적 의미를 파악하고 자신은 심리학자가 아니라 "리얼리스트"라고 항변했다. 그러나 "심리학자"라는 모호한 꼬리표가 작가를 따라다녔다.

애초 벨린스키와 마이코프에 의해 대두된 『분신』에 관한 두 가지 시각은 점차 도스토옙스키의 논쟁적 작품에 대한 승인과 거부의 상징이 되었다. 벨린스키처럼 도스토옙스키에 반대하는 사람들은 소설 속에서 미치거나 병적인 인물을 찾으려는 경향이 있었다. 그들은 도스토옙스키의 도덕적·심리적 탐구가 정치사회 문제에 관한 자신들의 견해에 부합하지 않는다고 판단했기에 작품을 묵살했다. 반대로 도스토옙스키 작품에 탄복하고 이를 소중히 여긴 사람들은 "광기"라는 표현을 쓰지 않으려고 노력했다. 그들은 소설 속 인물들을 도덕적 유혹과 심리적 고통에 처한 정상적 사람들로 이해시키거나 인물의 상황을 설명해 그들의 병을 정당화하려 했다.

벌린이 "러시아적 태도"라고 정의한 것이 있다.[5] 벨린스키도 이 용어와 관련이 있는데 그는 작가의 삶과 작품에는 일관성과 연속성이 있어야 한다고 주장했다. 이것이 독자로 하여금 작품 속 인물의 성격에 작가의 개성이 상당히 영향을 준다는 예단을 하도록 했다. 벨린스키가 도스토옙스키 재능의 "과민성"에 대해 기술하고 작가를 "고통받는 인간으로서의 작가"라고 칭했을 때, 언급한 "러시아적 태도"에 따라 이는 도스토옙스키 작품 스타일은 물론 한 인간으로서의 작가 모두를 의미하는 것으로 받아들여졌다. 도스토옙스키의 삶은

---

5 Isaiah Berlin, *Russian Thinkers*, eds. Henry Hardy and Aileen Kelly, London: Penguin Books, 1994, p. 116.

작가 인생 초기에 벨린스키가 예측한 바를 확인시켜 주는 듯했다. 도스토옙스키는 27세에 부타셰비치-페트라솁스키를 중심으로 한 서클에 가입했다. 그들은 당시 샤를 푸리에의 사회주의에 대해 토론했다. 도스토옙스키는 벨린스키가 쓴 "고골에게 보내는 편지"를 재배포했다는 이유로 체포되었고(이에 관해서는 1장을 보라), 선동에 대한 책임과 반역 모의로 기소되어 총살형을 선고받았다. 그는 가짜 형집행의 외상을 겪은 뒤 시베리아 강제노동 수용소에서 4년간의 수감생활을 보내고 이후 카자흐스탄에서의 군복무를 명령받는다. 시베리아에서 죄수 및 유배자로서의 혹독한 삶에 더해진 체형은 도스토옙스키를 더욱 피폐화시켰고 이것이 그의 발병 원인으로 추정된다.[6]

1855년 왕위에 오른 차르 알렉산드르 2세는 도스토옙스키의 고통에 무심하였고 그렇게 그의 옥살이는 4년간 더 이어졌다. 마침내 도스토옙스키는 돌아왔고, 죄수의 경험을 바탕으로 『죽음의 집의 기록』을 출간했다. 그의 후속 작품 『학대받은 사람들』과 『죄와 벌』, 『백치』는 인도주의자, "짓밟힌 사람들"의 수호자로서 도스토옙스키의 명성을 드높여 주었다. 그러나 『카라마조프가의 형제들』, 『악령』과 같은 이후의 소설에서 그는 급진적 사회주의에 대한 초기 신념을 재고했다. 탁월한 논객이었던 도스토옙스키는 곧이어 정치적 논쟁의 중심에 서게 되었다.[7] 정기간행물 연재 형태로 처음 세상에 나온 『작

---

6 도스토옙스키 간질에 관한 포괄적 연구에 대해서는 다음을 참조하라. James L. Rice, *Dostoevsky and the Healing Art: An Essay in Literary and Medical History*, Ann Arbor, Mich.: Ardis, 1985, pp. 200~279.

7 도스토옙스키를 "탁월한 논객"으로 묘사한 근거는 다음을 참조하라. Václav Černy, *Dostoevsky and His Devils*, Ann Arbor, Mich.: Ardis, 1975.

가의 일기』는 이전 소설들보다 더 큰 명성을 안겨 주었다. 집필을 시작하며 도스토옙스키가 "팸플릿 소설"이라고 불렀던 『악령』은 러시아판 농노사회주의를 발전시킨 인민주의자(나로드니키)들의 극단적인 정책을 겨냥한 강력한 공격이었다. 책이 출판되자마자 급진파는 도스토옙스키가 혁명운동을 왜곡했다고 비난했다.[8]

인민주의 세력을 이끄는 사상가 미하일롭스키는 『악령』에 대해 공허한 심리적 고찰이라 혹평하며 벨린스키의 초기 비판과 유사한 반응을 보였다. 그러나 도스토옙스키가 중대한 사회 문제에 관한 글을 쓰지 않음으로써 자신의 재능을 허비한다는 벨린스키의 단순한 비판과 달리 미하일롭스키는 병리를 묘사하는 도스토옙스키의 실험이 그렇게 단순한 것이 아니었음을 지적했다. 그는 도스토옙스키가 급진적 사회주의자들을 의심스러운 도덕적 기준과 불안정한 마음가짐을 가진 정치적 모험가로 묘사한 것이 좌파에 대한 계획된 공격이라고 주장했다. 미하일롭스키에 따르면 『악령』의 등장인물은 "극도로 흥분한 상태에 있는 사람들 혹은 지나치게 과장된 이론을 짜내거나 연설할 기회를 얻어내는 편집광들"이었다. 그는 도스토옙스키가 "몇몇 도덕적 문제를 정신 질환을 앓는 사람을 이용해 해결하려 했다"는 것, 다시 말해 혁명가들을 미치광이로 격하하고 "진짜 진보적인 젊은이들"인 인민주의자들을 무시했다고 작가를 비난했다.[9]

이후 급진파 진영은 도스토옙스키를 향한 미하일롭스키의 비난

---

8 『작가의 일기』의 대중성에 대해서는 다음을 참조하라. Frank, *Through the Russian Prism*, pp. 153~169. 『악령』에 대한 급진주의자의 반응에 대해서는 다음을 참조하라. *Ibid.*, p. 138.
9 미하일롭스키는 다음에서 인용되었다. Vladimir Seduro, *Dostoevsky*, pp. 35~38.

을 따랐다.[10] 무정부주의자 공작 크로폿킨은 도스토옙스키의 만년의 소설들에 대해 등장인물이 하나같이 "정신 질환이나 정신 도착에 시달리는 불건전한" 소설이라고 평가했다.[11] 그는 도스토옙스키의 반(反)영웅들을 투르게네프의 긍정적인 인물 및 체르니솁스키의 더 긍정적인 인물들과 비교했다. 1860년대와 1870년대에 체르니솁스키의 소설 『무엇을 할 것인가?』의 인기는 투르게네프와 톨스토이 및 도스토옙스키 작품의 인기를 압도했다. 합리적으로 조직된 행복한 사회의 유토피아를 그리고 있는 소설 『무엇을 할 것인가?』는 작가 자신을 비롯한 급진주의자들에게 뚜렷한 행동강령을 제시했다. 특히 영감을 주는 인물은 자신의 귀족적 태생, 부, 세속적 쾌락 등 모든 것을 포기하고, 결국 못 박힌 판자 위에서 잠을 청함으로써 자신의 인내력을 시험한 라흐메토프였다.[12] 그는 강직하고 확고하다. 과학 교육을 받았으며 사고가 비판적이지만 긍정적이다. 행동할 준비가 되어 있고 폭력을 두려워하지 않는다. 요컨대, 모범적인 혁명가였다. 이에 도스토옙스키의 "무력하고 불안정하며 변덕스럽고 비이성적 폭동에 나선" 인물들은 라흐메토프 유형에 대적할 수 없었다.[13]

---

10 도스토옙스키에 대한 소비에트 비평에서 이런 경향성이 잔존한다는 것과 관련해서는 다음을 참조하라. Vladimir Seduro, *Dostoevsky's Image in Russia Today*, Belmont, Mass.: Nordland, 1975.

11 Prince Peter Kropotkin, *Ideals and Realities in Russian Literature*, New York: Alfred Knopf, 1915, pp. 168~169.

12 체르니솁스키의 소설에 대해서는 다음을 참조하라. Michael R. Katz and William G. Wagner, "Introduction", *What Is to Be Done?* (1863), by Nikolai Chernyshevsky, trans. Michael R. Katz, Ithaca, N.Y.: Cornell Univ. Press, 1989, pp. 1~36; Frank, *Through the Russian Prism*, pp. 187~200.

13 Rufus W. Mathewson, Jr., *The Positive Hero in Russian Literature*, 2d ed., Stanford: Stanford Univ. Press, 1975, pp. 18~19.

도스토옙스키의 등장인물에 관한 미하일롭스키의 주장은 비록 이면에 정치적 견해차가 반영되었으나 문학비평의 범주 안에 있었던 것으로 보인다. 그러나 도스토옙스키 사망 이후 미하일롭스키는 작가에 대한 개인적 공격을 배가했다. 이는 도스토옙스키의 사망과 함께 영향력 있는 종교철학자 블라디미르 솔로비요프가 도스토옙스키를 러시아인의 예언자이자 영적 지도자라 선언했기 때문이다. 솔로비요프는 도스토옙스키를 고통을 통해 예언의 힘을 얻은 그리스도 같은 인물로 인식했고, 이러한 평판은 곧 프랑스와 영국계 외교관이자 문학비평가 보귀에에 의해 국제적으로 인정받는다. 큰 유명세와 아카데미 프랑세즈 의장 자리를 안겨 준 그의 러시아 문학 연구서에는 "고통의 종교"(La Religion de la Souffrance)라는 표제하에 도스토옙스키가 다뤄지고 있다.[14] 이에 대해 미하일롭스키는 존경받는 도스토옙스키의 인도주의는 그 근원이 신성치 않으며, "학대받고, 모욕당하는" 사람에 대한 작가의 열정 역시 타인의 고통을 통해 나오는 타락한 즐거움에 가깝다고 주장했다. 그는 도스토옙스키의 인도주의는 "잔혹한 재능"이라 부를 수 있는 이면을 갖는다고 보았다. 이는 고문과 같은 관능적 쾌락을 추구함으로써 얻어지는 재능을 뜻했다. "러시아 문학에서 그 누구도 도스토옙스키처럼 양을 먹어 치우는 늑대의 기분을 그렇게 철저하게, 그렇게 심도 있게 혹은 그렇게 애정을

---

14 *Literature and National Identity: Nineteenth-Century Russian Critical Essays*, eds. Paul Debreczeny and Jesse Zeldin, Lincoln: Univ. of Nebraska Press, 1970, pp. 169~170에서 번역된 Vladimir Solov'ev, *"Tri rechi v pamiat' Dostoevskogo"*(1881~1883); Eugène-Melchior de Vogüé, *Le roman russe*, 3d ed., Paris: Plon-Nourrit, 1892. 보귀에의 영향력 있는 저서의 출간 이후, 러시아 문학의 심리적 편견에 대한 언급은 문학 비평의 클리셰가 되었다. 다음을 참조하라. Ossip Lourié, *La psychologie des romanciers russe du XIXe siècle*, Paris: Félix Alcan, 1905.

가지고 분석하지 않는다. 늑대의 감정에 대해 애정 어린 관심을 보이는 태도에 대해 말하는 것이 가능하다면 말이다. 그는 늑대의 원초적이고 가공되지 않은 종류의 감정에는 거의 관심을 두지 않았다. 오히려, 늑대의 영혼 한가운데로 들어가 미묘하고 복잡한 것들, 가령 단순한 식욕 충족이 아니라, 정확하게 말해 복수와 잔혹성을 추구한다."[15] 미하일롭스키 역시 "러시아적 태도"에 따라 자신이 도스토옙스키 작품의 특수성으로 본 것들을 도스토옙스키의 인간적 특성을 언급함으로써 설명하고자 했다. 벨린스키가 도스토옙스키의 "신경질적인 재능"에 대해 글을 썼을 무렵에 보인 그의 견해는 분명히 문학평론의 틀 안에 있었지만, 이때 이미 도스토옙스키의 정신 상태에 대한 암시를 담고 있었다. 미하일롭스키는 벨린스키의 생각을 더 적확한 용어로 고쳐 표현했다. 그는 소설 속 다수의 "병적인 인물"은 비정상에 관한 작가의 지나친 관심을 반영하는 것으로 해석하였고 이 사실 자체가 비정상이라고 주장했다.

정신의학자들은 비정상에 관한 작가의 관심과 그의 병 사이의 상관성을 그 원인으로 꼽았다. 정신의학자들은 미하일롭스키의 평론이 출판된 후 2년이 지나고서야 도스토옙스키 사망 직후 형성되었던 작가에 대한 논쟁에 합류했다. 그 시작이 치시의 책 『정신병리학자, 도스토옙스키』였다(이에 관해서는 1장을 보라).[16] 치시는 과학자의 객관적인 어조로 "도스토옙스키의 작품 모음집은 거의 완벽한 정신병

---

15 Nikolai Mikhailovsky, *Dostoevsky: A Cruel Talent*(1882), trans. Spencer Cadmus, Ann Arbor, Mich.: Ardis, 1978, p. 12.

16 V. F. Chizh, *Dostoevsky kak psikhopatolog*, Moscow: M. Katkov, 1885. 이 책에 관한 토론에 대해서는 다음을 참조하라. Rice, *Dostoevsky*, pp. 200~210.

리학 교과서"라고 말하며, 의도했건 의도하지 않았건 간에 미하일롭스키의 주장을 되풀이했다. 하지만 치시는 도스토옙스키의 작품 속에 나타난 "정신 질환 묘사"에 대해 단순히 양적 측면만을 언급한 것이 아니라 질적 측면, 즉 묘사의 "정확성과 정밀함"도 강조했다. 치시의 출간 목적은 문학비평이 아니라 정신의학의 대중화였으며 도스토옙스키의 작품들이 특히 그러한 "교육적 목적"에 부합한다는 것을 깨달았다. 치시는 도스토옙스키가 소설에서 병에 관해 다룬 내용을 골라 자신의 "정신의학 교과서"에 그대로 옮기고 병인에 대해 "기본에서부터 더 복잡한 현상까지" 신중하게 묘사했다.[17]

비록 심리학자 도스토옙스키에 관한 치시의 태도가 전반적으로 칭찬 일색이었음에도 불구하고 개별 작품에 대한 그의 견해는 차이가 있었다. 그는 『악령』과 『백치』의 경우 정신의학적 관점에서는 덜 성공적이라고 평가했다. 『악령』을 혁명가에 대한 풍자로 결론지은 급진적 비평가들처럼 치시 역시 이 소설의 등장인물들이 "인위적"이며 그들의 광기가 과장됐다고 보았다. 급진파는 『백치』의 경우, "과격한" 인물들과 구별되는 "보수적인" 긍정적 주인공 미시킨 공작을 창조하고자 했던 도스토옙스키의 시도를 실패로 간주했다. 치시 역시 미시킨 공작을 "극단적으로 이상적"이라고 봤다. 급진적 비평가들은 또한 도스토옙스키의 또 다른 긍정적 인물인 조용하고 사려 깊은 신자 알료샤 카라마조프를 공격했다. 한 비평가는 "알료샤의 성격은 (…) 지나치게 희미하고 부자연스럽고 막연하며 불가해하다. 이것은

---

17   Chizh, *Dostoevsky*, pp. 4~5.

단순히 작가가 꾸며낸 이야기, 환상에 지나지 않는다"라고 적었다.[18] 덧붙여 치시도 다음과 같이 주장했다. "도스토옙스키는 (알료샤를) 거의 영웅에 가깝게 매우 매력적으로 만들려고 했다. 이번에 나는 작가와 의견이 다르다. 왜냐하면 내 생각에 알료샤는 단지 병약한 인물로서만 감정이입을 일으킬 수 있기 때문이다. 그런 사람이 어떤 나쁜 짓도 하지 않았다면 더욱 그러하다. 그 같은 사람은 타인의 의지대로 움직일 가능성이 크며 그들의 자아는 매우 취약하다. 열여덟의 나이에도 불구하고 과학적이거나 대중적 활동에 대한 열렬한 자각이 없는 청년에게서 과연 그 밖의 무엇을 기대할 수 있겠는가!"[19] 그는 『백치』, 『악령』에 비해 『카라마조프가의 형제들』에 대해 훨씬 더 만족스러운 반응을 보였다. 그는 소설에서 "정신 질환을 앓는 가족, 퇴폐의 특성을 가진 가족의 서사적인 묘사"를 주목했다. 치시의 지휘 아래 신경학자 무라토프가 이 소설을 분석했는데, 거의 모든 등장인물이 정신 질환을 앓고 있어 소설 전체의 인물들이 "퇴폐 유형"의 목록과도 같다는 것을 확인했다.[20]

치시는 도스토옙스키가 거의 알려지지 않은 질병을 기술하거나 심지어 동시대의 정신의학마저 미처 발견하지 못한 질병까지도 "예견하는 놀라울 정도로 깊이 있는 이해"를 보였다고 결론 내렸다. 그는 비정상에 대한 도스토옙스키의 묘사가 너무나 정교해 "아주 재능

---

18 미하일롭스키의 추종자인 기자 안토노비치(M. A. Antonovich)는 다음에서 인용되었다. Mathewson, *Positive Hero*, p. 20.

19 Chizh, *Dostoevsky*, p. 93.

20 *Obschestvo nevropatologov i psikhiatrov : Otchety za 1897-1900 gg*, Moscow:Prostakov, 1901, p. 212.

있는 정신의학자들만이 이 소설의 진짜 의미를 온전히 이해할 것"이라고 생각했다.[21] 치시 연구의 백미는 도스토옙스키의 통찰력이 어디에서 도출되는지에 관한 질문으로 채워진다. 치시는 도스토옙스키의 지식은 정신의학 서적에서 얻어진 것이 아니라고 믿었다. 치시는 도스토옙스키가 정신의학 서적은 전혀 읽지 않았다고 생각했는데 이는 오해였다.[22] 치시의 견해에 따르면 도스토옙스키는 두 가지 경험으로부터 지식을 쌓았다. 하나는 수감자 상당수가 정신이상자였던 감옥에서의 관찰이었고 다른 하나는 자신의 병이었다. 그러나 치시가 책을 출간할 당시에는 어떠한 의학 관련 서적도 도스토옙스키의 간질에 관한 무성한 소문과 추측에 정당한 근거를 제공하지 못했다. 도스토옙스키는 정기적으로 친구들과 자신의 간질에 대해 이야기했다. 또한 차르에게 유배를 해제해 달라는 청원서를 제출할 때 병을 이유로 페테르부르크에서 의료지원이 가능한 모스크바로 옮기는 것을 간원했다. 이후에 제출한 국외 여행 신청서에는 유럽의 신경 질환 전문의와의 상담을 목적으로 한다고 적었다.

치시는 도스토옙스키의 담당 의사가 그의 상태를 간질로 묘사한 회고록을 출간하기도 전에 쓴 글에서 도스토옙스키가 간질을 앓고 있었다는 것은 이미 알려진 사실이라고 지적했다. 그는 신중한 어조로 이 질환이 정신 장애를 동반한다고 주장했다. 치시는 자전적 작품

---

21 Chizh, *Dostoevsky*, p. 113.
22 제임스 라이스(James Rice)가 설득력 있게 증명한 대로 도스토옙스키는 19세기 중반의 주요 정신의학 저술을 섭렵했다. 저서 중 일부는 그 당시 작가의 주치의였던 야놉스키(S. D. Yanovsky)로부터 빌렸으며 종종 그와 토론을 했다. 다음을 참조하라. Rice, *Dostoevsky*, pp. 109~197.

『작가의 일기』와 「농부 마레이」에서 도스토옙스키가 환각 상태였다는 증거를 찾아냈다. 그러나 의학적 증거 부족을 이유로 도스토옙스키의 병에 관한 추측은 한 문단에 국한됐다. 그는 도스토옙스키 사후에 의학적 증거를 충분히 얻을 수 있을지 모르겠지만 만약 병력을 확인할 수만 있다면 그가 예견한 대로 진단이 나올 것이라고 확신했다. 그는 "도스토옙스키의 개성과 그가 겪은 고통에 대한 존중은 의사조차도 여러 말을 삼가게 한다"라는 모호한 말로 글을 마쳤는데, 이는 다른 환경이었다면 도스토옙스키의 병에 관하여 더 많은 것이 밝혀질 수 있었을 것이라는 암시였다.[23]

보수적 경향을 지닌 치시는 미하일롭스키의 견해를 좀처럼 받아들일 수 없었다. 또한 인민주의자들에게 가세해 도스토옙스키를 반대하는 정치적 주장에 작가의 병을 이용할 생각이 전혀 없었다. 사실 치시는 도스토옙스키를 비판하기보다는 경외하는 쪽에 훨씬 더 가까웠다. 실제로 치시의 책은 전자에 속한 어느 한 사람으로부터 부정적인 서평을 받았는데, 그는 도스토옙스키의 정신병리학에 관한 "사실적 묘사"가 정확한지에 의문을 제기한 급진적 진영 측 사람으로 추정된다. 이 익명의 비평가는 치시가 도스토옙스키의 정신의학적 분석 능력을 맹신하고 있다고 비판했다. 명백히 미하일롭스키를 따랐던 이 비평가는 "정신이상자에 관한 소설을 쓰려는 도스토옙스키의 분투"가 그의 "신경 질환과 정신 질환의 경계선상에 있는 심각한 병"에서 비롯된 것이라고 설명했다.[24] 서평의 노골적인 언어에 비하면

---

23 Chizh, *Dostoevsky*, p. 120.
24 서평(*Severnyi vestnik*, no. 7, 1885, pp. 197~198)은 다음에서 인용되었다. Rice, *Dostoevsky*, p. 210.

치시의 책은 덜 편향적인 것처럼 보였다. 그러나 본질에 있어서 그들의 주장은 그렇게 다르지 않았다. 치시와 비평가 양자 모두 동일하게 도스토옙스키의 병적인 인물들과 작가의 병을 관련지었다. 의도했건 하지 않았건 간에 치시의 결론은 급진파의 결론을 되풀이한 것에 불과했다. 치시의 책이 출판되자 도스토옙스키의 신념을 분쇄하기 위해 작가의 정신이상을 논하려던 급진주의자들은 정치적으로 보수적인 이 정신의학자로부터 결과적으로 예상 밖의 지지를 얻게 된 셈이었다.

치시는 도스토옙스키의 병력에 관한 글을 쓸 수 있다는 가능성을 넌지시 비쳤을 뿐이었지만, 비평가들은 그의 말을 가까운 미래에 관련 연구가 꼭 진행될 것이라는 약속으로 받아들였다. 이에 도스토옙스키의 재능이 "잔혹하다"는 견해를 피력한 진보적 비평가 옵샤니코-쿨리콥스키는 "도스토옙스키의 정신 불균형"에 관한 적절한 연구를 기대했다. 그는 인간의 정신을 통찰하는 도스토옙스키의 비상한 능력이 작가 자신의 병리에 근거한다는 치시의 견해를 인용했다. 또한 도스토옙스키의 병에 관한 적절한 연구가 "작가의 병리 기록, 재능의 '잔혹함'과 종교적이고 도덕적인 탐구 사이의 친밀한 심리적 연관성"을 드러내 줄 것이라고 주장했다. 마찬가지로 크로폿킨 역시 어떤 의사의 연구를 근거로 도스토옙스키의 문학은 절대적으로 병적이라고 주장했다. 크로폿킨은 도스토옙스키의 소설은 "자연스럽지 않다"며 "예컨대 여기서는 도덕성을 조금 소개하고 저기서는 정신병원에 갇힌 일부 혐오스러운 인물을 소개하려는 목적으로 날조됐다"고 요약할 수 있다는 주장을 했다. 옵샤니코-쿨리콥스키는 "도스토옙스키의 소설, 특히 날것의 사실주의와 낭만주의의 가장 이상한 조합 틀에 맞춰 만든 『카라마조프가의 형제들』에서 온갖 종류의 정신 질환 표본을 찾아냈다"는 어느 러시아 뇌·신경 질환 전문의의 말에 전적으로 공감한다고 적었다. 여기서 러시아의 정신의학자는 치시를 가리키는 것이 분명해 보인다.[25]

고골에게서처럼 도스토옙스키 비평에서도 비평가와 정신의학자의 연구가 상호영향을 받았다고 볼 수 있는 강력한 근거가 있다. 비평가들은 의학자들과 별개로 논평했지만 정신의학자의 글을 참고했다. 비평가들은 단지 정신의학자의 권위를 빌리고자 했기에 자신의 주장을 뒷받침하는 용도에 맞게 그들의 글을 재단했다. 결과적으로 "잔혹한 재능"은 도스토옙스키에 대한 진부한 클리셰가 되었고 정신의학자들은 이를 수용했다. 그렇다고 정신의학자 전부가 도스토옙스키에 대한 급진파의 공격을 묵인한 것은 아니었다. 19세기 말 러시아의 매우 정치적인 상황 속에서 도스토옙스키에 대한 언급은 그 사실 자체만으로 즉각적인 정치적 위상을 얻었다. 도스토옙스키의 병을 검증하고자 했던 정신의학자들은 스스로가 객관적으로 과학적 진단을 내리고 있다고 믿었을지 모른다. 그러나 실상 그들은 논쟁에 휘말리거나 정치적 목적에 이용됐다.

정신의학자를 비롯한 도스토옙스키의 동시대인은 도스토옙스키를 끊임없이 영웅 또는 반영웅으로 번갈아 자리매김했다. 이러한 이미지를 가공해 내면서 그들은 점점 부풀려진 의미를 갖게 된 작가의

---

25 D. N. Ovsianiko-Kulikovskii, "Istoriia russkoi intelligentsii"(1911), *Sobranie sochinenii*, The Hague: Mouton, 8, pt 2, 1969, p. 224, pp. 238~239; Kropotkin, *Ideals and Realities*, pp. 168~169.

질병을 이용했다. 결국, 도스토옙스키의 예견력은 이러한 병에서 비롯된 것으로 치부되었고 가끔은 거의 불가사의한 재능들까지도 병에서 그 원인을 찾았다. 롬브로소는 도스토옙스키의 작품에서 "통찰력과 간질적 특성"의 흔적을 감지해 도스토옙스키가 "간질을 앓는 천재"를 완벽히 입증하는 실례가 된다고 주장했는데, 이는 덴마크 비평가 조지 브란데스의 방식과 유사한 것이었다. 제임스 라이스는 도스토옙스키의 병에 관한 연구에서 "도스토옙스키의 원초적인 심리 갈등과 병을 앓고 있는 육체의 투쟁이 작가로 하여금 어떻게 영적 탐구 혹은 기사도적 결투의 (…) 아우라를 획득하게 했는지"를 탐색했다.[26] 그 외 도스토옙스키가 인간적으로 혹은 문학적으로 실패했다고 선언하기 위해 또는 자신의 견해에 대한 절충점을 찾기 위해 작가의 정신질환이 거론되곤 했다. 정신의학자들이 이러한 이미지의 "신비스러움을 제거"하고 도스토옙스키의 질환을 병으로 진단하고자 했음에도 불구하고 그들의 글은 오히려 그 신화에 공헌했다.

문학과 정신의학에서의 재평가

19세기가 끝나갈 무렵 러시아의 정치적 분위기가 바뀌었고 이는 도스토옙스키 비평에도 변화를 가져온다. 1880년대 인민주의자의 정치

---

26 Cesare Lombroso, *The Man of Genius*, London: Walter Scott, 1891, p. 359. 브란데스(Brandes)는 다음에서 인용되었다. James L. Rice, *Freud's Russia: National Identity in Evolution of Psychoanalysis*, New Brunswick, N. J.: Transaction, 1993, p. 126; Rice, *Dostoevsky*, p. 105.

적 시도가 좌절되자, 문학비평계에서 오랜 기간 지속되던 미하일롭스키의 권위 역시 도전을 받았다. 훗날 상징주의자로 분류되는 모더니스트(근대주의자) 혹은 데카당파와 같은 새로운 움직임이 철학과 문학, 비평 분야에서 주류를 형성했다. 이 운동의 리더인 블라디미르 솔로비요프, 메레시콥스키, 셰스토프 등은 도스토옙스키에 관한 광범위한 글을 썼다. 초기의 급진적 비평가들은 "짓밟힌 사람들"을 향한 도스토옙스키의 애정을 사회에 대한 항의로 해석했다. 실망한 젊은 인민주의자들은 이것을 왜곡, "병리적 잔인함"이라고 비난했다. 이와 대조적으로 데카당파와 상징주의자들은 그러한 애정은 인간 본성에 대한 도스토옙스키의 (그리고 그들 자신의) 세계관과 밀접하게 관련되어 있으나 본질상 정치와는 무관한 것이라고 보았다.

근대주의자들이 도스토옙스키의 협조하에 확립하려 했던 인간 본성의 이상은 매우 친밀하고 논쟁적이며 비극적이었다. 이 이상은 고통과 악이 인간의 삶 속에 깊게 뿌리박혀 있다는 기독교적 메시지를 근간으로 했다. 고통에 대한 사회적 치료법을 찾겠다는 야망을 품은 인민주의자들과는 대조적으로 근대주의자들은 사회적 능동성에 대해 매우 비관적이었다. 그들이 실증주의 및 사회적 낙관주의와 대립하는 데 도스토옙스키는 거의 도움이 될 수 없었을 것이다. 도스토옙스키는 세상과 인간이 개조될 수 있다는 그들의 신념을 불신하며 사회주의자를 의사에 비교했다. 그는 톨스토이의 『안나 카레니나』에서 발견한 의미를 예로 들며 자신의 믿음을 기술했다. "인간의 악은 의사–사회주의자가 주장하는 것보다 더 깊숙이 숨어 있으며, 어떠한 사회 조직 안에서도 악은 제거될 수 없다. 인간 영혼은 그대로 유지될 것이며 비정상과 죄악은 영혼 자체로부터 발생한 것이다. 최종적으로, 인간 영혼의 법칙은 너무나 모호하고 불확실하며 신비로워 과학으로 헤아릴 수 없으므로 의사나 최후의 심판자는 존재할 수 없다. 오직 '복수는 나의 것이니. 내가 갚으리라'라고 말씀하신 유일한 분, 주님뿐."[27]

급진적 비평가들은 도스토옙스키가 "건강한" 이성을 가진, 도덕적으로 혼란스럽지 않은 인물을 그려 낼 수 없다고 보았다. 그들은 긍정적 주인공은 건전하고 정직하며 의지가 굳고 합리적 대의를 위해 모든 것을 희생할 수 있어야 한다고 믿었다. 그러나 도스토옙스키의 무기력한 인물들은 이러한 역할에 맞지 않았다. 도스토옙스키가 『백치』의 미시킨, 『카라마조프가의 형제들』의 알료샤와 같은 긍정적 인물을 묘사하려 했을 때조차도, 그 인물들은 급진파의 강건한 주인공들에게 견줄 수 없었다. 그러나 루퍼스 매튜슨이 주장하듯, 도스토옙스키는 실증주의적 이상과 경쟁하기 위해서가 아니라 그것에 이의를 제기하기 위해 인물들을 창조했다. 도스토옙스키는 인간의 숨겨진 본질적이고 불합리한 차원을 끄집어냈다. 그의 인물들은 이성과 시민적 가치보다 오히려 육체적 친밀함과 개인의 자유를 옹호했다.[28]

메레시콥스키는 그의 주요 평론선 『현대 러시아 문학 쇠퇴의 새로운 원인 및 신경향에 대해』(*On the New Causes of the Decline and the New Trends in Contemporary Russian Literature*)에서 자신의 진영에 도스토옙스키를 얻기 위해 급진적 사실주의 비평가들과 맞섰다. 그는 "어설픈 사실주의 비평가들"이 도스토옙스키를 평할 때 사용한 용어

---

27 도스토옙스키는 다음에서 인용되었다. Mathewson, *Positive Hero*, p. 352.

28 *Ibid.*, pp. 18~19, p. 90.

들, 가령 "박애주의 전도사", "잔혹한 재능" 또는 "문학계의 토르케마다[29]" 등이 작가의 복합성과 위대함을 이해하지 못한 그들의 무능을 드러내는 것이라고 주장했다. 실패의 원인을 도스토옙스키가 작품에서 병리 묘사를 선호한 것에서 찾았던 급진파와는 달리 메레시콥스키는 작가의 특별한 자질, 예컨대 "누군가 자신에게조차 (…) 말하기를 주저하는 비밀스러운 생각"을 읽어 낼 수 있는 자질에 대해 칭찬했다. 하지만 메레시콥스키 역시 급진파와 같이 문학작품을 작가 삶의 직접적 연장으로 간주하는 "러시아적 태도"에서 벗어날 수 없었으며 작가로서 도스토옙스키의 강점은 그의 고통의 뿌리에 있다고 주장했다. 메레시콥스키는 도스토옙스키의 "영혼이 대조, 모순, 풀리지 않는 엉킨 매듭"으로 짜여 있으며 이것이 작가에게 사람의 마음을 들여다보는 비법을 줘 "영혼을 보는 사람"으로 만들었다고 적었다. 당대 대부분의 작가보다 "우리에게 더 친숙하고 우리와 더 유사한" 도스토옙스키는 메레시콥스키가 영혼의 시대라고 믿었던 새로운 시대의 예언자였다.[30]

10년이 흐른 뒤 셰스토프는 새로운 길을 개척한 자신의 작품 『도스토옙스키와 니체: 비극의 철학』에서 미하일롭스키의 견해가 시대에 뒤떨어졌다고 비평한다. 셰스토프는 "미하일롭스키의 결론은 (…) 인류가 의심할 여지 없이 뛰어나며 가혹하지 않고 고결하다는 가정에 기인한다"고 적고 "의심할 여지 없이?"라고 되묻고 있다.[31] 인민주

---

29 [옮긴이] 토르케마다는 스페인 최초의 종교재판소 소장으로, 그의 이름은 종교적 편협함, 잔인한 광기 등과 동의어로 사용되었다.

30 메레시콥스키는 다음에서 인용되었다. Seduro, *Dostoevsky*, pp. 40~43.

31 Lev Shestov, "Dostoevsky and Nietzsche: The Philosophy of Tragedy"(1993). 스펜서 로버

의 비평가들은 실증주의 과학과 함께 사회조건을 개선함으로써 인류는 자동으로 "고결한" 상태로 개선될 것이라는 잘못된 믿음을 가졌다. 셰스토프에 따르면, 그들은 고통을 인간조건의 일시적 특징으로 다뤘고 이성과 도덕이 고통 제거에 도움을 줄 것이라는 지나친 낙관론을 피력했다. 급진파는 이성적으로 조직된 사회를 향한 유토피아 비전을 만들었다. 미래세대는 현사회에서와 같은 고통을 알지 못할 것이다. 그러나 이러한 비전을 위한 결론은 현세대가 밝은 미래를 위해 현존 체제와의 싸움에서 자신을 희생해야 한다는 것이었다.

이와 대조적으로 도스토옙스키는 주어진 상황에서 인간애, 다시 말해 주어진 환경과 삶이 어떤 형태이건 간에 있는 그대로의 삶의 모습을 인정할 것을 요구했다. 셰스토프의 기록에 따르면, 도스토옙스키는 징역 체험을 통해 "인간의 과제는 누구도 다른 이를 공격하지 않고 누구나 평화와 즐거움, 기쁨 속에서 일상을 보낼 수 있는 미래를 꿈꾸는 데 있는 것이 아니라 모든 공포가 공존하는 현실을 받아들이는 데 있다는 '확신'을 갖게 되었다. (…) 치안 당국은 수년 뒤 시베리아로부터 멀리 떨어진 곳에서 페테르부르크 실증주의자들과 지내고 있던 도스토옙스키를 찾아내 형기를 마치게 했다". 셰스토프는 값싸고 기만적인 사회적 낙관주의와 현실적이고 비극적인 삶의 태도를 나란히 놓고 비교했다. 그는 니체의 『비극의 탄생』을 언급하면서 인간존재의 비극을 절대 이해하지 못하는 소위 "작은 사람" 혹은 "평범한 사람"인 실증주의자, 급진파, 사실주의자를 "비극적인 인물"과 대

츠(Spencer Roberts)의 번역은 다음을 참조하라. Shestov, *Dostoevsky, Tolstoy and Nietzsche*, Athens, Ohio: Ohio Univ. Press, 1969, pp. 198~199.

조했다. "그들은 엄청난 불행, 엄청난 추악함, 엄청난 실패에 대한 존경이 없다. 도스토옙스키의 소설과 니체의 책은 오직 '추악한' 사람들과 그들의 문제만을 다루기 때문에 실증주의자, 급진파, 사실주의자 들은 절대 도스토옙스키와 니체의 글을 이해할 수 없을 것이다."[32]

세기말의 정신의학자들은 인간에 대한 근대주의적 관점에서 자유로울 수 없었고, 이에 당시 진행 중이던 도스토옙스키 부활 작업에 합류했다. 재평가는 정상과 비정상의 개념, 천재와 퇴폐의 연결고리, 병적 파괴에 관한 생각을 재고하는 것과 관련한 정신의학의 중요한 개념 전환을 수반했다. 의학 전문가가 실증주의자와 공유했던 모든 주요 가설, 예컨대 정상과 비정상 사이의 첨예한 경계, 이성과 도덕에 의한 정상의 정의, 정상과 진보, 비정상과 퇴폐의 관계 등이 도스토옙스키에 관한 토론 중에 질의되었다.

윗세대 정신의학자들은 이러한 변화가 불편했다. 비록 치시는 인민주의에 관계하는 것과는 거리가 멀었지만, 실증주의적 사고방식을 공유했기에 도스토옙스키의 인물들에 대한 미하일롭스키의 평가에 동의했다. 사실 톨스토이와 도스토옙스키가 실증주의자의 믿음을 구현한 형상인 "사회주의자-의사"의 화신으로 치시와 미하일롭스키 둘 모두를 상상해 볼 수 있다. 비평가와 정신의학자 사이의 차이점은 미하일롭스키가 대규모의 사회변혁을 이끌었다면, 사회개혁에 대한 치시의 생각은 정신병원에 국한된다는 것이다. 치시는 기본적으로 정신의학을 일탈행동을 교정하고 단련시키는 수단으로 보았다. 따라

---

32 *Ibid.*, p. 316(원문에서 강조), p. 322.

서 그는 심지어 한번은 도스토옙스키의 인물 드미트리 카라마조프에 대해, "드미트리를 수용 가능한 사회 구성원으로 만들 수 있는 유일한 방법은 그를 치료하는 것, 더 정확히 말하면 병원에서 세뇌시키는 것이다"라고 이야기하며 그가 사회공학의 대상이 되어야 한다고 주장했다.[33]

이와 대조적으로 일부 정신의학자들은 기꺼이 인간 본성에 대한 새로운 시각을 받아들이고자 했다. 바제노프가 가장 대표적이었다. 치시와 마찬가지로 그 역시 러시아 정신의학의 창시 세대에 속했지만, 그의 관점은 젊은 세대에 더 가까웠다. 그는 보호시설 건축에 몰두한 윗세대와 보호 관리 치료에 대한 구세대의 생각을 버리고 능동적 방법을 통한 정신 치료에 희망을 둔 젊은 정신의학자들 사이에서 중재자의 역할을 수행했다. 바제노프는 퇴폐 이론의 낡은 논리를 재고했으며, 러시아에 정신요법을 도입하는 젊은 정신의학도들의 견해에 항상 동의한 것은 아니더라도 그들을 후원했다. 도량이 크고 예술적이며 새로운 지식에 열린 마음이었던 그는 도스토옙스키의 병에 관한 문제에 관심을 두고 이에 대한 새로운 이해를 분명히 했다. 이전까지 도스토옙스키는 간질을 앓던 천재 유형에 맞춰져 있었지만, 이제 시대의 개념, 가령 신경증, 창작의 병, "선구자"는 작가와 작품 속 인물 모두에 적용되었다.

---

33 Chizh, *Dostoevsky*, p. 88.

니콜라이 니콜라예비치 바제노프

바제노프의 예술 감각이 가계의 영향에 따른 것은 아니다. 적어도 아버지 쪽은 아니며 어머니는 그가 아홉 살이던 해에 사망했다. 바제노프의 아버지는 소장까지 진급한 군인이었다. 어린 바제노프는 의사가 되려는 목표를 가지고 군인 집안의 전통을 거부하고 모스크바대학교에 입학했다. 그의 기록에 따르면 동급생들이 이전까지 다른 과목의 일부로 배우던 정신의학을 처음으로 독립 과목으로 수강하였다. 바제노프는 재학 중 이미 정신의학을 전공 분야로 선택했는데, 이는 한편으로는 정신의학이 사회, 심리 등에 관한 바제노프의 관심을 제일 많이 충족시켰기 때문이며, 다른 한편으로는 그의 스승이자 친구인 코르사코프의 영향에 따른 것이었다. 그는 관련 주제에 관한 문헌을 폭넓게 읽었다. 심지어 학생 신분으로 가브리엘 타르드와 편지 왕래를 시작했다. 타르드는 당시 사회 모방 현상을 탐구하고 있었다. 후에 바제노프는 그를 "가장 독창적이고 영민한 근대 사회학자"라고 기술했다.[34] 1881년 바제노프는 타르드에게 사회 모방의 예로 사용될 수 있는 에피소드를 소개했다. 유명한 프랑스 여배우 사라 베르나르 주연의 「라 트라비아타」가 모스크바에서 공연되는 동안, 그녀와 관객 사이에 특이한 교감의 순간이 있었다. "5막의 가장 극적인 순간에 관객 전체가 숨을 죽이고 있어 매우 조용했기 때문에, 핀이 떨어지

---

34 N. N. Bazhenov, *Gabriel Tarde: Lichnost', idei I tvorchestvo*, Moscow: Kushnerev, 1905, p. 4.
이것은 1905년 9월 31일, 가브리엘 타르드 기념 모스크바 정신의학 및 신경병리학의사협회 모임에서 행해진 그의 연설 내용이다.

는 소리와 폐병으로 죽어 가는 고티에가 기침하는 소리를 들을 수 있었다. 즉각적으로 기침이 전이돼 관객석을 메웠고 몇 분 동안 아무도 그 뛰어난 여배우의 말을 알아들을 수 없었다."[35]

바제노프는 1889년에 열린 범죄인류학 회의에서 타르드를 처음 만났고 페리고르에 있는 타르드 일가의 집에 초대받았다. 그는 바위 위에 붙어 있는 집, 혈거인의 주거지로의 초대를, 후에 특별한 감회를 가지고 회상했다. 그곳에서 타르드는 침묵과 고독 속에서 사회생활의 법칙을 발견하고 있었다. 페리고르에서 그는 창조적인 소수 그룹이 지배하는 유토피아사회에 대한 구상을 마쳤다.[36] 개인의 내적 완벽함이 최상위 가치인 이러한 사회에서 더 발전한 개인은 시샘이 아닌 존경을 받았다. 타르드의 "귀족주의"는 바제노프의 앞선 인류라는 시각에 영감을 주었는지도 모른다. 바제노프는 타르드를 "영혼의 귀족 계급"이라 불렀는데, 이 영혼의 귀족 계급에 따르면, 소수의 창조적인 개인이 사회를 이끄는 데 반해 대다수의 사람은 최면 모방과 유사한 상태로 일생을 보낸다. 바제노프가 학생 신분으로 타르드에게 첫 번째 편지를 썼던 그 무렵, 그는 이미 그가 속하게 될 인류의

---

35 타르드가 언급한 바제노프의 이야기는 다음을 참고하라. "Foules et sectes au point de vue criminel", *Revue des deux mondes*, 1893. 11. 15, pp. 349~387; Athena Vrettos, *Somatic Fiction: Imagining Illness in Victorian Culture*, Stanford: Stanford Univ. Press, 1995, p. 81.

36 타르드는 1894년 법무부 법무통계부장으로 승진할 때까지 고향인 사를라에서 치안판사로 일했다. 그의 학술 경력은 느리게 꽃피워, 1890년에는 『모방의 법칙』이라는 사회학의 걸작을 출판하고 10년 뒤 콜레주 드 프랑스에서 저명한 현대 철학 분야의 학과장으로 임명되었다. 다음을 참고하라. Wolf Lepenies, *Between Literature and Science: The Rise of Sociology*, Cambridge: Cambridge Univ. Press, 1985, pp. 47~92. 타르드는 다음에 관해 논의했다. "Fragment de l'histoire future", 1876. 이에 대해서는 다음을 참고하라. Lepenies, *Between Literature and Science*, pp. 57~59.

한 부분에 대한 뚜렷한 생각을 구상해 놓은 상태였다.

바제노프가 대학을 졸업하고 처음으로 경찰과 충돌한 해인 1881년에는 도스토옙스키가 사망하고 차르의 암살이 일어났다. 바제노프는 성인이 된 도스토옙스키가 그러했던 것처럼 학생 소요에 참여한 이후 경찰의 주목을 받았다. 졸업 후에 그는 국외로 떠났는데, 이는 아마도 연구를 완수하고 경찰의 눈을 피하려는 두 가지 목적에 따른 것으로 보인다. 그는 첫 파리 방문 동안 그의 동료 피터 라브로프를 만났다. 사회주의자이자 사상가인 라브로프는 러시아 인민주의 운동에 관한 확고한 신념의 소유자였다. 그는 1881년 황제 시해에 책임이 있던 인민의 의지당과 밀접한 관련이 있었다. 그와 인민주의자들은 두 가지 목적, 즉 인민을 돕고, 인민에게서 배우기 위해, 인텔리겐치아에게 하층 계급, 주로 소작농을 이해할 것을 촉구했다. 바제노프는 인민주의자의 표어인 "인민 속으로 들어가라"에 응답했다. 그는 1885년 여름 러시아로 돌아오던 중 모스크바에서 남쪽으로 320킬로미터쯤 떨어진 랴잔 마을의 주립젬스트보병원의 정신병리학 의사가 되었다.[37] 모스크바에서 잠시 머무는 동안 모스크바의 16인 중 1인으로 인민의 의지당을 이끌었으며 망명 지도자들과 서신 왕래를 이어

---

37 라브로프에 대해서는 다음을 참조하라. Philip Pomper, *Peter Lavrov and the Russian Revolutionary Movement*, Chicago: Univ. of Chicago Press, 1972. 바제노프가 인민의 의지당 소속이라는 사실을 아마도 알지 못했던 것으로 보이는 바제노프의 나이 어린 동료들과 친구 오시포프(3장에서 논의됨)는 바제노프의 지방 정신병원으로의 이직에 대해 바제노프가 모스크바에 남아 있었다면 유럽식 교육을 받은 정신의학자들이 대체로 받을 수 있었을 이익을 스스로 희생한 영웅적인 행동이라고 평가했다. N. E. Osipov, "Korsakov i Serbskii(Pervye professora psikhiatrii Moskovskogo universiteta)", *Moskovskii universitet, 1775-1930: Iubileinyi sbornik*, eds. V. B. El'iashevich, A. A. Kizevetter and M. M. Novikov, Paris: Sovremennye zapiski, 1930, pp. 405~426.

갔다. 이 서신 왕래는 랴잔에서도 계속되었다. 1886년 경찰은 인민의 의지당 당원의 아파트에서 바제노프의 주소를 발견하고 그를 체포했다.[38] 다행히도 그의 짧은 투옥 기간이 도스토옙스키처럼 비참한 결과를 만들어 내지는 않았는데, 아마도 그의 아버지가 개입한 까닭이었을 것이다. 감옥에서 3주를 보낸 뒤 바제노프는 비밀 감시에서 벗어날 수 있었으나 3년간 모스크바와 페테르부르크 거주가 금지되었다. 이 기간 그는 랴잔의 정신 보호시설에 자신의 에너지를 쏟았다.

격리시설을 보호시설에서 치료 기관으로 바꾸려면 만성 질환을 가진 수감자의 수를 줄여야 했다. 1885년 병원 당국은 해당 환자들을 수용하기 위해 지방 거주지 건설을 시작했다. 바제노프는 거주지를 관리했고, 소작농 가족 가운데 만성 질환을 앓는 사람들을 돌보기 위한 위탁 보호 사업의 착수 계획을 추가했다. 바제노프는 1886년 벨기에 모델을 따라 러시아 최초의 패트로나지 파밀리알을 인근 마을에 조직했지만 단 2년간만 지속되었다. 위탁 보호가 도입됨에 따라 병원에서의 수입과는 별도로 마을의 빈곤층 주민의 수입원이 생겼다. 한 소비에트 역사학자의 말에 따르면 좀 더 부유한 농부들은 저임금의 노동력을 뺏겼다는 이유로 위탁 보호를 반대했다. 그러나 공식적으로는 반대 항의가 환자들이 일으킨 것으로 추정되는 방화 때문이라고 주장했다. 지역 젬스트보 당국은 정부의 개입을 두려워했기 때문에, 주 차원에서 후원 계획안에 종지부를 찍었다.[39] 젬스트보의 반대

38　A. G. Gerish and G. K. Ushakov, "Zhizn' i deiatel'nost' N. N. Bazhenova", *Zhurnal nevropatologii*, no. 8, 1972, p. 1238.

39　A. K. Streliukhin, "Zhizn' i deiatel'nost' N. N. Bazhenova, sviazannye s Riazan'iu", *Voprosy psikhonevrologii*, eds. A. K. Streliukhin and S. F. Semenov, Moscow: Minzdrav RSFSR, 1965,

뿐만 아니라 바제노프의 생각이 비현실적이며, 모델이 된 벨기에 마을인 겔 외의 지역에서는 이러한 종류의 조직이 불가능하다고 생각한 동료들의 반대에도 불구하고 바제노프는 여러 차례 후원 사업을 재개하려 했다. 그는 여전히 가족 후원처에 정신의학의 미래가 있다고 확신하였으며 과거 스코틀랜드의 보호시설 방문 시 교류한 스코틀랜드 의사들의 지지를 받았다. 이들은 바제노프에게 자신들도 유사한 사업에서 비슷한 회의론과 맞서 싸워야 했다고 전했다.[40]

환자를 감금하지 않는 것 역시 바제노프가 랴잔에서 이끌어 낸 과감한 쇄신이었는데, 이 쇄신은 100명의 환자를 수용하고 있는 병원 건물의 문을 잠그지 않는 수준이었다. 바제노프의 가장 이른 경력에는 해외의 정신병원 기관을 답사하기 위한 유럽 여행이 포함된다. 종종 연구를 지속하기 위해 의학학위를 받은 후 해외 연수를 가는 이러한 "정신의학 탐방"은 러시아 대학교 졸업생들에게 흔한 일이었다. 바제노프는 이후 "의료 활동 중 내가 받은 가장 강렬한 인상"은 아마도 글래스고 근처에 있는 스코틀랜드의 어느 보호시설을 방문했을 때였을 것이라고 회상했다. 그곳에는 폭력적이고 소란스러운 환자를 감금하기 위한 격리실이 없었다.[41] 이에 영향을 받아 그 역시 러시아 보호시설에 비감금 체제를 도입하는 것에 착수했지만 쉬운 일이 아니었다.

pp. 15~23.

40 N. N. Bazhenov, *O Prizrenii i lechenii dushevnobol'nykh v zemstvakh, i v chastnosti o novoi Riazanskoi psikhiatricheskoi lechebnitse*, II, St. Petersburg: M. M. Stasiulevich, 1887.

41 A. G. Gerish, "Prioritet N. N. Bazhenova vo vvedenii v psikhiatricheskikh bol'nitsakh Rossii sistemy 'otkrytykh dverei'", *Materialy nauchno-prakticheskoi konferentsii vrachei psikhonevrologicheskikh uchrezhdenii g. Moskvy*, Moscow: Minzdrav RSFSR, 1970, p. 220.

1889년 바제노프가 지방 거주지를 비우는 동안(당시 그는 파리에서 열리는 국제박람회의 정신의학 회의에 참석 중이었다), 한 환자가 강에서 익사하는 사고가 발생했다. 바제노프는 책임을 묻는 당국에 답해야 했다. 그러나 보호시설에서 문을 잠그지 않는 것은 허용될 수 없는 사치라고 생각하는 사람들에 맞서 비감금에 대한 자신의 소신을 확고히 했다. 그는 랴잔에 있는 보조 의사들에게 다음과 같이 썼다. "여러분은 사고의 위험을 감수하고 문을 열어 두는 것을 선택할 수 있습니다. 아니면 그들을 감금하고 사방에 울타리를 치고 환자가 감시자를 동반할 때만 산책하러 나오게 하는 쪽을 선택할 수도 있습니다. 나는 전자를 더 선호하며, 또한 병원이 설계되고 자리잡을 시점부터 이미 '문을 열어 두는 것'과 이에 대한 모든 위험을 염두에 두고 있었습니다." 자신의 소신을 지키기 위해서 이 사고는 물론이고 같은 해에 일어난 또 다른 환자의 죽음을 일반화시키지 않도록 해야만 했다. "나는 젬스트보 회의에서 말한 바와 같이 올해의 두 불행한 사건이 랴잔 시민들에게 걱정거리를 안겨 줬다는 것을 의심하지 않습니다. 그렇지만 어떻게 하겠습니까? 우리는 사람들의 생각을 교육해야 하고 선구자가 되어야 합니다. 실리체프(익사한 환자)의 사고는 어떤 미친 사람이 수영하러 가서 물에 빠져 죽는 사고를 예상할 수 없는 것만큼이나 예측할 수 없는 종류에 속한다고 생각합니다."[42] 바제노프는 다음과 같이 지적했다. "500명에서 600명의 환자가 있는 그 병

42　R. M. Umanskaia and D. D. Fedotov, "Vzgliady N. N. Bazhenova na sistemu 'otkrytykh dverei' v psikhiatricheskikh bol'nitsakh", *Voprosy psikhonevrologii*, p. 27에 인용된 N. N. Bazhenov to V. I. Iakovenko, 1889. 7. 28.

원에서 5년 동안 환자가 사망에 이른 사건은 자살 한 건과 사고 네 건이었으며 평균 1년에 한 건 정도입니다." 그는 이것은 긍정적인 결과라고 평가했다.[43]

바제노프는 랴잔의 보호시설에 있는 동안 지속적으로 경찰의 감시하에 있었다. 내무부 사건 서류철에는 바제노프가 폭동에 가담한 학생들에게 자신의 아파트를 세주었고, 모스크바대학교에서 열린 기념식에서 정권에 대해 비판적인 발언을 했으며, 형편이 어려운 젊은 작가들을 돕기 위한 살티코프-셰드린 기념 문학 기금 모금운동에 참여했으며 출국이 금지돼 있다는 등의 내용이 기록돼 있다. 1893년 그는 박사 학위논문을 쓴 뒤 공식적으로 대학 교원의 자격을 얻는다.[44] 당시 모스크바 혹은 페테르부르크 거주 금지라는 거주지 제한이 해제되었음에도 그는 여전히 "정치적으로 신뢰받을 수 없었기" 때문에 모스크바대학교에 제출한 세 번의 지원서는 모두 거부당했다. 1898년과 1901년 사이에 바제노프는 보로네시주(州) 병원의 정신의학부를 책임졌다. 내무부는 1902년이 되어서야 그를 모스크바대학교 "의학의 역사와 백과사전" 학과의 시간강사로 임명하는 것을 승인했다. 그곳에서 바제노프는 모스크바에서 「라 트라비아타」 공연을 본 이래로 그를 매혹시켰던 주제인 "심리적 전염병"에 관한 과목을 가르칠 예정이었다.[45]

---

43 바제노프는 다음에서 인용되었다. Gerish, "Prioritet", p. 221.
44 바제노프의 학위논문에서는 그 당시의 일반적 주제인 정신 질환에서 자가중독의 역할을 다루었다. 다음을 참조하라. N. N. Bazhenov, *O znachenii autointoksikatsii v patogeneze nervnykh simptomokompleksov*, Khar'kov: Gubernskaia uprava, 1894. 페테르부르크와 모스크바 두 곳 모두 그의 거주 금지 지역이었기 때문에 그는 하리코프대학교에서 학위를 취득했다.
45 "O priniatii v chislo privat-dotsentvo Moskovskogo universiteta doktora meditsiny N. N.

바제노프는 사회 구성원이 된 이후 "사회는 곧 제한이다"라는 타르드의 경구에 대한 상당량의 확증을 발견했다. 열정적 인물 바제노프는 혁명가이자, 교수, 메이슨 로지[프리메이슨 지부]의 설립자, 문학과 예술계에서 유명 인사였다. 새로운 세기가 시작되자 "전(全) 모스크바"는 물론 전위예술가들이 참석하는 문학예술 서클에서 그가 톨스토이의 아들들과 동석하고 있는 것이 목격됐다. 유명한 작가와 시인으로 구성된 이 서클은 부유한 부르주아층 사람들까지 자극해 카지노로 모여들게 했으며 야간 도박에서 나온 수익은 서클 활동의 실질적인 수입원이 되었다.[46] 바제노프는 비록 자주 모습을 드러내지는 않았지만 여러 해 동안 이 서클의 회합을 주도했다. 상징주의 시인 안드레이 벨리는 자신의 회고록에서 바제노프를 "캉캉과 미인에게 미숙한 노래하는 석학(savant-chantant)"이며 "쾌락주의자, 뼛속까지 냉소적"이라고 묘사했다. 벨리는 바제노프의 "정신의학 스타일"을 싫어했다. 그는 바제노프에 대해 "메이슨이자 과학적 인간인 본인은 환자들을 설복시키는 캉캉춤을 추는 것이 허용된다고 생각하며 (서클의 구성원인) 우리를 자신의 환자로 여긴다"고 썼다.[47]

벨리의 적대감은 전위운동에 대한 바제노프의 비판에 대한 반

Bazhenova ˝(1902), in TsGIAM, f. 418, op. 63, d. 538.

46　청교도들이 문학예술 서클을 의심했지만, 밤의 도박으로 생긴 돈은 자주 모스크바의 정신병원 혹은 젊은 작가를 위한 체호프 기금과 같은 자선 기금에 보내졌다. 다음을 참조하라. L. V. Nikulin, *Gody nashei zhizni*, Moscow: Moskovskii rabochii, 1966, p. 311; V. R. Leikina-Svirskaia, *Russkaia intelligentsiia v 1900-1917 godakh*, Moscow: Mysl', 1981, p. 129; "Khronika", *Sovremennaia psikhiatriia*, no. 6, 1907, p. 191.

47　Andrei Bely, *Mezhdu dvukh revolutsii*, Moscow: Khudozhestvennaia literatura, 1990, pp. 215~216.

응이었다. 바제노프는 자신의 논문 「상징주의자와 데카당파: 정신의학적 연구」에서 여러 데카당파 비평가들처럼 문학의 현 추세는 샤를 보들레르, 제라르 드 네르발, 폴 베를렌 같은 프랑스 시인을 모방하며 독창적 창작 능력을 상실하였기 때문이라고 비난했다. 바제노프에 따르면 상징주의 창시자들은 그들의 예술에 유익한 엄청난 관능적 경험을 광기로부터 끌어냈다.[48] 그러나 창시자 이후의 상당수 추종자들과 모방자들은 "상상과 사고의 결핍, 피상성, 기괴하고 변덕스러운 분위기, 심리적 반응에 대한 왜곡, 도덕적 광기, 병리적 연상, 심각하고 치유 불가한 형태의 정신병을 목도한 것과 유사한 논리적 사고의 부재"를 드러냈으며, "이 모든 것은 그들의 개성에 맞지 않는 과대평가"를 수반한다고 믿었다.[49] 상징주의자에 관한 바제노프의 글은 선집 『문학과 대중적 주제에 관한 정신의학적 대담』(*Psychiatric Conversations on Literary and Public Questions*)에 실렸으며, 바제노프는 문학적 성취를 인정받아 러시아 예술아카데미로부터 권위 있는 푸시킨 상을 수상했다. 책에서 그는 「러시아 작가 사전을 위한 예비자료」(Preparatory Sources for the Dictionary of Russian Writers)의 20세기 초 개정판 저자로 언급되었다.[50] 바제노프는 "모스크바의 자랑거리" 중

---

48 바제노프는 러시아 청중에게 "오보에의 소리 혹은 푸르른 초원의 냄새"를 비교하는 것 같은 그의 은유의 "기이함"을 보여 주기 위해 심지어 보들레르의 시 「교감」을 러시아어로 번역했다. 그는 서른세 개의 시를 담은 모리스 마테를링크의 시집에서 병에 대한 스물다섯 가지 암시를 찾았다. 다음을 참조하라. N. N. Bazhnov, *Simvolisty i dekadenty: Psikhiatricheskii etiud*, Moscow: Mamontov, 1899, p. 8, 17.

49 바제노프가 매료된 작품은 다음을 참조하라. Verlaine, "Effet de nuit", *Romances without Words*("Il Pleut dans mon coeur / Comme il pleut dans la ville"). 이에 반해, 마테를링크의 『온실』은 "비뚤어진 감각"의 결과로 출현했다. 다음을 보라. Bazhenov, *Simvolisty*, II, p. 28.

50 바제노프의 푸시킨 상에 대해서는 다음을 참조하라. Gerish and Ushakov, "Zhizn'", p.

하나로 명성을 얻게 되었다. 이유인즉 그는 어떤 공연도 초연을 놓치지 않았으며, 이 "모스크바 예술인"은 가장무도회를 직접 자신의 저택에 열어 관람에 화답했다.[51] 그는 대중을 위해 글을 썼고, 1902년 고골 사망 50주기부터 1904년 안톤 체호프의 장례식이 거행될 때까지 다수의 대중 강연과 연설을 했다. 동료 중 한 명이 지적한 바와 같이 바제노프는 자신이 의사봉을 휘두르고 있을 때와 연설을 할 때 최상의 기분을 경험했다.[52] 그는 모스크바 예술 극장의 배우를 대상으로 한 "극장의 심리학" 강연에 초청되자 풍부한 경험을 바탕으로 명료하게 강의했다.[53]

그의 사회적 재능은 모스크바에서 만개했다. 그는 그곳에서 가장 오래된 사설 클리닉을 운영했고, 1904년 모스크바 시립정신병원인 프레오브라젠스키병원의 병원장으로 임명되었다. 바제노프는 여성 의료 교육 지지자로서 여성 고등과정에서 정신의학을 강의했으며 졸업생 다수를 프레오브라젠스키병원의 간호사와 의사로 고용했다.

1238. 그가 『예비 자료』(Preparatory Sources)에 관여한 것에 대해서는 다음을 참조하라. S. A.Vengerov, *Istochniki slovaria russkikh pisatelei*, 1, St. Petersburg: Imperatorskaia Akademiia nauk, 1900, p. 142. 바제노프는 슬렙초프-테랴옙스키(Sleptsov-Teriaevskii)라는 필명으로 비의학 작품을 출간하였는데 그의 아내 이름은 올가 니콜라예브나 슬렙초바(Ol'ga Nikolaevna Sleptsova)였다. 다음을 참조하라. O. N. Sleptsov-Teriaevskii, *Sinestezicheskii sposob izucheniia akkordov*, Petrograd: Sirius, 1915. 바제노프는 음악 코드 학습을 위한 기억술로 소리를 색채화해 인식하도록 제안했다. 결국, 바제노프 가족은 흩어져, 올가 니콜라예브나는 아들 니콜라이(1889년 출생)와 함께 독일에서 살았다. 다음을 참조하라. *Muzei Preobrazhenskoi bol'nitsy*, f. 103, 1. 180.

51 Nikulin, *Gody*, p. 311.

52 V. F. Giliarovskii, "Lichnost' i deiatel'nost' N. N. Bazhenova(1856~1923)(Nekrolog)", *Zhurnal psikhologii*, no. 3, 1923, p. 11.

53 Gerish and Ushakov, "Zhizn'", p. 1238.

낮에는 주로 병원 일과 강좌로 보냈고 저녁은 모스크바에 있는 사설 클리닉에서 시간을 보냈다. 그의 정신의학적 견해는 보호 관리와 함께 도덕적 치료를 병행하는 19세기 정신병 연구의 전형적인 것이었다. 프레오브라젠스키병원에서 수치요법 외 약물 사용은 브로민화물과 진통제 주사로 제한돼 있었다. 한 동료는 바제노프가 "자신은 진정제 외에는 처방전을 어떻게 쓰는지 모른다"고 농담을 하곤 했으며, "우리 병원에서는 벽이 치료를 한다"고 말하곤 했다고 전했다.[54] 하지만 그는 벽이 치료를 하는 그런 병원을 개선하기 위해 열심히 일해야만 했다. 그는 프레오브라젠스키병원에서의 임기 동안 폭력적 환자들의 병실 창살문을 배에서 사용하는 강화유리로 교체했다. 병실 격리는 계속됐지만 그들의 병실 문에는 잠금장치가 사라졌다.[55] 바제노프는 또한 의료 교육을 받지 않은 하급 관리직, 가령 관리인과 여성 고용인을 자신의 여성 고등과정 출신의 학생과 인턴들로 교체했다. 그는 두 상인에게 건물명을 그들의 이름으로 짓겠다고 약속하며 새로운 시설물의 건축에 자금을 지원하도록 설득했다. 1910년 병원에 새 구역 네 곳이 문을 열었다. 1912년에 그는 건물 세 동의 건축을 개시했는데 이 작업은 제1차 세계대전으로 인해 중단되었다.

54 M. A. Krasnushkina, "Preobrazhenskaia bol'nitsa v period rukovodstva N. N. Bazhenovym", *Sbornik nauchnykh trudov, posviashchennykh 150-letiiu Moskovskoi psikhonevrologicheskoi bol'nitsy N 3*, Moscow: Moskovskaia psikhonevrologicheskaia bol'nitsa N 3, 1963, p. 442. 바제노프의 직책에 대해서는 다음을 참조하라. "N. N. Bazhenov, glavnyi vrach Preobrazhenskoi bol'nitsy, March 1904~May 1917", in TsGIAM, f. 179, op. 37, d. 95.

55 R. M. Umanskaia and D. D. Fedotov, "Vzgliady N. N. Bazhenova na sistemu 'otkrytykh dverei'", in Streliukhin and Semenov, *Voprosy psikhonevrologii*, p. 24.

바제노프의 경력은 그가 지속적으로 정치적 활동에 관여했음을 보여 준다. 1905년 10월 자유 입헌 민주당 카데트가 창당되자 입당했다. 카데트는 주로 계급이나 집단의 이익이 아닌 순수하고 관념적인 형태의 정치적 자유와 사회정의의 이상을 대변한다고 생각하는 개인과 학계 출신의 지식인들로 이루어진 정당이었다. 어느 역사가가 말하듯이, "문제는 정치적 해방과 개인의 자유라는 순수한 이상"으로는 "정부, 인민, 특권 계급이 정치적 문제에서 폭력을 유일한 중재 요소로 간주하는 상황에서" 많은 일을 할 수 없었다는 것이다.[56] 1905년 제1차 러시아 혁명 이전과 혁명 후 초기에 카데트는 볼셰비키를 포함한 좌익의 더 급진적 정당들과 연합했다. 바제노프는 막 시베리아 유배에서 돌아온 볼셰비키 당원인 의사 미츠케비치를 자신의 클리닉에 숨겨 주고 그에게 일자리를 제공했다. 1905년 혁명 초기에는 클리닉에서 볼셰비키 모임을 했고, 그중 한 번은 레닌이 참석했다.[57]

혁명이 진행되면서 혁명가들과 독재 추종자들 모두 폭력에 의존하는 정도가 커지자, 카데트는 "왼쪽[좌익]에는 적이 없다"는 그들의

---

56 Shmuel Galai, *The Liberation Movement in Russia, 1900-1905*, Cambridge: Cambridge Univ. Press, 1973, p. 267.

57 미츠케비치는 모스크바에서 의대 대학원생이었을 때, 마르크스주의자 모임에 참여하였다. 1894년, 그는 체포되어 시베리아로 추방되었다. 1899년에는 극권 너머, 콜리마 지역에서 의사로 봉사 활동을 했다. 그곳의 원주민에게 소위 극지방 히스테리에 대한 자료를 수집했다. 1903년 말, 그는 추방이 해제되어 되돌아온 후, 모스크바 정신과의사협회에서 극지방 히스테리에 관해 발표했다. 미츠케비치는 발표 이후 어떻게 바제노프가 그의 사설 클리닉에 자리를 마련해 제안했는지를 자신의 회고록에 묘사했다. 다음을 참고하라. S. I. Mitskevich, *Zapiski vracha-obshchestvennika* (*1888-1918*), 2d ed., Moscow: Meditsina, 1969, p. 148. 10월 혁명 이후, 미츠케비치는 공산당의 초기 역사가 중 한 사람이자 모스크바 소재 혁명박물관의 설립자가 되었다. 레닌이 회의에 참석한 것에 대해서는 다음을 참조하라. Gerish and Ushakov, "Zhizn'", p. 1239.

정책을 버리고 "비폭력적 수단, 즉 두마(Duma)[58] 선거에 참여"할 수 있는 당을 조직하기 시작했다.[59] 바제노프는 카데트의 주요 대변인 중 한 명으로 논문 「심리학과 정치」에서 볼셰비키의 무제한적인 대중 소요 선동을 경고했다.[60] 그럼에도 불구하고 그는 여전히 차르 정권에 확고하게 대항했다. 신문 기사에 따르면, 바제노프는 정신병원 내 반역자를 찾으려는 경찰에 항의했으며 부상한 가두시위 참가자들에게 의료지원을 한 의사들에 대한 기소에 반대했다. 바제노프는 페테르부르크 의료인노동조합이 출간한 사형 제도에 반대하는 평론 모음집에 기고한 글에서 형집행을 기다리는 것은 심리적 고문이며 범죄 자체를 능가하는 가장 잔인한 행위라고 주장했다.[61] 바제노프의 글은 빅토르 위고의 『사형수 최후의 날』뿐만 아니라 도스토옙스키의 비극적 경험의 메아리였다. "사형 제도의 공포에 대한 참으로 (…) 신랄한 공격"인 사형수에 대한 위고의 상상의 일기는 가짜 형집행을 겪기 이전의 도스토옙스키를 매료시켰다.[62]

바제노프의 정치적 행동은 모스크바 의료 당국의 분노를 초래했고 이는 근무 중이던 프레오브라젠스키에서 직위해제될 가능성을 높였다. 그들은 그가 병원에서 지켜야 할 의무를 간과했다고 비난하며

---

58 [옮긴이] 두마는 "생각"을 뜻하는 러시아어 어휘로 선거를 통해 구성된 러시아의 입법 의회를 가리키며 우리의 국회에 해당한다.

59 Galai, *Liberation Movement*, p. 271.

60 N. N. Bazhenov, *Psikhologiia i politika*, Moscow: I. D. Sytin, 1906.

61 N. N. Bazhenov, *Psikhologiia Kaznimykh*, Moscow: I. D. Sytin, 1906.

62 Josheph Frank, *Dostoevsky: The Seeds of Revolt, 1821-1849*, Princeton: Princeton Univ. Press, 1976, p. 109.
    [옮긴이] 도스토옙스키는 가짜 형집행(1849)에 앞선 1840년에 형 미하일에게 보낸 편지에서 위고를 언급했다.

그에게 병원 내에 거주할 것을 요구했다. 그럼에도 불구하고 바제노프의 전문 지식은 권위를 가졌다.[63] 그는 당국과의 갈등에도 불구하고 정신 장애 관련 법 개정 시 정부위원으로 임명됐다. 또한 1911년 바제노프가 회장으로 선출된 (새로 설립된) 러시아 정신의학 및 신경병리학의사노동조합의 첫 번째 회의에서 관련 보고서의 최종 발표자로 참여했다.[64]

바제노프는 프리메이슨 활동에도 공을 들였다. 18세기부터 19세기 초까지 러시아에서 인기를 끌던 프리메이슨조합은 구성원 대부분이 귀족이었다. 1825년 12월 귀족들이 쿠데타를 일으키자 니콜라이 1세는 이들 대다수가 조합원으로 가입돼 있던 프리메이슨을 금지했다. 바제노프는 1884년 파리 체류 기간에 프랑스의 메이슨조합 "친구의 모임"에 가입했다. 당시에는 프랑스의 모든 지부에서 소수의 러시아인을 볼 수 있었다. 바제노프는 지부의 영향력을 늘리기 위해 활동했다.[65] 그가 직업적·사회적 활동을 다양하게 하면 할수록 프랑스와 러시아 메이슨 사이의 관련성과 접촉도 빈번해졌다. 아카데미 회원이며 메이슨이자 훗날 입헌 민주당의 운동가가 되는 코발렙스키는 파리에 러시아 사회과학 전문학교 건립을 결심하고 바제노프를 공동

---

63 A. G. Gerish, "Uchastie professora N. N. Bazhenova v revolutsionnom dvizhenii 1905~1907 godov", *Materialy nauchno-prakticheskoi konferentsii*, pp. 54~58. 이 특별한 충돌은 1907년 핀란드, 헬싱키에서 개최된 입헌 민주당의 불법 대회에 참석하기 위한 바제노프의 여행으로 야기되었다. 다음을 참조하라. *Muzei Preobrazhenskoi bol'nitsy*, f. 103, l. 180.

64 M. V. Korkina, "N. N. Bazhenov(K 100-letiiu so dnia rozhdeniia)", *Zhurnal nevropatologii*, no. 8, 1957, p. 1033.

65 기타 프랑스 지부의 러시아 회원으로 알려진 사람으로 작가 투르게네프와 차르의 삼촌인 니콜라이 미하일로비치 대공이 있었다. 그러나 투르게네프는 1883년에 사망했으며, 대공은 1890년대까지 임명되지 않았다.

창립위원으로 초청했다.[66] 바제노프와 프랑스 정신의학자들과의 접촉이 프리메이슨을 통해 강화되었을 수도 있다. 그러나 그는 1908년 프랑스의 프리메이슨 지부 "그랑토리앙"[거대한 동방]의 모스크바 분소가 설립될 때까지 오랜 기간 모스크바에 잔류한 몇 안 되는 프리메이슨 중 한 사람이었다. "르네상스 혹은 부흥"이라 명명된 모스크바 지부는 러시아 프리메이슨 부흥의 신호였다.[67]

새롭게 부활하는 인본주의라는 프리메이슨주의적 개념은 계시적 시각의 쇠퇴나 정신의학적 관점의 인간 종(種)의 퇴폐라는 개념과 대조를 이루었다. 20세기 초 의사들에게 퇴폐 이론은 물론 이에 기반한 정신의학적 치료 모두가 평가절하됐다. 보호 치료에 대한 믿음이 쇠퇴하고 과거 불치병을 치료한다고 알려진 다른 방법들, 가령 최면술과 연상요법, 피에르 자네가 개발한 심리학적 분석과 프로이트의 정신분석적 방법 등에 관한 관심이 치솟았다. "신경 질환"을 전문 분야로 선택한 의사들은 점차 사설 클리닉과 요양소 등에서 일을 했다. 작은 민간시설이 거대 정신병원보다 다양한 이점을 가졌는데, 부유한 고객을 유치하는 것 외에도 물리요법과 정신요법 등 다양한 방

---

66 그들 중 레닌이 1903년 이 학교에서 강의를 했다. 다음을 참조하라. Ushakov and Gerish, "Zhizn'", p. 1237.

67 바제노프는 아마도 프리메이슨과 연결된 덕분에 프랑스 레지옹 도뇌르를 수상했다. 훈장은 1905년 그의 생일인 8월 8일에 파리에서 수여되었다. 다음을 참조하라. Muzei Preobrazhenskoi bol'nitsy, f. 103, ll. I, p. 95. 모스크바 지부에 대해서는 다음을 참조하라. Nina Berberova, Liudi i lozhi: russkie masony XX stoletiia, New York: Russica, 1986, p. 17. 당시 러시아 메이슨의 딸, 베르베로바(Berberova)는 "형제들"이 바제노프를 "너무 수다스러워" 신뢰할 수 없어 했다고 전했다. 1908년 러시아 메이슨 최고위원회 선거에서 바제노프의 입후보는 배제되었다(pp. 187~188). 1923년 바제노프가 러시아로 되돌아온 것을 알지 못한 베르베로바는 그가 벨기에에서 사망했다고 적고 있다(p. 110). 모스크바 지부의 역사에 관한 더 많은 내용은 다음을 참조하라. A. Ia. Avrekh, Masony i revoliutsiia, Moscow: Politizdat, 1990, p. 50.

식으로 학술적으로 흥미로운 실험을 할 수 있었기 때문이었다.[68] 정
신요법의 첫 성공에 매료된 정신병 연구의 "오래된 파수꾼"과 퇴폐
이론 지지자들은 유전병은 치료 불가하다는 믿음을 재고하기 시작했
다. 신경학자 샤르코조차도 환자들을 루르드로 순례 여행을 보냈다
고 하며, [죽기 1년 전에 쓴] 그의 말년의 논문 「치유의 믿음」(La foi gui
guérit)에는 기질 장애 치료에서 정신적 요소의 역할이 강조돼 있다.[69]

바제노프는 심리 치료에도 관심을 보였다. 그는 루르드뿐만 아
니라 시칠리아에도 갔다. 시칠리아에서는 에트나산 화산 폭발로 인
한 심리적 영향을 관찰했다. 루르드 여행 후 모스크바 정신의학자 모
임에서는 정서 치료의 이점에 관해 열정적인 강연을 했다.[70] 이 모임
은 "작은 금요일"로 명명된 정신의학계 정기 모임 중 하나로 당시 빠
르게 발전하던 파울-샤를 뒤부아의 합리 치료 및 정신분석을 포함한
심리 치료법과 관련한 토론을 갈망하던 의사들이 조직한 것이었다.
바제노프가 이 토론을 주도했다. 그는 "한 각도에서는 온 우주를 볼
수 없다"는 생각에 동시대 사람들과 정신분석에 관한 의견을 공유했
으며 이 뜨거운 주제를 회피하지 않았다. 그는 젊은 동료인 이주 정

---

68 소위 신경 클리닉과 요양소의 발전에 대해서는 다음을 참조하라. Edward Shorter, *From
    Paralysis to Fatigue: A History of Psychosomatic Illness in the Modern Era*, New York: Free
    Press, 1992, pp. 213~220; "Psychotherapy in Private Clinics in Central Europe, 1880-1913",
    *Proceedings of the First European Congress on the History of Psychiatry and Mental Health Care,
    s-Hertogenbosch, The Netherlands, 1990. 10. 24~26*, eds. Leonie de Goei and Joost Vijselaar,
    Rotterdam: Erasmus, 1993, pp. 39~50.

69 M. S. Micale, *Approaching Hysteria: Disease and Its Interpretations*, Princeton: Princeton Univ.
    Press, 1995, pp. 276~277.

70 L. M. Rozenshtein, "Moskovskaia psikhiatricheskaia shkola i N. N. Bazhenov", *Klinicheskaia
    meditsina*, no. 2, 1924, p. 134.

신의학자 오시포프와 함께 심리 치료 초기 개론서 중 하나인 「암시와 그 경계」를 썼다. 이 글은 파리의 의사 폴-가스통 뫼니에가 편집자인 인기 연재 출판물에 게재됐다.[71] 여성 고등과정의 바제노프의 강의에서는 "유명한 기적의 계산꾼, (…) 텔레파시 연구가, 샤먼 마법사가 차례로 등장했다".[72] 바제노프는 정신요법을 선호해 친구 오귀스트 마리와 함께 파리 근교 도시 슈아지르루아에 "정신쇠약, 신경쇠약증, 히스테리 환자, 약물 의존적 과로 환자"를 위한 개인 요양소를 열었다.[73] 그러나 제1차 세계대전과 바제노프의 병의 악화(그는 심장 질환을 앓았다)가 이러한 활동을 제한했다.

전쟁의 시작과 함께 러시아 적십자는 바제노프에게 캅카스에서 정신 치료 봉사 활동을 조직하도록 했고 이후에는 프랑스 테살로니키 지역에 주둔한 러시아 원정부대를 위한 봉사 활동을 지시했다. 그는 마리의 도움으로 파리의 빌쥐프병원에 러시아 군인을 위한 정신병 치료시설을 세웠다.[74] 바제노프는 1916년에 러시아를 떠났다. 그는 카데트 당원으로서 1917년 2월 혁명을 진심으로 환영했다. 2월 혁명은 바제노프가 "퇴폐" 왕조라고 부른 통치 세력을 종결시키고 입

71 N. Bajenoff and N. Osipoff, *La suggestion et ses limites*, Paris: Bloud et Cie, 1911. 정신분석에 관한 바제노프의 견해에 대해서는 다음을 참조하라. Krasnushkina, "Preobrazhenskaia bol'nitsa", p. 442.

72 P. V. Rybakov, "Nekrolog N. N. Bazhenova", *Moskovskii meditsinskii zhurnal*, no. 2, 1923, p. 226.

73 "Ob"iavlenie o sanatorii N. N. Bazhenova i A. Marie v Choisy-le-Roy", in TsGIAM, f. 363, op. 1, d. 70, l. 185.

74 A. G. Gerish, "Perepiska N. N. Bazhenova ob organizatsii psikhiatricheskoi pomoshchi v pervuiu mirovuiu voinu", *Voprosy kliniki, patogeneza i terapii psikhicheskikh zabolevanii*, eds. V. M. Banshchikov and I. A. Shishkin, Moscow: Moskovskaia gorodskaia psikhiatricheskaia bol'nitsa N 3, 1972, p. 31.

헌정부 도입의 길을 열었다. 그러나 1917년 10월의 볼셰비키 혁명은 받아들이기 어려웠다. 바제노프는 볼셰비키 당원들이 "프롤레타리아 독재"라는 선전 문구 아래 가장 가난한 계급에 권력을 주자고 주장하지만 실제로는 군중심리학을 능숙하게 이용함으로써 자신들을 위한 영구 권력을 얻었다고 확신했다. 그는 능력주의사회(바제노프는 아마도 "귀족주의"라고 말하길 더 좋아했는지도 모른다)의 이상을 세우는 것과 요원한 볼셰비키 정권이 문화를 파괴하고 문화를 일종의 종교운동으로 대체하고 있다고 생각했다. 바제노프는 스페인독감처럼 "볼셰비키의 어리석음"이 전 세계로 확산하며 선구자로의 인류 경로를 단절시키고 있다고 경고했다.[75]

1923년 바제노프는 죽음에 대비해(그의 병은 중증으로 이미 뇌졸중을 일으켰다) 혹은 조국의 부흥과 쇄신을 보려는 희망으로 러시아로의 갑작스러운 귀국을 결정할 때까지 벨기에와 프랑스에서 살았다. 볼셰비키 당원이던 의사들과의 오랜 교류가 귀국을 가능하게 했다. 그의 옛 제자 일부가 귀국길에 동행했고, 다른 제자들은 어느 봄날 모스크바 철도역에 내린 그를 마중했다. 그러나 며칠 지나지 않아 그는 두 번째 뇌졸중으로 사망했다. 프리메이슨식 표현으로 그는 "영원한 동방에서 잠들었다".

---

75 N. Bajenoff, *La révolution russe: Essai de psychologie sociale*, Paris: Bloud et Gay, 1919, p. 73. 1916년, 12월 바제노프가 여성 고등과정을 연 도서관에 자신이 소장하던 서적을 기부한 것을 통해 한동안 러시아로부터 떨어진 곳에 체류하려 한 바제노프의 계획을 읽을 수 있다. 다음을 참조하라. TsGIAM, f. 363, op. 1, d. 70, l. 198.

격동기에 수십 년간의 삶을 러시아와 서유럽에서 보냈던 바제노프는 정신의학 및 문학평론 모두에서 태동한 새로운 바람에 적절하게 대응할 수 있는 위치에 있었다. 이것이 도스토옙스키에 대한 실질적 재평가를 낳았다. 풋내기 바제노프가 정신의학자가 된 것은 1883년에서 1885년 사이 프랑스 거주 기간의 일이다. 그는 살페트리에르에서 샤르코와 동문수학했고 성앤정신병원에서 발렌틴 매그낭과 함께 일했으며 소르본대학교의 레옹스 마누브리에 인류학 실험실에서 유명 범죄자와 위인의 흉상에 대한 인체 측정 연구를 수행했다. 바제노프는 오랫동안 매그낭과 교류했다. 이 때문에 그가 20세기 초 10년 동안 회장으로 있던 모스크바 정신의학 및 신경병리학의사협회는 "매그낭학파"로 간주되었다. 프랑스의 정신의학자였던 매그낭은 그 협회의 유일한 외국인 명예회원이었다.[76]

바제노프는 러시아 여인과 결혼한 6년 후배 마리와 특히 가까웠다. 그들은 직업과 성격 면에서 공통점이 많았다. 1892년 마리 역시 바제노프처럼 지방에 만성 정신 질환자를 위한 거주지를 세웠다. 두 문화인(바제노프는 시를 쓰고 프랑스 시를 러시아어로 번역했으며, 마리는 그림을 그렸다) 모두 정신이상자의 예술에 깊은 관심을 보였다. 토리노의 롬브로소와 런던의 베들레헴병원의 정신의학자들처럼 마리는 환자들의 미술 활동품을 모아 1905년에 빌쥐프병원에서 "정신이

---

76 Rozhenshtein, "Moskovskaia psikhiatricheskaia shkola", p. 132.

상 전시회"를 열기도 했다. 바제노프와 마리는 정신이상자의 예술을 진지하게 연구하는 학자 모임에 참여했다. 이 그룹에는 로그 드 퓌르삭(Rogues de Fursac), 장 뱅숑(Jean Vinchon), 뫼니에, 폴 세리유(Paul Sérieux) 등이 있었으며, 정신의학사가 맥그리거의 평가에 따르면, 그들은 정신이상자의 예술에 관한 특별한 접근법으로 하나가 되었다.[77] 이들은 정신이상자의 작품을 "병든 예술"이라고 깎아내리는 대신 오히려 그것의 미적 가치가 어떻든 간에 그 속에서 또 다른 현실의 묘사 혹은 정신이상 경험의 예술적 표현과 특정 유형의 언어를 보았다. 그들은 정신이상자의 예술과 정상인의 예술이 이어지지 못할 정도의 간극을 갖는 것은 아니라고 믿었고 정신이상자의 작품을 통해 일반인의 창작 과정을 밝혀낼 수 있기를 바랐다.

이러한 견해의 주요 대변인은 마르셀 레자라는 이름의 예술평론가였다. 맥그리거에 따르면 레자는 꿈과 예술의 심리학에 관심이 있는 의사 뫼니에의 필명이었다. 레자/뫼니에는 자신의 책 『광기 속의 예술』(L'Art chez les fous)에서 정신이상자의 예술 패턴을 분석하면서 "그들의 작품에서는 특정 수의 정형화된 형식이 관찰되는데, 이것이 정신이상자의 다양한 일탈에 핵심적 역할로 작용한다"라고 결론지었다.[78] 그는 롬브로소처럼 정신이상자가 덜 복잡하고 열등한 형태의 예술 표현을 나타내며, 따라서 미술사의 초기 단계를 반영한다고 믿었다. 그러나 롬브로소는 이를 완전히 부정적인 특성, 즉 "격세

---

77 John M. MacGregor, *The Discovery of the Art of the Insane*, Princeton: Princeton Univ. Press, 1989, ch. II; 바제노프("Bagenoff"로 번역된)는 그가 마리의 학생이었다는 (잘못된) 논평과 함께 다음에 언급되어 있다. *Ibid.*, n. 29, p. 342.

78 *Ibid.*, p. 178.

유전" 혹은 퇴폐의 징조로 보았다. 이와는 대조적으로 원시예술을 선호하는 레자는 정신이상자의 작품을 선사 시대와 아시아 및 아프리카 어족의 그림, 조각 등과 연관 지어 진짜 예술의 일부로 생각했다. 맥그리거는 심미적 자질에 대한 인식, 즉 정신이상자들의 창조적인 표현력이 병보다 더 강하며 그들이 예술 작업을 통해 정신이상을 극복할 수 있다고 생각한 레자의 믿음이 정신이상자의 예술에 대한 재평가를 가능케 한 추동력이 됐다고 주장했다. 레자는 정신 질환이 예술적 능력을 파괴할 수 있다는 것을 알고 있었다. 그럼에도 불구하고 정신이상이 창작 과정으로부터 자유로워지는 경우, "고통이 지독하게 악화할 때 인간의 재능이 산산조각 나며 흐느낌과 예상치 못한 번득임이 발현되는" 경우에 특히 관심이 있었다. 그는 "이것이야말로 그러한 격렬한 표현을 가능하게 하는 작가 영혼의 결핍"이라고 결론 내렸다.[79] 레자/뫼니에는 정신이상자가 시각예술에서만큼은 병을 극복했다는 자신의 신념을 예술 장르에 형식화시켰다. 바제노프도 문학과 관련해 같은 견해를 피력했다.[80]

앞서 언급했듯이 예술과 광기를 주제로 한 바제노프의 첫 논문 「상징주의자와 데카당파」는 데카당운동을 무기력하고 독창적이지 못한 것으로 다루었다. 반대로, 두 번째 논문 「병든 작가와 병적인 문학」(Ill Writers and Pathological Literature)에서는 바제노프가 진심으

---

79 레자/뫼니에(Réja/Meunier)는 다음에서 인용되었다. *Ibid.*, p. 175.
80 바제노프의 천재 모두가 남성은 아니었다. 그는 매우 재능 있는 러시아 화가이자 20대에 요절한 작가인 마리 바사키르체프에 대해 언급했다. 다음을 참조하라. *Symvolisty*, p. 33. 뫼니에는 마리가 빌쥐프병원 책임자였을 때, 그곳에서 근무하고 있었으므로 마리를 통해 바제노프와 만났을 수도 있다. 뫼니에가 출판했던 시리즈를 구성하는 바제노프와 오시포프의 책(*La suggestion et ses limites*) 출판 역시 그와 바제노프의 접촉을 도왔다.

로 경외하는 작품의 저자이자 확증된 천재인 도스토옙스키와 모파상을 다뤘다.[81] 그는 그들의 작가로서의 능력뿐 아니라 "심리학자"로서의 자질을 소중히 여겼고 데카당파들이 했던 것보다 더 큰 존경심을 가지고 더 신중하게 그들에게 접근했다. 그는 논문(1904)의 프랑스어 번역본에서 작가들을 정신 질환자로 다룬 것에 대해 사과하기까지 했다. "모파상과 도스토옙스키의 작품과 같은 문학 유산에 우리의 임상 연구 방법을 적용한다면, 그것은 과학적 파괴 행위가 아니라 경외와 숭배에 가까운 감정의 발로이다. 우리는 그들에 대한 존경심으로 접근했으며, **시적 영감**이라는 이름으로 결합된 이 초월적인, 미증유의 지적 과정들 앞에서 멈추었다."[82] 바제노프는 이미 도스토옙스키에 관해 상투적 표현이 돼 버린 "사람들의 마음속 가장 깊은 곳을 깊숙이 파고들어 극한의 공포라는 그들의 정신이상을 분명히 이해하는" 능력이라는 표현으로 논문을 시작한다. 그 자신도 과학도였던 만큼 "과학이 사실을 축적하는 고된 작업과 정교한 분석 그리고 각 단계를 밟아 미망에서 진실에 올라서는 과정을 통해서만 도달할 수 있는 깨달음"을 도스토옙스키가 자신의 재능으로 성취하는 것을 부러워하기까지 했다고 적고 있다.[83] 심리 분야에서 정신의학에 알려지지

81 Bazhenov, *Simvolisty*; N. N. Bazhenov, "Bol'nye pisateli i patologicheskoe tvorchestvo", *Psikhiatricheskie besedy na literaturnye i obshchestvennye temy*, Moscow: Mamontov, 1903, pp. 10~40.

82 N. Bajenoff, *Gui de Maupassant et Dostoïewsky: Etude de psychopathologie comparée*, Lyon: A. Stork & Masson, 1904, p. 39.

83 Bazhenov, *Psikhiatricheskie*, p. 39. 그는 여성 고등과정의 강의에서 자주 도스토옙스키의 소설 일부분들을 분석했다. 그의 조교 가운데 하나인 세갈로프는 자신의 의학 학위논문으로 도스토옙스키의 간질에 대해 썼다. 다음을 참조하라. Timofei Segaloff, *Die Krankheit Dostojewskys: Eine ärztlich-psychologische Studie mit einem Bildnis Dostojewskys*, Munich: Ernst Reinhardt,

않았거나 최근에서야 과학의 대상이 된 질환들을 밝혀 내는 신비스러운 능력은 도스토옙스키의 선물이라 할 수 있다.[84]

바제노프는 도스토옙스키의 통찰력이 병에 대한 개인적 경험에서 비롯된다고 추정하면서 그를 에밀 졸라와 비교했다. 그는 러시아 작가 도스토옙스키는 심리학에 대해 "자연스럽고" 직관적인 반면, 프랑스인 졸라는 단순히 정신의학 참고문헌의 의학적 사례를 소설로 옮겨 놓았다고 보았다. 바제노프는 벨린스키가 도스토옙스키를 "신경과민의 재능"으로 묘사한 것을 환기했다. 그리고 "도스토옙스키가 작품에서 묘사한 정신이상 유형 외에 작가 자신의 병으로 인해 나타난 바로 그 특질들"을 찾아내는 과제에 착수했다. 모파상에 관해서도 동일하게 분석하려는 의도를 가졌으나 대조 연구를 그리 확대하지는 못했다. 바제노프는 (도스토옙스키가) 정도의 차이는 있겠지만 중요하고 심각한 성격상의 변화를 동반한 간질에 시달렸다는 것을 모두가 안다는 문장으로 서문을 시작했다.[85] 모파상은 정신병 환자에게 흔한 진행성 마비로 생을 마감한 건강염려증 환자였으며 약물중독자였다. 이 조사는 열정적인 시작에 비해 결과가 빈약했다. 바제노프가 모파상에 대해 말할 수 있는 것이라고는 아직 젊고 건강하며 이미 유명하고 부유했음에도 불구하고 절망감을 느꼈고 인생의 지루함에 깊이 싫증을 느낀 작가라는 것이 전부였다.

이 글을 쓸 당시의 바제노프는 아직 젊고 건강하며 러시아와 동

1907.

84 Bajenoff, *Maupassant et Dostoïewsky*, p. 4, 24.
85 Bazhenov, "Bol'nye pisateli", p. 25, 27.

시대인의 밝은 미래에 대한 희망이 가득했다. 후에 볼셰비키 혁명에 환멸을 느낀 그는 더는 모파상의 권태를 병적인 것으로 여기지 않았다. 이제 그는 한때 모파상의 병을 설명하기 위해 자신이 사용했던 모파상의 글들에 공감하며 이를 인용했다. 바제노프 역시 모파상처럼 혁명이 세상을 바꿀 수 없다고 믿게 되었다. 그 이유는 다음과 같다. "인간은 똑같다. 인간의 신념, 인간의 지각도 똑같다. 인간은 앞으로나 뒤로나 한 치도 움직이지 않았으며, (무엇에 의해) 옮겨지지도 않았다. 일단 한계에 도달하면 한계는 굳어 버리고 닫히며 변화 불가해 인간은 마치 서커스의 말처럼 제자리를 돌거나 밀봉된 병 안의 파리처럼 코르크 마개까지 날아오르다 스스로를 다치게 한다." 이는 "어떠한 사회 조직에서도 악은 제거될 수 없으며 인간 영혼은 그대로 유지될 것이며 비정상과 죄악은 영혼 자체에서 나온 것"이라는 도스토옙스키의 견해와 닮았다.[86]

　바제노프가 모파상에 대해 정신의학적 진단을 내렸지만 그의 의견은, 예컨대 모파상을 "뇌가 모든 것을 잘못 반영하는 병적 색정광 환자"로 결론 내린 막스 노르다우의 생각에 비하면 훨씬 더 온건했다.[87] 더욱이 바제노프는 노르다우의 극단적이고 피상적인 판단을 비

86　모파상은 다음에서 인용되었다. Bajenoff, *La révolution russe*, p. 31: "Depuis que s'agite notre courte pensée, l'homme est le même, ses sentiments, ses croyances, ses sensations sont les mêmes, il n'a point avancé, il na' point reculé, il n'a point remué (…) Car la pensée de l'homme est immobile. Les limites précises, proches, infranchissables, une fois atteintes, elle tourne comme un cheval dans un cirque, comme une mouche dans une bouteille fermée, voletant jusqu'aux parois où elle se heurte toujours". 도스토옙스키는 다음에서 인용되었다. Mathewson, *Positive Hero*, p. 352.

87　노르다우는 다음에서 인용되었다. Bazhenov, "Bol'nye pisateli", p. 36. 노르다우는 현대 미술에 대한 관대한 어조의 비평에서 도스토옙스키를 예외로 두었으며, 심지어 병적이고 부도덕

판하며 더 완성된 분석을 요구했다. 그는 도스토옙스키 소설 속에 반영된 병의 흔적을 찾아 작가의 간질을 강조했던 여타의 사람들보다 훨씬 더 신중한 방식을 취했다. 바제노프는 도스토옙스키에 대한 미하일롭스키의 "잔혹한 재능"이라는 묘사를 인용하기는 했으나 이 독특한 특징을 병적인 것으로 받아들이지 않았다. 대신에 그는 일찍이 4세기 인도의 서사시에서도 언급되는 인간의 특성인 잔혹성은 본질적으로 많은 사람의 마음을 끌어당긴다고 주장했다. 바제노프는 만약 도스토옙스키 자신이 그런 감정을 가지고 있었다면, 그가 잔혹함으로 인해 야기된 양면적 감정을 묘사하는 데 병적이거나 기괴한 것이 아니었을 뿐 아니라 독특했던 것도 아니었음을 에둘러 표현했다.

어떤 학자가 이에 대해 표명했던 바와 같이, 양면적 감정을 묘사하는 것이 "더 이상 선과 악, 쾌락과 고통을 구별할 수 없다"는 의미는 아니다.[88] 전기 작가 조셉 프랭크의 말에 따르면 도스토옙스키는 "어떤 것을 다른 무엇으로 오해할 위험성을 갖지 않았다".[89] 그러나 그의 등장인물에 내재한, 겉보기엔 불가능해 보이는 선과 악의 조합이 동시대 사람을 혼란스럽게 했다. 예를 들어, 작가는 『죄와 벌』에

한 주제를 묘사하는 데 기쁨을 느끼는 "자기중심적인" 사람들과 도덕적 작가로서의 도스토옙스키를 대비했다. 노르다우는 "우리는 전쟁의 공포를 그린 칼로의 그림들이나 수르바란의 사혈, 고름을 흘리는 성자들, 혹은 도스토옙스키의 라스콜니코프에 내재한 살인자의 장면을 보며, 순간적으로 예술가의 정서적 도덕성에 대해 의심을 품거나 하지 않는다"라고 쓰고, "이러한 감정은 아름답다"라고 덧붙였다. Max Nordau, *Degeneration*, New York: D. Appleton, 1895; 원래는 *Entartung*, 1892로 출판; 노르다우가 인용된 1993년 재판본은 다음을 참조하라. Lincoln: Univ. of Nebraska Press, 1993, p. 331.

88 알렉스 더 욘허(Alex de Jonge)는 다음에서 인용되었다. Frank, *Through the Russian Prism*, p. 183.

89 *Ibid.*, p. 183.

서 자신의 몸을 희생했던 창녀 소냐를 작가 자신의 도덕성에 관한 대변인으로 창조했다. 소설이 처음 게재된 문학 잡지의 편집자들은 충격을 받아 도스토옙스키에게 "악인과 선인을 분명하게 분리해 그 둘을 혼동하거나 오해할 가능성이 없는" 방식으로 소냐에 대한 장(章)을 다시 쓸 것을 주문했다.[90] 그러나 도스토옙스키의 동시대인과 달리 이후 세대는 "인생의 선과 악의 신비롭고 운명적인 조합"에 특히 민감했다.[91] 이에 "순수한 영혼 (…) 그리고 위대한 자기희생에 (…) 범죄라는 세균이 존재한다는 것"을 그 누구보다 잘 보여 준 도스토옙스키는 그들의 영웅이 되었다.[92] 19세기 말의 학자들은 도스토옙스키를 "미덕과 악덕의 경계를 약화"시키고 "기이한 조합체, 가령 정직한 거짓말쟁이, 음탕한 금욕주의자, 유약한 살인자, 신앙심 깊은 성상 파괴자와 같은 인물이 더는 양립 불가한 모순이 아닌 분위기"를 창출해 낸 인물로 평가했다.[93]

정신의학자를 포함한 세기말의 독자는 도스토옙스키가 발견한 예술세계에 매료되었다. 독일의 정신의학자 뫼비우스는 이를 "일상의 정신병리학"이라고 명했다. 도스토옙스키와 모파상에 관한 바제노프의 논문 출판 몇 년 후 뫼비우스는 "모든 사람은 어느 정도 병적이다"라고 선언했다. 그는 정신의학자들에게 "건강한 정신과 병적인

---

90 Dostoevsky to N. A. Lyubimov, assistant editor, 1866. 7. 8. 인용은 다음을 보라. Joseph Frank, *Dostevsky: The Miraculous Years, 1865-1871*, Princeton: Princeton Univ. Press, 1995, pp. 94~95.

91 Philip Rieff, *Freud: The Mind of the Moralist*, Garden City, N. Y.: Anchor Books, 1961, p. 50.

92 메레시콥스키는 다음에서 인용되었다. Vladimir Seduro, *Dostoevsky*, p. 45.

93 도스토옙스키의 작품 중에 「정직한 도둑」(An Honest Thief)이라는 제목의 작품이 있다. 다음을 참조하라. Rieff, *Freud*, p. 57.

정신을 가르는 만연한 낡은 기준을 버릴 것"을 요구했다. 바제노프와 뫼비우스처럼 많은 의사가 병동 정신의학에 "일상의 정신의학"이 추가되어야 한다고 믿었다.[94] 프로이트는 전통적인 정신의학에서 찌 놓은 이상과 정상의 첨예한 구분에 반대했고 퇴폐라는 치명적 진단을 비판했다.[95] 그는 "어깨를 으쓱거리며 '퇴폐, 유전적 기질, 타고난 열등!'이라는 말밖에 할 줄 모르는" 전통적 정신의학을 조롱했다. 도스토옙스키의 칭송자인 프로이트는 시간이 지나도 도스토옙스키의 작품의 질이 떨어지지 않았다는 사실에 비춰 그가 기질성뇌증후군을 앓지 않았을 수 있다고 결론 내렸다. 그는 도스토옙스키의 병과 관련해 슈테판 츠바이크에게 "간질은 심리적 구조와 분리된 뇌 질환이며 일반적으로 정신 활동의 악화와 퇴폐에 따른다"고 적어 보냈다. 그러므로 프로이트는 도스토옙스키의 병이 기질성 질환이 아닌 히스테리였다고 진단을 바꾼 것이다.[96]

도스토옙스키 병에 대한 진단이 유연해짐에 따라 그의 소설 속 인물의 병에 대한 평가도 달라졌다. 1880년대 치시는 살인자 라스콜니코프가 자가 갱생의 출발을 경험하는 『죄와 벌』의 비현실적인 결

94 P. J. Möbius, *Ausgewälte Werke*, vol. 1, *J. J. Rousseau*, Leipzig: Barth, 1909, p. xi.

95 Jan Goldstein, "Psychiatry", *Companion Encyclopaedia of the History of Medicine*, eds. W. F. Bynum and Roy Porter, 2, London: Routledge, 1993, p. 1364.

96 전통적 정신의학에 대한 프로이트의 논평은 다음을 참조하라. S. L. Gilman, "Sexology, Psychoanalysis and Degeneration: From a Theory of Race to a Race Theory", *Degeneration: The Dark Side of Progress*, eds. J. E. Chamberlin and S. L. Gilman, New Youk: Columbia Univ. Press, 1985, p. 83. 프로이트는 도스토옙스키의 마지막 소설 『카라마조프가의 형제들』이 정신분석에 매우 적합하다는 것을 깨닫고 작가의 비정상을 재분석했다. 다음을 참조하라. Joseph Frank, "Freud's Case-History of Dostoevsky", *Frank's Dostoevsky: Seeds of Revolt*, pp. 379~392; 1920년 10월 19일, 츠바이크에게 보내는 프로이트의 편지는 381쪽에 인용되어 있다.

말을 거부했다. 치시의 진단에 따르면 라스콜니코프는 회복 불가한 정신병을 유전적으로 물려받았다. 40년이 지난 뒤, 젊은 정신의학자 아메니츠키는 라스콜니코프의 병을 유전적 질환에서 더 온건한 정신 쇠약으로 대체했다. 아메니츠키는 비록 라스콜니코프가 강박관념이 있긴 했지만 그의 병은 치료될 수 있다고 믿었고, 소설의 결말이 가능하다고 생각했다. 이와 유사하게 오시포프도 대부분의 경우 도스토옙스키의 주인공들은 정신 질환자라기보다는 신경증 환자로 분류될 수 있다고 주장하며 익히 알려진 그들의 정신이상을 재고했다. 더욱이 그는 신경증 중 다수가 인물들이 겪고 있는 정신적 고뇌와 갈등의 결과로 야기되었으며 아직 완전히 진행되지 않은 배아기 상태라고 보았다.[97]

일찍이 도스토옙스키에 관한 정신의학자의 토론이란 비평가의 의견을 되풀이하는 것이었다. 20세기의 시작과 함께 비평가들은 도스토옙스키를 수용했고 이는 정신의학적 재평가를 부추겼다. 다시 한 번 정신의학자와 비평가가 서로의 말을 인용하며 상조했다. 이상주의 철학자 로스키는 "도스토옙스키의 작품이 병적"이라는 관점을 거부하면서 친구인 정신의학자 오시포프의 의견을 언급했다. 로스키는 오시포프가 "도스토옙스키의 소설 속에는 '긍정적으로 아름다운' 인물들뿐만 아니라 제정신을 가진 사람도 많이 있다"는 점을 설득력 있게 증명했다고 보았다. 도스토옙스키 주인공들의 "광기"가 인간

---

97 Chizh, *Dostoevsky*, p. 94; D. A. Amenitskii, "Psikhopatologiia Raskol'nikova, kak oderzhimogo naviazchivym sostoianiem", *Sovremennaia psikhiatriia*, no. 9, 1915, p. 388; N. E. Osipov, "*Dvoinik*: Peterburgskaia poema Dostoevskogo(Zapiski psikhiatra)", *O Dostoevskom*, ed. A. L. Bem, 1, Prague: Petropolis, 1929, pp. 39~64.

가슴속의 선과 악의 싸움으로 인한 것이라는 오시포프의 관점은 로스키로 하여금 도스토옙스키의 "고통의 설교"가 "영혼의 정화"라는 도덕적 목적을 갖는다는 것을 납득하게 했다.[98]

따라서 도스토옙스키와 모파상의 병의 영향을 조사하려 한 바제노프의 의지에도 불구하고 정신의학자로서의 견해보다 도스토옙스키와 모파상의 예술이 갖는 매력에 더 무게가 실렸다. 바제노프는 분석 과정에서 그들의 병에 관한 이야기를 더는 언급하지 않았다. 대신에 그는 "위대한 고통"이라는 표현이 갖는 의학적·정신적 의미를 완벽히 이용했다. 바제노프는 파리에 머물 당시 출판된 보귀에의 도스토옙스키에 관한 논문(「고통의 종교」)에 대해 분명히 알고 있었다. 도스토옙스키의 육체적·정신적 고통을 작가의 문학과 창조적 원천의 특징으로 고찰하는 것은 19세기 후반 비평가들에게 흔한 일이었다. 바제노프에 따르면 간질과 "고통의 종교"가 상호작용해 작가의 업적을 생산해 냈다. 도스토옙스키를 뛰어난 작가이자 심리학자로 만든 것은 "영혼의 고통과 위대한 재능의 조합"이었다.[99]

바제노프는 도스토옙스키가 전통적인 정신의학 기준을 위한 완벽한 출발점임을 입증했다. 그의 분석은 병의 결과가 그 사람의 역량에 좌우된다는 결론에 이르게 했다. 수십 년 후 토마스 만은 도스토옙스키 같은 천재는 "병에는 아픔밖에 없다"는 낡은 독트린에 대한 가장 좋은 반례라고 정리하며 다음과 같이 썼다. "무엇보다도 **누가**

98 Nikolai Lossky, *Dostoevsky i ego khristianskoe miroponimanie*, New York: Izdatel'stvo imeni Chekhova, 1953, pp. 329~330.

99 Bazhenov, "Bol'nye pisateli", p. 40.

아픈지, **누가** 미쳤는지, 누가 간질을 앓거나 무기력한지, 즉 질환이 정신적·문화적 측면을 감소시키는 보통의 바보인지, 아니면 니체나 도스토옙스키 같은 거인인지가 중요하다."[100] 천재는 "위대한 고통" 을 승화시키고 이를 장점으로 변화시키는 능력이 탁월하다는 사실이 곧이어 정신분석으로 밝혀졌고, 이런 생각은 점차 전통 정신의학을 관통했다.[101] 1920년대의 한 정신의학자는 도스토옙스키의 "질병 혹은 병적 긴장은 그 결과가 잠깐 동안의 센세이션일지라도 문제가 되지 않는다. (…) 이것이 전에 알지 못하던 완전함, 균형, 조화, 삶의 최상의 총체적 감정을 깨우쳐 준다면"이라는 신념을 표출했다.[102]

역사학자 헨리 엘렌버거는 "창작의 병"이라는 개념의 기원을 찾아 낭만주의로 거슬러 올라갔다. 그는 시인이자 철학자인 노발리스의 글을 인용했다. "질병은 그 수가 너무나 많고 누구나 그것과 싸워야 하므로 확실히 인류에 중요한 문제이다. 그럼에도 그것을 좋은 용도로 변화시키는 기술에 대한 우리의 지식은 매우 불완전하며, 질병

---

100 Thomas Mann, "Dostojewski-mit Massen"(1945), *Gesammelte Werke*, 9, Hamburg: S. Fischer, 1974, p. 666.

101 1928년 프로이트 이전에 도스토옙스키에 대해 썼던 러시아 정신분석가들은 로젠탈과 카시나-예브레이노바이다. 다음을 참조하라. Rozntal', "Stradanie i tvorchestvo Dostoevskogo (psikhoanaliticheskoe issledovanie)", *Voprosy izucheniia i vospitaniia lichnosti*, no. 1, 1919, pp. 88~107; Kashina-Evreinova, *Podpol'e geniia(seksual'nye istochniki tvorchestva Dostoevskogo)*, Petrograd: Tret'ia strazha, 1923. 러시아의 프로이트와 도스토옙스키에 대한 논쟁은 다음을 참조하라. Rice, *Dostoevsky*, esp. 210~224. 모스크바의 정신의학자 라흐틴은 "고통과 종교의 진화적 의미"는 그들이 창조했던 "완전함을 향한 무한한 가능성"에 있으며 "지상의 고통과 화해하면서 (…) 인류는 삶을 지속하고 향상시키는 데 필요한 조건을 창조한다"고 썼다. M. Iu. Lakhtin, "Stradaniia kak istochnik chelovecheskikh verovanii", *Voprosy nevrologii i psikhiatrii*, no. 2, 1913, p. 492.

102 M. P. Kutanin, "Bred i tvorchestvo", *Klinicheskii arkhiv*, no. 1, 1929, pp. 3~35.

은 아마도 우리의 사고와 활동에 가장 중요한 요소이자 자극제일 것이다." 엘렌버거가 지적한 바와 같이 19세기 실증주의의 도래와 함께, "병이란 단지 신체적 결함에 의한 장애로 의학을 통해 간단하게 배타적으로 치유된다는, 질병에 대한 유물론적 인식, 공리주의가 만연하게 되었다".[103] 퇴폐 이론을 통해 질병이란 가장 귀중한 재능을 파괴하고 인류의 창의성과 발달 잠재력을 약화시키는 절대적 악이라는 생각이 공유됐다. 엘렌버거는 창작의 병이라는 발상이 오로지 20세기 중반, 특히 독일의 의사이자 철학자 바이츠제커의 저서에서 재생되었다고 보았다. 빅토르 폰 바이츠제커는 병의 육체적 증상이 사라지면서 어떤 아이디어 혹은 철학적 인식이 뒤따르는 현상을 의미하는 로고파니아(logophania)라는 용어를 만들어 냈다. 그러나 바제노프에 대해 우리가 알고 있는 내용은 바이츠제커의 저서가 나오기 50년 전에 정신의학자와 정신요법 치료사가 "창작의 병"이라는 개념을 복원시키는 작업에 착수했다는 것을 보여 준다.[104]

---

103 H. F. Ellenberger, "The Concept of *Maladie Créatrice*"(1964), *Beyond the Unconscious: Essays of Henri F. Ellenberger in the History of Psychiatry*, ed. M. S. Micale, Princeton: Princeton Univ. Press, 1993, pp. 328~329.

104 이 주제에 대한 광범위한 문헌이 있다. 다음을 참조하라. Lionel Trilling, *The Liberal Imagination*, New York: Viking, 1945; George Pickering, *Creative Malady: Illness in the Lives and Minds of Charles Darwin, Florence Nightingale, Mary Baker Eddy, Sigmund Freud, Marcel Proust, Elisabeth Barret Browning*, New York: Oxford Univ. Press, 1974; Philip Sandblom, *Creativity and Disease: How Illness Affects Literature, Art and Music*, 2d ed., Philadelphia: G. E. Stickley, 1983. 엘렌버거 역시 질병이 니체, 프로이트와 융의 삶에서 창조적 역할을 했을 수도 있다고 언급한다. 그는 이따금 니체와 프로이트 사상 사이의 평행관계에 대해 이야기한다. Ellenberger, *The Discovery of the Unconscious: The History and Evolution of Dynamic Psychiatry*, London: Allen Lane, 1970, pp. 271~279.

스트라디바리우스 바이올린: 선구자가 된 천재

일반적으로 문학에 대한 바제노프의 연구, 특히 도스토옙스키에 관한 연구가 질병에 대한 시각을 바꾸는 결과만을 낳은 것은 아니었다. 또 다른 중요한 혁신은 문학 천재를 인류의 최상의 성취이자 궁극적 도달점으로 보는 새로운 시각이었다. 이러한 개념 자체가 새로운 것은 아니었다. 18세기 후반 천재, 특히 예술적 천재는 영웅, 성인, 만능 인간(uomo universal)과 같은 이전 시기의 이상형을 대체하면서 최상위 유형의 인간으로 간주됐다.[105] 그러나 19세기 초반 낭만주의자들은 불합리, 무의식, 직관을 강조하면서 빅토리아 시대의 엄격한 시선으로 예술적 천재를 "손상시켰다". 감성적 낭만주의 천재와 대조적으로 실증주의 시대의 완벽한 천재란 강한 의지와 도덕성을 가진 무결점의 이성적 사상가였다. 조지 모스가 "당대의 전형적인 자유주의자"라고 묘사한 노르다우는 인간 발전의 최후 지점은 천재이며 특히 "판단력과 의지 자체"인 천재라고 믿었다.[106] 노르다우는 진정한 천재는 극히 드물며 이미 죽은 사람 가운데에만 있음을 깨달았다. 반면 동시대의 작가, 화가 그리고 예술가는 모두 퇴폐로 간주했다.[107]

---

105 허버트 디크만(Herbert Dieckmann)은 다음에서 언급되었다. Penelope Murray, "Introduction", *Genius: The History of an Idea*, ed. Penelope Murray, New York: Basil Blackwell, 1989, p. 2.

106 Chicago: L. Schick, 1886, p. 175에서 번역된 Max Nordau, "The Psychophysiology of Genius and Talent", *Paradoxes*. 조지 모스는 19세기 자유주의를 질서와 의지, 합리성을 관통하는 전진에 관한 것으로 정의한다. 다음의 모스의 논문과 독일어 재판본을 번역한 노르다우의 『퇴폐』 서문을 참조하라. Mosse, "Max Nordau and His Degeneration"; Max Nordau, *Degeneration*, Lincoln: Univ. of Nebraska Press, 1993, p. xviii.

107 Nordau, *Entartung*. 버나드 쇼는 노르다우가 퇴폐라는 주제에 아주 완전히 빠져 그 결과 자

"진정한 천재"의 수가 극소수라면, 천재는 도달하기 어려운 이상, 규정적인 개념만이 된다. 여러 면에서 노르다우의 스승이었던 롬브로소는 개별직인 진짜 천재와 "질환으로 인해 천재의 모든 외형적 특징을 가졌으나 천재의 실체는 없는" 미친 대중을 대조했다. 이 미친 대중은 "반미치광이"(mattoides)이며 "천재 광인, 정상인과 정신 이상자로 부를 수 있는" 사람들 사이에서 한자리를 차지한다.[108] 이성적인 천재와 비교했을 때, 예술적 천재는 진화 과정에서 역류, "격세유전식 역행"을 보였다. 예술적 천재는 가장 높은 발달 단계인 이성적 천재와 퇴폐하는 유형의 중간 어딘가에 자리하고 있다. 매그낭은 이런 경계 지점에 있는 어중간한 유형들에 "퇴폐 그 이상"이라는 용어를 붙였다. 헨리 해브록 엘리스는 "천재와 백치를 가르는 간극을 잇기"를 바라면서 "지적 독창성이 한 분야로 엄격히 제한된" 분야에서의 천재를 "백치 석학, 훌륭한 계산꾼, 괴짜, 한 가지 일에만 열중하는 사람들"과 나란히 두었다.[109]

이러한 구분을 만든 정신의학자들은 우월한 인간 유형과 열등한 인간 유형이 생물학적으로 다를 것이라고 예상했다. 노르다우는 천재가 이후 전(全) 인류의 전형이 될 것으로 예정된 새로 발생하거나 변화한 특별한 종류의 "뇌 조직"과 기관으로 인해 그 외의 인류와 구

신, 롬브로소, 크라프트-에빙, 모즐리 박사, 괴테, 셰익스피어와 베토벤을 제외하고, 가장 고결한 천재에게서 가장 저급한 죄수에게서만큼이나 명백히 이에 대한 징후를 찾고 있다고 빈정대듯이 썼다. G. B. Shaw, *The Sanity of Art: An Exposure of the Current Nonsense about Artists Being Degenerate*, London: Constable, 1911, p. 89.

108 Lombroso, *Man of Genius*, p. 209, 240.

109 Valentin Magnan and P.-M. Legrain, *Les Dégénérés(état mental et syndrôme épisodiques)*, Paris: Rueff, 1895; Henry Havelock Ellis, *The Criminal*, 3d ed., London: Walter Scott, 1901, p. 160.

별된다는 의견을 제시했다. 그는 생물학적으로 우월한 천재와 평균적인 인간 유형의 관계는 전문가의 피아노 연주와 자동 기계가 재생한 음악의 관계와 같다고 보았다. "일반인의 뇌 구조는 자동 전축 기계와 같다. 그것은 구성된 곡 외에는 다른 어느 곡도 재생하지 못한다. (…) 이와는 반대로, 특별한 사람의 뇌 구조는 음악의 대가와 같다. 그들은 그 누구도 이전에 들어 보지 못한 것을 연주할 수 있다." "고유의 특별한 발달 때문이 아니라 그들 뇌 구조에서 자동적으로 더 큰 힘의 작용으로 인해 평균적 인류와 구별되는" 예술적 혹은 감성적 천재들을 "진짜" 이성적 천재들과 비교하면 전자는 정신적으로 그리고 생리학적으로 열등하다.[110]

노르다우의 연구는 여러 나라의 언어로 널리 번역됐음에도 불구하고 러시아에서는 자주 비판적으로 읽혔다. 천재란 진행성의 생물학적 변화가 쌓인 결과라는 가설을 담은 그의 책은 1908년까지 러시아에서 출판되지 못했다.[111] 그러나 노르다우의 생각이 소문으로 퍼져서 19세기에 "그가 진화를 통해 어떤 종류의 인간을 생산해 내기를 원하는지" 누구나 알고 있었다.[112] 흥미롭게도 도스토옙스키 역시 새로운 인간은 정신적으로 강할 뿐만 아니라 동시대인과 신체적으

---

110 Nordau, "Psychophysiology of Genius", p. 134, 198.

111 Max Nordau, *Psikhofiziologiia geniia i talanta*, St. Petersburg: Vestnik znanii, 1908. 이 책은 1886년에 영어로, 1896년에는 프랑스어로 각각 다음과 같이 출판되었다. Nordau, "Psychophsiology of Genius"; Max Nordau, *Paradoxes psychologiques*, Paris: Félix Alcan, 1896.

112 체스터턴은 니체가 심지어 자신이 최소한 "어떤 종류의 인간을 창조해 내는 진보를 원하는지조차" 알지 못한다는 이유로 이 독일 철학자를 "매우 소심한 사상가"라고 불렀다. 체스터턴의 인용은 다음을 보라. Patrick Bridgwater, *Nietzsche in Anglosaxony: A Study of Nietzsche's Impact on English and American Literature*, Leicester, U. K.: Leicester Univ. Press, 1972, p. 19.

로 다를 것이라는 견해를 밝힌 바 있다. 그러나 도스토옙스키에게 이 것은 그가 『악령』에서 키릴로프의 말을 빌려 표현했던 일종의 실증 주의적 이단이었다. 조셉 프랭크는 키릴로프와 화자 사이의 가장 흥미로운 대화에 집중했다. "키릴로프는 역사가 '고릴라의 시대에서 신의 소멸 그리고 신의 소멸로부터 ('고릴라 시대로?' 화자 조셉 프랭크가 비꼬며 끼어든다) (…) 물리적으로 지구와 인간이 변화에 이를 때까지, 두 부분으로 나뉘게 될 것이라고 지적한다. 인간은 신이 될 것이고 육체적으로 변화할 것이다.'"[113]

바제노프 역시 1899년에 천재는 완벽한 미래 인간의 표본이라는 견해를 내놓았다. 바제노프는 이성과 의지의 표준인 노르다우의 천재와는 대비되는 예술적 천재로 눈을 돌렸다. 그가 생각하는 천재의 모습은 도스토옙스키의 등장인물들처럼 "틀리기 쉬운 것, 오류, 실패" 등 불완전성을 허용했다. 그는 몇몇 예술가가 "조화롭지" 못하고 혼란한 파괴의 덩어리로 보일지 모르지만, 그들은 실제 "위대한 건축가가 웅대한 건물의 건축을 위해 모아 놓은 자재들"이라고 주장했다.[114] 노르다우가 이성적 천재에 대해 "정밀한 기계"에 비유하는 견해를 내놓은 데 반해, 바제노프는 이를 위해 예술적 천재는 아름답고 만들기 힘들지만 파괴하기 쉬운 스트라디바리우스 바이올린을 닮았다는 예술적 은유를 사용했다. 스트라디바리우스가 만든 바이올린은 쉽게 망가지지만 완벽하다. 마찬가지로 예술적 천재가 신경 장애에 민감하고 취약하다고 퇴폐로 치부할 수 없다. 바제노프는 매그

113 Frank, *Dostoevsky: Miraculous Years*, p. 481.
114 Bazhenov, *Simvolisty*, p. 33.

낭의 고차원 퇴폐라는 용어에 모순이 있음을 발견했다. 즉 "더 고차 원적인" 사람을 단순히 일반 용어로 설명할 수 없기 때문이다. 대신 에 그는 미래의 완벽한 유형으로 발전하는 과정상의 "불완전한 선구 자"를 논할 수 있다고 생각했다. 그는 도스토옙스키, 모파상과 관련 해 "우리는 천재에 대한 정신역학 연구에서 정신의학 용어를 사용할 때 선결 문제 요구(Petitio Principii)의 오류라는 논리적 오류를 범하 게 된다. 따라서 결과적으로 질병, 이전 세대로의 회귀, 퇴폐 등의 개 념이 곧바로 뒤따르게 된다. (…) 우리가 생물학적 사실의 어떤 범주 에 관한 것뿐만 아니라 인간 심리에 대한 것도 수용한다면 왜 '격세 유전'보다는 '후천설'을, '퇴폐'보다는 '진보'를 말해서는 안 되는 것 일까?"[115]

한편으로 도스토옙스키와 모파상의 병은 사실로 확인되었지만, 다른 한편으로 이 작가들이 천재라는 것 역시 입증되었다. 정신의학 자들은 대중적 견해는 물론이고 직접적인 미학적 측면에서 명백한 작품의 우수성으로 인해 이들을 정신이상자의 경우에서처럼 단순히 퇴폐한 사람으로 취급할 수 없었다. 고차원 퇴폐라는 더 완화된 용어 조차도 점차 사라졌다. 정신의학자들은 정신의학적 기준뿐만 아니라 미학적 기준에 따라 19세기 말 이미 사라져 가던 퇴폐 이론에 종지부

---

115 Bajenoff, *Maupassant et Dostoïewsky*, p. 36: "Quand, en étudiant le psychomécanisme du génie, on emploie la terminologie psychiatrique on commet la faute logique de la *petitio principii*; on implique tout de suite l'idée de maladie, de réversion ancestrale, de dégénérescence (…) Si nous acceptons pour la psychologie de l'homme aussi bien que pour n'importe quelle catégorie de faits biologiques la suprématie de la loi d'évolution progressive, pourquoi ne parlerions-nous pas plutôt de 'progénérescence' que de 'dégénérescence' et d'apostérisme' plutôt que d'atavisme?"

를 찍었다. 그들은 세기말의 새로운 감각에 더 적합한 신개념과 실천의 길을 열었다.

3

톨스토이와
러시아 정신요법의 시작

조용한 병실에 있는 낙천적 기질의 환자. 이 환자는 독일 정신의학 용어로 Weltverbesserungswahn, 조증(躁症)에 걸렸다.* 그는 말로 타인의 삶을 바꿀 수 있다고 믿는 정신착란을 겪고 있다.

일반 증상: 현실에서 느끼는 불만족, 자신 외 모두를 향한 비난, 상대방에 집중하지 못하고 떠들어 대는 짜증스러운 수다. 잦은 감정 기복, 가령 분노와 흥분 상태에서 부자연스럽게 슬픈 감수성에 빠지는 것 등.

특이 증상: 부적절하고 불필요한 일을 함. 신발 정리와 수선, 제초작업 등.

치료법: 환자의 말에 대한 완전한 무관심, 환자의 과도한 에너지를 소진시킬 만한 일거리.

— 야스나야 폴랴나 환자 기록,
사례 기록 1번(레프 니콜라예비치)**

- [옮긴이] 환자가 심하게 흔들거나 미친 듯이 주위가 산만한 상태로, 한 문장 혹은 하나의 생각을 완전히 끝을 맺어 표현하지 못하는 정신 질환. 러시아어본에서는 독일어 용어에 대해 "세상을 바로잡겠다는 광적 욕구"라는 풀이를 달았다.
- ** "야스나야 폴랴나 환자 기록"은 톨스토이 본인이 작성한 것으로 보인다. 다음을 참조하라. S. N. Tolstoy, *Ocherki bylogo*, 3d ed., Tula: Priokskoe knizhnoe izdatel'stvo, 1965, p. 175.

레프 니콜라예비치 톨스토이의 건전한 정신과 육체적 강건함은 그의 전기와 회고록에서 거의 상징이 되다시피 했다. 영향력 있는 평론 『톨스토이와 도스토옙스키』의 저자 메레시콥스키는 이 글에서 톨스토이의 "건강함"과 도스토옙스키의 "병약함"을 정신적 양극으로 대비시켰다. 츠바이크 역시 톨스토이를 육체적·정신적 힘의 화신으로 보았다.[1] 그럼에도 불구하고 톨스토이의 거친 성격은 과연 그의 정신이 온전한지에 대한 의문을 품게 했다. 톨스토이의 문학과 철학, 일상의 기준은 상식을 넘어섰고, 기존의 문법에 맞지 않았다. 이 문제는 톨스토이가 돌연 순수문학 집필을 중단하고 시사평론 및 철학 연구를 시작한 때인 1870년대 후반에 특히 쟁점이 됐다. 그는 여러 반대자의 분노를 불러일으켰다. 정부는 톨스토이를 혁명가로 지목했

---

1 D. S. Merezhkovskii, *L. Tolstoy i Dostoevsky*, 3d ed., St. Petersburg: M. V. Pirozhkov, 1902~1903; Stefan Zweig, *Drei Dichter ihres Lebens: Casanova, Stendhal, Tolstoi*, Leipzig: Insel-verlag, 1928.

다. 교회는 톨스토이가 제 생각을 투사해 제멋대로인 기독교 신앙을 설파했다는 이유로 그를 파문했다. 반면, 급진파는 톨스토이가 정권에 분명하게 저항하지 않았다는 이유로 비판했으며, 문학계는 그가 설교하기를 좋아해 문학을 버렸다고 비난했다. 정신의학자들은 고골의 경우에서처럼, 비평가들의 견해를 따라 톨스토이의 "이상"에 대해 의학적 진단을 내렸다. 그러나 정신의학자들의 견해는 고골의 경우에서처럼 갈렸다. 일부는 톨스토이를 신경증 환자로 본 데 반해, 다른 일부는 톨스토이가 최상의 건강 상태를 지닌 천재라고 주장했다.

톨스토이는 말과 행동 모두에서 담대했다. 비평가들이 톨스토이를 정신이상자라고 공표했을 때, 그는 역으로 온 세상이 "미쳤다"라고 주장했다. 톨스토이의 사회에 대한 비판과 긍정적 가르침은 그에 반대하는 사람들의 말보다 동시대인에게 더 강력하게 다가갔으며, 정신과 의사를 포함한 의사들 역시 톨스토이의 철학과 문학의 영향에서 벗어날 수 없었다. 그들 역시 자신들의 삶의 방식을 톨스토이의 가르침에 따라 개선하고자 했다. 심지어 일부는 자신들의 진단과 치료 과정에서의 염세주의가 보호 관리 치료법과 상충할 때는 물론이고, 정신요법과 정신분석 도입을 옹호할 때조차도 톨스토이의 인생철학을 이용했다. 기타 지역에서와 마찬가지로 러시아 사회에서도 발전된 정신요법을 기대할 수 있는 사회적 공간은 사설 "신경 클리닉"과 "신경 요양소"뿐이었는데, 19세기 말 이러한 기관의 수가 급증했다. 신경 클리닉 및 요양원의 상업적 목적에도 불구하고, 일부 의학자들은 톨스토이의 소신을 좇아 이러한 곳을 단순, 근면하고 정신적인 공동체적 삶을 실천하는 곳이라 여겼다. 정신의학자들은 톨스토이의 수많은 추종자와 함께 톨스토이에게 찬사의 글을 바치는데,

글에서 톨스토이가 "위대한 심리학자"로 심리적 갈등과 해당 치료법에 관한 묘사의 달인이라고 칭송했다. 톨스토이가 문학, 철학 등의 저술에서 설파한 "영혼의 정화"는 신세대 정신요법 의학자들의 신조가 됐다. 우리는 러시아 정신요법과 정신분석의 선구자 오시포프의 생애를 통해 1930년대까지의 톨스토이의 영향을 추적해 볼 수 있다. 1930년대는 많은 정신의학자가 오시포프처럼 조국을 떠나 타향살이를 하며 일을 하던 시대였다.

톨스토이의 신경증

1897년 롬브로소는 의사 회의를 위해 모스크바에 도착한 후 톨스토이에게 야스나야 폴랴나에서 만나 달라고 청했다. 그러나 모스크바 당국은 요주의 작가와의 만남을 달가워하지 않았던 것이 분명했다. 이에 롬브로소가 톨스토이를 만나지 못하게 하라는 임무를 부여받은 한 장군이 롬브로소를 설득하기 위해 대화에 나섰다. 롬브로소가 장군의 모든 설득에 반박하자, 장군은 마지막으로 "톨스토이의 머리가 정상이 아니라는 것을 알지 않소?"라고 물었다. 그러자 롬브로소는 즉시 상황을 자신에게 유리하게 역전시켰다. 그는 "바로 그것이 제가 그를 만나고 싶은 이유입니다. 제가 정신과 의사니까요"라고 답했다고 한다.[2]

---

2 P. I. Biriukov, *Biografiia L'va Nikolaevicha Tolstogo*, 3, Moscow: Gosizdat, 1922, p. 296.

톨스토이가 소설뿐 아니라 철학 및 정치평론을 쓰자 정부의 공식적 태도는 악화됐다. 이후의 작품은 검열을 받았고 출판이 금지됐다. 톨스토이 선집의 13권에 실릴 예정이었던 『크로이체르 소나타』의 출판은 1891년 검열로 중단됐다. 신성종무원의 종무원장은 차르[알렉산드르 3세]에게 다음과 같이 편지를 썼다.

톨스토이는 자신의 실성한 망상에 몰입해 불행하게도 수천 명의 순진한 사람들을 유혹해 광기로 몰아넣고 있습니다. (⋯) 톨스토이를 믿는 정신이상자는, 꼭 톨스토이처럼 억제할 수 없는 선동가적 생각에 사로잡혀 있으며, 그의 가르침을 행동으로 옮겨 소작농들에게 영감을 주고 싶어 합니다. (⋯) 가장 눈에 띄는 예로 하리코프 구역에 정착한 킬코프 공작이 농장에 거주하며 자신의 토지 전부를 소작농들에게 분배한 일을 들 수 있습니다. 또한 톨스토이는 사회주의적 바탕 위에 교회와 결혼을 부정하는 톨스토이식 성서를 설파하고 있습니다. 최근 들어 급격히 늘어난 정신적 불안이 신앙 및 교회, 정부, 사회에 대한 기괴하고 사악한 사상을 퍼뜨릴 우려가 있다는 사실을 숨길 수 없습니다. 이 부정적 사상은 교회뿐만 아니라 국가에도 맞지 않습니다. 마치 정신이상이라는 유행이 사람들의 정신을 사로잡고 있는 것 같습니다.[3]

3 알렉산드르 3세에게 보내는 포베도노스트세프의 편지(1891. 11. 1)는 다음에서 인용되었다. N. N. Apostolov, *Zhivoi Tolstoy: Zhizn' L'va Nikolaevicha Tolstogo v vospominaniiakh i perepiske*, St. Petersburg: Lenizdat, 1995, pp. 375~376. 신성 종무원은 러시아 정교회의 최고위 기관으로 조직의 최고 책임자인 종무원장은 차르가 임명했다.

톨스토이의 정치관을 얘기할 때 정부 당국만 "광기"라는 단어를 사용한 것은 아니었다. 톨스토이의 첫 작품이 실린 문학 잡지 『동시대인』(The Contemporary)의 편집장이자 시인인 자유주의자 네크라소프는 톨스토이에 대해 "머릿속에 무슨 생각이 있는지 모르겠다"고 말했다. 체르니솁스키도 톨스토이가 "정신적 껍데기"로부터 자기 자신을 해방해야 한다는 네크라소프의 견해에 동의했으며, 이반 투르게네프는 모든 것을 철학적으로 해석하려는 톨스토이의 성향을 "유감스럽게" 생각했다.[4] 톨스토이의 동시대인은 50대에 접어든 이 부유한 귀족, 세계적으로 저명한 작가, 대가족의 행복한 가장이 인생에서의 상실감으로 자살을 시도했으며, 결국 종교에서 그 해답을 찾았다는 사실에 의구심을 가졌다. 톨스토이의 옛 독자 상당수는 당시의 정치 투쟁과 거리를 둔 종교 교리서와 다를 바 없는, 가령 "너 자신을 속이지 말라. 진실을 두려워 말라. 너 자신이 옳거나 특별하다고 생각지 말라. 타인 앞에서 네 죄를 인정하라. 인류의 영원한 과제를 수행하라. 자신과 다른 사람의 삶을 유지하기 위해 서로 협력하라"는 식의 그의 도덕강령에 저항했다.[5]

예를 들어 소작농의 밭을 갈거나 구두를 수선하는 일 같은 그의 변화된 삶의 방식은 그의 지인들에게조차 낯설어 보였다. 톨스토이의 아내는 자신의 여동생에게 다음과 같이 편지를 썼다. "료보치카[6]

4　투르게네프는 다음에서 인용되었다. S. Rozanova, "Introduction", *Perepiska Tolstogo s russkimi pisateliami*, ed. S. Rozanova, Moscow: Khudozhestvennaia literatura, 1962, p. vii.

5　L. N. Tolstoy, "What Then Must We Do?"(1885), *Tolstoi Centenary Edition*, trans. Aylmer Maude, London: Humphrey Milford, 1934, p. 277.

6　[옮긴이] 러시아에서는 가족, 지인 등 가까운 사람들이 서로 이름 대신 다양한 애칭으로 부르는 것이 일반적인데, 료보치카는 톨스토이의 이름 레프에 대한 여러 애칭 중 하나이다.

는 줄곧 일만 해. 하지만 맙소사! 그 일이라는 게 종교적 감상을 쓰고, 머리가 아플 때까지 읽고 생각하는 건데, 이 모든 게 교회가 성서를 가르치는 일에 얼마나 비합리적인지를 증명하기 위해서라는 거야. 러시아에서 그런 일에 관심이 있는 사람은 단 몇십 명도 안될 거야. 그런데도 할 수 있는 일이 아무것도 없어. 다만, 이 일이 병처럼 곧 지나가길 바랄 뿐이야." 톨스토이의 아들은 이후 그들이 살고 있던 주(州) 중심부에 위치한 마을 툴라에 아버지가 실성했다는 소문이 돌았다고 회상했다.[7] 1890년, 러시아 남부 신문은 「레프 톨스토이 백작의 새 신앙의 정신병리적 증상」이라는 제목의 기사를 냈다.[8]

차르 정권은 톨스토이를 정권의 반대자로 여겼고, 이에 급진파는 톨스토이를 우군으로 환대했다. 그러나 그들은, 톨스토이가 무정부주의 신념을 굳힌 후 급진파가 오랫동안 염원한 혁명에 반대했기 때문에 톨스토이와 동맹을 맺기가 어렵다고 느꼈다. 이에 그들은 벌린의 문구 "삶을 다시는 복구할 수 없는 늪으로 여기는 '귀족적' 냉소"라는 표현을 빌려 톨스토이의 "사회적 무관심"을 적극적으로 공격했다. 인민주의자 지도자 미하일롭스키도 톨스토이에게 강력한 비판을 가했다. 인민주의자들은 소작농 유토피아와 일종의 무정부주의적 기독교에 대한 톨스토이의 신념을 공유했음에도 불구하고(미하일롭스키는 톨스토이의 말 중에서 "귀족, 은행가, 교수 그리고 지주 계급보다 노동자 계급이 더 힘이 있으며 선과 미에 대해 더 잘 안다"를 공감해서 인

---

7 톨스타야(S. A. Tolstaia)는 다음에서 인용되었다. S. N. Tolstoy, *Ocherki bylogo*, p. 72. 톨스토이의 언급은 다음을 참조하라. *Ibid.*, p. 80.
8 N. Ch., "Psikhopatologicheskie proiavleniia novoi very grafa L'va Tolstogo", *Iuzhnyi krai*, no. 3378, 3381, 3383, 1890.

용한 바 있다), 톨스토이의 무저항주의는 비난했다. 한번은 미하일롭스키가 톨스토이에게 정당한 무력, 가령 거리에서 아이를 때리는 남자를 가격하는 것을 수용할 수 있는지 물어보았으나 톨스토이는 요지부동이었다. 미하일롭스키는 무저항주의는 대(對)정부 투쟁과 양립할 수 없다고 믿었으며, 자신이 보기에 모순인 것은 톨스토이에게도 모순일 수밖에 없다는 결론을 내렸다. 따라서 그는 톨스토이가 마치 왼손이 하는 일을 오른손이 모르는 것과 같은 매우 분열된 상태에 처한 것이 틀림없다고 주장했다. 그는 톨스토이가 어떤 때는 적극적이고 이성적이지만, 또 어떤 때는 소극적이고 숙명론적이라고 주장했다. 미하일롭스키는 톨스토이 내면의 모순이 그의 심리적 갈등의 원인이 된다고 추정했다. 그는 "톨스토이가 자살을 생각하도록 만든 우울한 분위기에 따른, 아마도 끔찍한 드라마를 겪었을 것이다"라고 결론 내렸다.[9]

러시아 지식인의 관점에서 심각한 실패란 분열로 인해 자신의 세계와 사회적 임무를 통합하지 못하는 것을 의미했다. 벌린은 이러한 인식에 대해 1830년대 상황으로 거슬러 올라가 살펴보았다. 이 시기는 인텔리겐치아가 소규모 문인(littérateurs) 모임으로 통합됐을 때이다. 이 모임엔 전문가와 아마추어 문인 모두가 참여했으며 문인들은 스스로를 "황폐한 세상에 홀로 존재한다는 사실을 자각하고 한쪽에는 적대적이고 제멋대로인 정부, 다른 한쪽에는 상황을 완전히 이

9 Isaiah Berlin, *Russian Thinkers*, eds. Henry Hardy and Aileen Kelly, London: Penguin Books, 1994, p. 45; N. K. Mikhailovsky, *Literaturnye vospominaniia i sovremennaia smuta*, 1, St. Petersburg: Vol'f, 1900, p. 201, 221, 253.

해하지 못하는 핍박받고 순박한 소작농 집단과 공존하며 모두가 자기 자신을 볼 수 있도록 이성, 과학, 자유의, 더 나은 삶의 깃발을 들고 다니는 일종의 자의식 강한 군대"로 인식했다.[10] 이러한 교육받은 러시아 지식인은 시민이자 작가로서 그들 고유의 강력한 사명과 사상을 지니고 있었다. 톨스토이 역시 사람은 단일체이며 분열될 수 없다는 이상을 지지했다. 1870년대 후반, 문학이 노동자에게 아무런 쓸모가 없다는 결론에 이른 톨스토이는 소설 집필을 중단하고 "예술을 위한 예술"을 비판했다.

벌린이 지적한 바와 같이, 톨스토이는 그 어떤 위대한 작가보다 도덕적 신념을 위해 자신의 문학적 재능을 희생시킨 작가였다. 그런데도 앞으로 더욱더 나아가지 않는다는 이유로 비판을 받았다. 톨스토이가 사명을 다하는 데 끈기가 부족하다며 그를 비판하던 사람들은, 그러나 이 작가의 진정한 사명이 무엇인지에 대해서는 의견을 달리했다. "심미적" 자유주의자 투르게네프는 이 사명을 문학에서 찾았다. 그런 까닭에 그는 톨스토이가 소설 집필을 그만둔 것에 대해 공개적으로 유감을 표했고, 사랑에 대한 톨스토이의 철학을 "히스테리적"이라고 불렀다. 이와 대조적으로 급진파는 그의 사명이란 현정권의 죄악을 폭로하는 것이라고 믿었다. 따라서 그들은 톨스토이의 "소극성" 혹은 "반계몽주의"를 비판했으나, 한 가지 점만큼은 투르게네프에게 동의했다. 그들은 톨스토이의 새로운 교의인 "그리스도 없는 기독교"가 기괴하고 비현실적이라고 생각했으며, 톨스토이의 생

---

10 Berlin, *Russian Thinkers*, p. 126.

각을 정치적 싸움으로부터 환상의 세계로의 탈출로 해석했다. 그들 역시 투르게네프가 그랬던 것처럼 톨스토이의 상태를 "히스테리"로 느꼈다. 1908년에 레닌은 톨스토이가 "분열됐다"는 인민주의자들의 생각을 분명하게 인용하며 다음과 같이 썼다. "톨스토이의 작품, 견해, 이론 그리고 학풍에 내재한 모순이 실로 소용돌이친다. (…) 한편으로 사회의 거짓과 그릇된 믿음을 향해 놀랄 만큼 강력하고 직설적이며 진실한 저항을 (그는 표현한다) ── 다른 한편으로, (그는) '톨스토베츠'(Tolstovets), 즉 지쳐 보이고 쓸모없고 히스테리컬한 '러시아 지식인'이라 불리는 겁쟁이로서 공공연히 자신의 가슴을 치면서 다음과 같이 울부짖는다. '나는 끔찍하고 혐오스럽지만, 나 자신을 도덕적으로 개선하려고 노력한다. 나는 고기를 먹지 않고, 쌀 커틀릿만 먹는다.'"[11] **"히스테리컬"**이라는 말은 롬브로소와 기타 정신의학자들이 정신의학 분야에서 자신들이 이룬 특별한 기여라고 본 해석적 맥락을 가리킨다.

롬브로소는 1897년 야스나야 폴랴나 방문 전 다음과 같은 기대를 품었다. "나는 수년 동안 천재에 관한 병리적 분석의 토대를 연구하던 중에 톨스토이의 글에서 상당 부분이 나의 이론(예컨대, 유전 질환, 청년기의 변덕과 엉뚱함, 환각과 같은 간질 발작, 정신적 흥분 등)과 중첩된다는 것을 발견했다. 그래서 나는 이 유명한 예술가의 삶 속에서

---

11 레닌("Lev Tolstoy kak zerkalo russkoi revoliutsii", 1908)은 다음에서 인용되었다. *Lenin i Tolstoy*, ed. S. M. Breitburg, Moscow: Izdatel'stvo Kommunisticheskoi Akademii, 1928, p. 50. 톨스토베츠는 실제로 톨스토이의 가르침을 수행하며 농부의 삶을 살고자 노력한 반전론자이자 채식주의자인, 톨스토이 추종자의 이름이었다. 레닌은 톨스토이의 모순을 1860년대 개혁 이후 농노제에서 해방됐으나 개인 소유의 땅을 획득하지 못한 농부들의 모순적 현실이 반영된 것으로 보았다.

도 그러한 증거를 찾기를 바란다." 반면 톨스토이 집에서의 경험은 그의 기대와는 다른 것이었다. 69세의 작가는 이 이탈리아인 방문자를 수영장으로 초대했고 15분 후 이 방문자가 물속에서 자신을 따라잡지 못하자 매우 기뻐했다. 더욱이 롬브로소가 톨스토이의 건강함에 놀라자 "팔을 뻗어 (롬브로소를) 마치 강아지를 다루듯 땅에서 높이 들어올렸다".[12] 그들의 대화는 제대로 진행되지 못했다. 롬브로소는 처벌은 무엇이든 범죄라는 주장을 하며 롬브로소의 이론뿐만 아니라 다른 범죄 이론 모두를 거부하는 톨스토이의 고집스러움에 당황했다. 한편, 톨스토이는 자신을 찾아온 이탈리아인 방문자가 도량이 좁다고 생각했으며, 이 방문자의 이론에 흥미를 느끼지 못했다. 게다가 그에게는 이미 선천적 범죄 성향에 관한 확고한 견해가 있었다. 이후, 톨스토이는 한 의사와의 대화에서 롬브로소의 "이론은 (…) 만약 진지한 비평가들이 그 이론을 검증한다면 이내 무너질 것"이라고 평가했다.[13] 실제로 톨스토이의 소설 『부활』의 인물들은 롬브로소 이론이 현실과 괴리돼 있다는 것을 보여 주었다.[14]

결과적으로 롬브로소는 톨스토이의 병에 대한 자신의 예견이 틀렸다는 것을 인정했다. 이와는 달리 롬브로소의 독일인 제자 노르다

---

12 신문(*Peterburgskaia gazeta* 236, 1908)에 실린 체사레 롬브로소의 글은 다음에서 인용되었다. Apostolov, *Zhivoi Tolstoy*, p. 429, 431. 롬브로소는 다음에서 톨스토이를 "퇴폐와 천재"(Degeneration and Genius)가 아닌 "천재의 노이로제와 정신이상"(Neurosis and Insanity in Genius)이라는 제목의 장에서 다루고 있다. *Man of Genius*, London: Walter Scott, 1891. 같은 장 50쪽의 "의심의 광기"(folie du doute)라는 절에서는 다음과 같이 적고 있다. "철학적 회의론은 그를 광기와 유사한 상태로 이끌었다."

13 Apostolov, *Zhivoi Tolstoy*, pp. 414~415.

14 Daniel Pick, "Lombroso and the Politics of Criminal Science in Post-Unification Italy", *History Workshop Journal*, no. 21, 1986년 봄, p. 61.

우는 톨스토이가 회복 불가능한 병을 앓았다고 보았다. 노르다우는 자신의 유명한 저서 『퇴폐』에서 톨스토이를 퇴폐한 사람 중 "현실에 대한 혼란스러운 시상"을 가진 부류로 묘사했다.[15] 그는 톨스토이가 진보를 거부하고 도덕적·종교적 가치를 요구하자, 톨스토이가 희망에 찬 이상주의에 갇혀 있었다고 주장했다. 노르다우는 톨스토이 같은 "몽상가"를 "극단적 자기중심주의자" 혹은 "이기주의자"라고 칭했다. 또한 가혹한 현실로부터 도피해 희망적 공상을 하는 "현상"에 대해 **톨스토이즘**이라는 용어를 붙였다. 문학과 예술을 의학적 관점에서 다루려는 노르다우의 시도는 그 당시에는 스캔들이었지만 19세기 중반부터 프랑스와 독일에서 일반화됐다. 노르다우는 많은 19세기 자유주의자들과 비목적론적 사고에 관한 긍정적 신념을 공유했다. 이러한 관점에서 사랑에 대한 톨스토이의 신념은 "비현실적이고 기괴"했으며, "나는 무엇 때문에 살아 있는가?"라는 물음은 무의미했다. "억압받는 사람을 향한 뜨거운" 톨스토이의 사랑을 "히스테리"라고 묘사한 투르게네프의 말을 노르다우가 인용한 것은 우연이 아니었다.[16]

이 논쟁은 아마도 톨스토이의 심리 문제를 분석하던 36세의 정신의학자 니콜라이 예브그라포비치 오시포프에게 자극이 되었을 것이다. 오시포프는 1910년, 톨스토이 사망 몇 년 뒤 쓴 자신의 논문 「톨

---

15 노르다우는 이 책의 제2권 4장에서 "톨스토이즘"을 "혼란스러운 사고"와 "이웃에 대한 비현실적인 사랑"의 현상으로 결론지었다. 다음을 참조하라. Max Nordau, *Entartung*(1892), 2 vols., 3d ed., Berlin: C. Dunker, 1896. 번역서는 다음을 참조하라. *Degeneration*, New York: D. Appleton, 1895.

16 Max Nordau, *Dégénérescence*, trans. Auguste Dietrich, 5th ed., 1, Paris: Félix Alcan, 1899, p. 296(*Entartung*, 1892의 프랑스어 번역본).

스토이와 정신요법」(Tolstoy and Psychotherapy)에서 톨스토이를 "훌륭한 작가이자 심리학자이며, 파괴의 천재였다"고 묘사하며 톨스토이가 "분열"됐다는 일반적 견해에 동의했다. 톨스토이를 직접 만나 자신의 예측을 확인할 수 있었던 롬브로소와는 달리 오시포프는 작품을 통해서만 톨스토이를 관찰할 수 있었다. 그는 톨스토이의 자서전 『참회록』과 주인공을 톨스토이의 자화상이라고 짐작한 미완성작 「광인의 수기」를 분석의 기준으로 삼았다.

오시포프는 화자의 이야기를 바탕으로 자신의 해설을 추가해 분석하며 두 목소리, 즉 작가와 정신의학자가 대화를 나누도록 구성했다. 「광인의 수기」에서 주인공은 주(州)정부에 끌려가 정신이상자로 낙인찍힌 일을 다음과 같이 묘사한다. "나는 나 자신을 제어하려고 최선을 다했다. (…) 미친 짓을 못하게 할 수 있는 정신병원이 무서워 아예 입을 열지 않았다."[17] 오시포프는 이에 대해 주인공이 자신이 미쳤다는 것을 "알고 있음"에도 불구하고 자신의 "미친 짓"을 계속함으로써 "완전한 각성 상태에서의 망상"을 표현했다고 논평했다.[18] 주인공은 이어서 말한다. "나는 즐거움을 추구하고 그것을 찾으면서 35세까지 살았다. 나는 완벽히 건강하며 내게 정신이상의 징후는 전혀 없다." 그다음 그는 먼 마을의 토지를 매입하러 출발했다.

---

17 L. N. Tolstoy, "The Memoirs of a Madman"(1912: written 1884~1886), *Tolstoi Centenary Edition*, 15, London: Humphrey Milford, 1934, p. 210; 이후의 인용은 다음을 보라. pp. 212~214; pp. 224~225.

18 N. E. Osipov, "Zapiski sumashedshego, nezakonchennoe proizvedenie L. N. Tolstogo: k voprosy ob emotsii boiazni", *Psikhoterapiia*, no. 3, 1913, p. 5; 이후의 인용은 다음을 보라. p. 6, 8, 11, 20.

잠이 들었는데 갑자기 무언가 끔찍한 것을 느껴 잠에서 깼다. 종종 그렇듯 잠이 완전히 달아나 정신이 번쩍 든 채로 일어났다. "내가 왜 이동 중이지? 나는 어디로 가고 있는 거지?" 자신에게 갑자기 물었다. 나는 내가 부동산을 헐값에 사는 것을 좋아하지 않아서가 아니라, 내게 장거리 여행이 필요 없으며, 낯선 이곳에서 죽을 것이라는 사실을 불현듯 깨닫고는 두려움을 느꼈다. (…)

"그러나 얼마나 어리석은가! 왜 풀이 죽었지? 무엇이 두려운 거지?" 나는 나 자신에게 말했다. "나야! 내가 여기 있어!" 죽음의 목소리가 소리 없이 답했다.

냉랭한 전율이 등을 타고 흘렀다. 그래! 죽음! 그것이 온다──여기에 있다──그러나 그것은 그곳에 없어야만 한다. 내가 실제로 죽음에 처해 있었을지라도 내가 그때 그랬던 것만큼 괴롭지 않았을 것이다.

오시포프는 다음과 같이 말했다. "이것은 전형적인 강박 공포이다. 이것은 사물 자체가 아니라 사물의 관념에서 나오는 것이다."

주인공은 이어 자신이 어떻게 성서를 읽고 예배에 참석하기 시작했는지 자세히 이야기했다. 다음번 "발작"은 그가 또 한 번 토지를 사려고 할 때 일어났다.

집에 도착해 제안받은 토지의 이점을 아내에게 얘기하던 중 갑자기 수치심과 권태를 느꼈다. 나는 아내에게 우리가 얻게 될 이익이 소작농의 빈곤과 비애에서 비롯된 것이기 때문에 땅을 살 수 없다고 말했다. 갑자기 내가 말하고 있는 것의 진실, 가령 소작농들도 우리처럼 살고 싶어 하고, 그들도 인간이자 우리의 형제이며, 복음이 얘기하듯이, 하느님 아버지의 자식이라는 중요한 사실을 깨달았다. 나를 오랫동안 괴롭히던 무언가가 갑자기 마치 산고를 거친 것처럼 해소됐다. 아내는 화가 나서 내게 호통을 쳤지만 나는 기뻤다. 그것이 나의 광기의 시작이었다. 하지만 완전한 광기는 이후 약 한 달 뒤에 시작됐다.

오시포프는 이때까지는 실제로 정신 질환적인 것은 아무것도 없다고 말했다. 이 정신의학자의 결론에 따르면, 진짜 "강박관념"은 화자가 교회에 나갈 때 발생한다. "그때 출구에 거지들이 있었다." 주인공이 말했다. "그리고 갑자기 이 모든 것이 일어나지 말아야만 한다는 것, 일어나지 말아야 할 뿐만 아니라 이것은 없어야만 한다는 것이 내게 분명해졌다. 이것이 없다면 죽음도 공포도 없을 것이고, 내 안에 더는 전과 같은 눈물도 없을 것이며, 나는 더 이상 아무것도 두려워하지 않을 것이다." 이에 대해 오시포프는, 실제 있는 것이 아니라 자신이 보고 싶은 것을 보는 상태인 "전형적인 히스테리성 정신착란"이라는 진단을 내렸다. 오시포프는 「광인의 수기」를 실상은 "구도자의 수기"라 평가한 한 문학비평가의 주장에 반대했다. 오시포프의 견해로는 현실을 간과하는 추구자란 뭔가가 잘못된 것이 틀림없기 때문이었다.

프로이트 신봉자인 오시포프는 논문에서 톨스토이가 자기 자신과의 갈등 속에 있었다는 정치적 진단을 정신분석적 진단과 병치시켰다. 톨스토이의 "현실에 관한 혼란스러운 관념"을 퇴폐의 징후로 인식한 노르다우와 달리 오시포프는 이를 신경증으로 보았다. 오시포프는 톨스토이에게 정신의학적 병명을 적용하는 것에 대해 노르다우보다 덜 확고했다. 그는 작가를 예언자에서 치료의 대상으로 전락시키는 자신의 시도가 비판받을 것을 염려했다. 따라서 자신의 정신의학적 분석을 정당화하기 위해 몇 가지 점에서 자신이 "톨스토이보다 더 경험이 있다"고 주장했다. 첫째로, 그는 자신이 톨스토이의 생애에 대해 모두 알고 있으며, 둘째, 자신은 톨스토이보다 젊은 세대 사람으로 그보다 더 최근까지 살면서 더 많이 보았고, 마지막으로 자신은 정신의학자로서 정신분석에 더 익숙하다는 것이었다.[19]

오시포프의 진단은 노르다우의 "자기중심주의"라는 결론과 비슷했으나 현대 이론이 더 많이 적용됐다. 정신분석의 영향을 받은 오시포프는 톨스토이의 "파괴의 힘"을 작가 초년의 경험과 관련지었다. 그는 『유년 시절』에 묘사된 톨스토이의 자전적 이야기를 언급했다. 소설에서 화자는 어린 소년이었을 때 이상한 욕구에 이끌려 형이 수집한 진기한 물건들이 있던 탁자를 뒤엎었다. 오시포프는 이와 관련해 톨스토이에게서 양가적 나르시시즘을 감싼 신경 질환의 여러 증상을 발견했다. 톨스토이는 "때로는 자신을 사랑했고, 때로는 자신을 증오했으며" 자신이 매력이 없다는 생각에 사로잡혀 "병적으로 수줍어하고", "성적으로 억압되었으며"("톨스토이는 간절히 사람을 사랑하고 싶어 했지만, 절대 그럴 수 없었다"), "자학적 행동"(자살하려는 생각)을 보였다. 덧붙여, 오시포프는 톨스토이에게 죽음에 대한 강박적인 공포가 있었다고 주장했다.[20] 그는 "톨스토이 증후군"을 "자신의 매력 없음과 죽음에 대한 공포의 강박에서 비롯된 자기고발적

---

19 N. E. Osipov, "Analiz romana grafa L. N. Tolstogo, *Semeinoe schast'e*", 1929, in TsGALI, f. 2299, op. 1, ed. khr. 19, l. 17.

20 N. E. Osipov, "Genii i nevroz L'va Tolstogo", *Ibid.*, 1928. 10. 16, ed. khr. 13, l. 26.

이고 자멸적 의도를 갖는 우울한 상태"라고 기술하며 결론을 맺었다. 오시포프는 자신의 실험을 통해 "톨스토이 증후군에 해당하는 적어도 두 가지의 다른 경우"를 알게 됐다고 언급했다.[21]

이 정신의학자가 전하는 메시지는 비평가의 그것과 유사했다. 이보다 훨씬 앞서 미하일롭스키는 톨스토이가 자살 미수 후유증으로 내적 갈등을 겪었다고 주장했다. 그러나 정신의학 용어로 설명된 이 메시지는 미하일롭스키의 견해를 공유했던 사람들에게서조차 문제가 됐다. 오시포프의 독자와, 특히 노르다우의 독자는 정신의학적 진단이 거짓은 아니지만 혼란스러운 진실을 향한 작가의 탐색을 모욕한 것이라 생각했다.[22] 비록 한 의학 전문 잡지가 톨스토이의 신경증을 다룬 오시포프의 기사를 실었으나 이 유명 잡지의 편집장은 곤차로프의 소설 『오블로모프』에 대한 오시포프의 분석에 대해 "소설 작품을 분석하려는 시도는 예외적으로 드물게, 오직 교육받지 못한 독자층의 흥미를 끈 정도"라고 설명하며 이를 인정하지 않았다. 오시포프의 지인인 정신분석학자 불프조차 톨스토이에 관한 그의 조사에 신중하게 반응했다. 불프는 오시포프에게 다음과 같이 썼다. "톨스토이에게는 우리가 일반 환자를 진료할 때 보게 되는 것 같은 진짜 병

---

21   N. E. Osipov, "Dushevnaia bloezn' L'va Tolstogo", *Ibid.*, 1929, ed. khr. 18, l. 28.
22   『퇴폐』에 대한 러시아 독자의 반응은 양면적이었다. 책 출판 후 2년 내에 두 편의 러시아어 번역본이 출간되었고 엇갈린 평가를 받았다. 다음을 참조하라. *Max Nordau's Vyrozhdenie*, trans. R. I. Sementkovskii, St. Petersburg: Pavlenkov, 1894; *Vyrozhdenie*, trans, V. Genkevich, Kiev: Ioganson, 1894. 다수의 글이 "정신의학자의 임상 실험하에 놓인 천재"를 대변하는, 분노에 찬 논문들임에도 불구하고(A-t, "Genni na sude psikhiatra", *Novoe vremia*, 6380, 1894. 12. 1), 노르다우의 문학적 스타일과 "비평적 사고"를 칭찬하는 동조적인 서평도 있었다. 서평가 중 일부는 『퇴폐』를 톨스토이뿐만 아니라 다른 예술가들에 대한 주요한 공격으로 간주했다. 다음을 참조하라. V. Chechott, "Max Nordau o Vagnere", *Kievlianin*, no. 337, 1895.

의 흔적, 신경증의 증상이 없다. (…) 천재들은 별도로 진단받아야 한다. (…) 나는 천재의 갈등은 일반 환자의 갈등과 같은 범주에 속하지 않으며 그 정도도 다르다고 믿는다. 그것은 현실 적응에 실패해서가 아니라, 천재의 개성과 현실을 조화시키고 수용하는 것이 불가능한 데 따른 것이기 때문이다."[23]

이상적 의사

톨스토이는 소설 『전쟁과 평화』에서 파혼 뒤 정신병을 앓게 된 젊은 여주인공 나타샤 로스토프에 대한 의사들의 처치를 조롱했다.

> 의사들은 개별적으로 혹은 협진으로 그녀의 집을 방문했다. 그들은 프랑스어, 독일어, 라틴어로 끊임없이 떠들었다. 서로 상대의 처방을 지적하면서, 자신들이 들어 본 적 있는 온갖 병의 모든 치료법을 처방했다. 그러나 의사 중 그 누구도 나타샤의 병이 자신들이 아직 모르는 질환일 수도 있다는 생각은 하지 못했다. 생명체를 괴롭히는 질병은 어느 것이라도 완전히 아는 것이 불가능하며 각각의 생명체는 독립적인 고유의 특수성으로 무슨 병을 앓든, 틀림없이 그 사람에게는 그 사람만의 새롭고 복잡한 질환이 된다는 사실, 예를 들어 의학 서적

23 오시포프의 친구 폴로신에게 보내는 『현대 기록』(Sovremennye zapiski)의 편집자 불프의 편지는 다음을 참조하라. V. A. Rudnev, to M. P. Polosin, 1927. 10. 21, in TsGALI, f. 2299, op. 1, ed. khr. 88; M. O. Wulff to N. E. Osipov, Ibid., 1931. 2. 8, ed. khr. 44, l. 2.

은 폐, 간, 피부, 심장, 신경 등에서 확인되는 단일 질환을 묘사하고 있지만, 실제 현실에서는 이러한 묘사와 달리 장기에 무수한 질병의 합병증과 같은 복잡한 병이 있으며, 이러한 질환은 의학에 아직 제대로 알려지지 않았다는 사실과 같은 이치이다. 의사에게 의학은 평생의 직업이고, 이것으로 돈을 벌고 인생 최고의 나날을 보내 왔기 때문에 (마법사에게 마법을 부리지 못하는 일이 생기는 것만큼이나) 의사들에게 그런 단순한 생각이 떠오를 수 없었다.[24]

톨스토이는 의사뿐만 아니라 돈에 자신의 전문 지식을 파는 모든 전문가들에게 깊은 불신을 가졌다. 이는 고용된 노동에 대한 귀족의 경멸만은 아니었다. 톨스토이는 18세기 철학을 바탕으로 양육되었으며 루소처럼 인간은 선하게 태어났지만 나쁜 교육으로 타락해 왔다고 믿었다.[25] 18세의 톨스토이는 일기에 "편견은 인간 불행의 주요 원인이다"라고 적었다. 그는 자신에게 과학을 향한 열정이 싹트는 것을 깨닫고 다음과 같이 맹세했다. "나는 절대로 학문을 향한 열정에 일방적 방식으로 굴복하지 않을 것이다. 향학열은 감정을 파괴할 수 있는 만큼, 내 자신을 온전히 내맡기지 않을 것이며, 오직 사실로만 마음을 교육하고 나의 기억을 채울 것이다." 톨스토이는 자신과 같은 귀족 출신의 신사가 무엇을 알아야 하는지에 대한 뚜렷한 청사진을 가지고 있었다. 실용적이며 어느 정도 이론적인 의학, 농업 그리고 일부 자연과학을 포함한 다양한 주제에서 "완벽한 수준에 이르

24   L. N. Tostoy, *War and Peace*(1865~1869), 2, London: Penguin Books, 1964, pp. 776~777.
25   Berlin, *Russian Thinkers*, p. 240.

는" 계획을 세우기도 했으나, 이는 어디까지나 훌륭한 토지 소유자가 되는 데 필요한 정도까지였다.[26] 그는 부유한 귀족으로서 자신의 경력을 고려하지 않고, 2학년을 마친 후 대학을 떠났다. 한편으로는, 시험관들이 젊은 귀족의 명예를 길들이려 하는 것을 용납할 수 없었기 때문이었고, 다른 한편으로는 나는 왜 사는가, 나라는 존재는 무슨 목적을 지녔는가, 어떻게 살아야 하는가 등과 같은 본질적인 질문은 교육이 아닌 체험을 통해서만 해답을 얻을 수 있다는 사실을 일찍 깨달았기 때문이었다.

가정에서 이뤄진 톨스토이의 독학은 동시대인이 범하던 과학적 진보에 대한 그릇된 믿음에 경도되지 않도록 해 주었으며, 그의 문학적 재능은 그가 갈망하는 것을 표현할 수 있는 다른 수단을 제공해 주었다.[27] 무정부주의의 창시자 미하일 바쿠닌은 1860년대 대부분의 자유주의자를 "개인의 지적 해방"을 열정적으로 추구하던 세대로 언급했는데, 이 부분이 그들과 톨스토이를 구별되게끔 만들었다. 바쿠닌과 그의 추종자들은 동시대인의 마음속 편견을 제거할 수 있는 유물론과 무신론 안에서 성장한 인류에 그들의 희망을 두었다. 투르게네프가 "니힐리스트"라 칭한 사람들은 자연과학을 비판적이고 합리적인 사고의 모델이라 선전하며 허버트 스펜서, 오귀스트 콩트, 찰스 다윈 등을 미래사회의 예언자 위치로 치켜세웠다. 니힐리스트의 관점은 젊은 열정과 대담함으로 표현돼 러시아 사회의 진보적 분야에

---

26 *Tolstoy's Diaries*, ed. and trans. R. F. Christian, London: Harper Collins, 1994, p. 6(1847. 4. 17).
27 체계적이며 논리적 형식으로 자신의 견해를 밝힌 책 분량의 에세이 "삶의 개념"(The Notion of Life)을 집필하던 톨스토이에게는, 그가 친구에게 썼듯이, 오직 예술이라는 방법으로만 표현될 수 있는 사상이 있었다. 다음을 참조하라. Biriukov, *Biografiia*, p. 67.

울려 퍼졌고, 많은 수의 젊은이가 과학적 직업을 선택하게끔 독려했다. 역사가 알렉산더 부치니치가 언급한 바와 같이, 니힐리즘은 러시아에서 결정적인 현상이 됐다. 이는 니힐리즘이 1860년대의 두 가지 지배적인 경향성을 가지고 있었기 때문인데 하나는 차르 정권을 무너뜨리겠다는 서약이었고, 다른 하나는 과학의 발전에 대한 서약이었다. 부치니치는 다음과 같이 역사학자이자 문학가인 옵샤니코-쿨리콥스키의 말을 인용했다.

> 1850년대와 1860년대의 "진보적" 젊은이들은 물리수학부와 의학부에 등록하려고 애를 썼다. 특히, 화학과 생리학이 가치 있는 것으로 평가됐다. (…) 각계의 권위자를 향한 만연한 공격은 그러나 리비히, 폰 바에르, 다윈과 같은 학자들의 과학적 공헌에 대한 일반적인 존경과는 상충하지 않았다. 가끔, 그들과 관련된 이름이나 과학적 개념은 "인민", "자유", "사회", "형제애", "정의"와 같은 최루성 있는 어휘들과 비교해 더하면 더했지, 그에 못지않게 젊은이들의 마음을 선점했다. (…) 과학 탐구와 유물철학의 전파가 진보주의와 자유주의운동에서의 건설적 역할과 유용한 과제로 이끄는, 유일하진 않더라도 가장 중요한 경로로 간주됐다.[28]

니힐리스트들은 "비판적으로 사고하는" 과학자와 나머지 러시아 인텔리겐치아 사이에 선을 그었다. 그들은 후자에 대해 낭만적 망

---

28 옵샤니코-쿨리콥스키는 다음에서 인용되었다. Alexander Vucinich, *Science in Russian Culture, 1861-1917*, Stanford: Stanford Univ. Press, 1970, p. 39.

상이 담긴 편지를 소중히 여기는 가치 없는 사람들로 생각했다. 과학자와 급진파 사상가는 톨스토이의 반계몽주의를 비판했으며, 과학에 대한 톨스토이의 비난이 정권은 물론 러시아의 퇴보를 바라는 반동주의자의 편을 들어준 것이라고 주장했다. 체르니솁스키는 톨스토이에게 정권을 비판하는 글을 쓰도록 설득했다. 과학부를 갓 졸업한 학생들은 톨스토이가 과학을 부정하는 것을 비난했다.[29] 톨스토이가 명석한 작가지만 사상가로서는 형편없다는 묘사는 많은 비평가 사이에서 이미 진부한 표현이 됐다.[30]

작가들의 반응 역시 강렬했다. "저주받은 베르나르"는 도스토옙스키 작품 속 인물 중 한 명이 과학적 진보를 맹신하는 사람에게 붙인 이름이었다.[31] 톨스토이는 "과학적·진화적 운명론에 대한 신념이 (…) 심지어는 종교적 운명론보다 해롭다는 것"을 깨달았다.[32] 그는 임종 때 자식들에게 다음과 같이 경고했다. "다윈주의와 진화, 적자생존 등은 삶의 의미를 설명해 주지 못할 뿐 아니라 행동에 대한 지

---

29 Apostolov, *Zhivoi Tolstoy*, p. 466. 톨스토이는 자서전에서 체르니솁스키가 그의 작품에 대해 이야기하려고 자신을 찾아왔던 일화를 다음과 같이 전한다. "매우 난처해 하면서, 그는 레프 니콜라예비치가 재능과 작품을 쓰는 능력이 있지만, 무엇에 대해 써야 하는지를 모른다고 말하기 시작했다. (…) 비평적인 방법으로(폭로적으로oblichitel'no) 쓰는 것이 필요하다." 인용은 다음을 보라. Rozanova, *Perepiska Tolstogo*, p. 460.

30 이러한 관찰은 미하일롭스키 자신에 의해 이뤄졌다. 다음을 참조하라. *Literaturnye vospominaniia*, pp. 220~221.

31 도스토옙스키는 카라마조프가의 형제 중 한 명인 드미트리의 입으로 이러한 말을 전했다. 여기서 "베르나르"는 실험과 유물론적 관점의 선구자인 생리학자 클로드 베르나르를 가리킨다. 인용은 다음을 보라. Mikhail Bakhtin, *Problems of Dostoevsky's Poetics*, ed. and trans. Caryl Emerson, Minneapolis: Univ. of Minnesota Press, 1984, p. 61.

32 *Tolstoy's Diaries*, p. 322(1898. 3. 21).

침도 되지 못할 것이다."[33] 그는 또한 자신의 일기에 다음과 같은 내용을 썼다. 과학은 인간의 선을 증대시키지 못할 것이다. 그것은 "한 곳의 수면을 다른 곳의 수면보다 더 높게 끌어올리는 것만큼이나 불가능한 일이다". 인간존재에 관한 물음에 제공될 수 있는 답은 오로지 "본질적으로 모든 인간을 평등하게 하는 사랑의 증대와 도덕적 자기개선"에서 나온다. "생-시몽은 말한다. '3000명의 최고의 학자들이 죽는다면 어떻게 될까?' 그렇게 되면 모든 것이 사라질 것으로 생각하겠지만, 나는 그렇게 생각하지 않는다. 더 심각한 일은 도덕적으로 최고인 사람들을 파괴하거나 제거하는 것이다."[34]

그러나 이 문제에 대해서 톨스토이는 자신을 반대하는 사람들이 수용하고자 한 것보다 더 신중하게 접근했다. 그는 사회 사상가로서 과학에 대해 생각했다. 책에 상당한 분량으로 자신의 신조를 밝히고 있는 글 「이제 우리가 무엇을 해야만 하는가」에서 그는 과학은 오직 주어진 사회조건에 맞게 적용될 뿐이며 사회를 바꾸지는 못한다고 주장했다. 부도덕한 사회에서는 과학과 의학 모두 도덕적일 수 없다. 그는 젬스트보 의료 제도(가난한 사람, 주로 소작농을 위한 의료 제도)와 같은 최상의 목적으로 확립된 제도조차 그 목적을 충족시키지 못하고 있는데, 이는 자금이 충분하지 못하기 때문이라고 주장했다. "의학은 온전히 부유 계층에 맞춰져 왔으며, 결과적으로 재정적 여

---

33 톨스토이의 임종 시의 경고는 다음에서 인용되었다. Daniel P. Todes, *Darwin without Malthus: The Struggle for Existence in Russian Evolutionary Thought*, New York; Oxford Univ. Press, 1989, p. 44. 다윈을 보는 톨스토이의 관점에 대한 설명은 다음을 참조하라. *Ibid.*, pp. 43~44.

34 *Tolstoy's Diaries*, p. 369(1903. 4. 14) and p. 214(1889. 4. 22).

유가 있는 사람을 치료하기 위한 것이다."[35] 부도덕한 사회에서 과학은 권력의 편에 섰으며, 그러한 현상을 유지하는 것을 정당화하는 데 이용됐다. 톨스토이는 한 위생학 교수기 기타 항료들 외에 술괴 담배도 유기체에 필요한 것이라고 주장한 기사를 읽으면서 분통을 터뜨렸다. "이 멍청하고 어리석은 기사는 (…) 과학의 위선자들이 과학의 소명을 무엇이라고 생각하는지를 분명하게 보여 주었다. 그들은 과학이 어떠해야만 하는지가 아니라 무엇인지에 대해 (…) 기술하고 있다. 포도주를 마시고 담배를 피우면서, 음주와 흡연을 생리학적으로 정당화시키는 일을 바로 과학이 하고 있다. (…) 사람들은 헛소리를 믿고 목적론적 과학이 사람들의 맹신을 정당화시키고 있다."[36]

톨스토이는 자신의 경험에 근거해 특히 의학을 공격했다. 톨스토이는 매우 건강한 체질이었지만(그는 동시대인보다 육체적으로 강했다), 진료를 받을 기회가 많았다. 열여덟 살 때는 카잔대학교(톨스토이 생애 내내 계속된 일기를 이곳에서 처음 쓰기 시작했다)의 클리닉에서 몇 주 치료를 받기도 했다.[37] 북캅카스에 있는 온천에서 요양을 하기도 했고, 크림 전쟁 때 군대에서 클로로포름으로 마취를 하고 수술을 받기도 했다. 톨스토이가 영적 추구에 열중하면 할수록 의학에 대한 그의 언변은 더욱더 비판적이 되었다. 1876년 의사들이 톨스토이의 병든 아내에 대한 치료를 포기하자, 그는 다음과 같이 편지를 쓴다. "나

35 Tolstoy, "What Then Must We Do?", p. 277.
36 카푸스틴의 논문은 톨스토이가 채식주의와 알코올, 담배에 대한 논쟁을 시작했던 글인 "첫 걸음"(The first step)에 대한 응답으로 씌어졌다. 다음을 참조하라. *Tolstoy's Diaries*, p. 280(1894. 5. 3).
37 *Ibid.*, p. 4(1847. 3. 17).

는 의사나 의학 혹은 사람들이 만든 치료법이 건강 상태, 다시 말해 인간의 생사를 조금이라도 변화시킬 수 있다는 말을 믿지 않는다."[38] 그러나 그도 인생의 노년기에는 자주 의사들을 불러들였다. 65세 무렵 일기에는 이렇게 썼다. "나는 내가 아들 료바를 너무나도 비난했던 바로 그 이유, 자신이 처한 의료 상황, 자신을 처치하고 관찰하는 것에 마음을 뺏기기 시작했다는 사실이 두렵다."[39] 1901년 톨스토이의 병세는 매우 위중했다. 이듬해 초에 딸에게 보내는 편지에서 "의사들이 자신을 진단하면서 전하는 어리석은 설명과 속임수"에 대해 불평했다. "나는 병약하고 내 주변 사람들을 언짢게 하고 싶지 않아서 의사들의 말을 따른다."[40] 이와 유사한 맥락에서 『이반 일리치의 죽음』에서 의사들은 암으로 죽어 가는 이반 일리치에게 거짓말을 한다. 그들은 변호사였던 일리치가 법정에 서서 피고인을 향해 한 것과 똑같은 분위기로 그를 몰아넣는다."[41]

이 무렵에(1902) 톨스토이는 일기에 다음과 같이 썼다.

의학에 관한 모든 것은 비윤리적이다. 의학적 치료가 야기한 죽음과 질환의 공포가 비도덕적이며, 부자들에게만 이용 가능한 의사들의 배

---

38 톨스토이의 편지(Tolstoy to P. D. Golokhvastov, 1876)는 다음에서 인용되었다. Harold K. Schefski, "Tolstoj's Case against Doctors", *Slavic and East European Journal*, 22, no. 4, 1978, p. 569.

39 톨스토이의 아들, 레프(료바라는 애칭으로 불림)는 신경쇠약증을 앓았다고 한다. 다음을 참고하라. *Tolstoy's Diaries*, p. 525(1893).

40 톨스토이의 편지(L. N. Tolstoy to T. L. Sukhotina-Tolstaia, 1902. 4. 15)는 다음에서 인용되었다. Schefski, "Tolstoj's Case", p. 569.

41 L. N. Tolstoy, *The Death of Ivan Ilych*(1886), trans. Aylmer Maude, New York: New American Library, 1960, p. 121.

타적인 도움이 비도덕적이다. 독점적인 안락과 쾌락을 누리는 것도 비도덕적이지만, 연명 치료를 할 수 있는 독점적 권리를 즐기는 것이야말로 부도덕의 극치이다. 환자에게 상태의 심각성과 임박한 죽음을 숨기기 위해 의학이 필요하다는 것이 비도덕적이다. 환자가 자기 몸, 즉 자신의 신체적 기능을 챙겨야 하며 대개 정신이 아니라 가능한 한 육체적으로만 살아야 한다는 의사의 충고와 요구가 비도덕적이다. 사고해서도 안 되고 스스로 흥분해도 안 되며 일해서도 안 된다.[42]

그러나 그는 병에서 회복된 후, 집안에 상주 의사를 둘 필요가 있다고 생각했다. 톨스토이의 사유지가 있던 마을의 진료소 운영에도 관여하는 이 자리에 몇몇 의사가 관심을 가졌지만 얼마 못 있고 떠났다. 이후 1904년, 슬로바키아인 두샨 마코비츠키 박사가 고용되었는데, 의사로서가 아니라 아마도 일종의 비서이자 문학 보조자로

---

42 *Tolstoy's Diaries*, p. 364(1902. 9. 20). 톨스토이와 의학의 관계는 많은 논문의 주제였으며, 대부분은 소설 속 질환의 묘사에 대한 것이다. 1994년 한 해에만 다음과 같은 논문들이 발표됐다. A. M. Basom, "Anna Karenina and Opiate Addiction", *Pharmacy in History 36*, 1994, pp. 132~140; M. Benezech, "*La sonate à Kreutzer* ou la jalousie homicide selon Tolstoi", *Annales médico-psychologiques*, no. 5, 1994; M. J. Hurst and D. L. Hurst, "Tolstoy's Description of Tourette Syndrome in *Anna Karenina*", *Journal of Child Neurology* 4, 1994, pp. 366~367; David Pike, "Vronsky's Teeth", *Lancet* 344, 1994, p. 1784; A. F. Sanford et al., "Reading Literary Theory, Reading *Ivan Ilych*: Old Wine in New Wineskins", *Caduceus* 3, 1994, pp. 161~178. 다른 종류의 논문들은 톨스토이와 의학자들의 접촉 및 의학에 대한 톨스토이의 관점에 대한 해설을 담고 있다. M. L. Gomon, "L. N. Tolstoi i khar'kovskoe meditsinskoe obschestvo", *Klinicheskaia meditsina* 71, 1993, pp. 174~179; N. N. Kostruba, "Psikhiatriia v tvorchestve i zhizni L. N. Tolstogo", *Zhurnal nevropatologii*, 1992, no. 2, pp. 110~115; N. E. Osipov, "Psikhoterapiia v literaturnykh proizvedeniiakh L. N. Tolstogo(otryvok iz raboty 'Tolstoy i meditsina')", *Psikhoterapiia*, no. 1, 1911, pp. 1~21; P. E. Zabludovskii and Z. M. Konius, "Lev Nikolaevich Tolstoi i voprosy meditsinskogo dela", *Klinicheskaia meditsina* 63, 1985, pp. 140~143.

서 그는 대체 불가한 사람이었던 것으로 보인다. 온화하고 수줍음 많은 그는 집안에서의 어떤 불화나 논쟁도 허용하지 않았다. 그가 한 달 동안 휴가를 떠났을 때 톨스토이는 친구에게 불평했다. "솔직히 말해서 나는 두샨의 의술은 필요 없어. 그렇지만 그의 모자를 하루나 이틀 보지 못하면 웬일인지 어찌할 바를 모르겠어. 성자 두샨!"[43] 두샨은 집주인의 끝없는 신뢰를 얻었고, 그의 후원자 톨스토이의 야스나야 폴랴나발(發) 마지막 여행에 동행했다.[44]

톨스토이는 과학적으로 훈련된 야망 있는 전문가보다는 겸손하고 "신성한" 의사를 분명히 선호했다. 옵샤니코-쿨리콥스키는 겸손한 의사와 톨스토이의 이상적 정치 지도자 사이의 유사성을 끄집어냈다. 톨스토이는 『전쟁과 평화』에서 1812년 대(對)나폴레옹 전쟁에서 명성을 얻은 러시아 장군인 쿠투조프를 야망에 찬 전문가 집단과 비교했다. 전자가 타고난 재치와 지혜의 전형이라면, 후자는 자신의 이론에 갇혀 분명하게 판단할 수 없는 편협한 사람들이었다. 톨스토이는 독일, 프랑스, 이탈리아 등지의 전문가들을 경멸하고 무시했던 쿠투조프가 전쟁에서 이뤄 낸 성공은 쿠투조프의 "단순하고 러시아인다운 선천적 본능"에 의한 것이라 여겼다.[45] 쿠투조프는 "사과는 초

---

43 톨스토이는 다음에서 인용되었다. Ernest J. Simmons, *Leo Tolstoy*, London: John Lehmann, 1949, p. 719.
 [옮긴이] 톨스토이는 마코비츠키 박사를 "성자 두샨"이라 불렀다.
44 톨스토이는 필시 마코비츠키의 가식 없는 마지막 진단에 동의했을 것이다. "톨스토이가 겪어 왔던 정신적 고통과 힘든 여행에서 비롯된 소진은 지병이 곧바로 운명적 종말에 이를 정도로 심각해질 만큼 그의 마음과 정신 체계를 약화시켰다." D. P. Makovitskii, "Lev Nikolaevich's Departure from Yasnaya Polyana", *Reminiscences of Lev Tolstoy by His Contemporaries*, Moscow: Foreign Language Publishing House, 1969, p. 260.
45 Berlin, *Russian Thinkers*, p. 45. 톨스토이의 역사관에 대해서는 다음을 참조하라. Henry

록색일 때 따면 안 된다. 익으면 자연히 떨어질 것이다"와 같은 일상의 지혜에 따라 행동했다. 톨스토이는 나폴레옹식의 내정간섭주의자의 전략보다 일의 진행을 심사숙고하는 쿠투조프식의 전략을 더 선호했다. 소설 속 공작 안드레이의 말을 빌리면 후자는 "자기 방식을 도입하려 하지 않을 것이다. 그는 어떤 계획을 세우거나 무언가를 시작하지 않을 것이다. (…) 하지만 그는 들을 것이고, 그가 듣는 모든 것을 명심할 것이며, 모든 것을 올바르게 이행할 것이다. 그는 마땅한 것을 방해하거나 부정할 법한 그 어떤 것도 묵인하지 않을 것이다. 그는 자신의 의지보다 더 강력하고 더 중요한 것, 즉 불가피하게 진행되는 일들이 있음을 알며, 그러한 것을 예견하고 그것의 중요성을 파악하는 두뇌를 가지고 있다. 이러한 각성이 사욕을 좇으며 다른 마음을 먹거나 간섭하는 것을 삼가게 할 수 있다는 것을 그는 인지하고 있었다."[46]

1911년 오시포프는 톨스토이의 지나친 비판에 반대하며 과학적인 일반 의학뿐만 아니라 정신의학도 옹호했다. 그는 톨스토이가 천재인 것은 맞지만 "파괴의 천재"라고 묘사하며 명석한 작가이나 형편없는 사상가라는 클리셰로 글을 시작했다. "톨스토이는 어린 료바(소년 톨스토이)가 형의 귀중품을 모아 두던 탁자를 뒤엎은 것과 비슷한 방식의 냉혹한 분석을 통해 사람들에게 소중한 모든 것, 즉 보물과 같은 삶, 예술, 과학 혹은 철학 등을 파괴한다. 톨스토이는 파괴와

Gifford, "Tolstoy and Historical Truth", *Russian Thought and Society, 1800-1917: Essays in Honour of Eugene Lampert*, ed. Roger Bartlett, London: the contributors, 1984, pp. 114~128.

46 쿠투조프에 대한 안드레이 공작의 말은 다음에서 인용되었다. Gifford, "Tolstoy", p. 128; Tolstoy, *War and Peace*, 1, p. 886.

무질서라는 천재성을 가지고 있다. (…) 그것은 굉장한 힘을 갖는다. (…) 그러나 이러한 파괴 후 파멸된 낡은 것 위에 무언가 새로운 것을 창조해야 한다. 톨스토이는 창조를 시작하지만, 바로 그때 천재성은 그를 버린다." 오시포프는 톨스토이가 불가능한 결과를 의학에 요구했고 성과를 얻지 못하자 의학을 완전히 거부했다고 주장했다. 톨스토이는 의사가 타협할 수밖에 없다는 것, 가령 의사는 병과 치료라는 두 악 중에 차악을 선택해 과학으로부터 필요로 하는 것을 얻어내야만 한다는 것을 이해하지 못했다. 오시포프 역시 유물론은 좋은 의사에게는 너무 편협한 세계관이라고 믿었기 때문에 그 당시 유물론에 대한 톨스토이의 공격을 지지했다. "톨스토이가 일반적으로 경도된 신념이 갖게 되는 위험성을 경고하고, 특히 의학의 힘을 믿는다는 측면에서 유물론에 대해 경고하는 것은 옳다. 과학은 하나의 방법론으로 유물론을 인정한다. 이와는 달리, 철학에서의 유물론은 비판을 면할 수 없으며 톨스토이가 투쟁하는 것은 절대적으로 옳은 것이다. 유물론의 위험성은 극도의 편협함과 광신에 있다."[47]

오시포프는 전문 교육이 수반하는 편견과 편협함의 공포를 톨스토이와 공유했고, 톨스토이의 글에서 이상적인 의사의 자화상이라 여길 만한 내용을 발견하고 기뻐했다. 이상적인 의사는 "타고난 재치와 지혜"의 소유자인 쿠투조프 장군과 같이 기존의 이론보다 자신의 직관과 인생철학에 더 의지한다. 오시포프는 이상적 의사를 과학자나 연구자보다 치유자로 보았다. 이상적 의사는 환자의 모든 요구

---

47 N. E. Osipov, "Tolstoy i meditsina", 1928. 11. 1, in TsGALI, f. 2299, op. 1, ed. khr. 14, l. 44.

에 응해야 하므로 절충주의적 관점을 가져야 하며 아픈 사람에게 아무런 해도 끼치지 않기 위해 한쪽으로 치우친 방종을 억제해야 한다. 톨스토이는 그런 의사가 불가능한 이상이라고 생각했지만 오시포프는 그런 의사가 이미 존재하며 톨스토이는 단지 그것을 놓친 것이라고 주장했다. 이러한 의사의 전형은 젬스트보 의사였다.

오시포프는 아버지 예브그라프 알렉세예비치 오시포프 박사가 젬스트보 의사로 근무했기 때문에 그들에 대해 잘 알고 있었다. 니콜라이 오시포프가 자신의 진로로 의학을 선택한 것은 아버지의 선례를 따른 것이었다. 러시아 의사들 사이에서는 아버지의 유명세 덕에 아들이 때때로 "무임승차"를 했다. (외국 대학교에서 딴 자격증은 러시아 국내법에 따라 승인을 받아야 했기 때문에) 니콜라이는 모스크바대학교에서 시험을 치러야 했는데 시험관은 그가 예브그라프 오시포프의 아들이란 것을 알고는 그에게 아무런 질문도 하지 않았다.[48] 러시아 지역 의료의 창시자이자 (1883년에 설립된) 피로고프학회의 설립자로 널리 알려져 있는 예브그라프 오시포프는 모스크바 지역의 젬스트보에서 일했다. 1870년대와 1880년대의 젬스트보 의사들은 지배적인 직업관을 형성했으며 사반세기가 흐른 뒤에야 칭송을 받았다.[49]

---

[48] 의학 커뮤니티 설립자인 오시포프, 몰레송(I. I. Molesson), 에리스만은 모스크바 지역 젬스트보에서 근무하며 건강 관리 부서를 조직하고 러시아에서 가장 인구 밀집도가 높은 이 지역에서 요양소의 상황을 향상시키는 데 이바지했다. 그들은 차르정부에 대한 지지를 철회한 자유주의 의학자 피로고프와 함께 동료들로부터 매우 존경받았으며 의료 분야에 종사하는 많은 사람들의 모델이 됐다. 다음을 참조하라. Nancy Mandelker Frieden, *Russian Physicians in an Era of Reform and Revolution, 1856-1905*, Princeton: Princeton Univ. Press, 1981.

[49] 작가이자 의사인 체호프는 젬스트보 의료를 도덕적으로 매우 멋지게 만든 사람들 가운데 하나였다. 그는 모스크바 의학부 졸업 후 젬스트보 의사로 근무했다. 이미 작가로 유명했을 때 젬스트보로 복귀해 스물다섯 개의 마을과 세르푸호프 지역의 소규모 주거촌에서 방문한 농

한 의학 회상록의 저자는 회고 기록에 다음과 같이 썼다. "젬스트보 의료의 성과와 일반인에게 미친 영향을 고려할 때 우리는 가장 먼저 1860년대와 1870년대 러시아 소작농에게 봉사하기 위해 시골로 내려간 젬스트보 의사의 명예로운 형상을 떠올릴 것이다."[50] 민주 지방 정부 젬스트보는 대다수 러시아 지방 인구의 복지와 의료 제도의 조직을 떠맡았다. 젬스트보에 고용된 의사들은 새로운 병원의 설립 혹은 기존 시설을 확장하는 일과 병행해 마을 구역 담당 의사로서 엄청난 수의 환자를 돌봐야 했다. 그들은 종종 자금을 더 확보하기 위해 지방 당국과 담판을 지어야 했다. 젬스트보 의사는 19세기 말 러시아 의료 직종 중에서 사회 문제에 가장 적극적으로 참여한 사람들로 평가됐다.[51]

러시아 의학사가 낸시 프리든은 젬스트보 의사가 인민의 종복이라는 이데올로기를 수용했다는 사실로 인해 이들을 이상적 의사와 혼동해서는 안 된다고 주장한다. 이상적 의사는 인민주의자의 요구에 따라 가르치기보다는 배우기 위해 "인민 속으로" 향한 것이다.[52] 대다수의 젬스트보 의사들은 자신을 전문가이자 고도로 전문화된 지

민들을 보수 없이 치료했으며 1892년 콜레라가 창궐하는 동안에도 동일한 조건에서 근무했다. 1년 앞서 체호프는 일기에 다음과 같이 기록했다. "공공복지를 위해 일한다는 바람은 한 사람의 개인적 행복의 조건, 영혼의 요구이어야만 한다. 만약 바람이 여기에서 비롯된 것이 아니라 이론적 혹은 다른 이유로부터 생긴 것이라면 그것은 같은 것이 아니다." 인용은 다음을 보라. N. M. Pirumova, *Zemskaia intelligentsiia i ee rol' v obshchestvennoi bor'be do nachala XX v.*, Moscow: Nauka, 1986, p. 224.

50 회고록의 작가에 관해서는 다음에서 인용되었다. *Ibid.*, p. 22.

51 Frieden, *Russian Physicians*, p. 17.

52 [옮긴이] 러시아어본에는 프리든에 대한 인용 대신에 "비록 젬스트보 의사들이 인민에 복무한다는 생각을 공유했지만 그들 모두가 인민주의자들이었던 것은 아니었다"라고 적고 있다.

식을 갖춘 기술 엘리트로 여겼다. 그들은 "위생 및 예방에 관한 신기술을 러시아인의 필요에 맞게 적용하려 노력하는 한편, 자신들의 실질적 목표를 달성하기 위한 과학적 주장을 펼쳐 나갔다".[53] 그러니 19세기 말 러시아의 가열된 정치적 분위기에서 정치에 개입하지 않기란 어려웠다. 예컨대, 『소작농을 위한 의료지원』(Medical Assistance to the Peasants)과 같은 가장 온건한 제목의 책에서조차 향후 자본주의는 "고통과 질병의 원인이 제거되는 위생적 사회"로 대체되어야 한다고 주장했다.[54] 예브그라프 오시포프는 적어도 청년기에는 혁명가들과 접촉했다. 심지어 1881년 황제 암살에 연루된 인민 정당 "인민의 의지당" 창립자 소피야 페롭스카야의 거처로 자신의 집을 제공하기도 했다. 러시아 남부 동네 스타브로폴에 있는 오시포프의 집에서 그의 활동반경을 젬스트보로 제한하려 한 오시포프와 페롭스카야 사이에 열띤 논쟁이 펼쳐졌음에 틀림없다. 페롭스카야는 오시포프의 "작은

---

53 젬스트보 의사의 실제 삶은 이상적이고, 전문적이며, 개인적인 것들로 짜였다. 에리스만은 하나의 좋은 예이다. 스위스 의사 에리스만은 러시아 의과대학생인 수슬로바(Suslova)가 스위스에서 수학할 때 그녀와 결혼했다. 수슬로바는 1867년에 졸업했으며 러시아 최초의 여의사가 됐다. 그러나 그녀가 경력을 선택할 때 중요하게 작용한 동기는 이상적인 것이었다. 그녀는 혁명적 행동에 참여하고자 했으며, 그녀의 가족과 사회적 성의 차이로부터 벗어나기 위해 의료 직종을 택했다. 에리스만의 전기 작가에 따르면, 수슬로바는 에리스만에게 "공공이익을 위한 의료 업무의 폭넓은 비전을 제시해 주었고, 그가 러시아로 망명하도록 설득했다". 에리스만은 페테르부르크로 가서 공공보건 의사들과 접촉하여, 일련의 의료-통계 조사 실시를 허가받았으며, 그 후 뮌헨에서 위생학자 페텐코퍼와 연구하기 위해 유럽으로 되돌아왔다. 1875년 그는 러시아에 정착하였고, 오시포프는 곧바로 에리스만을 초빙해 모스크바 주 지방 요양원에서 근무하도록 했다. 오시포프, 몰레송과 함께 에리스만은 "러시아 지역 의료의 아버지"라는 명예를 얻었다. 다음을 참조하라. V. A. Bazanov, *F. F. Erisman(1842-1915)*, Leningrad: Meditsina, 1966; "Pamiati professora F. F. Erismana", *Voprosy psikhologii*, no. 2, 1963, p. 189; Frieden, *Russian Physicians*, pp. 99~100.

54 그 책의 저자는 1860년대 인민주의운동의 회원이자 1870년대 젬스트보 의사였던 포르투갈로프였다. 인용은 다음을 보라. Pirumova, *Zemskaia intelligentsiia*, pp. 91~92.

실천"인 자유주의를 강력하게 비판했다.[55]

　오시포프의 바람과 달리 이 활동은 정치적 영향력을 가졌다. 의사 서너 명, 기술자 몇 명과 함께 오시포프는 모스크바 지역에 있는 수천 개의 공장을 검사했고, 형편없는 위생 상태를 알게 됐다. 기존의 정치, 사회적 환경하에서 할 수 있는 일이 거의 없었다. 젬스트보 의사들은 난관에 봉착했고, 그들의 노력이 무의미하고 무익한 것이 되지 않게 하기 위해서는 비위생적 상태를 개선할 투쟁만이 유일한 탈출구라는 사실을 수용해야 했다.[56] 1905년 혁명 기간 동안(1905~1907) 의학협회들은 효율적인 공공의료의 첫 번째 조건으로 정부의 퇴진을 요구하는 결의안을 발표했다. 오시포프는 1904년에 사망했기 때문에 우리는 그가 이 상황에서 어떻게 행동했을까를 추측해 보는 수밖에 없다.

　젊은 세대의 마음속에 젬스트보 의사의 모습은 톨스토이가 묘사한 편협한 전문가의 모습보다 인민을 위해 일하는 헌신적인 지식인의 이상에 더 가까웠다. 19세기가 끝날 무렵, 젬스트보 의사들은 톨스토이가 20년 전에 내린 것과 거의 똑같은 결론에 이르게 됐다. 정당하지 않은 사회환경 속에서는 과학과 의학이 아무것도 할 수 없었기 때문이다. 니콜라이 오시포프와 당대의 사람들이 그러리라 여겼던 것처럼 전설적인 젬스트보 의사의 형상은 의사로서의 최고의 능력을 갖추고 있으면서 도덕적 자질과 독립적인 사고를 겸비했다. 이러한 이미지는 톨스토이가 말하는 이상적 의사 유형, 즉 과학적 방법

55　카르포바(M. S. Karpova)는 다음에서 인용되었다. *Ibid.*, p. 92.

56　Frieden, *Russian Physicians*, p. 228.

론에 대한 눈먼 믿음이나 다른 누군가의 신념에 경도되지 않고 자기 자신의 직관과 "인생철학"에 의존하는 현명한 의사와 종이 한 장 차이뿐이었다. 그런 의사의 형상은 심지어 정치 및 직업적 환경이 바뀌고 젬스트보가 쇠퇴할 때조차 젊은 오시포프 세대에 영감을 줬다.

니콜라이 오시포프는 아버지와 달리 학문적으로 젬스트보 의료에 전혀 참여하지 않았으며, 오로지 개업의로서 개인적 이력을 쌓았다. 학창 시절에는 정치와 거리를 두었고, 그가 나중에 고백한 것처럼 "많이 춤추러 다녔고, 적게 일했다". 그는 다른 부유층 귀족 출신 학생들처럼 모피로 된 깃과 흰 비단 안감이 들어간 호화로운 교복을 입고 다녔다. 후에 부유한 지주와 부르주아 정당인 10월당을 지지한 것이 그가 보인 가장 좌파적인 정치 행보였다. 1899년 2월 상트페테르부르크대학교에서 학생시위가 시작됐고, 모스크바대학교를 포함한 다른 대학들도 이에 합류했다. 오시포프는 당국에 충성했으나 학우들이 그를 시위 집행위원회 위원으로 선출했다.[57] 오시포프는 선출회의에 참석하지 않아 다음 날까지 선거 결과를 모르고 있었음에도 불구하고 체포됐고 석방되기까지 구치소에서 몇 날을 보냈다. 결과적으로 니콜라이 오시포프에게 러시아 소재 대학교에서의 수학이 금지됐다. 당시 정치 은어로 "늑대의 표찰"을 받은 것이었다.[58] 이에 오시포프는 본, 베를린, 베른, 취리히, 바젤대학교 등 독일과 스위스 등지에서 학업을 이어 나갔으며, 취리히에서는 부친의 친구이자 (러시

---

57 파업에 대해서는 다음을 참조하라. Samuel D. Kassow, *Students, Professors and the State in Tsarist Russia*, Berkeley: Univ. of California Press, 1989, pp. 91~119.

58 [옮긴이] "늑대의 표찰(wolf ticket)을 받다"는 정치 은어로 요주의자 명단, 소위 블랙리스트에 오른 것을 뜻한다.

아에서 표도르 표도로비치로 불리는) 모스크바 위생국의 전 동료인 프리드리히 에리스만 교수와 우정을 쌓아 갔다.[59]

1903년 바젤대학교에서 학위를 받아 귀국한 오시포프는 모스크바대학교에서 해부학 조교로 근무했다. 자연주의철학자이자 대체로 낭만적 관점의 신봉자인 조직학 교수 카르포프는 자신의 책 『자연에 대한 유기적 이해의 주요 특성』(*Main Features of the Organic Understanding of Nature*)에서 자연에 대한 낭만적 견해를 발전시켰다. 카르포프는 오시포프의 "스승이자 동료" 중 한 명이 됐다. 오시포프의 세계관은 이미 철학적 성찰에 경도된 젊은 의사들에게 영향을 끼쳤으며, 자연에 대한 기계학적 수용에 반대해 유기적 이해를 하도록 독려했다. 그는 생을 마감하는 순간까지 이 일에 매진하였으며, 비록 탈고는 못했으나 「현대 러시아 과학의 유기자연철학」(Organic Natural Philosophy in Contemporary Russian Science)이라는 원고 집필에 착수했다.[60] 오시포프는 학술 활동을 시작했지만 생계를 책임질 수 있도록 일정 부분 환자 진료를 희망했다.[61] 그러나 러시아 법률에 따르면, 외국 대학교 졸업자가 공립병원에 고용되려면 의료 부처로부터 특별 허가를 받아야 했다. 러일 전쟁 기간에 이 규칙에 예외가

---

59 해외 체류 기간 동안, 오시포프는 결혼을 했으나, 결혼생활은 1년도 지속되지 못했다. 1903년 모스크바에서 이혼했으며, 1905년 재혼했다. 다음을 참조하라. A. L. Bem, F. M. Dosuzhkov and N. O. Lossky eds., *Zhizn' i smert': Sbornik rabot v pamiat' N. E. Osipova*, Prague: Petropolis, 1935, p. 12.

60 V. P. Karpov, *Osnovnye cherty organicheskogo ponimaniia prirody*, Moscow: Put', 1913.

61 이 미완의 저서의 일부인 「현대 러시아 과학의 유기자연철학」은 「삶과 죽음」(Life and Death)이라는 제목으로 출판됐다. 다음을 참조하라. N. E. Osipov, "Zhizn' i smert'", in Bem, Dosuzhkov and Lossky, *Zhizn' i smert'*, pp. 67~78.

만들어졌고 군대에 합류한 의사들로 인해 클리닉과 병원에 생긴 공석을 자격증이 없는 의대생들이 채우도록 했다. 1904년에 부친인 예브그라프 오시뽀프의 친구인 징신의학자 바제노프가 모스크바 시립 정신병원(프레오브라젠스키)의 원장이 됐다. 그는 친구의 아들이 임시직을 맡을 수 있도록 초청했다. 니콜라이 오시포프는 이곳에서 처음으로 정신의학을 접했고, 전공의가 되는 것을 생각하기 시작했다. 그가 정신의학을 선택한 것은 어머니의 지병에 영향받은 탓이기도 했다. 어머니는 가족들마저 "히스테리성 건강염려증"이라고 믿었던 질환을 앓고 있었다. 파리, 베를린, 페테르부르크, 모스크바의 일류 정신의학자들에게 치료를 받았으나 병세가 그리 호전이 되지 못했다.[62]

전쟁이 끝난 뒤 공립병원 근무 자격조건으로 다시 의료 당국의 자격증이 요구됐고, 오시포프는 프레오브라젠스키를 떠나야 했다. 바제노프는 그를 자신의 사설 클리닉으로 초빙하였고, 그를 명망 있는 모스크바대학교 정신의학 클리닉의 원장 세릅스키에게 추천했다.

의사 경력 초기에 젬스트보 정신의학자로 일했으며, 탐보프주에 젬스트보 정신의학병원을 세운 세릅스키는 이후 모스크바대학교에서 정신의학과 교수로 재직했고, 1901년에는 코르사코프의 후임으로 대학병원의 원장이 됐다. 대다수 젬스트보 의사들처럼 그도 직업

---

62 이후 오시포프가 "때때로 역사적 단계에서 혹은 먼 지방의 필부의 삶에서 그런 경우를 보듯이 정신적으로 병든 사람이 아니라 정신적으로 온전한 사람이 통치해야만 한다"라고 쓰면서, 그는 아마도 자신의 유년 시절을 떠올렸을 것이다. 다음에서 인용되었다. F. N. Dosuzhkov, "Nikolai Evgrafovich Osipov kak psikhiatr", in Bem, Dosuzhkov and Lossky, *Zhizn' i smert'*, p. 31. 이 연구를 위해 살펴본 개인적인 서류들에서 오시포프의 어머니는 기타 어디에도 언급되지 않는다. 그녀의 아들이 흑해를 경유해서 러시아를 떠나고자 애쓰던 때인 1920년 모스크바에서 사망했다는 것만이 알려져 있다.

적 가치를 고수하기 위해 분투해야 했다. 1905년의 사건들이 진행되는 동안 그는 정치적 투쟁에서 물러서지 않았다. 경찰이 병원에 숨어 있는 반역자들을 수색하자 클리닉 진입을 막았고, 정신 질환을 앓던 혁명가가 감옥에서 자살하자 당국을 비판하는 기사를 쓰기도 했다. 세릅스키는 병원의 경영 문제에서는 보다 보수적이었다.[63] 보호시설의 "민주화"라는 보편적 운동에 따라 대학병원의 직원들이 "학생 경영"을 도입하고 후배 의사들과 근로자들을 클리닉 운영과 의사 결정에 참여시키려 하자 적극적으로 그들에 반대했다. 그는 무능한 경영이 병원을 망칠 것을 두려워했다. "민주화"를 요구한 의사들은 사직을 강요당했다.[64]

이 갈등은 학술 이론적 차원도 있었다. 베른슈타인과 수하노프(S. A. Sukhanov), 간누시킨 등 젊은 의사들은 크레펠린의 추종자들이었다. 반면, 세릅스키는 전통적인 증상학적 정신의학의 지지자였고, 특히 크레펠린의 조현병의 개념에 반대했다. 이 충돌은 학술지 『현대 정신의학』을 창간한 독일 지향의 크레펠린학파와 모스크바대학교 클리닉을 중심으로 형성된 프랑스 정신의학 지지자들 간의 분열을 초래했다. 세릅스키는 새로운 직원들을 고용했고 반(反)크레펠린학파인 오시포프는 공석이던 클리닉의 부원장 자리를 쉽게 차지했다.[65]

63 L. M. Rozenshtein, "V. P. Serbskii-klassik Moskovskoi psikhiatricheskoi shkoly", *Psikhogigienicheskie issledovaniia*, 1, Moscow: Gos. Nauchnyi Institut nevro-psikhicheskoi profilaktiki, 1928, pt. 1, pp. 7~16.

64 다음을 참조하라. *Nevrologicheskii vestnik* 14(1907), pp. 143~144; A. G. Gerish, *P. B. Gannushkin*, Moscow: Meditsina, 1975, pp. 26~28.

65 Julie Vail Brown, "The Professionalization of Russian Psychiatry", Ph. D. diss., Univ. of Pennsylvania, 1981, p. 347.

세릅스키는 크레펠린에 대한 부정적인 시각에도 불구하고 자신의 흥미를 유발하는 정신요법에 대해서는 점차 호의적이 됐다. 그는 모스크바 소재 한 대학교 클리닉에서 신경증 환자에 대한 외래 진료 서비스를 개시하는 오시포프를 후원했다. 오시포프는 그곳에서 1906년부터 1911년까지 수백 명의 환자를 진료했다.

오시포프의 정신의학자 커뮤니티 가입은 그가 보수주의자로 알려진 데다 갈등 상황에서 세릅스키 측에 참여한 사실로 인해 복잡해졌다. 정신의학자들은 의료계에서도 가장 급진적 그룹 중 하나로 알려져 있었고 이 평판은 제1차 러시아 혁명에서 확인됐다. 1905년에 열린 피로고프학회 회의에서 오시포프는 급진적 동료들이 자신의 말을 비웃진 않을까 걱정했다. 그러나 이후 세릅스키와 그의 동료들 역시 정부 정책에 반대하고 있다는 것을 확인할 수 있었다. 1911년에 교육부 장관 카소는 학생시위에 참가한 수백 명의 모스크바대학교 학생들을 학교에서 제적시키도록 명령했다. 이에, 세릅스키를 비롯한 수많은 교수가 학생들을 지지하며 사임했다. 어느 날 세릅스키는 복도에서 오시포프를 만나 다음과 같이 말했다. "이제 자네에게 병원을 넘기네. 나는 다시 돌아오지 않을 거야." 그러나 그런 일은 일어나지 않았다. 오시포프를 포함한 모든 클리닉의 의사들이 세릅스키와 함께 병원을 떠났기 때문이다.[66] 정치적이고 인도적인 가치라는 대의를

---

66 한 사람을 제외하고 모든 의사가 떠났다. 리바코프는 남았으며 카소에 의해 책임자로 임명됐다. 따라서 모스크바 정신의학자들은 그가 회의에서 발언하는 것을 허용하지 않았다. 다음을 참조하라. N. E. Osipov, "Korsakov i Serbskii(Perbye professora psikhiatrii Moskovskogo universiteta)", Moskovskii universitet, 1755-1930: Iubileinyi sbornik, eds. V. B. El'iashevich, A. A. Kizevetter and M. M. Novikov, Paris: Sovremennye zapiski, 1930, p. 424.

위해 직업적인 이득이 희생됐다. "고결한 마음"이라는 이상은 여전히 젊은 의사들에게 영향을 끼쳤다.

시간이 가면 갈수록 젬스트보 의료 현상은 젊은 세대로부터 더 큰 평가를 받았다. 젬스트보를 위해 일했고 지방에 정신 건강 센터를 조직했던 의학자들의 명성에는 특유의 아우라가 있었다. 1900년에 요절하기까지 19세기의 마지막 20년 동안 모스크바 정신의학자들의 지도자였던 코르사코프가 특히 칭송받았다.[67] 코르사코프 추모위원회 일원인 오시포프는 모스크바대학교 기념일을 맞아 코르사코프에 대한 존경의 글을 써서 그런 분위기에 일조했다. 그는 정신의학 제도화 시기를 "러시아 정신의학사의 영웅 시기"라고 불렀다. 오시포프는 코르사코프와 함께 시골의 "몽매한 변두리"에 정신의학의 기반을 다져 놓은 절친한 동료 바제노프와 세릅스키를 찬양했다. "바제노프는 사회에서 훌륭한 교육을 받은 매우 재능 있는 사람이었음에도 시골로 가 정신의학의 선구자, 정신의학의 영웅 중 한 명이 됐다. 바제노프가 해외로 유학을 떠나자 세릅스키가 클리닉의 그의 자리를 맡았다. 세릅스키는 코르사코프의 지휘하에 1년 동안 근무한 후 해외로 가 탐보프 젬스트보 보호소의 책임자가 됐으며 그 역시 정신의학의 선구자이자 정신의학의 영웅이 됐다."[68] 오시포프는 창시자 세대에 공감했으나 그들의 과학만능주의보다 윤리적인 면을 계승했다. 그가

---

67 코르사코프에 대한 존경과 경외심은 대부분 진심이었지만 그의 이미지는 또한 모스크바 정신의학회에 전설적인 지위를 부여하는 데에 이용됐다. 다음을 참조하라. Julie V. Brown, "Heroes and Non-Heroes: Recurring Themes in the Historiography of Russian-Soviet Psychiatry", *Discovering the History of Psychiatry*, eds. M. S. Micale and Roy Porter, New York: Oxford Univ. Press, 1994, pp. 297~307.

68 Osipov, "Korsakov i Serbskii", p. 410.

회고록에 쓴 바와 같이 오시포프를 매료시킨 것은 정신의학의 의학적 면보다는 철학적 측면이었다. 성격의 심리적 문제에 관한 생물학적 집근과 함께 시작된 그의 관심은 해부학, 생리학, 병리학에서 정신의학, 신경증 연구, 심리학 및 범죄학을 통해 발전했다. 청년 오시포프는 "영혼에 관한 난제와 전반적인 인간의 문제"에 대한 답을 정신의학에서 찾기를 기대했다.[69] 그의 동료 정신의학자들도 오시포프를 가장 철학 지향적인 의사 중 하나로 꼽았으며 정신의학의 인식론과 방법론에 조예가 깊은 사람으로 여겼다.

신칸트학파 철학자인 빌헬름 딜타이, 빌헬름 빈델반트, 하인리히 리케르트가 이런 관심에 영향을 주었다. 1894년 전 세계에서 수십 명의 학생과 방문자들이 라이프치히에 있는 분트의 심리학연구소를 찾았을 때, 딜타이는 베를린에서 자신의 유명한 강연 중 하나를 하게 된다. 그는 "기술심리학과 분석심리학의 개념"이라는 이 강연에서 자연과학을 흉내내며 정신을 생리적 과정으로 설명하는 실험심리학자들을 비판했다. 그의 비판은 자연의 과학인 자연과학(Naturwissenschaften)과 인간 정신의 과학인 정신과학(Geistewissenschaften)의 근본적인 차이에 근거했다. 그는 후자는 주체로서 자연이라는 객체와는 본질적으로 다른 어떤 것, 예컨대 가치, 정서, 의미 체계를 가지고 있으며, 따라서 다른 방법이 필요하다고 주장했다. 리케르트의 말에 따르면 "우리가 실제를 보편적인 것으로 관련지으면 그것은 자연이 되는 데 반해, 특정적이거나 개별적인 것과

---

69 Dosuzhkov, "Nikolai Evgrafovich Osipov", p. 27.

관련지으면 실제는 역사가 된다".[70] 역사 및 개별화한 각각의 학문 분야는 연구 중심에 인간 정체성을 위해 가장 중요한 것인 대의, 가치, 의미를 둔다.

19세기 말 20세기 초 독일의 대학에서 수학한 러시아의 대다수 이상주의적 젊은이들 사이에서 신칸트철학의 인기는 마르크스주의의 인기에 버금갔다. 심리학과 정신의학을 포함한 여러 분야의 전문가들은 정신과학의 관념을 행동강령으로 받아들였다. 오시포프는 딜타이가 교수로 있던 베를린에서 1년을 보냈다. 그는 딜타이의 인생철학에 깊이 감동했다. 특히 인간에게는 포괄적 해석, 즉 인생관(Weltanschauung)을 성취하려는 특별한 경향이 있다는 이론, 현실의 모습을 의미의 감각과 결합하려는 철학 그리고 행동 원칙을 창조하는 가치 등이다. 오시포프는 빈델반트의 보편 과학과 개별 과학의 구분 및 리케르트의 일반화와 개별화의 개념을 이용해 의학의 인식론적 지위를 깊이 성찰했다.[71] 1911년에 오시포프는 "정신의학의 논리와 방법론에 대하여"라는 주제로 모스크바 정신의학자 모임인 "작은 금요일"의 강연회를 열었다. 그의 말을 빌리면, 그 강연은 "리케르트 강론을 다른 말로 설명한 것"이었다. 오시포프는 정신의학이 자연과학에 기초를 두고 있으나 환자 개개인을 연구하는 임상 학문이라고 주장했다. 정신의학자는 "환자의 실제 상태를 결정짓는 본질적인 가

---

70 Heinrich Rickert, *Kulturwissenschaft und Naturwissenschaft*, 5th ed., Tübingen: Mohr, 1921, p. 63.
71 빈델반트는 오시포프가 학위논문을 썼던 취리히에서 가르쳤다. 오시포프는 그곳에서 당시 취리히에서 교수로 있던 에리스만과 신(新)칸트철학에 관해 토론했다.

치"를 추구해야 한다.[72]

리케르트는 개별 과학의 최종적 결과는 "역사적 개인"의 개념이라고 주장했다. 오시포프는 강연에서 리케르트를 좇아 정신의학의 결과물은 정신의학자가 임상 관찰과 환자의 과거에 대한 지식으로부터 환자의 기록, 그의 **"병적"**(history)을 기술함으로써 정립시킨 "정신의학적 개인"의 개념일 것이라고 말했다.[73] 정신의학자들은 "정신의학적 개인"의 독특한 특성을 강조하면서 다양한 질환을 다루었다. 다시 말해 수많은 "개인"을 다루고 있다는 것을 염두에 두었다. 오시포프는 의학이 자연과학(보편)과 인간학(개별)의 중간에 있다고 주장했다. 한편으로 의학은 해부학, 생리학, 조직학과 기타 자연과학의 체계적 연구에 기초해 일반화를 포함한다. 다른 한편으로 실제 의학은 개별 사례와 관련된다. 오시포프는 몇 년 뒤에 발표한 논문에서 한쪽은 과학을 향해 있고, 다른 한쪽은 환자 개인을 향해 있는 의학의 "이중성"에 대해 썼다. 그는 의학은 과학보다 예술에 가까우며, 의사로 하여금 특별한 능력을 갖도록 요구한다고 결론 내렸다. 여러 사례를

---

72 "작은 금요일" 모임은 클리닉의 의사들을 위해 격주로 열리던 학회에서 출발했다. 다음을 참조하라. N. E. Osipov, "O logike i metodologii psikhiatrii", *Zhurnal nevropatologii*, no. 2~3, 1912, p. 465. 1908년, 모임은 다른 연구소 출신의 의사뿐만 아니라 비의학자에게도 개방되었으며, 생물학자, 심리학자, 사회학자 역시 참석했다. 1911년 이후, 작은 금요일은 모스크바 정신과의사협회에서 시작돼, 결과적으로 독립적인 조직이 된다. 새로운 지역에서 오시포프의 발표로 첫 세션이 개최됐다. 참가자들에 대해서는 다음을 참조하라. M. M. Asatiani("The Mechanism of Symptom Development in One Case of Hysteria"), L. M. Rozenshtein("The Demonstration of Mr. A.'s Phenomenal Counting Ability"), D. G. Konovalov("Emergence of the Enthusiastic Sects"), V. P. Karpov("Inheritance in the Light of New Biological Data") and others. 다음을 참조하라. N. E. Osipov, "Moskovskii psikhiatricheskii kruzhok 'Malye piatnitsy'", *Zhurnal nevropatologii*, no. 2~3, 1912, pp. 456~487.

73 Osipov, "O logike", p. 460.

일반화시키는 능력 이외에도 의사는 과학적 지식을 얻기 위해 혹은 연구하기 위해 자신의 지식을 개별 사례에 적용할 수 있어야 한다. 의사는 "이중적 얼굴"을 가져야 하며, 과학자이자 치유자 둘 모두이어야 한다.[74]

오시포프는 톨스토이의 글에서 자신의 이상에 관한 묘사를 발견했다. 의사는 "불가피한 일의 진행"을 분명히 보아야 하고 자신을 그것에 예속시켜야 한다. 현명한 정치인처럼 의사는 사건의 자연스러운 진행 속에서 아주 가끔 신중하게 선택한 경우에 한해 개입한다. 그가 할 수 있는 최대치는 현대 과학과 의학의 한계를 아는 것이고, "인생의 가장 단순하고 직접적인 작업"에 의지해 한계를 긍정적 방향으로 발전시키려 노력하는 것이다. 오시포프는 의사를 빛에 관한 이론적 지식은 없지만 램프를 만드는 동양의 우화 속 노예에 비유했다. 그와 마찬가지로 의사는 유기체에 대해 완전한 지식을 갖고 있지 않아도 아픈 사람을 도울 수 있다.[75] 의사는 과학적 지식 부족에 직면하면 자신의 경험과 과학적 훈련 이상의 넓은 견해에 의지한다. "치료하는 것은 의학이 아니라 의사"이며 그는 인간 심리에 대한 올바른 시각과 질환의 성질 그리고 최종적으로 의사 자신의 개성으로 치료한다.[76] 오시포프는 인생 말년에 자신의 전문 분야인 신경쇠약증에 관한 강의에서 톨스토이의 "덕망 있는 의사"의 겸손함에 대해 말했다. "제가 얼마나 많은 신경쇠약증 환자를 치료했을까요? 저는 한 명

74 N. E. Osipov, "Dvulikost' i edinstvo meditsiny", *Russkii narodnyi universitet v Prage: Nauchnye trudy*, 2, Prague: Russkii narodnyi universitet, 1929, pp. 175~192.

75 Osipov, "Psikhoterapiia v literaturhykh proizvedeniiakh", p. 5.

76 Osipov, "Dvulikost'", p. 192.

도 치료하지 못했다고 답하겠습니다. Medicus curat, natura sanat(의사는 처치하고, 자연은 치유한다). 게다가 신경쇠약증 환자의 회복에는 운명이 의사보다 더 많이 기여합니다."[77]

신경 클리닉과 요양소: 러시아 내 정신요법의 출현

톨스토이는 정신 질환에 적극적으로 관심을 가졌다. 톨스토이의 자식들은 후에 톨스토이가 지어낸 여러 종류의 광기에 관한 이야기, 가령 자신이 유리로 만들어졌다고 상상하는 남자 이야기 등을 떠올렸다. 톨스토이의 딸이 기억하듯, 야스나야 폴랴나는 난쟁이, 알코올 의존증의 전직 수사, 남자 옷을 입고 자신 안에서 자작나무가 자라고 있다고 믿는 여자 거지 등 다양한 "기인들"에게 피난처가 됐다.[78] 톨스토이는 아내의 신경 질환에 대한 정보가 필요했기 때문에 한편으로는 광범위하게 현대 정신의학에 관한 책을 읽었다.[79] 그러나 그는 마지막 순간까지도 정신이상이 정신의학 교과서에 묘사된 것과 매우 다르다고 생각했다. 톨스토이는 정신 질환을 앓는 환자를 관찰할 기회를 여러 차례 가졌다. 모스크바에 있던 톨스토이 소유 토지는 모스크바대학교 정신의학 클리닉의 정원과 담을 공유했다. 그는 모스크바대학교의 정신의학 교수이자 클리닉의 초대 원장인 코르사코프와

77 N. E. Osipov, "Nevrasteniia", in Bem, Dosuzhkov and Lossky, *Zhizn' i smert'*, p. 106.
78 Kostruba, "Psikhiatriia", p. 112.
79 톨스토이가 읽은 정신의학자들의 목록은 다음을 참조하라. L. N. Tolstoy, *Polnoe sobranie sochinenii*, 38, Moscow, Khudozhestvennaia literatura, 1936, pp. 584~585.

대화하기를 좋아했다. 언젠가 톨스토이가 병원의 환자들이 공연하는 연극을 참관했을 때, 환자 중 한 명이 톨스토이를 알아보고 외쳤다. "아, 레프 니콜라예비치 씨. 당신이 우리와 함께라니 기쁩니다!" 그는 톨스토이가 방문객이 아닌 환자라고 생각했다.[80]

가까이서 정신의학을 경험했지만 정신의학에 관한 톨스토이의 견해는 의학 전반에 관한 것만큼이나 비판적이었다. 한번은 톨스토이가 정신의학 남용 사례를 다룬 기사의 익명의 저자에게 지지를 표명했다. 그는 이러한 남용이 너무나 끔찍하며 부정할 수 없이 자행된다고 보았기에, 정부와 사회에 향후 이러한 일을 막아 달라고 요구했다. 기사 게재 후 글쓴이가 지방 정신병원에서 과대망상증 치료를 받았지만 별로 효과가 없었다는 사실이 폭로됐다. 모욕감을 느낀 한 정신의학자가 톨스토이 논평에 대해 다음과 같이 반응했다. "어떤 사람이 천재 작가일지라도 정신의학에 대해 아무것도 이해하지 못할 수 있다는 것은 분명하다."[81] 이 일이 있은 후에도 정신의학에 대한 톨스토이의 시각은 여전히 호의적이지 않았다. 그는 죽기 몇 달 전 「정신이상에 관하여」(On Madness)라는 글을 쓰기 시작했고, 이를 위해 모스크바 근교의 여러 정신병원을 찾아다녔다. 소논문에 기록했듯이 톨스토이가 탐문 중 본 것은 "일반적 형태의 한 가지 정신이상을 겪는 사람이 일반적이지 않은 다양한 형태의 정신이상으로 고통받는

---

80 T. L. Sukhotina-Tolstaia, *Vospominaniia*, Moscow: Khudozhestvennaia literatura, 1976, pp. 434~435.

81 논문 「정신의학적 질문에 대해」(On the Psychiatric Question)는 A. M.으로만 소개된 작가에 의해 씌었다. 그 논문은 정신의학자들이 순수하고 건강한 사람을 개인적 이득을 위해 정신병원에 감금했다고 보고했으며, 환자에게 복종을 가르치기 위해 가혹한 방법을 사용한 사례 한 건을 자세히 묘사했다. 다음을 참조하라. Brown, "Professionalization", p. 255.

사람을 위해 설립한 시설이었다". 그는 정신의학을 "우스꽝스러운" "상상의 과학"이라고 일컫고 정신 질환의 여러 분류법을 비교하면서 분명하고 이해하기 쉬운 경우, 가령 "1. 폭력적인 환자 (…), 2. 조금 폭력적인 환자, 3. 조용한 환자, 4. 심사 중인 환자"와 같이 단순한 분류에서만 정신의학에 동의한다고 썼다.[82] 톨스토이의 가르침에 영향을 받은 모스크바 정신의학자 한 명은 자신의 병원 문을 닫고 지방에 있는 가족 소유의 토지로 떠나 그곳에서 농사를 지으며 꿀벌을 치고 목수 일을 한 것으로 보인다.[83] 톨스토이는 병원 정신의학에 대한 그간의 공격과는 대조적으로 1888년에 요양소 중 한 곳에 입소함으로써 신경 요양소라는 세기말 정신의학의 새로운 발전을 수용했다.[84]

1880년대 러시아 정신의학은 이미 잘 정립되었다. 1870년대 모스크바대학교 의대생의 경우, 정신의학 과목이 없었고, 단 한 명의 정신 질환자도 만나 보지 못한 채 졸업했으나, 니콜라이 오시포프 세대는 상대적으로 장비를 잘 갖춘 대학병원과 소규모 사설 보호시설에서 집중적으로 이론 훈련을 경험할 기회를 가졌다. 창시자들은 행정상의 많은 책임을 지고 당국과 꾸준히 협상해야 했던 반면, 젊은 정신의학자들은 임상 연구와 개인 실습에 더 많은 시간을 할애했다.[85]

---

82 L. N. Tolstoy, "O bezumii"(1910), *Polnoe sobranie sochinenii*, 38, p. 411.

83 S. A. Tolstaia, *Dnevniki*, 2, Moscow: Khudozhestvennaia literatura, 1978, p. 211.

84 1888년 톨스토이는 모스크바 지역, 즈베니고로드 인근 변두리에서 의사 오그라노비치가 조성한 "신경증 환자를 위한" 요양 지역으로 옮겼다. 다음을 참조하라. S. A. Tolstaia, *Dnevniki, part 2: 1891-1897*, Moscow: Sabashnikovy, 1929, p. 108, 236 .

85 이러한 변화에 대한 논의는 다음을 참조하라. Julie V. Brown, "Psychiatrists and the State in Tsarist Russia", *Social Control and the State*, eds. Stanley Cohen and Andrew Scull, New York: M. Robertson, 1983, pp. 267~287.

이 차세대 정신의학자들은 심지어 시골 지역에서도 연구를 이어 갔고, 이들 다수가 19세기 말에 시작된 정신의학 간행물에 글을 게재했다. 1907년 1차 러시아 혁명이 끝날 무렵 시작된 정치적 상황은 경력 중심과 직업적 활동 위주로의 변화에 간접적으로 기여했다. 이는 이전 세대의 인민주의 가치와는 어느 정도 대조적이었다. 지역 의료는 젬스트보, 특히 가장 외지의 젬스트보가 의사를 고용하는 일이 매우 어려워지면서 위기를 맞게 된다. 당시 혹자는 "젬스트보 의사 사이에 (…) 자신들의 지위, 일의 실패, 희미해지는 과거의 흥분 그리고 자기 일에 대한 공익성을 확신하지 못하는 신념의 상실 등 억눌린 불만족이 존재한다"라고 전하기도 했다.[86]

1910년대의 정신의학자들은 지역 의료에 실망하게 됐고, 이는 어느 정도 지방 젬스트보 행정과의 숱한 갈등에 기인했다. 한 정신과 의사는 러시아 정신의학지의 편집자에게 보내는 편지에서, "조금은 슬픈 사태의 변화로 인해 자신들의 유익한 활동을 중단하도록 강요당한" 동료 여섯 사람에 대해 언급했다.[87] 1907년에 보로네시정신병원의 원장 비루보프는 해고돼 지역에서 추방당했고, 바제노프도 랴잔 젬스트보 경영진과 유사한 문제로 뒤이어 사임해야 했다. 따라서 이 시기 많은 젊은 의사들은 개인 의료 행위를 통해 자신의 수입을 보장하려고 했다. 이런 일들로 인해 윗세대 정신의학자들이 "요즘

---

86 인용은 다음을 보라. John F. Hutchinson, *Politics and Public Health in Revolutionary Russia, 1890-1918*, Baltimore: Johns Hopkins Univ. Press, 1990, pp. 54~61.

87 V. F. Chizh, "Pis'mo redaktoru", *Nevrologicheskii vestnik*, no. 3, 1895, p. 174. 또한 다음에서 인용되었다. Julie V. Brown, "Professionalization and Radicalization: Russian Psychiatrists Respond to 1905", *Russia's Missing Middle Class: The Professions in Russian History*, ed. Harley D. Balzer, Armonk, N. Y.: M. E. Sharpe, 1996, p. 145.

의사들은 공중의학의 의무를 다하기보다 장비도 제대로 갖추지 않은 [사설] 정신병원 실험실에서 일거리를 찾는다"라는 불만을 토로했다는 사실은 놀라운 일이 아니다.[88] 이전 세대 지역 의료 전파자들은 러시아 지역 의료가 유럽과 영미의 경우에서와 같이 영리를 추구하는 기업체로 상업화할 것을 우려했다. 1911년 러시아 정신의학자의 3분의 1(266명 중 81명)이 사설 클리닉에서 일하거나 개인 고객을 대상으로 생계를 이어 나갔다. 그리고 이들 중 대부분(61명)은 모스크바에서 활동했다.[89]

"정신 질환" 환자를 위한 사설 기관은 신세대 개업 의사가 등장할 당시 중요한 사회적 역할을 담당했다. 신경 질환을 앓는 사람을 위한 사설 클리닉이나 요양소는, 예컨대, 19세기 초, 영국에서 70년 동안 존재했던 정신병원이나 정신 질환자를 위한 개인병원과는 매우 달랐다. 영국에서 채택된 "도덕적 치료"라는 법령에도 불구하고 정신병원은 가족들이 환자를 가두는 강제수용소와도 같은 장소였다. 패리-존스에 따르면 이 "정신병 거래"는 사립정신병원의 불명예를 초래해 세기말에는 그 수가 격감했다.[90] 이와는 대조적으로 정신 질환자를 위한 기관은 내과 관련 질환을 위한 사설 클리닉을 모델로 이

88 예브그라포프(K. R. Evgrafov)는 다음에서 인용되었다. T. I. Iudin, *Ocherki istorii otechestvennoi psikhiatrii*, Moscow: Medgiz, 1951, p. 322. 세균학 실험실 연구에도 유사한 비평이 가해졌으며, 이것은 구(舊)젬스트보 의사들의 견해로 보자면 젊은 의사들이 실습에 집중하는 것을 방해했다. 다음을 참조하라. Hutchinson, *Politics*, p. 56.

89 E. N. Dovbnia and L. M. Rozenshtein, *Pervyi s"ezd russkikh nevropatologov i psikhiatrov*, Moscow: Shtab Moskovskogo voennogo okruga, 1911, app.

90 William H. Parry-Jones, *The Trade in Lunacy, A study of Private Madhouses in England in the Eighteenth and Nineteenth Centuries*, London: Routledge, 1972, p. 33.

뤄졌고 자유 의지로 방문한 환자를 대상으로 준비됐다. 대학에서 강의를 하거나 정신병원에서 전문의로 일하는 의사와 달리 안정된 봉급을 받지 못하는 정신과 의사들에 의해 설립된 이런 신경 클리닉들은 종종 상업적 이윤을 추구했다. 그럼에도 불구하고 이러한 기관에서의 상업적 행위는 사설 정신병원과는 달리 환자의 가족이 아닌 환자에게 직접 의료 서비스를 판매할 때가 잦은 것으로 보였다. 이런 관심의 변화는 신경 클리닉과 요양소에 대한 더 나은 평판을 담보해 주었다.

1828년 모스크바에 러시아 정신 질환자를 위한 전형적인 형태의 기관이 설립됐다. 1828년은 발트해의 도시 리가 출신의 의사 한스 요한 로더(Hans Johann Loder)가 "인공 광천수 시설"을 도입한 해이다. 그곳에서 환자들은 물뿐만 아니라 산책, 음악, 독서와 대화로 치료를 받았다. 19세기 말 모스크바에는 40개 이상의 사설 신경 클리닉과 요양소가 운영되고 있었다. 이러한 클리닉의 모델은 주로 19세기 후반에 신경·정신 질환자를 위한 사설 클리닉이 번성했던 유럽의 독일어 사용 지역으로부터 들어왔다.[91] 정신 질환자를 위한 첫 번째 요양소는 1880년대 러시아 남부 지방의 해안가에 문을 열었다.[92] 19세기 말 러

---

91 Edward Shorter, "Private Clinics in Central Europe, 1850~1933", *Social History of Medicine*, no. 3, 1990, pp. 159~195.

92 오그라노비치의 요양촌은 1883~1887년, 크림 지역에 설립됐다. 다음을 참조하라. "Proshenie vracha Mikhaila Petrovicha Ogranovicha o razreshenii emu otkryt' v imenii grafa S. D. Sheremeteva 'Aliaukhovo' Zvenigorodskogo uezda sanitarnuiu koloniiu dlia malokrovnykh i nervnykh bol'nykh", 1893. 10. 15, 1897. 1. 27, in TsGIAM, f. I, op. 2, d. 2704. 드로즈네스의 요양소는 1890년 무렵, 오데사에 설립됐다. 다음을 참조하라. M. Ia. Droznes, *Osnovy ukhoda za nervno-i dushevnobol'nymi, vyrabotannye v vide opyta dlia sluzhebnogo personala chastnoi lechebnitsy dlia nervno-i dushevnobl'nykh doktora M. Ia. Droznesa v Odesse*,

시아는 다수의 클리닉과 요양소 그리고 정신 질환자와 "과로한 사람들", 알코올 의존증 환자를 위한 외래 진료를 갖췄다. 몇몇 신경 요양소(프세흐뱟스키, 폿솔네츠니, 나데즈디노, 크류고보)가 1908년과 1914년 사이에 설립됐다. 제1차 세계대전과 1917년 러시아 혁명은 민간경제에 제한을 가함으로써 이 급격한 발전에 제동을 걸었다.

"정신" 질환은 광범위한 집단을 형성했고, 그 범위는 이른바 기능성 신경증 혹은 일반 신경증(유기적 병인이 확인된 것이 아니라 추정될 뿐인 간질, 히스테리, 신경쇠약증 등)에서부터 정신적 피로와 신경과민증과 같은 "과로" 증상까지를 포함했다. 20세기 초 러시아의 의학자들은 다른 곳의 의학자들과 마찬가지로 "우리 중 신경증을 전혀 앓고 있지 않다고 자랑할 수 있는 사람은 거의 없다. 어느 날 우리 모두 극도의 민감함, 피로, 두통뿐 아니라 신경쇠약증이나 신경과민 증상을 보일지도 모른다"라고 생각했다.[93] 신경 클리닉과 요양소의 환자들은 매우 다양했고 정신적 혹은 신체적 질환으로부터 회복되고 있는 사람, 어떤 경우에는 회복이 불완전한 사람, 주기성 정신병, 일반 신경증 및 정신병적 체질을 가진 사람, 약물중독자, "정신적으로 지친" "신경과민" 환자들을 포함했다. 신경 클리닉에서는 보통 정신이상자들을 받아 주지 않았다. 그들을 수용하려면 이들을 위한 분리된 건물 혹은 분리된 출입구를 갖도록 권고받았다.[94] 때문에 신경 클리

Odessa: Isakovich & Beilenson, 1897.

93 V. K. Rot, "Obshchestvennoe popechenie o nervno-bol'nykh: Ustroistvo spetsial'nykh sanatorii", *Trudy Vtorogo s"ezda otechestvennykh psikhiatrov*, Kiev: Kul'zhenko, 1907, p. 479.

94 N. N. Bazhenov, *Proekt zakonodatel'stva o dushevno-bol'nykh i ob"iasnitel'naia zapiska k nemu*, Moscow: Gorodskaia tipografiia, 1911.

닉은 악명 높은 "노란 집"보다는 덜 공포감을 주었다. 러시아에서 정신병원의 일반적인 색상은 노란색이다. 클리닉 환자들은 더 자유로워진 제도의 혜택을 받아 취미 개발이 가능해졌다. 신경 클리닉과 요양소는 다양한 종류의 물리요법을 제공했다. 전기요법, 목욕, 마사지, 해수욕(오데사에 있는 드로즈네스의 요양소), 광천수, 발효된 응고 우유, 포도주스, 심지어 말젖(kumys)이 이용되기도 했다. 그러나 주된 치료법은 마음을 다루는 것이었다. 클리닉에서 근무하는 의사는 주로 정신의학 교육을 받거나 적어도 보호시설과 정신병원에서 일한 경험이 있었다. 그들은 가까운 가족관계와 같은 분위기 및 특별한 방법으로 삶의 가치를 강조했다.[95] 이에, 낡은 도덕적 치료법은 덜 제한적인 조건들로 수정됐다.

앤 딕비가 지적한 바와 같이 "도덕 치료"의 철학은 "정신의 적절한 규범이 근본적으로 질병의 방지와 관련돼 있다"고 믿는 요크요양원 설립자들에 의해 영국에서 한 세기 빠르게 개발됐다. 로크학파의 교육적 이상은 요양원 환자와 아이들 사이의 유사성을 상기시켰다. 존 로크는 다음과 같이 말했다. "교육의 거대한 비밀은 아이의 영혼을 편안하고 능동적이며 자유롭게 하는 법을 찾는 데에 있지만, 이와 동시에, 아이가 마음속에 품고 있는 많은 것들로부터 아이를 규제하는 방법을 발견하는 것에도 있다."[96] 관련해 모스크바의 정신의학자

95　S. S. Korsakov, "Ob ustroistve chastnykh lechebnits", *Zhurnal nevropatologii*, no. 5~6, 1901, pp. 937~965.

96　Anne Digby, *Madness, Morality and Medicine: A Study of the York Retreat, 1796-1914*, Cambridge: Cambridge Univ. Press, 1985, p. 34. 로크는 다음에서 인용되었다. *Ibid.*, p. 59. 러시아인들은 19세기 초 이래로 요크요양원에 대한 전 세계적인 칭송을 공유했었다. 사무엘 투크는 그의 회고록에서 러시아의 미래의 황제 니콜라이 대공이 1814년 요양원을 방문했을 때,

코르사코프는 이 유사성에 관해 설명했다. "타인에 대한 걱정과 생각이 (…) 영혼을 공허하게 느끼게 하지 않는" 가족 안에서처럼, 환자와 병원 직원 사이의 가깝고 친밀한 관계가 "건강한" 감정을 자극한다. 요크요양원의 설립자들은 소장을 "집안의 가장"으로 여겼다. 따라서, 초대 소장의 간호부장과의 결혼은 이러한 이상을 확인시켜 주는 듯이 보였다. 같은 맥락에서, 코르사코프는 가까운 관계를 형성하는 데 여성의 존재가 중요하다고 주장했다. 여성은 환자를 돌보면서 그들 삶의 작고 세밀한 상황 속으로 들어가 친밀하고 배려하는 분위기를 만들었다. 의사는 "그저 그렇게 할 시간이 없을 뿐이다". 한편, 의사와의 접근이 용이해서도 안 된다. 즉 의사가 멀리 떨어져 있으면서 권위적인 가장의 이미지를 갖는다면, 환자와 직원들은 그가 취하는 관심의 작은 부분들에 대해서도 고려할 것이고, 즉시 그의 지시에 따를 것이기 때문이다.[97]

요크요양원과 보통 "요양소" 혹은 "보호시설"[98]로 불리는 기타 사설 정신 질환자의 집, 신경 질환자를 위한 기관 간의 또 한 가지 유사성은 지방에 위치하는 것이 중요하다는 점이다. 코르사코프는 시골 클리닉에서의 생활, 가령 맨발로 걷기, 신선한 공기 마시기, 일광욕과 건강한 음식이 환자를 강건하게 만든다고 믿었다. 병원의 영향

매우 감동받아서 "이것은 완벽해, 멋져!"(C'est parfait! C'est admirable!)를 외치곤 했다고 기록하고 있다. *Ibid.*, p. 256.

97　코르사코프는 마리아 베커(Maria Becker)가 운영하는 사설 클리닉에서 일하는 동안 "통합하는 여성의 역할"에 감사하도록 배웠던 것 같다. 코르사코프의 사망 이후, 베커는 지속해서 클리닉을 지원했으며, 젊은 의사들은 그녀를 "러시아 정신의학의 할머니"라고 불렀다. 다음을 참조하라. Osipov, "Korsakov i Serbskii", p. 410.

98　Parry-Jones, *Trade in Lunacy*, p. 33.

은 육체적이기도 하지만 정신적이기도 했다. 단순하게 고안된 의료 기관은 "부자연스럽"고 "건강하지 않은" 생활을 방지했다. 코르사코프는 환자들의 편의시설을 전형적인 러시아 소작농의 집인 나무 오두막으로 지을 것을 권했다. 그는 소풍, 아마추어 연극, 교통수단을 통한 이동과 같은 도시생활의 시끄러운 오락적 특성은 권장하지 않았다. 자연과 사람의 평화로움 속 단순한 삶이 마음을 차분하게 하고 영혼을 치료할 것이라는 생각은 18세기 후반 요크요양원의 창립자들과, 그로부터 100년 후의 톨스토이와 같이, 다른 시대의 다른 사람들이 공유했던 종교적 이상에 반향을 일으켰다.

도덕적 치료는 보호시설이 종종 관리 기관으로 퇴락하던 19세기 절충안이기는 했으나 여전히 정신의학자들에게 매력적으로 다가왔다. 요크요양원 관리자들에 의해 도덕적 치료의 기타 측면과 함께 채택된 절충주의적 접근(만약 한 가지 처방이 실패하면, 다른 처방이 시도됐다)[99]은 신경 질환자를 위한 기관의 실용주의 치료사들에 의해 새로운 활기를 얻었다. 신세대 정신의학자들은 코르사코프의 유산뿐만 아니라 그의 이름까지 사용했다. 사실 코르사코프는 모스크바대학교 정신 클리닉은 물론 니콜라이 오시포프도 대학 졸업 후 바로 근무한 적이 있는 사설 기관인 이 두 곳 모두의 책임자였다. 후자는 정신적으로 병든 사람들을 위해 1830년에 공공 의사 게르초크(F. I. Gertsog)에 의해 설립된 모스크바에서 가장 오래된 사설 클리닉이었다. 이 병

---

99 한 환자의 사례에 다음과 같이 기록돼 있다. "수용된 후 열 달 이상을 약물, 기계적 제약, 물 치료법과 의학적 각성으로 치료하던 한 여성 환자를 안정시키는 데 실패하자, 마지막 희망으로 동물 자기술 시도가 결정됐다." 인용은 다음을 보라. Digby, *Madness*, p. 138.

원은 부유한 환자를 위해 세워졌기 때문에 공립정신병원보다 더 안락했으며 창립자가 더 유연하고 더 인간적인 규칙을 세워 관리했다. 요크요양원에서처럼 창문 빗장은 나무틀 뒤로 가려졌고, 엄격한 규제의 수는 상당히 감소했으며 환자들을 가능한 한 상냥하게 대우했다. 환자들은 오락 및 독서를 할 수 있었으며, 교회에 나갈 수 있었다. 그들은 사람들이 재미로 정신이상자들을 구경하러 오는 정신병원과 달리 일반인에 의해 방해받지 않았다. 게르초크가 도입한 제도는 그의 후임으로 원장이 된 사블레르(V. F. Sabler)와 코르사코프가 이어받았다. 코르사코프는 모스크바에서 그 누구보다도 적극적으로 비감금제도를 도입해 빗장을 제거하고 수용복과 독방을 폐지했다. 코르사코프의 제자이자 그의 지지자인 바제노프는 모스크바 시립정신병원의 원장으로, 또한 여성 고등과정 교수로 바빴지만, 1905년 원장 취임 이래 클리닉 내의 분위기를 한결같이 유지했다. 오시포프는 1906년에 이 클리닉에 합류해 다른 사설 클리닉으로 초빙돼 옮길 때까지 약 1년 동안 근무했다. 1910년 그는 바제노프의 클리닉으로 복귀했고, 바제노프와 수석 의사 모두가 군으로 떠난 1914년 병원의 책임자가 됐다.[100]

신세대 의사들은 그들의 선배들처럼 외부세계와 단절된 삶의 방식, 환자와 직원 간의 유대관계에 치료적 가치를 두는 정신 질환 치료 기관의 유토피아적 모습에 매료됐다. 신경 클리닉과 요양소의 분위기는 직원과 환자 모두에게 유용했다. 이는 자율성, 자존감, 치료법

---

100 "Svidetel'stvo o poilticheskoi blagonadezhnosti N. E. Osipova", 1907. 12, in TsGIAM, f. 1, op. 2, d. 3097, l. 10.

선택에 대한 환자의 요구는 물론이고 기존 이론을 비판하고 새로운 치료법을 실험하는 의사들의 직업적 관심사를 만족시켰다. 정신병원과 사설 클리닉 모두에서 일할 기회가 있었던 코르사코프는 일반적인 연구만을 허용하고 있는 정신병원들과 대조적으로, 소규모 기관이 다양한 상황에서의 세밀한 관찰 및 개별적 연구를 수행하기에 더 나은 조건을 갖추고 있다는 것을 깨달았다. 이러한 "비전문적 수도원"은 환자와 의사들 모두에게 (전자는 그들의 가정환경으로부터, 후자는 거대병원에서 일하는 압박으로부터) "훌륭한 단절"을 제공했다.[101] 신경 클리닉과 요양소에서의 이러한 조건이 의사들로 하여금 오시포프가 "톨스토이와 정신요법"에 관한 자신의 논문에서 찬양하던 태도를 갖추게끔 동기부여를 했다. 다시 말해 삶의 방식으로, 친밀하고 서로 지탱해 주는 심리적 분위기로. 그리고 의사의 "인성"으로 치료하는 것, 또한 기존 이론에 의존하기보다는 "개인적 철학"을 개발하는 것이 그것이다.

영혼의 정화

니콜라이 오시포프가 의사를 치료사라고 정의한 논문에 "톨스토이

---

101 1900년대 초 사설 클리닉에 관한 늘어난 관심은 분명 15년 앞서 모스크바 정신의학 및 신경병리학의사협회 회의에서 발표된 코르사코프의 논문 출간에 기인한 것이었다. 러시아 정신의학자들은 뫼비우스와 프로이트에 의해 사용되던 은유인 "수도원의 기초를 다지다"(lay manasteries)라는 표현을 사용했다. 다음의 예를 참조하라. S. S. Stupin, "K voprosu o narodnykh sanatoriiakh dlia nervnobol'nykh", *Zhurnal nevropatologii*, no. 3, 1904, p. 367.

문학작품 속 정신요법"이라는 제목을 붙인 것은 우연이 아니었다.[102] 이 논문에서 오시포프는 초기의 정신요법을 옹호했고, 그것의 가능성, 이점, 병원 정신의학과의 차이점을 규명했다. 20세기 초 정신병원에서 정신요법을 도입한 것은 급진적 변화로, 19세기 중반의 전형적 정신병원에서 벗어나 미래 지향적인 치료로의 방향 전환을 의미했다. 정신요법은 환자의 내면세계를 무시하고 심리 치료법의 효력을 부정하는 기존 의학의 "치료적 허무주의"를 직접적으로 겨냥했다. 자신을 정신요법가라고 부른 개업 의사 세대는 병원 정신의학과 기타 의학 전문 분야의 차이점을 드러내 주는 데 도움이 될 새로운 전문적 이미지를 추구했다. 톨스토이에게서 영감을 받은 의사 이미지는 "전문적인 것 이상의" 치료자 혹은 철학자로서의 목적에 완전히 부합했다. 톨스토이의 "타고난 재치와 지혜"를 중시하는 생각은 전통 이론에 대치할 명분을 제공해 주었다. 오시포프에게 이런 언어는 관습적인 정신의학 지식을 뛰어넘어 발전하도록 동료들을 독려하기 위한 단순한 수사가 아니었다. 그는 톨스토이가 직관적 심리학자이며 그의 소설에는 심리적 문제와 해당 문제의 "정신요법적" 치료에 대한 뛰어난 묘사가 담겨 있음을 확신했다.

오시포프는 갈수록 정신요법에 관한 영감을 자신의 의학이나 과학적 지식보다 톨스토이에게서 더 많이 얻었으며 작가와의 가상의 대화에 빠져들어 갔다. 그는 톨스토이의 두 편의 주요 소설 『전쟁과 평화』와 『안나 카레니나』에서 "자연적" 정신요법에 대한 기술을 발

---

102 Osipov, "Psikhoterapiia v literaturnykh proizvedeniiakh".

견했다. 여주인공 나타샤와 키티는 그들의 주치의들보다 훨씬 더 직관적이며 회복을 위해 필요한 치료법을 더 잘 이해했다. (『안나 카레니나』에서) 키티는 치료에 회의적이었다. "자신의 병에 대한 온갖 치료는 그녀에게 어리석게, 심지어 우스꽝스럽게 보였다. 마치 산산조각 난 꽃병을 붙이는 것만큼이나 터무니없어 보였다. 그녀는 마음이 아팠다. 왜 그들은 자신에게 알약과 가루약을 처방해 주고 싶어 했을까?"[103] (『전쟁과 평화』에서) 나타샤는 치료해서가 아니라 치료를 했음에도 불구하고 병세가 호전된다. "나타샤가 삼킨 엄청난 양의 작은 알약을 비롯해 조제에 열정을 갖고 있던 쇼스 부인의 작은 약병과 상자들에서 나온 소량의 액체와 가루로 만든 상당량의 혼합물에도 불구하고, 또한 그녀가 [치료 명목으로] 익숙한 전원생활을 박탈당했음에도 불구하고 그녀의 젊음이 이겨 냈다. 덕분에 나타샤의 슬픔은 일상의 인상과 사건들로 인해 덮이기 시작했고 그녀의 가슴을 너무나 고통스럽게 억누르던 슬픔이 멈추었다. 통증은 점점 희미해져 갔고 조금씩 그녀의 육체적 건강도 나아졌다."[104] 나타샤의 경우에는 부지불식간에 의사들이 도움이 됐다.

> (의사들의) 도움은 가장 해로운(약물의 복용량이 매우 적었기 때문에 해로움을 감지하기가 어려운) 약제를 환자에게 삼키게 한 데 있는 것이 아니라 아픈 소녀와 그녀를 사랑하는 사람들의 정신적 요구를 충족

---

103 Lev Tolstoy, *Anna Karenina*(1875~1876), trans. Aylmer Maude, New York: Norton, 1970, p. 108. 셉스키(Schefski)는 다음에서 인용되었다. "Tolstoj's Case", p. 570.
104 Tolstoy, *War and Peace*, p. 779.

시켜 준다는 점에서 개별적으로 유용하고 필요했다. 바로 이 점이 사이비 치료사와 여자 마법사, 동종요법 의사들이 존재했고 지금까지 존재하는 이유이다. 그들은 안식에 대한 갈망, 아픈 곳을 낫게 하려고 문질러 줘야 하는 아이에게서 원초적인 형태로 보게 되는 욕구, 고통이 있는 곳에서 느끼는 동정심 어린 행동에 대한 인간의 영원한 요구를 충족시켰다. (⋯) 나타샤의 경우에는 의사가 마부를 시켜 아바츠키 광장에 사는 화학자를 찾아가 1루블 70코페이카를 주고 예쁜 상자에 든 가루와 알약을 사 오게 해 정확히 두 시간 간격으로 그 가루 달인 물을 먹으면 증세가 바로 호전될 거라고 나타샤를 안심시키며 아픈 곳에 키스해 주고 문질러 주도록 지시했다는 점에서 도움이 됐다.[105]

오시포프는 이런 예들을 통해 정신에 뿌리를 둔 질환의 경우 톨스토이가 종교, 기도, 삶의 의미에 대한 통찰로 소설 속 어린 여주인 공들을 이끌어 준 것과 같은 도덕적 치료법이 요구된다는 것을 깨달았다. 오늘날의 치료 용어로 표현하자면 키티와 나타샤는 "병을 치료하기 위해 의사보다는 자신들의 정신적 문제를 다룰 상담사나 심리학자가 필요했다".[106] 오시포프는 진료 사례 중 적어도 한 번은 톨스토이의 개념을 따랐다. "변질정신병" 진단을 받았으나 그가 훨씬 경미한 신경 질환이라고 재진단한 젊은 여인의 사례였다. 오시포프는 톨스토이식 치료 과정을 거치면서, 다시 말해 환자가 마침내 스스로 인생의 새로운 비전을 찾게끔 한 일련의 대화를 통해 치료됐다고 기

105 *Ibid.*, pp. 777~778.
106 Schefski, "Tolstoj's Case", p. 572.

록했다. 그 후 그 여인은 소작농 자녀를 가르치는 선생님이 되기 위한 학업을 시작했다.[107]

"도덕적" 혹은 "합리적" 치료법은 아마도 이런 종류의 정신 치료법과 가장 유사했을 것이며, 서양에서뿐만 아니라 러시아에서도 광범위하게 채택된 형태의 치료법이었다. 의사는 "환자 옆에 앉아 최고의 인내심을 가지고 그의 불평을 들어 줘야 한다"고 주장한 스위스의 의사 뒤부아는 에드워드 쇼터가 강조한 바와 같이 신경 질환을 치료하기 위한 "심리적 패러다임"의 토대를 다져 놓았다. 그의 "방법론"은 한동안 정신 치료법 자체와 동일시됐다. 예를 들어 모스크바 근처 한 신경 요양소 원장은 환자에게 최면술 이외에도 암시와 정신분석, 즉 합리적 치료법을 가리키는 "제대로 된 의미의 정신요법"을 제공했다고 공표했다.[108] 뒤부아는 육체적 건강에서와 같이 존엄한 삶을 취하고 병에 대한 자신의 책임을 부정하지 말라고 환자를 가르쳤다. 러시아 정신의학자가 합리적 정신요법의 본질을 공식화해 놓았듯 정신요법의 목표는 "인간의 정신적 갱생을 촉진하고 가장 숭고하고 귀중한 것, 즉 인간의 개성을 되찾는 것"이었다.[109] 1910년에 뒤부아를 방문한 오시포프는 뒤부아와 톨스토이의 메시지가 같다는 사

---

107 N. E. Osipov, "Mysli i somneniia po povodu odnogo sluchaia 'degenerativnoi psykhopatii'", *Psikhoterapiia*, no. 5, 1911, pp. 189~215.

108 뒤부아는 다음에서 인용되었다. Edward Scorter, *From Paralysis to Fatigue: A History of Psychosomatic Illness in the Modern Era*, New York: Free Press, 1993, p. 247. 요양소 책임자 비루보프의 발언은 『현대 정신의학』(*Sovremennaia psikhiatria*), no. 1, 1909, 앞표지 안쪽 면에 실린 크류코보 요양소 광고에서 발췌함.

109 B. S. Greidenberg, "Psikhologicheskie osnovy nervno-psikhicheskoi terapii", *Trudy Pervogo s"ezda Russkogo soiuza psikhiatrov i nevropatologov, Moskva, 4-11. 9. 1911*, eds. N. A. Vyrubov et al., Moscow: Shtab Moskovskogo voennog okruga, 1914, p. 138.

실에 깊은 인상을 받았다. "병을 무서워하지 말고 치료를 두려워하지 말라. 치료란 해로운 약의 복용을 의미하는 것이 아니라 주로 너 자신의 아픔을 깨닫고 너 자신에 대한 도덕적 요구로부터 자유로워지는 것이다."[110] 오시포프가 설명한 대로 뒤부아의 신조는 의학에 관한 톨스토이의 도덕적 요구에 직접적인 답을 제공했다. "의사는 자신이 믿지 않는 것, 자신의 아픈 동료에게 말할 수 없는 것, 아픈 자기 자신에게 말할 수 없는 그 어떤 것도 신경쇠약증 환자에게 말해서는 안 된다."[111]

20세기의 첫 10년은 급격하게 발전한 유럽의 정신요법이 기타 경쟁 이론들과 차별화된 시기이다. 19세기 정신요법에는 두 가지 주요 형태가 있었다. 하나는 초기 최면술사의 연구에서 유래하고 샤르코의 히스테리 실험으로 권장된 "최면 상태에서의 암시"였다. 프랑스 의사 리보와 베른하임은 두 번째 형태인 "각성 상태에서의 암시"를 도입했다. 뒤이어 조셉 브로이어와 프로이트의 히스테리의 "카타르시스 치료법"에서부터 뒤부아의 "합리적 치료법"까지 "정신적 치료법"의 다른 버전들이 생겨났다. 정신요법의 선구자들은 신진들을 잠재적 경쟁자로 여겼다. 1904년 뒤부아의 명성이 최고조에 달했

---

110 톨스토이는 다음에서 인용되었다. N. E. Osipov, "O naviazchivoi ulybke", *Zhurnal nevropatologii*, no. 4, 1912, p. 578.

111 Osipov, "Nevrasteniia", p. 106. 오시포프가 톨스토이와 뒤부아 간의 유사점을 강조한 유일한 사람은 아니다. 심리학자 유르만 역시 비록 비판적이긴 했으나 이성적 치료와 톨스토이의 도덕적 가르침을 비교했다. "뒤부아와 아로츠키 같은 심리 치료사들은 톨스토이처럼 과학과 의학을 비판하는 사람들의 도덕적 설교를 과학적 형태로 반복하며 모든 문제의 해결책을 도덕적이고 이타적인 교육에서 찾는다." 다음을 참조하라. N. Iurman, "(Review of) *Vopros o nravstvennom pomeshatel'stve v svete panidealisticheskoi psikhologii sovesti*, (by) K. Ia. Grinberg", *Psikhiatricheskaia gazeta*, no. 7, 1916, pp. 126~127.

을 때 베른하임은 독일이 수십 년 전 토착 알자스를 합병한 것과 같이 스위스 의사가 정신요법을 "합병"시켰다고 불평했다.[112] 20세기 첫 10년 동안 피에르 자네는 카타르시스 요법을 선점하기 위해 프로이트와 경쟁했으며 자신의 심리분석(analyse psychologique)을 프로이트의 정신분석에 대비시켰다. 뒤부아는 1910년경 프로이트의 방법론을 비판했고 베를린의 저명한 신경학자 헤르만 오펜하임은 정신분석과의 전쟁을 선포했다. 그는 스위스 출신 신경학자 콘스탄틴 폰 모나코의 지지를 받았다. 이러한 논쟁 속에서 신경증을 개념화하고 치료법을 개발하면서 정신분석은 더는 단일한 치료 "방법" 혹은 단일 이론으로 간주될 수 없는 다양한 "정신요법"을 포함하게 됐다.

이론 논쟁에서 물러나 있던 러시아의 의사들은 급격히 늘어나는 정신요법이 모순적이라기보다는 양립한다고 보았다.[113] 러시아 의사 그라이덴버그는 독일인 동료 오스카 포크트의 말을 인용했다. "최면, 암시, 설득, 정신분석을 따로 떼어 별개의 치료 영역을 만들어서는 안 된다. 그것은 정신요법 혹은 더 정확히 신경과 정신요법이라는 단일한 치료법의 다른 측면들일 뿐이며, 하나의 목표를 갖는 다른 방법들이기 때문이다."[114]

---

112 H. F. Ellenberger, *The Discovery of the Unconscious: The History and Evolution of Dynamic Psychiatry*, London: Allen Lane, 1970, p. 804 .

113 러시아의 최근 정신분석 연구들은 심리 치료의 발전이 정신분석에 의해 주도되었음을 보여 준다. 예를 들어, 에트킨드(A. M. Etkind)는 러시아 의사들이 프로이트의 이론을 열정적으로 수용했다는 것과 20세기 초에 정신분석이 러시아 문화와 일상에 침투했다는 것을 주장한다. Alexander Etkind, *Eros Nevozmozhnogo: Istoriia psikhoanaliza v Rossii*, St. Petersburg: Meduza, 1993. 이 장에서 필자의 목표는 정신분석의 수용이 훨씬 더 신중했으며, 다른 심리 치료의 희생을 전혀 담보하지 않았다는 것을 보여 주는 것이다.

114 포크트(Vogt)는 다음에서 인용되었다. Greidenberg, "Psikhologicheskie", p. 137.

러시아 의사는 의도적으로 학생의 신분을 택했고 정말로 많은 신진 정신의학자들이 유럽 정신의학의 거장들과 함께하며 학업을 완수했다. 그들은 19세기 후반에 샤르코, 크레펠린, 매그낭, 플렉시히, 마이네르트와 수학했고 20세기 초 베른하임과 뒤부아, 프로이트, 융 등에 매료됐다. 유럽의 유명 학자를 방문한 사람들은 종종 그들이 무엇을 배웠는지를 자신의 동료에게 기행문 형식의 보고서로 알려 주었다. 저자들은 먼 나라로 여행을 다녀온 사람들처럼 서양의 정신의학적 "발견"을 소개하며 러시아의 상황에 적용하기에 앞서 조정이 필요한 외래의 것으로 기술했다. 그들은 외부인의 시각으로 외국의 이론을 판단하고, 마치 맞지 않을지도 모르는 새 옷인 양 조심스럽게 대 보며 최신 유행을 받아들이는 데 서두르지 않았다. 참신한 이론에 대한 요구는, 새롭지만 의심이 가는 이론보다는 효력이 입증된 방법을 선호하는 이 "시골 사람들"을 움직이게 하지는 못했다. 오시포프는 다음과 같이 말했다. "정신요법가들은 정신요법 거장들의 지식과 이론으로 무장해야만 한다. 그래서 매번 이런저런 다양한 방법을 사용해 질병과 투쟁해야 하고 물리요법과 심지어 약학요법마저도 간과해서는 안 된다."[115] 개별 사례에 알맞은 방법이 신중하고 철저하게 선택돼야만 한다. 정신요법가는 "최면술, 뒤부아, 프로이트, 오펜하임?" 하는 식으로 상점의 판매원처럼 고객에게 대안 가운데 하나를 선택할 권한을 줘서는 안 된다. 오시포프의 동료이자 간행물 『정신치료학 도서관』(The Psychotherapeutic Library)의 공동 편집장인 펠츠만은

---

115 N. E. Osipov, "O nevroze boiazni(Ängstneurose)", *Zhurnal nevropatologii*, no. 5~6, 1901, p. 797.

베른하임을 방문한 일에 대해 다음과 같이 전했다. "내가 본 바에 따르면 나는 베른하임의 주장과 뒤부아의 도덕적 치료 사이에 큰 차이를 발견하지 못했다." 그러나 펠츠만은 개인적으로는 뒤부아를 선호했는데, 이는 후자가 "신경증에서의 심리 발생론과 재교육의 필요성에 관한 가장 건전한 생각들을 리보의 견해로부터 취했다"는 데 근거했다. 합리적 치료는 펠츠만이 표현했듯이 "적어도 무해하다"는 전제하에 선호됐다.[116]

자신의 여러 동료처럼 오시포프는 환자와의 따뜻한 심리적 접촉인 "정서요법", 다시 말해 가장 중요한 치료법을 발견했다. 바제노프와 오시포프의 공동 작업으로 프랑스에서 출간된 책에서 오시포프가 공헌한 부분은 『전쟁과 평화』의 나타샤의 사례에 관한 기술이었다. 오시포프는 그녀의 회복은 가까운 친족의 정서적 지원과 재발견된 사랑의 힘 때문이었으며, 이것이 진정한 정신요법의 예라고 믿었다. 오시포프는 단어 사용에 주의를 기울이지 않아서, **합리적**(rational), **정서적**(emotional), **윤리−철학적**(ethico−philosophical) 요법이라는 용어를 번갈아가며 사용했다. 이는 그가 언급한 용어들이 모두 거의 같은 개념을 담고 있다고 생각했기 때문이었다. 같은 이유로 그는 정신분석을 "윤리−철학적 요법"이라는 항목으로 분류했고, 정신분석은 환자와의 친밀하고 정서적이며 지적인 접촉을 통해 정신적 치료를 얻어내는 또 하나의 기술이라고 정의했다.[117]

---

116 O. B. Fel'tsman, "Vpechatleniia o poezdke k Dubois(Pis'mo iz-za granitsy)", *Psikhoterapiia*, no. 1, 1910, p. 49; O. B. Fel'tsman, "O psikhoanalyze i psikhoterapii", *Sovremennaia psikhiatriia*, no. 1, 1909, pp. 257~269.

117 N. Bajenoff and N. Osipoff, *La suggestion et ses limites*, Paris: Bloud et Cie, 1911; N. E.

1910년 오시포프를 포함한 일단의 젊은 정신의학자는 일반 독자와 러시아 의사에게 새로운 치료법을 알리고 이에 관한 연구를 보고하기 위해 최초로 『정신요법』이라는 잡지를 창간했다. 이 잡지가 러시아 정신의학의 인도주의적 전통을 계승하고 있음을 천명하기 위해 창간호는 「코르사코프의 정신치료학 견해」라는 논문으로 시작했다. 논문은 정신 신경증의 관점에서 신경 요양소 원장인 저자 비루보프의 초기 연구물뿐만 아니라 코르사코프의 견해를 최신화했다. 비루보프는 시간을 허비하지 않았다. 같은 해에 출판된 책에서 전통적인 치료법, 즉 환자를 일상적 환경에서 격리하기, 특별 관리, "'각성 상태에서의 암시', 최면 상태에서의 암시 및 브로이어와 프로이트의 방법론, 뒤부아의 방법론, 그것의 수정안을 결합한 다양한 종류의 심리 치료뿐 아니라 직원과 환자 사이의 친근하고 스스럼없는 관계" 등을 권장했다.[118] 그는 한 가지 방법만을 고수하는 것은 불필요할 뿐 아니라 어렵다고 생각했으며, "현학자"인 양 방법론적 순수성을 추구하는 사람들을 비난했다. 모스크바 지식인 사이에서 유명했던 비루보프는 모스크바 인근 크류코보 소재 자신의 요양소에서 합리적 상담 기법과 유행의 첨단을 걷는 슈타이너 인류학에 정신분석을 결합시켰다.[119]

Osipov, "O bol'noi dushe", *Zhurnal nevropatologii*, no. 5~6, 1913, p. 661.

118 N. A. Vyrubov, "Psikhoterapevticheskie vzgliady S. S. Korsakova", *Psikhoterapiia*, no. 3, 1910, pp. 1~10; N. A. Vyrubov, *Psikhoterapeviticheskie zadachi sanatoriia dlia nevrotikov*, Moscow: Kushnerev, 1910, p. 4.

119 옵차렌코는 1995년 2월 21일 내게 사적으로 연락해 10월 혁명 이후 요양소가 폐지됐음에도 불구하고, 그 건물에 여전히 요양소의 연도를 새긴 정신분석적이고 기독교적 비명이 새겨진 물건들이 전시되고 있다고 알려 왔다. 다음을 참조하라. Etkind, *Eros nevozmozhnogo*, p. 158.

문학의 형태를 한 정신분석

에드워드 쇼터가 언급한 바와 같이 정신분석학은 서구에서뿐만 아니라 러시아에서도 이 새로운 분야가 무엇인지 개략적으로 자유롭게 이해되는 과정을 거쳐 수용됐다. 다수의 관찰자는 정신분석이 심리학 분야의 여러 이론 혹은 뒤부아의 말에 따르면 "정신 질환에 관한 정신적 치료"의 다른 방법들과 뚜렷하게 구별되지 않는다고 생각했다.[120] 러시아의 치료가들은 서구의 동료들이 한 것보다 더 오랫동안, 심지어 폰 모나코의 도움을 받아 프로이트와 뒤부아의 방법을 결합했다.[121] 이는 뒤부아가 정신분석을 공개적으로 반대할 때까지 지속된다. 1910년 여름 오시포프는 빈에 있던 프로이트, 취리히의 블로일러와 융, 베른의 뒤부아를 방문했다.[122] 오시포프에게 정신분석과 합리적 상담 기법은 모든 정신요법에서 볼 수 있는 상보적 형태였다. 그는 이것을 분석 및 재교육과 비교한 후 분석과 재교육이 프로이트와 뒤부아의 치료법에 제한될 수 없다고 주장했다. "'재교육'이라는 용어가 뒤부아의 용어보다 더 광범위한 의미를 담고 있는 것과 마찬가

---

120 "A mal psychique traitment psychique". 뒤부아는 다음에서 인용되었다. *Shorter, From Paralysis*, p. 257.

121 프로이트의 유명한 러시아 환자인 늑대인간(Wolf-man)은 원래는 뒤부아에게 상담을 받고자 했다. 늑대인간과 그의 의사 레오니드 드로즈네스(Leonid Droznes)는 베른으로의 여정에 올랐다. 그러나 드로즈네스는 프로이트와의 상담을 권하며 빈에서 머무를 것을 제안했다. 다음을 참조하라. Magnus Ljunggren, "Psychoanalytic Breakthrough in Russia on the Eve of the First World War", *Russian Literature and Psychoanalysis*, ed. Daniel Rancour-Laferriere, Amsterdam: John Benjamins, 1989, p. 189.

122 그 무렵 융은 이미 오시포프에 대해 들어 알고 있었다. 다음을 참조하라. S. Freud to C. G. Jung, *Freud/Jung Letters*, 1910. 1. 2, pp. 282~283; Dosuzhkov, "Nikolai Evgrafovich Osipov", p. 33.

지로, '정신분석'이라는 용어 역시 프로이트의 정신요법보다 훨씬 더 광범위한 개념이다."[123] 오시포프와 펠츠만의 『정신치료학 도서관』의 창간호는 프로이트의 「정신분석에 관하여」(On Psychoanalysis)를, 두 번째 호는 뒤부아의 「정신요법에 관하여」(On Psychotheraphy)를 번역해 실었다.

1911년 카소 사건 때 모스크바대학교 정신의학 클리닉 직원들은 클리닉 원장의 보수적인 정책에 저항해 사임했다. 그들의 자리를 대체한 동료들은 더욱 굳건하게 전임자가 한 것 이상으로 정신요법 연구에 많은 시간을 할애했다. 구(舊)파 정신의학자 세룹스키조차 프랑스 의사 데제린과 고클레의 신경증 치료에 관한 정신요법 서적을 번역했다.[124] 오시포프는 러시아에서 최초로 정신분석에 대한 글을 쓴 사람이었다. 이 주제에 관한 그의 논문 두 편은 1908년 『신경병리학과 정신의학지』에 실렸다.[125] 결과적으로 프로이트는 "두 권의 두꺼운 인쇄본"을 받았다. 그중 한 권에서는 유럽식 활자로 쓰인 프로이트 이름을 키릴문자로 적는 과정에서 생기는 까다로움으로 곤란을 겪었고, 또 다른 저널에서는 융의 이름을 옮기는 데서 똑같은 일이 반복

123 N. E. Osipov, "Beseda s Dubois", *Zhurnal nevropatologii*, no. 5~6, 1910, p. 1773.

124 J.-J. Déjerine and E. Gauckler, *Funktsional'nye proiavleniia psikhonevrozov i ikh lechenie psikhoterapieiu*(*Les manifestations fonctionnelles des psychonévroses: leur traitement par la psychothérapie*), trans. V. P. Serbskii, Moscow: Kosmos, 1912.

125 N. E. Osipov, "Psikhologicheskie i psikhopatologicheskie vzgliady Freud'a", *Zhurnal nevropatologii*, no. 3~4, 1908, pp. 564~584; "Psikhologiia kompleksov", *Zhurnal nevropatologii*, no. 6, 1908, pp. 1021~1074. 1911년 모세 불프(Moshe Wulff)는 유럽 독자들에게 오시포프가 러시아에서 "실질적으로 프로이트의 거의 모든 저술"에 대해 전달했다는 것을 알려 주었다. 다음을 참조하라. Wulff's "Die russiche psychoanalytische Literatur bis zum Jahre 1911", *Zentralblatt für Psychoanalyse: Medizinische Monatsschrift für Seelenkunde*, no. 7~8, 1911, pp. 364~371.

됐다. 오시포프는 1910년 프로이트를 방문하는 동안 자신에 대해 "명석한 두뇌와 확신에 찬 지지자"와 "멋진 친구"라는 호의적인 인상을 남겼다.[126]

비록 정신분석이 정신적 치료법으로 느슨하게 이해됐음에도 불구하고, 합리적 상담 기법과는 다르게 도덕적 반대에 부딪혀야 했다.[127] 러시아 정신의학자들은 그들의 여러 외국인 동료처럼 이를 수용하기 힘들었다. 도전적 정신요법가는 매우 드물었다(1909년에 이미 정신분석을 실행하고 가르친 비루보프는 예외였다). 대부분이 정신분석을 촉진할 때가 도래했음을 깨닫지 못했다. 비루보프는 가까운 미래에 정신분석의 가능성과 한계가 명확해지길 바라며 동료에게 정신분석 이론이 발전하고 있는 동안은 이에 대한 비판을 유예해 달라고 청하는 수밖에 없었다.[128] 초기에 그는 정신분석을 광범위하게 적용하는 것을 유보하는 데 공감했다. 예를 들어 형사들이 자유연상법을 사용한다면, 이는 매우 "도덕적 고문에 유사할 것"이라고 썼다. 다수의 동료와 마찬가지로 오시포프 역시 정신분석이 불필요하게 성을 강조한다고 생각했다. 그러나 이후 정신분석은 성적 해방 요구와 공통점

---

126 오시포프에 대한 프로이트의 논평(1910)은 다음에서 인용되었다. Hans Lobner and Vladimir Levitin, "A Short Account of Freudism: Notes on the History of Psychoanalysis in the USSR", *Sigmund Freud House Bulletin*, no. 1, 1978, pp. 7~8.

127 러시아에서의 정신분석 도입에 대해서는 다음을 참조하라. Jacques Marti, "La psychanalyse en Russie et en Union Soviétique de 1909 à 1930", *Critique*, no. 346, 1976, pp. 216~217; Etkind, *Eros nevozmozhnogo*, ch. 1~4; V. I. Ovcharenko, *Psikhoanaliticheskii glossarii*, Minsk: Vysheishaia shkola, 1995; Martin Miller, *Freud and the Bolsheviks: Psychoanalysis in Imperial Russia and the Soviet Union*, New Haven: Yale Univ. Press, 1998.

128 N. A. Vyrubov, "Psikho-analiticheskii metod Freud'a i ego lechebnoe znachenie", *Zhurnal nevropatologii*, no. 1~2, 1909, p. 28.

이 전혀 없으며, "프로이트가 신경증의 치료법으로 성교를 처방했다고 결론짓는 것은 전적으로 잘못된 것이었다"라고 주장하며 종전의 건해를 바꿨다.[179] 그는 외국어를 잘 구사하면서도 프로이트의 이름을 마지막 음절에 강세를 줘 Fre-ud라고 두 음절로 발음하던 세릅스키와의 토론을 떠올렸다. 고대어에서 러시아 단어 ud는 남성 혹은 여성의 성기를 의미했고, 이는 세릅스키가 살던 시대에도 여전히 의학 서적에서 볼 수 있는 단어였다. 이제 오시포프는 프로이트의 이론에 대한 공감을 표하기 위해, 그의 이름을 "친구"를 의미하는 Freund로 발음했다.[130] 1911년 오시포프는 러시아 정신의학 및 신경병리학의사협회 제1차 대회에서 수많은 청중 앞에서 용감하게 "범성욕주의"에 대한 비난으로부터 정신분석을 옹호했다.[131]

오시포프는 일반 청중이 정신분석을 인정하도록 하기 위해 정신분석의 도덕적 앙가주망을 강조했다. 좀처럼 다른 정신의학자의 말을 직접 인용하지 않던 오시포프가 "사람은 자신이 알고 있는 것보다 훨씬 더 비도덕적일 뿐만 아니라 **훨씬 더 도덕적**(much more moral)이기도 하다"라는 프로이트의 말을 반복했다는 것은 중요하다(강조는 오시포프가 추가한 것이다).[132] 오시포프는 다시 한 번 톨스토이를 빌려 정신분석에 대한 굴레를 극복하고자 했다. 그는 "영혼의 상태"가 유

---

129 Osipov, "Psikhologiia kompleksov", p. 1046; N. E. Osipov, "Eshche o psikhoanalyze", *Psykhoterapiia*, no. 4~5, 1910, p. 169.

130 Marti, "La psychanalyse", p. 201.

131 N. E. Osipov, "O 'panseksualizme' Freuda", *Zhurnal nevropatologii*, no. 5~6, 1911, pp. 749~756.

132 N. E. Osipov, "Basni Krylova: K psikhologii literaturnogo tvorchestva", 1924. 12. 10, in TsGALI, f. 2299, op. 1, ed. khr. 3, l. 69.

지되도록 때때로 "동물적 상태"로부터 자신을 정화해야 한다는 톨스토이의 소설 『부활』의 주인공 네흘류도프의 말을 인용했다. 오시포프는 이것이 정확하게 두 가지 주요 정신요법 간의 분업이라고 평가했다. 다시 말해 합리적 상담 기법은 "정신적 자아"를 지키는 것이 목표인 데 반해 정신분석은 "짐승"에 대해 더 알아 감으로써 그것과 투쟁하도록 도왔다. 이 치료법의 창시자들이 이에 동의하지 않는다고 할지라도 이 요법들은 상보적이었다. 합리적 상담 기법은 프로이트의 방법론이 제시하는 분석적 부분이 부족하다. 오시포프는 다음과 같이 주장했다. "서로 다른 정신요법은 모순되지 않으며, 모두가 인간의 정신적 자아의 강화라는 같은 목적을 가지고 있다."[133] 뒤부아로부터 프로이트에 이르기까지 정신요법 학자들은 모두 영혼을 이야기했고, "너 자신을 알라"는 격언을 강조했다. 그들은 환자에게 이성과 자기 책임감을 요구했고, 모두 "영혼을 소멸시키지 말라"와 같은 공통의 슬로건을 가지고 있었다.[134]

오시포프는 톨스토이와 프로이트 사이의 구체적인 유사성을 발견했다. "프로이트의 과학적 심리학과 톨스토이의 소설적 심리학을 비교해 보면 여러 면에서 비슷한 통찰이 드러난다." 두 저자 모두 공

---

133 두 가지 심리 치료법에 대한 오시포프의 논평에 대해서는 다음을 참조하라. "Eshche o psikhoanalize", p. 169(division of labor); "Beseda s Dubois", p. 1781(complementarity); "Eshche o psikhoanalize", p. 172(두 가지 치료법 모두 같은 결론에 도달했다). 이러한 후자의 이해는 필시 프로이트 저술의 원문에 더 가까웠을 것이다. 베텔하임이 지적한 바와 같이 영어로 번역되면서 때때로 잘못 이해됐기 때문이다. 독일어 단어 Seele는 "기계적으로" mind(마음) 혹은 mental(정신)로 번역되었다. 러시아어로 dusha(영혼)가 더 정확한 번역이다. 다음을 참조하라. Bruno Bettelheim, *Freud and Man's Soul*, New York: Alfred A. Knopf, 1983, pp. 3~5.

134 Osipov, "O bol'noi dushe", p. 673.

적 의학의 투박한 유물론을 거부했고, 인간 본성에 관한 광범위한 철학적 관점을 수용했으며, "사소한 것과 주변적 행동"을 깊은 의미를 가진 것으로 분석했다.[135] 오시포프는 아이의 심리를 훌륭하게 묘사한 데 감탄한 톨스토이의 3부작『유년 시절』과『소년 시절』,『청년 시절』에 관한 책 한 권 분량의 연구에서 톨스토이와 프로이트의 심리적 직관을 비교했다. 그는 이 소설들을 "문학의 형태를 한 정신분석"이라고 명했고, 자신의 책 초판에 "정신분석 개론, 정신요법 개론"(Introduction to Psychoanalysis, Introduction to Psychotherapy)이라는 부제를 달았다(오시포프의 연구는 러시아어로 출판되지 않았다).[136] 그는 정신분석만으로도 톨스토이와 같은 뛰어난 직관적 심리학자에게 견줄 수 있다고 주장했다. 반면 학술적 심리학은 문학적 직관을 과학적 언어로 옮기고자 할 때 대체로 실패했다. 오시포프는, 이를테면 한 작은 소년이 모순된 감정에 압도당해 깨닫는『유년 시절』의 첫 장면을 과학 용어로 어떻게 개념화할 수 있을지를 절망스럽게 물었다. "이제 우리가 (톨스토이의) 그림을 조각내면, 애무, 접촉, 입맞춤, 기쁨, 신과 어머니에 대한 사랑이라는 하나의 감정, 안락함, 동정심, 기꺼이 자신을 희생하려는 마음, 신념, 희망, 감탄을 통해 표현된 유약함 등을 (심리적) 단계로 옮겨 기술해야만 할 것이다. 실로 우울한 것은 각 단계에서의 우리들 수준이다!"[137]

학문으로서 심리학의 언어는 너무나 추상적이고 포괄적이기 때

135 Osipov, "Analiz romana grafa Tolstogo, *Semeinoe schast'e*", l. 26.
136 N. E. Osipov, "Analiz povesti L. N. Tolstogo *Detstvo*", 1929, in TsGALI, f. 2299, op. 1, ed. khr. 21, ll. 1, 3.
137 N. E. Osipov, "Voina i mir", *Ibid.*, 1928~1929, ed. khr. 15, l. 9.

문에, 『유년 시절』에서 톨스토이가 기교적으로 묘사한 아이 영혼의 미세한 움직임을 자극, 동기, 반응과 심리학 용어로 옮기게 되면 그 의미를 잃게 될 것이다. "우리가 이해 못하는 신경증의 증상들을 이해 가능한 언어로 옮길 수 있는", 즉 주관적인 경험을 개념화할 수 있는 심리학자는 프로이트가 유일했다. 오시포프는 톨스토이와 프로이트가 각기 문학과 학문의 형태로 (개별) 인문과학에 적합한 대상화의 방법을 사용했다고 주장했다. 그러나 오시포프는 톨스토이의 "문학의 형태를 한 정신분석"이 개인을 알게 하는 가장 완벽한 방법임을 천명했다.[138]

정신분석을 러시아에 도입하기 위해 톨스토이의 저술과 관련짓는 것 말고 더 좋은 방법은 없었다. 러시아 문학 속 정신분석은 러시아적 색깔을 덧붙이며 점차 톨스토이의 이론적 신념보다 인생철학에 더 가까워졌다. 그럼에도 불구하고 정신분석을 러시아 문화의 언어로 해석함으로써 정신분석의 성공적 수용을 보장할 수 있었다. 대다수의 러시아 정신의학자는 정신분석에 익숙해졌고, 상당수 의사가 여러 정신요법 중에서 정신분석을 치료에 이용했으며, 심지어 세릅스키와 같은 원로들조차도 정신분석의 "의미 있고 종종 충격적일 만큼" 성공적인 치료 결과를 인정했다.[139] 1910년 모스크바 정신의학자 및 신경병리학의사협회는 연례 대회를 위해 "신경계 질병에 대한 정신분석(프로이트 외)"이라는 새로운 주제를 발표했다.[140]

---

138 Osipov, "Analiz povesti Tolstogo *Detstvo*", l. 6.

139 세릅스키는 다음에서 인용되었다. Marti, "La psychanalyse", p. 201.

140 아이러니하게도 일단 정신분석을 받아들이면, 이것이 정신의학자들에게 상상의 틀을 만들게 했다. 특히, 프로이트의 용어로 오시포프가 톨스토이를 신경증 환자로 분석하게끔 이끌었다.

망명생활에서의 정신요법: 사랑을 향한 애수

제1차 세계대전은 러시아 정신요법의 성장을 가로막았다. 『정신요법』의 편집장들은 오시포프를 제외하고 모두 징집되었고 잡지 발행이 중단됐다. 오시포프는 어머니를 부양할 유일한 사람이었기 때문에 군복무를 면제받았다(아버지는 돌아가셨다). 『정신치료학 도서관』의 공동 편집장이었던 펠츠만 역시 군에 있었고, 발행은 14호에서 중단됐다. 언급한 바와 같이, 결과적으로 오시포프의 「레프 톨스토이의 『유년 시절』, 『소년 시절』, 『청년 시절』에 대한 분석」(Analysis of Lev Tolstoy's *Childhood*, *Boyhood*, *Youth*)은 러시아에서 출판되지 못했다. 그는 바제노프의 사설 클리닉에서 상담사로 일하는 한편 개인 진료를 병행했을 뿐만 아니라, 루카비시니코프 비행 청소년 보호소의 수석 의사로 근무하면서 여성 고등과정을 이어 나갔다. 차르가 폐위된 후 권력을 잡은 주정부는 오시포프의 표현을 빌리면 "그에게 군복을 입혔다".[141]

10월 혁명 이후 주정부를 대체한 볼셰비키는 오시포프에게 절대 용납될 수 없었다. 1918년 오시포프는 친구들과 함께 모스크바를 떠났다. 그들은 당시 크림을 향해 이동 중이던 백위군을 뒤따르는 수많은 사람들처럼 유럽에 닿기를 희망하며 배편으로 남쪽으로의 여정에

다음을 참조하라. Freud to Jung, 1910. 1. 2, p. 283.

141 오시포프의 분석은 독일어로 출판됐다. 다음을 참조하라. N. Ossipoff, *Tolstois Kindheitserinnerungen: Ein Beitrag zur Freud Libidotheorie*, Leipzig: Imago-Bucher, II, 1923. 임시정부에 대한 그의 논평은 다음에서 인용되었다. M. P. Polosin, "Doktor meditsiny Nikolai Evgrafovich Osipov, 1877~1934", in Bem, Dosuzhkov and Lossky, *Zhizn' i smert'*, p. 12.

올랐다.

오시포프는 영국이나 프랑스 선박에 승선하지 못했다. 오히려 이스탄불에 도착한 수많은 러시아 인민이 겪은 불행을 똑같이 감내해야만 했다. 돈과 운이 따른 몇몇 망명자는 터키에서 비자와 표를 사서 유럽으로 떠날 수 있었다. 오시포프는 그러지 못해 러시아로 되돌아와야 했다. 1920년에는 가장 힘든 경험이었을 세 번째 이민의 물결을 따라 다시 망명을 시도했다. 당시의 한 망명자는 『감상적이지 않은 여행』(*An Unsentimental Journey*)에서 굶주린 망명자들이 터키 해안에 상륙 허가를 받을 때까지 수일 동안 어떻게 배에 갇혀 있었는지를 묘사했다. 난민들은 이후 백위군 주둔지에 보내졌고 그곳에서 상당수가 끝없이 이어지는 군사 훈련과 식량 부족, 전염병 등으로 사망했다. 전 법대생이었던 이 책의 저자는 주둔지에서 탈출하는 데 성공했지만, 민간 난민 수용소에서의 생활 역시 조금도 나을 것이 없었다. 그는 이스탄불에서 갖은 일을 했다. 광대, 손금쟁이, 접시 닦이와 거리 외판원 일을 했고 사진 작업실과 세탁소에서 일했다. 마침내 유럽에 도달하는 데 성공했고 프라하에 정착했다. 체코슬로바키아 정부는 그곳에 정착한 러시아 학생들에게 공부를 계속할 기회와 장학금을 제공했다.[142] 오시포프 역시 흑해를 건너고 베오그라드와 부다페스트를 거쳐 1921년에 프라하에 도착했다.

체코슬로바키아 정부는 러시아 이민자들에게 재정적 지원은 물

---

142 G. Fedorov, *Puteshestvie bez santimentov*(*Krym, Gallipoli, Stambul*), 1926. 이 책은 다음에서 인용되었다. E. I. Pivovar et al., *Rossiiskaia emigratsiia v Turtsii, Iugo-vostochnoi i Tsentral'noi Evrope 20-kh godov*(*grazhdanskie bezhentsy, armiia, uchebnye zavedeniia*), Moscow: Historical and Archival Institute of RGGU, 1994, pp. 91~93.

론 편의시설을 제공했다. 전직 대학교수들은 평생의 수당을 약속받았다. 구호 단체 "러시아의 행동"(Russian action)의 주창자이자 체코슬로바키아의 대통령이던 마사리크는 러시아 문화와 문학에 학문적 관심을 가진 철학자였고, 이러한 관심에 따라 러시아의 여러 곳 가운데 야스나야 폴랴나를 두 차례 방문했다. 그는 10월 혁명에 대해 명백히 부정적인 태도를 보였다. 볼셰비키 정권은 곧이어 더 자유로운 정권으로 교체되고 새로운 러시아에서는 전문가, 특히 변호사에 대한 수요가 클 것으로 기대됐다. 이에 1922년 변호사 양성을 위해 프라하에 러시아 법학과가 설립됐다.[143] 1924년 말 체코슬로바키아 정부가 러시아 망명자에게 제공하던 재정적 지원 총액이 다른 모든 유럽 정부가 제공하던 지원금 총액을 상회했다.

이런 실질적 지원에도 불구하고 러시아 이민자의 생활은 생존을 위한 새로운 재원 마련 및 불황과의 사활을 건 투쟁이었다. 이민자에게 공기업체 취직은 허용되지 않았지만, 민간 부문에서의 일은 가능했다. 자신들을 위한 고용을 창출해야 하는 상황에 직면한 러시아인들은 학교나 전문대는 물론이고 소규모 기업을 설립했다. 학교는 일자리를 얻은 교사는 말할 것도 없고 직업 교육을 받던 학생 모두의 관심을 끌었다. 학생들은 직업 교육을 통해 민간경제 분야의 채용 경쟁에서 가능성을 키워 나갔다. 러시아 공동체의 요구는 자율 단체의 급격한 성장을 촉진했다. 그 결과 140여 개의 정당과 공공 전문 단체

---

143 1920년, 소비에트 러시아에서 공무원의 60% 이상이 기본적인 수준의 학교 교육만을 받았다. 다음을 참조하라. E. P. Serapionova, *Rossiiskaia emigratsiia v Chekhoslovatskoi respublike(20-30-e gody)*, Moscow: Russian Academy of Sciences, 1995, p. 6.

들이 생겼다. 러시아 공동체와 체코슬로바키아 관료 사이를 잇는 가장 중요한 단체는 전직 젬스트보와 시청 직원들이 연합한 프라하 주재 러시아 도시 및 지역 자치 연합이었다. 그 외에 러시아 청년, 학생, 여성, 기술자, 의사, 운전기사를 위한 조직체와 종교 단체 그리고 시베리아 출신 및 카자크 출신, 기타 다수의 지역 공동체가 있었다.

그러나 실용적 요구가 망명자들이 활동하는 유일한 동기는 아니었다. 그들은 자신들의 정체성을 지키려고 애썼고 대부분이 조국으로 돌아가 문화생활에 기여할 수 있으리라 믿었다. 러시아에 대한 애수에 젖은 망명자들에게 자율 연합과 문화 단체들이 목표와 희망을 주었다. 다수의 문화, 학문 기관이 세워졌다. 해외 러시아 역사 기록 보관소는 망명 역사의 기록을 남겼고, 모스크바 소재 샤냡스키인민 대학교를 본떠 설립한 러시아인민대학교는 노동자 계급을 위한 기초 교육, 일반인을 위한 대중 강연 그리고 러시아어 애호가들을 위한 세미나 같은 연구 모임을 제공했다.[144] (소비에트 정부가 임명한 사람들에 대항해 임명된) 모스크바대학교의 마지막 선출 총장인 동물학자 노비코프는 대규모의 지식인들과 함께 1922년 소비에트 러시아로부터 추방당했고 프라하에 있는 인민대학교의 총장이 됐다.[145] 철학자 베르댜

144 1917년 이전에는 모스크바에 영국과 미국 대학의 연계 프로그램과 유사한 형태의 두 공립 (혹은 "인민") 대학이 있었다. 그중 하나인 샤냡스키대학교는 "고급 학문 교육을 제공하고, 사람들 사이에 학문과 지식에 대한 애정을 불어넣고자" 시위원회에 의해 운영됐다. 인용은 다음을 보라. Joseph Bradley, "Voluntary Associations, Civic Culture and *Obshestvennost'* in Moscow", *Between Tsar and People: Educated Society and the Quest for Public Identity in Late Imperial Russia*, eds. Edith W. Clowes, Samuel D. Kassow and James L. West, Princeton: Princeton Univ. Press, 1991, p. 144.

145 다음을 참조하라. N. O. Lossky, *History of Russian Philosophy*, London: Allen & Unwin, 1952; M. M. Novikov, *Ot Moskvy do N'iu-Iorka: Moia zhizn' v nauke i politike*, New York:

예프, 젠콥스키, 랍신, 로스키와 역사학자 키제베터, 게센(S. I. Gessen), 슈뮈를로(E. F. Shmurlo)는 프라하에서 자신의 연구를 이어 갔다. 언어학자 로만 야콥슨은 프라그하파로 유명해진 일단의 러시아 및 체코 학자들을 선도했다. 톨스토이의 전 비서 불가코프는 즈브로슬라프에 러시아 문화역사박물관을 세웠다.[146] 학술 기관들뿐만 아니라 수많은 지식인 단체와 러시아 출판사, 극장, 갤러리 및 주간 다과 모임, 야회와 자선 공연 등이 있었다. 망명 출판사들은 계속해서 러시아 고전 및 현대 소설을 출판했다. 프라하와 플라마에 있는 가장 큰 규모의 러시아 출판사는 한 해에 서른 종이 넘는 출판물과 "두꺼운" 문학 잡지 『러시아의 의지』(Russia's Will)를 출간했다. 러시아 지식인들은 프라하의 문화생활로 활기를 띠게 됐고, 이 도시는 1920년대에 "슬라브족의 아테네"로 알려지게 됐다.[147]

망명의 어려움에도 불구하고 지도자 기질을 가진 오시포프는 러시아 공동체 안에서 매우 편안한 마음으로 지낼 수 있었다. 체코슬로바키아에 도착한 이후 브루노에 있는 신설 마사리크대학교 정신의학 클리닉 수석 의사 자리를 제안받았다. 그러나 그는 제의를 거절했는데, 이는 한편으로는 그가 외국에서 기관을 운영하는 데 따르는 어려움을 알고 있었던 까닭이고, 다른 한편으로는 그의 친구들 대부분이 프라하에 정착했기 때문이었다.[148] 대신에 그는 체코정부가 망명자 고

Izdatel'stvo imeni Chekhova, 1952.

146 박물관 수집품은 세계 전역의 러시아 망명자로부터의 기부로 점차 늘어났다. 수집품들은 제2차 세계대전 종식 시, 붉은 군대(적군)의 체코슬로바키아 진입 이후 러시아로 보내졌다.

147 S. P. Postnikov, *Russkie v Prage, 1918-1928*, Prague: Postnikov, 1928. 19세기 후반 동안 이 활동은 문화에 대한 관심이 높아짐에 따라 지역자치운동을 부분적으로 이어 갔다.

148 Eugenia Fischer, "Czechoslovakia", *Psychoanalysis International: A Guide to Psychoanalysis*

용을 통제하기 이전 시기에 프라하에 있는 카렐대학교에서 일을 시작함으로써, 강사(Dozent) 자리에 임용 허가를 받은 몇 안 되는 러시아인 중 하나가 됐다. 그는 대학종합병원에 정신의학과 외래 진료를 개설하고, 모스크바대학교 정신의학 클리닉의 외래과에서 시작했던 연구를 이어 갈 수 있었다. 체코어를 배웠고, 도시에서 개인 교습을 받았으며, 체코어, 독일어, 러시아어로 광범위하게 출판했다. 그는 사교적이고 호감이 가는 사람(그의 친구들은 그에게 애칭으로 "어린 양"이라는 별명을 붙여 주었는데, 이는 아마도 그가 작고 땅딸막한 데다 흔들거리며 걸었기 때문일 것이다)으로, 곧 망명자와 체코 지식인사회에서 유명 인사가 됐다. 그는 체코슬로바키아의 러시아 의사 모임에서부터 철학 세미나까지 모든 종류의 모임에 자주 참석했다. 1925년부터 정신의학에 관한 세미나를 열기 시작했으며, 이후 세미나는 그의 집에서 이뤄졌다. 이 세미나에 참석한 러시아와 체코 학생들은 오시포프가 훌륭한 스승이었다고 전했다.[149] 그는 또한 러시아인민대학교에서 강의했고, 종종 체코 전역을 돌며 정신의학, 심리학, 문학에 관한 대중 강연을 했다.

그러나 망명자들의 삶은 고통스럽지 않다거나 평화로운 것과는 거리가 멀었다. 1920년대 중반 소비에트연방의 정치적 상황은 안정되었고, 러시아로의 빠른 복귀에 대한 전망이 불투명해지기 시작했다. 소비에트연방과 체코슬로바키아의 외교관계 수립은 [구호 단체]

throughout the World, ed. Peter Kutter, Stuttgart: Frommann, 1992, I, p. 36.

149 Stepan Vereshchaka, "Russkii psikhiatricheskii kruzhok v Prage", in Bem, Dosuzhkov and Lossky, *Zhizn' i smert'*, pp. 55~57.

"러시아의 행동"을 위축시켰다. 교수들의 수당은 점차 감소했고, 학생들의 장학금은 1931년에 완전히 중단됐다. 1928년, 체코슬로바키아 정부는 국내 노동시장 보호법을 제정했고, 망명자들은 체코슬로바키아 국적을 취득해 취업 경쟁에 나서거나 이 나라를 떠나야만 했다. 망명자 중 일부는 다른 나라로 이주했고, 일부는 소비에트 본국 송환 운동에 따라 소비에트연방으로 돌아갔다. 남은 사람들은 자신들의 "러시아적 정체성"을 지키는 것이 더욱 힘들어졌다. 여러 방법이 있었는데, 어떤 이들은 러시아에서 숄, 마트료시카, 러시아제 보석류를 가지고 망명한 후, 나보코프의 소설에 등장하는 인물처럼, 그것을 지니고 다님으로써 자신의 러시아성을 유지했고, 어떤 이들은 시인 마리나 츠바타예바처럼 "러시아를 자신 속에 품고", "삶이 끝날 때까지 함께했다". 또 다른 이들에게는 망명자라는 신분이 조국과 연결되는 유일한 것으로 상징적 의미를 가졌다. "당신이 망명자라는 것을 기억하십시오." 망명자 신문은 1933년에 독자에게 이렇게 상기시켰다. "인내하세요, 희망을 품고 일하고 자선 활동, 클럽, 회합, 댄스파티에 참여하세요, 자선을 베푸세요, 당신이 러시아인이라는 것만은 잊지 마세요. 그리고 러시아 이외의 다른 어떤 국적도 갖지 마세요."[150]

망명자들의 공동체 삶에서 특별한 점은 차르에서부터 과학자와 작가에 이르기까지 대중적으로 유명한 사람들의 기념일을 자주 기린다는 것이었다. 1928년에 러시아 공동체는 톨스토이 탄생 100주년을

---

150 V. V. Nabokov, *The Defence*(1929), trans. Michael Scammell, Oxford: Oxford Univ. Press, 1986. 마리나 츠베타예바와 사설은 다음에서 각각 인용했다. Serapionova, *Rossiiskaia emigratsiia*, p. 78, 166.

축하했고, 1931년에는 도스토옙스키 사망 50주년을, 1937년에는 푸시킨 사망 100주년을 추모했다. 이러한 주요 행사 사이에 가르신, 곤차로프, 투르게네프 및 그 밖의 19세기 작가들의 기념일도 사회적 행사로 치러졌다. 국외 러시아 학술 단체의 회의는 보통 고전 작가에게 초점을 맞춘 마지막 세션에서 절정에 도달했다. 가령, 1928년의 네 번째 회의에서는 톨스토이를 기렸으며, 다섯 번째 회의에서는 투르게네프를 기념했다. 러시아인민대학교의 몇몇 정규 세미나는, 예를 들어 도스토옙스키에 관한 봄의 세미나, 톨스토이에 대한 랴츠키의 세미나, 러시아어 애호가를 위한 자바드스키(S. V. Zavadskii)의 세미나 등은 문학적 주제에 몰두했다. 작가와 그들의 작품에 대한 토론은 자주 철학 세미나에서, 심지어 자연과학 관련 세미나에서도 이뤄졌다. 개인적인 것만큼이나 대중적 문제이기도 한 문학은 정치적·경제적·사회적으로 분열된 러시아 공동체를 화합시켰고, 국가적 정체성을 유지하도록 했다. 러시아 도서관에서 가장 많이 대출된 책이 도스토옙스키와 톨스토이의 소설이라는 사실은 우연이 아니다.[151]

정신의학자들도 다른 망명 지식인들처럼 향수에 젖었다. 의사이자 전직 오렌부르크시 의회 의장이었던 폴로신은 1918년 체코슬로바키아 군대와 함께 프라하에 정착했다. 그는 러시아 결핵 요양소의 원장으로 임명되었는데, 의료 업무를 하지 않을 때는 자서전 『유년 시절』(*Childhood*)과 『1918』, 문학평론 『푸시킨의 실수』(*Pushkin's Mistakes*)를 집필했다.[152] 1906년 페테르부르크에 있는 성니콜라이병

---

151 Serapionova, *Rossiiskaia emigratsiia*, p. 83.
152 "M. P. Polosin", in Moscow Cultural Foundation. Archive of Russian Emigration.

원의 "민주화"를 시도한(1장 참조) 정신의학자 트로신은 망명자로서 광범위하게 문학과 음악에 관한 글을 썼고, 푸시킨에 대한 여러 작품을 발표했다. 1922년부터 1931년까지 오시포프의 70번의 대중 강연과 연설 중에서 열두 차례 이상이 투르게네프, 곤차로프, 도스토옙스키, 톨스토이, 크릴로프, 그리보예도프, 살티코프 등 작가와 문학작품에 관한 것이었다. 그는 러시아 학생회와 러시아 의사협회에서, 또한 시인 클럽과 러시아 도서관, 그 밖의 여러 곳에서 청중에게 공개 강연을 했다.[153] 오시포프는 러시아 문학의 전문가로 여겨졌고, 따라서 톨스토이 탄생 100주년 축하위원회를 조직하는 데 그의 존재가 "절대적으로 필요"했다.[154] 오시포프는 이러한 행사를 신중하게 진행했고, 각 행사를 위해 학술적인 연설을 준비했다. 오시포프는 도스토옙스키에 관한 연설을 요청받았을 때 다음과 같이 말했다. "도스토옙스키 전작을 다시 읽어야겠군! 일반적인 생각들로 대충 넘어가고 싶지 않아."[155] 오시포프는 또한 자신이 러시아에서 시작한 정신의학, 특히 정신분석적 관점에서의 톨스토이 작품분석을 이어 갔다.

정신분석은 오시포프의 강의에서뿐만 아니라 정신요법 연구에서도 지속적으로 중요한 부분을 차지했다. 그는 카렐대학교(중앙 유

---

153 러시아 망명 기록보관소에 있는 트로신의 논문들을 확인한 바에 따르면, 제목이 (필자의 번역으로) 「푸시킨과 창의성의 심리학」(Pushkin and the Psychology of Creativity), 「푸시킨 작품 속에 나타난 정신 질환」(Mental Illness in Pushkin's Work), 「푸시킨과 철학」(Pushkin and Philosophy), 「푸시킨과 그의 망명 시도」(Pushkin and His Attempt to Emigrate), 「러시아 국내외 푸시킨 연구」(Pushkin Studies in Russia and Outside Russia) 등이다. 오시포프의 활동에 대한 묘사는 다음을 참조하라. "Publichnye vystupleniia N. E. Osipova v Prage", in Bem, Dosuzhkov, and Lossky, *Zhizn' i smert'*, pp. 60~64.

154 E. A. Liatskii to N. E. Osipov, 1927. 11. 6, in TsGALI, f. 2299, op. I, ed. khr. 47, l, 1.

155 N. E. Osipov, "Dostoevsky i psikhiatry", *Ibid.*, 1923. 12, ed. khr. 1, l. 7.

럽의 정신분석 역사학자들의 말에 따르면, 부다페스트대학교에 이어 두 번째로 정신분석학을 교육 과정에 넣은 곳)의 강의에 초빙됐다. 이후 오시포프의 정신의학 세미나의 일원이자 정신의학자 및 신경학자인 도쉬즈코프는 1936년에 체코슬로바키아 정신분석 연구회를 창시하고 여러 세대에 걸쳐 체코슬로바키아 정신분석학자들의 교육분석자가 됐다.[156] 사모바르로 끓인 차가 어우러지는 친밀한 분위기의 러시아인 모임에서 유명 작가와 그들 작품 속 인물의 심리적 해석에 관한 오시포프의 연설과 강의는 토론으로 이어졌다. 그러한 자리는 정신요법과 프로이트의 견해를 전파하는 데 효율적인 매개체였다. 그의 청중은 고골과 도스토옙스키의 판타지 같은 이야기를 꿈으로 해석할 수 있고, 이야기의 비합리성에 대한 해답을 발견할 수 있도록 배운다는 것에 흥분했다. 오시포프는 "작품이 얼마나 판타지적이든 간에 내용이 판타지와 같을 뿐 그것을 구성하는 관념은 실제이고 살아 있다"라고 주장했다.[157] 그는 도스토옙스키의 단편 「여주인」과 「영원한 남편」에서 오이디푸스 콤플렉스를 발견했고, 톨스토이의 『안나 카레니나』에서는 질투심의 심리적 기원을 분석했다. 곤차로프의 『오블로모프』에서는 주인공의 병적 나태를 신경증 콤플렉스로 설명했고, 투르게네프의 소설 『첫사랑』 속에서 리비도의 흥분된 체험을 발견했다.

오시포프는 문학비평가와 러시아 문학 애호가들 사이에 정중하고 사의에 가득 찬 청중 한 명이 있음을 알게 됐다. 역사학자이자 문

---

156 Fischer, "Czechoslovakia", p. 36, pp. 39~41.
157 N. E. Osipov, "Vsevolod Mikhailovich Garshin", 1928, in TsGALI, f. 2299, op. 1, ed. khr. 17, l. 51.

학비평가인 그의 친구 랴츠키는 오시포프에게 보내는 편지에서 다음과 같이 고백했다. "나는 당신이 제안한 대로 프로이트를 공부했고, 여러 부분에서 당신의 견해에 대해 <u>스스로</u> 명쾌하게 이해했습니다."[158] 도스토옙스키 연구자 봄은 오시포프의 견해를 좇아 도스토옙스키의 글을 꿈과 같은 활동의 산물로 해석했다. 그는 도스토옙스키의 단편 「영원한 남편」의 "작문과 형식, 방법"이 "꿈의 심리학"과 비슷하다는 것과 판타지 같은 등장인물이 작가의 개성에 그 뿌리를 두고 있다는 것을 알게 됐다. 봄은 오시포프의 영향을 받아 창작이 도스토옙스키의 내면적 긴장을 이완시켰고 작가를 정신 질환으로부터 구했다는 결론에 이르렀다. 그러자 이번에는 오시포프가 봄의 연구에 대해 전기적 목록을 열거하며 작품을 설명하는 대신, "창조적인 작품들을 연구함으로써, 작가의 삶을 재창조"하고자 하는 "도스토옙스키 연구의 새로운 접근법"이라고 칭찬했다. 그는 "도스토옙스키의 작품은 꿈이라는, 다시 말해 도스토옙스키의 모든 작품은 의식에 의해 진행되는 몽상, 꿈, 망상의 형식이라는 봄의 견해가 옳으며 매우 성공적"이라는 데 동의했다.[159]

봄과 오시포프 모두 자신들은 근본적으로 새로운 방법, 즉 작가의 의식적·무의식적 의도를 밝히기 위해 "세밀한 것"을 분석하는 방법을 사용하고 있다고 생각했다. 봄은 19세기 초반의 러시아 극작가 그리보예도프에 관한 자신의 연구가 "바로 그러한 접근법이 옳았다

158 Liatskii to Osipov, 1927. 11. 6.
159 A. L. Bem, "Razvertyvanie sna(*Vechnyi muzh* Dostoevskogo)", *Uchenye zapiski, osnovannye Russkoi uchebnoi kollegiei v Prage*, 1, Prague, 1924, pp. 45~59; N. E. Osipov, "Novyi podkhod k Dostoevskomu: Raboty A. L. Bema", 1929. 11. 13, in TsGALI, f. 2299, op. 1, ed. khr. 26, l. 14.

는 것을 보여 주는 진일보한 증명"이었다고 적었다. "나는 내 연구 방법을 '세밀 관찰법'이라고 부른다. 나의 마지막 연구를 주의깊게 읽어 본 사람이라면 비록 프로이트가 언급되지 않고, 게다가 '성적인' 것이 전혀 없지만, 본질적으로 프로이트의 방법이 중요한 역할을 하고 있다는 것을 알 것이다. 이 방법은 프로이트가 '일상적인 것'에 대한 분석으로 이해했던 것, 즉 작가의 실수나 오타에 관한 분석으로 이해했던 것과 정확히 같은 것이다. 작가의 실수나 오타는 작가의 창작 동기를 완벽하게 드러내 준다. (…) 나는 때때로 문학 속에서 '구별하는' 방법론에 이론적 토대를 제공해 보고자 하고, 그것이 능숙하게 이용될 때 얼마나 이로운 열매를 맺을 수 있는지를 보여 주고자 하는 바람이 있다."[160]

이것은 러시아 문학비평 전통의 중요 변화였다. 비평가들은 문학작품과 작가를 대중의 삶과 사회운동에 기여한 정도에 따라 판단하는, 벨린스키 시대부터 시작되어 온 사실주의 관습 속에서 성장했다. 이제 그들은 문학 및 예술의 분석과 무의식의 분석 사이에 많은 공통점이 있음을 깨닫게 됐다. 카를로 긴즈부르그의 문장을 빌리면, 그들은 작가의 스타일과 모티브의 중요한 특징들을 드러내기 위해 "가장 세밀한 사항"을 분석하는 단일한 패러다임으로 정신분석과 예술비평을 통합했다.[161]

많은 서양철학자들이 세기 초의 재앙에 스토아철학과 존재철학

---

160 A. L. Bem to N. E. Osipov, *Ibid.*, 1931. 5. 10, in TsGALI, f. 2299, op. 1, ed. khr. 42, l. 40.

161 Carlo Ginzburg, "Morelli, Freud and Sherlock Holmes: Clues and Scientific Method", *History Workshop Journal*, no. 9, 1980, pp. 5~36.

으로 대응했음에도 불구하고, 볼셰비키 정권으로부터 탈출한 러시아 사상가들은 구원의 근원이자 절대적 가치로서의 사랑에 관한 철학에 관심을 돌렸다.[162] 1860년대 세대의 비웃음을 샀던 톨스토이식 기독교는 파괴와 재앙의 시대에 러시아 망명자들에게 이제 유일한 해결책으로 통했다. 도스토옙스키와 톨스토이, 블라디미르 솔로비요프에 의해 시작된 19세기 말 종교 르네상스는 정교회 수도사들과 지식인을 통합시킨 종교철학 회의를 설립하는 데서 그 정점을 이뤘다. 종교 르네상스는 1917년의 대재앙으로부터 새로운 자극을 받았다. 종교철학은 소비에트연방에서 살아남을 가능성이 없었다. 이에, 혁명 이후 메레시콥스키, 베르댜예프, 레프 셰스토프를 비롯한 저명한 종교 사상가들이 체류했던 국외에 러시아 사상의 주류가 형성됐다. 예전에는 이러한 문제에 거의 관심을 두지 않던 그 외 일부 철학자도 도덕과 종교적 문제에 관심을 돌렸다. 예를 들면, 오시포프의 친구이자 동료 망명자인 스펙토르스키는 1925년, 프라하에서 출간한 자신의 책 『기독교와 문화』(Christianity and Culture)에서 가장 다양한 정신적·사회적, 심지어는 물질문화, 가령 철학, 과학, 예술, 개인이라는 개념의 발달 및 법적 정의, 국가와 같은 영역에서의 종교의 의미를 설명했다. 랍신은 저서 『러시아 문학에서의 종교 인식 현상』(La phénoménologie de la conscience religieuse dans la littérature russe)에서 1860년대의 가장 광적인 허무주의자 체르니솁스키와 도브롤류보프, 피사레프도 청년 시절

---

162 서구에서의 반응 역시 다양했다. 예를 들어, 신경학자 쿠르트 골드슈타인은 "존재의 충격"에 반응하는 용기를 보였다. 다음을 참조하라. Anne Harrington, *Reenchanted Science: Holism in German Culture from Wilhelm II to Hitler*, Princeton: Princeton Univ. Press, 1966, p. 156.

에는 매우 신앙심이 깊었다는 것을 보여 주었다.[163]

　이러한 분위기 속에서 정신분석이 사랑에 대한 또 하나의 이론으로서 분명히 논의되었음에도 불구하고 이에 대한 반응은 양가적이었다. 다수는 이것이 인간 본성의 어두운 면에 집중하고 있다고 생각했다. 역시 프라하의 망명자였던 철학자 로스키는 "잠재의식 속에 숨어 있는 프로이트와 그의 학파가 이룬 끔찍한 발견이 인류에 치명적이라는 것이 입증됐다"고 강조했다. 그의 동료 젠콥스키는 종교적 경험을 다른 경험의 파생물로 설명하려는 프로이트와 에밀 뒤르켐의 시도에 반박했다. 한편으로, 프로이트의 리비도 개념은 플라토닉 에로스와 다소 관련돼 있는 것으로 받아들여졌다. 이것은 또 다른 망명 철학자 비셰슬랍체프에게 기독교적 사랑을 에로스의 승화의 산물로, 신을 이러한 승화의 근원이자, 가장 가치 있는 사랑의 대상으로 재해석할 기회를 주었다. 로스키의 말에 따르면, 비셰슬랍체프는 "우리의 상상과 의지를 신이자 인간인 살아 있는 신, 절대자의 실재적 선량함과 성인에 연결함으로써 (…) 기독교 정신 안에서 상상, 감정, 의지를 훈련하는 것이 완벽한 삶의 충만함을 얻는 유일한 길이다"라고 주장했다. 그의 추종자들은 비셰슬랍체프의 주장이 "기독교가 영광의 왕국의 선한 소식들로서 진실로 사랑과 자유의 종교로 해석되고, 율법주의와 광적인 불관용으로 왜곡되지 않는다면, 이러한 목적을 올곧

163　스펙토르스키에 대해서는 다음을 참조하라. "Spektorskii Evgenii Vasilievich", *Filosofy Rossii XIX-XX Stoletii: Biografii, idei, trudy*, ed. P. V. Alekseev et al., Moscow: Kniga i Biznes, 1993, p. 173. 랍신에 대해서는 다음을 참조하라. N. O. Lossky, *Istoriia russkoi filosofii*, Moscow: Izdatel'skaia gruppa "Progress", 1994, pp. 180~184.

이 수행할 수 있음을 증명한다"고 칭송했다.[164]

　이 모임의 논쟁에 참여한 사람들 가운데 오시포프가 유일한 정신분석 전문가였기에 그의 견해는 중요했다. 오시포프가 1910년 빈을 방문하는 동안 프로이트의 공감을 얻어 친분을 유지하고 있다는 것은 알려진 바였다.[165] (프로이트에게 개인적으로 헌신하던) 오시포프는 프로이트의 75번째 생일 기념식에서 체코의 정신분석학자 야로슬라프 스투츨리크(Jaroslav Stuchlik), 에마누엘 빈돌츠(Emanuel Windholz) 등과 함께 프라이부르크(모라비아)에 있는 프로이트의 생가에 기념 명판을 세울 것을 제안했다.[166] 반면, 망명 지식인들은 오시포프의 시각을 정신분석보다 더 광범위한 것으로 생각했다. 그들은 오시포프가 "최면이나 정신분석이 아닌 포괄적 정신요법을 통해, 완벽함을 통해, 오시포프 자신의 놀라운 조화를 통해 병을 치료했다"는

---

164 혁명 이전에 로스키는 상트페테르부르크대학에서 철학을 가르쳤다. 그는 1922년 다른 러시아 지식인들과 함께 추방당하자 프라하로 가 그곳 러시아인민대학교에서 근무했다. 1942년 베오그라드로, 이후 미국으로 옮겼다. 로스키는 자신의 개념을 "형이상학적 개인주의"라고 불렀다. 프로이트에 대한 로스키의 주석은 다음에서 발췌했다. *History of Russian Philosophy*, p. 330. 젠콥스키는 혁명 후 베오그라드로, 이후 프라하로 갔다. 프라하에서는 사범대학의 책임자였다. 그는 철학적 심리학, 철학의 역사와 문학에 대한 글(제목은 필자의 번역)을 썼다. *The Problem of Psychical Causality*, 1914; "The Hierarchical Structure of the Soul", 1929; *N. V. Gogol*, 1961. 모스크바대학교 법철학 교수인 비셰슬랍체프(B. P. Vysheslavtsev)는 1922년 러시아에서 추방당했다. 그는 파리 YMCA출판사의 러시아 분과에서 일했으며, 그 후 스위스에서 살았다. 국외에서 그는 자신의 주요 저술을 출간했다. *The Heart of Man in the Indian and Christian Mysticism*, Paris: YMCA Press, 1929; *The Ethics of Transfigured Eros*, Paris: YMCA Press, 1932. 비셰슬랍체프에 대한 로스키의 주석은 다음을 참조하라. Lossky, *History of Russian Philosophy*, p. 387.

165 오시포프에게 보내는 프로이트의 편지는 밀러의 저서 부록으로 출판됐다. 다음을 참조하라. *Freud and the Bolsheviks*, pp. 169~174.

166 Fischer, "Czechoslovakia", p. 37.

점을 강조했다.[167] 그의 친구 랍신은 오시포프를 "직관적" 진단의 대가로 묘사했다.[168]

　　로스키는 한번은 자신이 오시포프에게 전차에서 왜 책을 읽지 않느냐고 물었을 때를 회상했다. "나는 전차에서는 절대 책을 읽지 않습니다. 전차에 탄 모든 사람이 그 어떤 책보다도 더 흥미롭고 가치 있으니까요." 이것이 그의 대답이었다.[169] 로스키는 오시포프가 "직관"에 관한 심리학자로서 원조일 뿐 아니라 프로이트의 정신분석학을 로스키 자신의 형이상학적 개인주의를 포함한 현대 종교철학으로 재해석했다고 믿었다. 그는 다음과 같은 오시포프의 말을 인용했다. "프로이트 연구의 경험적 가치는 만일 그 중심에 육체적 욕망이 아닌 절대적 가치로서의 직관적 사랑을 둔다면 변화하지 않을 것이다. 우리의 시간적·공간적 세계에서 사랑은 가장 낮은 단계인 동일시의 사랑으로부터 다양한 단계로 유형화되어 있다(나는 이 사과를 좋아해 이것을 먹는다, 즉 파괴한다). 그런 다음, 사랑은 그 자체로 성기기, 초성기기(extra-genital) 등의 관능성과 감수성으로 표현된다." 로스키는 오시포프에게 사랑이란 성적 욕망보다 훨씬 더 이전의, 단순히 생리학적 욕망으로 격하될 수 없는, 삶의 질서 속의 기본적 요소라는

---

167 Dosuzhkov, "Nikolai Evgrafovich Osipov", p. 44.

168 다음을 참조하라. Lapshin, (제목은 필자의 번역) *The Laws of Thought and the Forms of Knowledge*, 1906; *Artistic Creativeness*, 1922; *The Philosophy of Inventiveness and Invention in Philosophy*, 1922. 그는 1922년, 소비에트 러시아로부터 추방당하자, 프라하에 정착하여, 그곳에서 러시아 문학과 예술에 관한 에세이를 출판했다. 다음을 참조하라. "Tolstoy's Metaphysics", 1929; "Dostoevsky's Metaphysics", 1931; *Russian Music*, 1948.

169 N. O. Lossky, "N. E. Osipov kak filosof", in Bem, Dosuzhkov and Lossky, *Zhizn' i smert'*, p. 50.

시각이 있다고 믿었다. 그는 병과 죽음으로 인해 오시포프가 자신의 사랑 이론을 자세히 전개하지 못한 것을 유감스러워했다. 그것은 "프로이트학파가 사람들의 범성욕주의적 성향으로 그것들의 관계를 설명한 것과는 다른 방법으로 설명"되었을 것이다.[170]

오시포프는 톨스토이와 프로이트에게 공감하며, 자신이 정신분석에 가치를 두는 이유는 그것이 인간 심리를 꿰뚫는 톨스토이의 "직관"에 가장 근접해 있으며, "영혼의 정화"라는 같은 목표를 갖기 때문이라고 말했다. 그는 정신분석이 신경증의 유일한 치료법이 아니며, "절대적 가치들을 수용함으로써 두려움을 극복하는" 고골의 단편을 읽는 것 역시 도움이 될 수 있다고 확신했다. 볼셰비키 혁명 발생 10년 후, 오시포프는 프로이트에게 전하려는 의도로 「혁명과 꿈」(Revolution and Dream)이라는 제목의 글을 썼다. 그는 판타지 같은 혁명의 현실을 분석하면서 프로이트와 톨스토이를 결합했고, 혁명을 에로스의 가장 낮은 단계인 나르시시즘으로, 이후 사랑의 절대적 부재인 죽음으로의 퇴폐로 간주했다.[171] 망명자 신분으로 미완의 원고 「현대 러시아 과학의 유기자연철학」 집필을 재개했으며 책의 한 챕터 「삶과 죽음」의 출판을 준비했다. 오시포프는 「삶과 죽음」에 톨스토이의 "영원한 질문"에 대한 생물학자로서의 성찰을 담았다. 1890년대, 톨스토이는 「삶과 죽음에 관해서」(On Life and Death)라고 제목

---

170 N. O. Lossky, *History of Russian Philosophy*, p. 331.

171 N. E. Osipov, "Strashnoe u Gogolia i Dostoevskogo", in Bem, Dosuzhkov and Lossky, *Zhizn' i smert'*, p. 135; N. E. Osipov, "Revoliutsiia i son" (1927), *Russkii narodnyi universitet v Prage: Nauchnye trudy*, Prague: Russkii narodnyi universitet, 1931, 4, pp. 175~203. 유사하게, 종교철학자 베르댜예프도 역사를 사랑과 비이성적 자유의 드라마로 해석했다. 그 안에서 비이성적 자유를 위한 승리가 결과적으로 혼돈, 무존재를 야기한다.

붙인 소논문을 집필하면서 "죽음"이라는 단어를 빼기로 작정했다. "이 단어가 제목 속에서 의미를 완전히 없애 버린다. 신은 이 논문이 그런 식으로 적어도 일부 독자에게 영향을 줄 것이라고 생각하신다." 오시포프는 자신의 논문 제목에 "죽음"을 남겨 두었지만, 톨스토이와 동일한 파토스로써 삶은 절대적 가치를 갖는다고 단언했다.[172]

172 톨스토이는 다음에서 인용되었다. Biriukov, *Biografiia*, p. 68; N. E. Osipov, "Život a smrt", *Russkii narodnyi universitet v Prage: Nauchnye trudy*, 1, Prague: Russkii narodnyi universitet, 1928, pp. 138~146. 치시가 번역한 오시포프의 러시아어 논문은 러시아어 번역본인 다음을 참조하라. "Zhizn' i smert'", in Bem, Dosuzhkov and Lossky, *Zhizn' i smert'*, pp. 67~78.

4

데카당파, 혁명가
그리고 국민 정신보건

러시아 현실 및 현재 러시아 문학에서 일어나고 있는 일들로 푸시킨이나 도스토옙스키를 비난할 수 없음은 당연하다. 그러나 최근 반세기 동안 현실과 문학 사이, 우리의 사변의 위대함과 행동의 비참함 사이에 모종의 연관이 있음은 분명하다. 한 송이 거대한 가시연꽃처럼 러시아의 현실은 러시아의 문학을 낳았지만 이제는 그 무엇도 생산할 수 없기에 때때로 문학이 현실을 완전히 소진해 버린 것처럼 보인다. 꿈속에서 우리는 신이었지만 깨어 있는 상태에서 우리는 아직 인간이 되지 못했다.

— 메레시콥스키[*]

냉담하고 사악한 예술가들의 메피스토, 악한 시인, 퇴폐한 정신의학자, 그들은 모두 (…) 진정한 "악마"를 대표한다. 죽음 자체보다 무서운 진정한 병리적 악, 그것은 정신과 삶의 부패, 퇴폐, 죽어 가는 것이다.

— 시코르스키[**]

[*] D. S. Merezhkovskii, "Lermontov: Poet sverkhchelovechestva", *Izbrannye stat'i: Simvolizm, Gogol', Lermontov*, Munich: Wilhelm Fink, 1972, p. 332.
[**] I. A. Sikorskii, "Biologicheskie voprosy v psikhologii i psikhiatrii", *Voprosy nervnopsikhicheskoi meditsiny*, no. 1, 1904, p. 113.

러시아에 데카당스가 있었는가?

"데카당스가 생겨난 시기에 퇴폐자의 수가 증가했으며, 심지어 정부 수립도 그 퇴폐한 사람들에 의해 이루어졌다." 뒤르켐은 『자살론』에서 이렇게 적고 있다. 그는 프랑스와 러시아 문학을 비교하며 다음과 같이 결론 내린다. "러시아 문학이 프랑스에서 공감을 얻는 것은 양자 간에 유사성이 있음을 시사한다. 사실 두 나라 작가들은 정신적·도덕적 평정심이 부재하며 신경계가 병적으로 민감한 것이 감지된다. 그러나 이러한 동일한 조건 속에서 그 둘은 생물학적으로 또한 심리적으로 얼마나 다른 결과를 도출해 내는가! 러시아 문학은 과도하게 이상적이다. 그런데도 인간의 고통에 대한 진정한 동정심의 발로인 그들 고유의 우울함은 신념을 자극하고 행동을 자극하는 건강한 종류의 슬픔인 반면, 우리는 오로지 깊은 절망을 표현하는 것에 자부심을 갖고 있으며 우울이라는 불안 상태를 반영한다." 뒤르켐에게 사회 발달 단계의 표지는 이상과 가치였다. "과거의 혼란한 사회는 삶에 싫증을 내고 창백한 우울함이 (…) 쉽게 싹튼다." 이에 반해 "열렬한 이상주의, 관용적 전향과 적극적 헌신 등은 젊은 사회에서 쉽게 발전한다". 프랑스인과 마찬가지로 러시아인도 심리적 피로와 "평정심의 부족"을 보였지만, 러시아인들은 적어도 예술에서는 이상과 가치를 지켜 냈기에 젊은 국가로 남아 있다. 뒤르켐에 따르면, 이와는 대조적으로 옛 유럽 문명은 아노미 시기에 들어섰으며 멸망의 위험에 처해 있었다.[1] 구세계에 실망한 19세기 말 유럽인들은 "광활하고 원시적인 신생" 러시아에서 새 문명을 향한 "희망의 새벽"을 보았다.[2]

그러나 정작 러시아 지식인은 자국에 대해 그 같은 희망을 품지 않았다. 서구 이웃나라의 평가와 달리 그들은 러시아가 기울어 가며 서구와 마찬가지로 아노미 상태에 진입했다고 여겼다. 키예프에 있는 성블라디미르대학교의 정신의학 교수 시코르스키는 19세기 말 러시아에 대해 "이상주의 및 고결한 동기가 퇴색했으며 부모가 자녀에게, 윗세대가 아래 세대에 미치는 교육적 영향력이 약화돼 범죄와 자살이 증가하는 상황에 처했다"고 전한다. 시코르스키는 뒤르켐과 마찬가지로 문학을 토대로 진단을 내렸다. 그는 10여 년의 시간적 차이

1 Emile Durkheim, *Suicide: A Study in Sociology* (1897), London: Routledge & Kegan Paul, 1952, p. 77.
2 Henry Havelock Ellis, *The Genius of Europe*, Westport, Conn.: Greenwood, 1951, p. 204. 누구나 이러한 견해에 동의한 것은 아니었다. 데카당스 주요 이론가인 폴 부르제는 슬라브인에 대해 프랑스인과 독일인에 대한 것만큼이나 염세적이었다. 그는 러시아의 사회적 비관주의는 프랑스 데카당파의 "고독하고 기괴한 신경증" 혹은 쇼펜하우어의 비극적 분위기와 달리 허무주의의 형식을 취한다고 보았다. 다음을 참조하라. Jean Pierrot, *The Decadent Imagination, 1880-1900*, trans. Derek Coltman, Chicago: Univ. of Chicago Press, 1981, p. 16.

를 갖는 비슷한 줄거리의 두 작품을 비교했다. 체호프의 현대 단편소설 『우수』(1886)의 주인공인 마부 요나는 최근에 아들을 잃은 사실을 누군가에게 간절히 얘기하고 싶어 한다. 그러나 손님은 물론 다른 마부들 모두 자기들의 사소한 생각에 여념이 없어 이야기를 들어 주지 않는다. 결국 요나는 말에게 자신의 슬픔을 털어놓는다. 시코르스키는 비교할 만한 옛이야기로 이제 막 아내를 매장한 마부에 관한 투르게네프의 산문시 「마샤」를 언급했다. 체호프의 이야기에서와는 달리 「마샤」에서는 주인공 마샤에게 관심을 가진 손님들이 "마부의 얼굴에 드러난 슬프고 우울한 표정을 바로 알아차렸고 그의 목소리에서 슬픔을 느껴 그에게 먼저 말을 건네기 시작했다".[3]

한 나라의 도덕성은 예술을 통해 정점에 도달한다는 낭만적 이상에 따라 성장한 19세기 러시아인들은 문학의 질이 사회의 도덕성을 가르는 민감한 지표가 된다고 믿었다. 그들은 아마도 1860년대와 1870년대가 러시아 문학의 황금기였다는 사실과 더욱이 투르게네프, 톨스토이, 도스토옙스키가 자유, 민주주의, 계몽, 인도주의 등의 가치를 설파함으로써 국가를 바로 세웠다는 것에 동의할 것이다. 당시는 정치적 긴장이 완화되고 농노가 해방되었으며 정부의 진보적 개혁이 이루어진 시대였다. 인민주의, 말하자면 러시아는 농촌 사회 구조에 기반한 미래로의 비자본주의적 방향을 갖는다는 믿음이 러시아 인텔리겐치아에게 소작농들의 교육 및 의료에 관한 요구를 충족시키고

---

3 I. A. Sikorskii, "Uspekhi russkogo khudozhestvennogo tvorchestva: Rech'v torzhestvennom zasedanii II-go s"ezda otechestvennykh psikhiatrov v Kieve", *Voprosy nervno-psikhicheskoi meditsiny*, no. 3, 1905, pp. 497~504; no. 4, pp. 617~618.

그들의 정치의식을 고쳐시키기 위해 노력하며 "인민에게 가도록" 영감을 주었다. 그러나 희망적 분위기는 1880년대에 완전히 역전되었다. 1881년 테러 집단에 의한 알렉산드르 2세의 암살은 엄격한 검열, 교육과 공적 생활에 대한 억압, 정치범의 체포와 처형 등 독재 통치가 확고히 뿌리내리는 반동의 시대를 불러왔다. 한 역사가의 말에 따르면, "1860년대 러시아 인텔리겐치아의 쾌활한 낙천주의와 1870년대의 영웅적이고 묵시적 분위기는 이제 사회순응주의와 삶에 대한 차분하고 단조로운 태도를 가리키는 이른바 '작은 일' 이데올로기에 그 자리를 내주었다".[4]

러시아 소설의 전성기 역시 1880년대에 막을 내린다. 1881년에는 도스토옙스키가, 2년 뒤에 투르게네프가 그리고 1870년대 말에 정신적 위기를 겪은 후 도덕철학 연구를 위해 소설 집필을 그만둔 톨스토이가 차례로 세상을 떠났다. 이들에 비해 세기말 작가들은 약하고 무게감이 없었으며 도덕의 탐구보다는 심미에 몰두하는 것처럼 보였다. 새로운 예술운동인 데카당스와 상징주의로 인해 사회를 선도하던 문학의 역할이 실종되었다는 우려가 제기됐다. 철학적 문제는 당대 가장 "심미적" 예술가들에게조차도 실제로 매우 중대한 문제였으나[5] 대중은 데카당스와 상징주의 예술이란 "사상이 빠진 제멋대로의 예술, 수용할 만한 철학적 고려가 없는 기술적인 에너지의 소모"라고

---

4 Peter Henry, "Introduction", Vsevolod Garshin, *From the Reminiscences of Private Ivanov and Other Stories*, trans. Peter Henry, Liv Tudge, Donald Rayfield and Philip Taylor, London: Angel Books, 1988, p. 11.

5 이러한 주장은 다른 사람들 가운데 로저 키스(Roger keys)의 지지를 받았다. 다음을 참조하라. *The Reluctant Modernist: Andrei Belyi and the Development of Russian Fiction: 1902-1914*, Oxford: Clarendon, 1966, esp. 25~35.

생각했다. 문학사학자 존 볼트에 따르면, 상징주의자들은 자신들의 예술이 "가장 열정적인 이상주의자의 영혼을 아우르는 충동"과 긴밀히게 이어져 있다고 주장했으나, 오히려 이전 세대 작가들이 지평을 연 "위대한 이상주의"를 배신했다는 비난을 감수해야만 했다.[6] 한 대중 잡지 비평가는 예전 러시아 젊은이들은 비록 고단한 삶을 살았으나 그들에게는 투르게네프, 체르니솁스키, 미하일롭스키 같은 작가들이 있어 그들에게 위로를 구하고 자신들이 헌신할 이상을 얻을 수 있었던 데 반해, 오늘날의 러시아 젊은이들은 "수치와 금욕은 꺼지라"고 외치며 "투르게네프 대신 아르치바셰프(데카당파 작가)를, 인사로프(투르게네프 소설 속 귀족) 대신 사닌(연애 소설의 주인공)을, 미하일롭스키(언론인이자 인민주의 사상가) 대신 솔로민(Solomin)을 취했다"며 불만을 토로했다.[7]

문학비평가들은 고티에와 보들레르식의 문학 양식을 표현하기 위해 후기 로마 역사에서 **데카당스**라는 단어를 빌려 왔다. 처음에 시인들은 자기 스스로를 속세의 이방인으로 믿고 있다는 사실을 강조하기 위해 이 명칭을 기꺼이 수용했다. 그러나 데카당스는 곧 도덕의 쇠퇴와 고전예술 형식의 왜곡에 대한 책임을 떠안았으며, 서구에서 그렇듯이 러시아에서도 **데카당**과 **상징주의자**는 에로티시즘과 황홀경, 광란 및 타락을 묘사하는 예술가를 지칭하는 데 쓰이게 된다. 저

---

6 John E. Bowlt, "Through the Glass Darkly: Images of Decadence in Early-Twentieth-Century Russian Art", *Journal of Contemporary History* 17, 1982, pp. 96~97.

7 Jeffrey Brooks, "Popular Philistinism and the Course of Russian Modernism", *Literature and History: Theoretical Problems and Russian Case-Studies*, ed. Gary Soul Morson, Stanford: Stanford Univ. Press, 1986, p. 101.

널 『북방 통보』(Nothern Herald)가 서구 데카당파의 시와 산문, 선언서를 주로 발행하게 되고 연감 『러시아 상징주의자』(Russian Symbolists)가 자국의 젊은 작가들을 소개하고 작품을 게재함에 따라 1890년대 초반을 거쳐 중반 무렵에는 두 매체 모두 대중에 잘 알려지게 되었다. 바로 이 저널의 1895년 연감에 작가에게 추문을 안겨 준 브류소프의 한 줄짜리 시 「아, 창백한 다리를 덮어라」(Oh, Cover Your Pale Legs)가 실려 성공적 스캔들을 일으켰다. 브류소프는 베를렌을 창작의 모델로 삼아 "보랏빛 손", "투명한 가판대", "벌거벗은 한 달" 같은 시구를 사용했다.[8] 러시아에서 새로운 예술은 곧 일상의 일부가 되었다. 세기말 러시아에는 반라의 여인을 묘사한 니콜라이 페오킬라크토프(Nikolai Feofilaktov)뿐만 아니라 러시아판 오스카 와일드 "모스크바의 (오브리) 비어즐리"가 있었다. 후자의 사치는 부르주아식 생활조차 위협할 정도였다. 세기말에 대한 이야기인 『데카당』(Decadent)에서는 두 상인의 딸들이 기차 안에서 수다를 떤다. 그중 한 명이 오스카 윌도비치라는 시인을 남편으로 얻은 자신의 불행한 결혼에 대해 늘어놓았다. 동행하던 다른 여인들은 데카당파는 돈을 위해 중산층의 지지를 좇는 쓸모없는 사람들이라고 결론을 내린다.[9]

8 데카당(decadent)이라는 용어는 1889년 예술비평가에 의해 러시아에서 처음 사용된 것으로 추정된다. 다음을 참조하라. Bowlt, "Through the Glass", p. 93. 브류소프와 러시아에서의 상징주의자운동에 대해서는 다음을 참조하라. Joan Delaney Grossman, *Valery Briusov and the Riddle of Russian Decadence*, Berkely: Univ. of California Press, 1985; Martin P. Rice, *Valery Briusov and the Rise of Russian Symbolism*, Ann Arbor, Mich.: Ardis, 1975.

9 도로셰비치의 『데카당』(Dekadeut, 1912)은 다음에서 인용되었다. Louise McReynolds, "V. M. Doroshevich: The Newspaper Journalist and the Development of Public Opinion in Civil Society", *Between Tsar and People: Educated Society and the Quest for Public Identity in Late Imperial Russia*, ed. Edith W. Clowes, Samuel D. Kassow and James L. West, Princeton:

데카당파 작가는 대중 잡지 편집장뿐 아니라 상인 계급으로부터도 경멸을 받았다. 일부 의사는 이러한 비판의 목소리에 의학적 권위를 덧붙였다. 1901년 시코르스키는 자신의 정체성을 데카당과 상징주의자운동으로 정의하는 시인 및 작가의 작품에서 새로운 형태의 질병인 특이 정신 장애 편집증을 진단했다. 시코르스키는 "문학에서의 퇴폐적 경향이 (…) 독자의 취향을 망치고 오도할 수 있음"을 두려워하며, 문학을 보호하기 위해 정신의학자들이 과학적으로 훈련된 문인들과 함께 노력해야 한다고 주장했다. 모스크바대학교 정신의학 클리닉의 정신의학자 리바코프는 현대 문학이 "시시한 줄거리"에 압도당했으며 "삶의 사소하고 무가치한 것들"에 의해 선점되었다고 주장했다. "문학이 요즘처럼 퇴폐, 신경쇠약증, 사이코패스 등과 같은 병적 유형을 보여 준 전례가 없었다. (…) 병적 유형 모두는 삶의 향연 속에서가 아니라 요양소나 정신의학 클리닉에 있는 유형들이다. 그것은 퇴폐했고 도덕적으로 비정상적이며 충동적이다. 그들 모두는 본능과 열정의 노예들이다." 리바코프는 퇴폐한 사람이나 데카당파 작가보다 도스토옙스키의 "정신적으로 병든" 인물들을 더 선호했다. 정신이상자들은 적어도 "살아 있으며 행동하고 때로 깊이 사색하는" 반면, 현대 소설의 주인공들은 "죽어 있으며 파멸된 인간들"이다. 그는 "이상(理想)의 부재"가 독자의 도덕적 추구를 저해할 것을 우려했고, "병들고 신경이 불균형적으로 과민한 영혼이 엄청난 황홀경에 이르도록 할 수 있을지는 모르지만, (…) 확고한 사회적 이상이나 견고

Princeton Univ. Press, 1991, p. 239.

한 세계 문화 원리는 절대 만들어 내지 못할 것"이라 결론지었다.[10]

러시아 정신의학자들은 서구 동료들처럼 현대 예술의 퇴보에 대해 전문 예술가의 작품과 정신이상자의 작품을 비교했다. 그들 중 다수는 롬브로소처럼 자신들이 치료하는 환자의 미술작품과 글을 수집했다. 리바코프는 환자들이 만든 "작품 모음집"을 언급했는데, 이 작품집에서는 심지어 "소위 뉴웨이브 이전에 쓰인 것들로, 현대 소설에서도 전혀 이질적이지 않은 모티브를 발견"할 수 있었다. 역시 정신이상자들의 작품을 수집했던 모스크바의 신경학자 로솔리모는 1901년 자신이 관찰한 바를 다음과 같이 기술했다. "나는 15년 전에 정신이상자들의 그림과 시를 볼 기회가 있었는데, 작품의 추악함과 기상천외한 내용은 매우 인상적이었다. 그것은 당시의 미술과 시가 표현하던 것과는 사뭇 달랐다. 그러나 겨우 15년이 지난 지금 그 엄청난 차이가 거의 사라졌다. 요컨대, 일부 정상적인 예술가의 작품과 정신이상자의 작품이 유사해졌다." 러시아의 정신의학자들은 롬브로소를 좇아 현대 예술가와 정신이상자의 작품에서 상징의 남용과 비유, 기발하고 공상적인 은유, 채색된 시각의 지각 등 공감각 같은 공통된 특징을 찾으려 했다. 예컨대, 리바코프는 "혼돈스러운 지각"의 증상으로 "태양은 풀과 싱싱한 꽃, 종소리 울리는 빛의 향기가 난다"라는 발몬트의 시를 인용했다.[11]

---

10 I. A. Sikorskii, "Russkaia psikhopaticheskaia literatura, kak material dlia ustanovleniia novoi klinicheskoi formy –Idiophrenia paranoides", *Voprosy nervno-psikhicheskoi meditsiny*, no. 1, 1902, p. 47; F. E. Rybakov, *Sovremennye pisateli i bol'nye nervy: Psikhiatricheskii etiud*, Moscow: V. Richter, 1908, pp. 14~15.

11 Rybakov, *Sovremennye pisateli*, p. 3; G. I. Rossolimo, *Iskusstvo, bol'nye nervy i vospitanie*, Moscow: G. I. Prostakov, 1901, p. 38; Rybakov, *Sovremennye pisateli*, p. 6.

노르다우가 데카당파 예술가들이 대중에게 최면과 다름없는 암시를 줄 것을 우려한 것처럼, 로솔리모도 예술의 수준 저하가 "예술의 전염병"을 초래할 수 있다고 경고했다.[12] "음악, 가령 피아노나 바이올린 혹은 노래 부르는 소리가 들리지 않는 어느 중산층 가족이 있다고 가정하자." 그는 과장되게 묻고 답했다. "그런 가족이 있다면 나는 그에 대한 반응으로, 억지로라도 악기를 연주하는 가정, 특히 가족에 여자가 더 많은 가정을 보여 주겠다. 봄, 여름, 가을에 대도시의 변두리를 산책하다가, 마을의 집 앞이나 작은 숲 앞 어디서라도 유화를 습작하는 사람을 볼 수 있는 그런 장소를 보여 주겠다. 단, 겨울에는 [길에서 그들을 만나기 어려운데] 그들 모두 자신의 예술적 상상력을 충족시켜 주기를 바라며 전시회의 개장을 기다리고 있을 것이다."[13] 그는 현대 예술이 사회 속에서 신경증을 증폭시켰다고 여기고 미학 교육을 정신의학적으로 통제해야 한다고 생각했다. 가령, 일정 종류의 극장 공연, 아마추어 연극뿐 아니라 회화와 조각, 특히 시는 젊은 사람들에게 해로울 수도 있어서 배척돼야 하고, 학교 음악 교육은 합창으로 제한해야 한다고 보았다.

1901년 정신위생학운동을 최초로 선언한 곳 중 하나였던 모스크바 정신의학 및 신경병리학의사협회의 연례 회의에서 이뤄진 로솔리모의 연설에 그의 동료들은 극명하게 다른 반응을 보였다. 신진 예술가는 "심리적 자동 현상"에 의해 정신적으로 통제당하는 취약한 심

---

12 다음을 참조하라. Murray G. H. Pittock, *Spectrum of Decadence: The Literature of the 1890s*, London: Routledge, 1993, p. 26.

13 Rossolimo, *Iskusstvo*, p. 37.

리를 가졌으므로 정신적인 전염병을 일으킬 수 있다는 로솔리모의 우려에 일부는 공감한 데 반해, 나머지는 그러한 극단적 입장에 반대했다. 다수의 정신의학자가 현대 예술은 병든 예술가의 산물이라는 리바코프와 로솔리모의 견해에 동의하지 않았다. 그들은 예술의 쇠퇴에 대해 심리적 원인보다 사회적 원인을 찾고자 했다. 다시 말해, 예술가들과 예술이 그러한 분위기에 처한 원인을 러시아 차르 정권 하의 열악한 상황 탓으로 인식했다. 정신의학자들은 밝고 강력하며 자유로운 영혼의 소유자는 모두 검열당하고 억압받아 왔기 때문에 예술계는 이제 평범함이 지배하게 되었고 정신적으로 장애가 있는 데카당파가 침범하게 됐다는 극단적 비평가들의 지적에 동의했다. 가령 모스크바의 정신의학자 샤이케비치는 로솔리모의 과도한 견해를 비판하면서 그의 "엄격하고 절대적인 진단"은 "예술을 왜곡시키는 현대 예술가의 사회심리적·사회병리적 영향"을 고려하지 않은 것이라고 기술했다. 로솔리모는 "컨디션이 우울한 날에는 실망, 불만족, 피로로 감각적인 분위기를 만들어 냈고 (…) 자기중심적인 감정을 강화했으며 (…) 자기 내면에 약한 감정을 키워 무엇이든, 심지어 신비주의에서조차도 근거를 찾을 필요성을 만들어 냈다"라는 주장을 이어 갔다.[14]

샤이케비치 같은 정신의학자는 예술가는 그들이 보는 것만을 묘사하기에 도덕적 타락에 대한 책임을 질 수 없다고 강조했다. 예술

---

14 M. O. Shaikevich, "Psikhopatologicheskii metod v russkoi literaturnoi kritike", *Voprosy filosofii*, no. 3, 1904, pp. 328~330. "심리적 자동증"(psychological automatism)은 셰이니스(L. Sheinis)가 사용한 용어였다. *Ibid.*, p. 327.

속에 묘사된 정신 질환은 예술가의 고안품도, 그들의 부도덕한 선입관의 결과도 아니다. 문학 속 "병적인" 인물들은 "이미 모두가 알고 있는 사회적 상황이 투영된 것"이다.[15] 시코르스키는 "젊은 사실주의 작가들", 예컨대, 체호프, 막심 고리키, 비켄티 베레사예프, 레오니트 안드레예프, 알렉산드르 쿠프린 등이 퇴폐와 도덕적 타락을 묘사함으로써 당대의 사회적·심리적 풍조를 그려 내고자 했다고 주장했다. 이들 중 제일 젊은 안드레예프는 격렬한 감정과 극한 상황을 묘사하는 작가로 이름을 날렸다. 동시대 다수의 사람처럼 안드레예프도 자신의 글과 그림에서 악마를 구체적으로 묘사하기 위해 악의 추상적 개념을 뚜렷하게 표현할 방법을 찾는 데 청춘을 바쳤다. 시코르스키가 도덕적 선택과 이성적 결정보다는 본능을 따르는 사람이 그러하다고 주장했듯이 안드레예프 역시 특히 퇴폐의 어두운 면을 그려 내는 데 성공했다.[16]

시코르스키는 "일시적으로 억압됐던 낡은 악이 알렉산드르 2세의 개혁으로 어떻게 새로운 형태로 재등장하는지"를 체호프가 최초로 묘사했다고 주장했다. 그는 삶의 흐름을 자동적으로 따르는 "속물적"이고 우둔한, 이상을 갖지 않은 사람들을 묘사했다. 가령, 그의 "진행성 마비 환자를 닮은, 비참하고 생기를 잃은 (인물들)"은 어두운 시대의 산물이었다. 또 다른 의학자 니키닌 역시 "사회적 병폐"를 들춰냈다는 점을 들어 체호프를 칭찬했다. "체호프는 '신경쇠약증'의

15 M. Shaikevich, "Psikhopatologicheskie cherty geroev Maksima Gor'kogo", *Vestnik psikhologii*, no. 1, 1904, p. 55; no. 2, pp. 40~50; no. 3, pp. 124~141.

16 Sikorskii, "Uspekhi russkogo", p. 618.

인물들을 묘사할 때, 사회 속 신경쇠약증의 원인을 우리 정신의학자들이 말하는 사회불안 장애와 같은 것으로 언급했다." 니키닌은 "사회 여건이 개선됨에 따라 신경쇠약증 환자 수는 감소하는 데 반해, 활동적 사회 구성원의 수는 증가할 것"이라는 체호프의 예견에 정신의학자들이 공감했다고 보았다. 신경쇠약증 환자에 대한 체호프의 묘사가 설득력이 없다고 생각한 로솔리모조차도 작품 속 인물들의 "신경증"은 결과적으로 현대사회의 삶과 가혹한 노동조건, 특히 "우리 러시아의 상태"에 따른 것이라는 점에 동의했다.[17]

리바코프 등 일부를 제외하고 정신의학자 대부분은 현대 예술가들이 추잡한 본능을 만족시키려는 소수의 관객에 호소하는 타락한 퇴폐의 인간이라는 견해에 동의하지 않았다. 시코르스키에 따르면, 오히려 그들의 예술은 도덕적 의도를 지니고 있었다. 그들의 예술은 부도덕한 삶의 위험과 퇴폐에 대하여 경고했고, "오직 단련된 사상만이 도덕적 실패로부터 우리를 보호할 수 있다"는 것을 관객에게 상기시켰다. 시코르스키는 현대 회화에 대해 언급하며 러시아 고위 관료의 위선과 거만에 관한 분명한 예로 일리야 레핀이 그린 내각위원들의 초상화를 들었다. 동시대의 예술 모두가 러시아인의 삶이 무언가 잘못되었다는 것, 다시 말해 더는 같은 방식으로 지속될 수 없는 삶이라는 유일한 메시지를 전했다.[18]

1905년 봄 진보 성향 신문의 머리기사 표제가 된 "우리는 더 이

---

17 Ibid., pp. 499~500; M. P. Nikinin, "Chekhov kak izobrazitel' bol'noi dushi", Vestnik psikhologii, no. 1, 1905, p. 7, 13. 로솔리모는 다음에서 인용되었다. I. D. Ermakov, "Desiatyi Pirogovskii s"ezd v Moskve, 25. IV~2. V. 1907", Zhurnal nevropatologii, no. 2~3, 1907, p. 554.
18 Sikorskii, "Uspekhi russkogo", p. 504.

상 이렇게 살 수 없다"는 곧이어 모두가 되풀이하는 구절이 되었다. 주변 사건들은 이러한 감정에 불을 붙였다. 러일 전쟁의 참혹한 패배 후 정치적 위기가 찾아왔다. 1904년 중순에 시작된 차르 니콜라이의 온건 개혁은 저항의 물결을 일으켰다. 보수파 내무부장관 플레베의 암살은 독재와의 전쟁이 시작됐음을 알렸다. 파업의 주요 격랑은 피의 일요일(1905년 1월 9일) 이후 시작됐고 혁명은 폭력의 단계로 접어들었다.[19] 그보다 몇 년 앞서 젊은 정신의학자 보로비예프는 "퇴폐한 재능이 예술에 데카당스, 초인상주의, 초상징주의 등과 같은 이상한 풍조를 축적시켰다"라고 주장했다.[20] 1905년 12월 보로비예프는 모스크바 곳곳에서 일어난 무력 대치 상황에서 바리케이드를 치고 있는 혁명군에게 의료지원을 하던 중 경찰에게 부상당했다.[21] 데카당스와 퇴폐가 이야기하는 상상된 위협과는 대조적으로 일상이 진짜 위험이라는 것이 증명되던 시기였다.

19 뉴스 머리기사는 다음에서 인용되었다. Orlando Figes, *A People's Tragedy: The Russian Revolution, 1891-1924*, London: Jonathan Cape, 1996, p. 181. 1905년 혁명에 대해서는 다음 예를 참조하라. Abraham Ascher, *The Revolution of 1905: Russia in Disarray*, Stanford: Stanford Univ. Press, 1988; Roberta Thompson Manning, *The Crisis of the Old Order in Russia: Gentry and Government*, Princeton: Princeton Univ. Press, 1982.

20 V. V. Vorob'ev, "Degeneraty i ikh obshchestvennoe znachenie", *Otchety Moskovskogo obshchestva nevropatologov i psikhiatrov za 1901-1902 gg.*, Moscow: Kushnerev, 1902, p. 10.

21 부상당한 파업 참가자와 거리시위의 희생자를 지원하기 위해, 급진적인 전러 의료인동맹의 일부 회원들이 비공식적인 적십자위원회를 구성했다. 다음을 참조하라. John F. Hutchinson, *Politics and Public Health in Revolutionary Russia, 1890-1918*, Baltimore: Johns Hopkins Univ. Press, 1990, p. 211.

러시아의 햄릿들

1905년 의료 직종 내에서 정치적 저항이 빠르게 나타나고 있었다. 정신 질환 발생률 증가를 러시아의 사회·정치적 상황과 관련짓는 전통이 생긴 지 이미 오래였다.[22] 러시아 의사들은 사회·정치 변화가 국가를 건강하게 하는 데 필수적이라고 믿고 있었다. 정치의식을 가진 의사들 모두가 공중보건의 비참한 상태를 언급했지만, 그들 중 자유주의와 사회주의 성향의 의사들만이 의료 제도상의 각종 개선책을 대규모 개혁과 연결지었다. 역사학자 존 허친슨은 지역 의료 지도자들의 표어 "건강해지기"(healthification)가 큰 반향을 가져왔다고 주장했다. 이것은 젬스트보에 지역 공중보건에 관한 책임을 더 많이 부여하고, 그곳에 고용된 전문 인텔리겐치아가 관료적 통제로부터 해방되는 것을 의미했다. 적어도 급진파 의료 종사자들에게 "국가를 건강하게 만드는 것"이 점차 민주 개혁이라는 말과 동의어가 되었다. 의사이자 작가인 베레사예프(스미도비치의 필명)는 "관료가 아닌 의사가 되고 싶다면, 의사는 무엇보다 자신의 직업을 무의미하게 만들고 성과를 방해하는 요소들을 제거하기 위해 투쟁해야 한다"라고 주장했다.[23]

---

22 다음을 참조하라. Julie V. Brown, "Social Influences on Psychiatric Theory and Practice in Late Imperial Russia", *Health and Society in Revolutionary Russia*, eds. Susan Gross Solomon and John F. Hutchinson, Bloomington: Indiana Univ. Press, 1990, p. 42.

23 존 허친슨은 건강 관리 체계를 위한 모델에서 의료 직종이 지역적인 것과 중앙 집중적인 지향점을 갖는 두 가지로 나뉘었다는 것을 보여 준다. 다음을 참조하라. *Politics*, pp. xix~xx. 베레사예프는 다음에서 인용되었다. Nancy Mandelker Frieden, *Russian Physicians in an Era of Reform and Revolution, 1856-1905*, Princeton: Princeton Univ. Press, 1981, p. 199.

그러나 모든 의사가 자신의 진료환경을 위험하게 만들면서까지 이러한 열정적 요구에 응할 정도로 끈기 있었던 것은 아니었다. 베레사예프의 소설 『의사의 고백』 속 주인공은 강경한 영웅의 모습에는 맞지 않았다. 성실하고 예민한 젊은 젬스트보 의사는 "관심 밖의" 먼 지방에서 일하면서 온갖 종류의 고난을 겪었고, 때로 이에 좌절하기도 했다. 일부 의사들은 베레사예프의 나약한 주인공을 젬스트보 의사와 의료직 전반에 대한 비난으로 받아들였다.[24] 상트페테르부르크 외과의사협회 회장이자 군의학아카데미 교수 벨리야미노프(N. A. Vel'iaminov)는 이 소설을 "불온"하다고 기술했으며, 작가를 야망을 품은 이기적 신경쇠약증 환자라고 평가했다. 소설 출판 이후 몇 달 동안 의사들은 찬반양론으로 엇갈려 의학계, 문학계 및 일반 잡지의 지면을 가득 채웠다. 그 가운데 시코르스키는 베레사예프가 만들어 낸 주인공의 선량함을 믿으며 주인공의 나약함을 도덕적 삶과 이상을 추구하는 모습의 일환으로 해석하는 지지자였다. 시코르스키는 다음과 같이 주장했다. "1880년대 사람들에게 부족했던 것은 양심, 죄의식과 끊임없는 자기개선의 욕구였다. 그런데 베레사예프의 인물들에게서는 이 모든 것을 볼 수 있다." 시코르스키는 주인공의 시각과 작가의 시각을 구분하지 못하는 사람들을 비판했고 소설은 창조적 글쓰기의 산물이며 평론이나 의학논문으로 받아들여서는 안 된다고 강조했다. 시코르스키는 그렇지만 베레사예프 소설 속 의사는 지

---

24 이러한 논쟁의 역사와 문헌에 대해서는 다음을 참조하라. V. L. L'vov-Rogachevskii, "V. Veresaev", *Die Russishe Literatur des 20. Jahrhunderts*, ed. S. A. Vengerov, Munich: Wilhelm Fink, 1972, pp. 145~172.

적이고 세심한 감성을 갖고 있으나 결코 호전적이지 않으며 행동해야 할 때 소극적이기 때문에 완벽한 주인공의 필수 요소를 충족시키지는 않는다고 주장했다. 시코르스키는 불완전한 성격을 가진 의지가 약한 주인공은 엄청난 변혁이 예고되는 분위기 속에서 전형적이기는 하나 탐탁지 않은 형상이라고 소개했다. 베레사예프의 주인공은 "미숙한 의지"를 가진 유형으로서 의사와 정신의학자의 관심을 받아야 했다.[25]

  19세기 말 의사, 정치인, 사상가 등은 의지라는 용어를 유사하게 개념화했다. 그들은 약한 의지란 주로 유럽의 이성적 백인 남성과는 "다른" 누군가, 예컨대 어린이, 여성, 정신이상자 혹은 유대인, 흑인, 슬라브족, "야만인" 등의 유기적 특성, 사회적 열등감의 증상으로 여겼다.[26] 교육받은 백인 남성에게서 의지박약을 볼 수 있는 경우는 신경쇠약증, 혹은 조지 비어드가 산업 사회 발달기에 중산층 미국인 사업가들에게 진단한 "신경성 피로"를 앓고 있는 경우에서처럼 예외적인 경우에 한해서였다. "세기의 병폐"가 1880년대와 1890년대의 유럽 대륙을 휩쓸었다. 역사학자 로버트 나이는 예를 들어, 국가 쇠락에 대한 우려가 최고조에 달한 때에 프랑스에서 실시한 국민성 연구는 참

---

25 I. A. Sikorskii, *O knige V. Veresaeva* Zapiski Vracha(*Chto daet eta kniga literature, nauke i zhizni?*), Kiev: Kushnerev, 1902.

26 각 인종이 취약한 질병에 대해 보이는 태도에 관한 역사는 다음을 참조하라. John M. Efron, *Defenders of the Race: Jewish Doctors and Race Science in Fin-de-Siècle Europe*, New Haven: Yale Univ. Press, 1994; Douglas A. Lorimer, *Colour, Class and the Victorians: English Attitudes to the Negro in the Mid-Nineteenth Century*, Leicester: Leicester Univ. Press, 1978; Edward Shorter, *From the Mind into the Body: The Cultural Origins of Psychosomatic Symptoms*, New York: Free Press, 1994.

다운 사업이 됐다고 지적했다. 프랑스 작가들은 여러 나라 국민의 의지력과 기업가 정신을 비교했다. 일부 국가는 영국 친화적이었던 데 반해, 다른 일부는 박력 있는 미국인의 개성을 선호하거나 독일을 참고했다. 독일의 젊은 세대는 그들 선조의 특성인 "끈기와 인내심"을 보였다.[27] 미국의 신경학자 위어 미첼의 제안에 따라 국가 규모의 치료법에 "의지 교육"과 젊은 세대의 교련을 포함했다. 이는 안정 치료와 환자에 대한 온화한 태도를 내용으로 하는 신경쇠약증의 개별적인 치료법과는 대조적이었다. 뒤르켐은 도덕 교육을 권유하면서 "확고하게 자기억제를 하지 못하는 것은 병의 신호"라고 강조하며 자기통제와 자기 훈련을 의지 교육에 포함할 것을 제안했다. 민족주의자들은 국민성을 강화하는 한편, 프랑스 젊은이들의 심장에 "강철을 붓기" 위해 "조국 숭배"와 군사 훈련을 제안했다.[28]

그 밖의 민족 가운데서도 러시아인 혹은 슬라브족은 보통 냉담하기로 악명이 높고 의지가 약하며 나태한 사람들로 알려져 있었다. 그들의 "우울한" 기질은 춥고 어두운 기후에 기인했다. 엘리스는 유럽의 여러 나라를 비교하며 "나태, 무관심, 체념, 신비주의 운명론 등은 러시아인의 나약함에서 나왔다"고 주장했다.[29] 어느 프랑스 작가의 말을 빌리면, 러시아인들은 자신들의 국민성이 "능동적이기보다 수동적이고, 기업가적이기보다 반항적이며, 자신의 의지보다 더 고집스럽고, 반역적이기보다 순응적이며, 강하고 제압적이기보다 권력에

27 Robert A. Nye, *Crime, Madness and Politics in Modern France: The Medical Concept of National Decline*, Princeton: Princeton Univ. Press, 1984, p. 140, 142.

28 *Ibid.*, pp. 317~318.

29 Ellis, *Genius of Europe*, p. 90.

복종한다"는 말에 동의할 것이다.[30] 그러나 러시아에서 자주 신경쇠약증 및 퇴폐라는 어구와 함께 쓰이는 의지라는 단어는 생물학적 의미보다는 정치적 의미를 내포했다. 1880년대와 1905년 혁명의 실패 이후, 정치적 반동의 시기에 러시아인들 사이에서 나약함과 퇴폐를 국민적 특성으로 간주하는 데 대한 불평이 늘어났다.

1880년대 후반 하리코프 지역의 정신의학자 무킨은 퇴폐를 "러시아인에게 처한 기괴하고 불공평한 운명"이자 "그들의 노동에 대한 보상이며 죄에 대한 징벌"이라고 정의했다. 그는 "삶이 너무나 평화롭고 환경이 너무나 건전해 견고한 신경 기관을 가진 강한 사람들을 볼 수 있는 행복한 곳이 여전히 존재하지만", 다수의 사람은 퇴폐해가는 중이라고 생각했다. "이 집단은 문명에 압도되고, 치열하게 일하면서도 온갖 종류의 결핍에 시달리며 여기저기서 모욕을 당한 채, 불행한 삶을 잊으려고 혹은 게으름과 지루함에 못 이겨 술을 마시는 까닭에 대개 강한 신경 기관을 유지할 수 없었다." 그는 러시아인의 신경쇠약적 성격, 즉 "퇴폐의 꽃이 피는 병리적 밑바탕"은 유전 질환의 축적이라기보다는 오히려 "결핍"과 "모욕"의 산물이자 빈곤과 억압적 정권의 결과라고 언급했다. 1908년 상트페테르부르크 정신의학자들의 수장인 베흐테레프는 "퇴폐"라는 용어를 만든 프랑스 정신의학자 모렐을 기념하기 위해 열린 회의에서 퇴폐의 주요 원인이 자본주의라고 발표한다. 토론에서 그는 자본주의가 마르크스주의를 왜곡

---

30 Alfred Fouillée, *Esquisse psychologique des peuples européens*, 4th ed., Paris: Félix Alcan, 1903, p. 412: "Plus passive qu'active, plus résistante qu'entreprenante, plus entraînée que volontaire, plus résignée que révoltée, plus respectueuse de la force qu'impérieuse et forte."

해 빈부의 격차를 늘리고 지나친 소모적 경쟁을 야기해 파생된 문제들과 퇴폐라는 악이 무엇인지에 대해 밝혔다.[31]

참석자들은 신경쇠약증의 근본적 원인을 전체적으로 빠르게 돌아가고 스트레스가 많은 현대 사회의 삶에서 찾았다. 러시아 정신의학자들은 또한 정치적 원인을 강조했다. 그들은 특히 억압적 정권하에서는 사람들이 생동감을 느끼거나 최선의 의지를 발휘하기 어렵기에 신경쇠약증에 걸리기 쉽다고 주장했다. 모스크바의 정신의학자 라흐틴은 "러시아의 역사적 상황"이 [과도한 노동으로 고통받는] "부서진" 개인, 특히 정신 장애에 취약한 가혹하고 내성적이며 비사회적인 사람을 출현시켰다고 기록했다. 사람들은 정치적 상황으로 인해 "숭고한 의지가 있지만 사회적 행동을 하지 못하는 사람"에서 신경쇠약증 환자로 변했고 그들의 이타주의는 병적으로 변질됐다. 정신의학자이자 볼셰비키 당원이었던 투티시킨은 공공연히 국가의 힘과 의지가 약해지는 이유가 1905년 혁명의 정치적 반동 때문이라고 밝혔다. 이에 대한 근거로 그는 히스테리 및 신경쇠약증 발생률의 증가와 권력에 대한 저항의 감소를 지적했다. 1911년 전국 정신과의사회의에서 하리코프의 의사 그라이덴버그는 러시아의 상황을 언급하며 신경증 발병이 증가하고 "불완전한 심리 유형"이 더 많아진 것은 "역사적 전환기", 사회적 격변 및 정치적 혁명의 증상이라고 주장했다.[32]

31 N. I. Mukhin, "Neirasteniia i degeneratsiia", *Arkhiv psikhiatrii*, no. 1, 1888, p. 49, 67; V. M. Bekhterev, "Voprosy vyrozhdeniia i bor'ba s nim", *Obozrenie psikhiatrii*, no. 9, 1908, pp. 518~521. 베흐테레프의 연설 보고서 역시 다음을 참조하라. "Khronika", *Obozrenie psikhiatrii*, no. 8, 1908, pp. 510~511.

32 M. Iu. Lakhtin, "Patologicheskii al'truizm v literature i zhizni", *Voprosy nevrologii i psikhiatrii*, no. 7, 1912, p. 294; Tutyshkin's opinion in Julie V. Brown, "Revolution and

정신의학자들은 일찍이 다루기 어려운 정치적 문제에 대한 그들의 관심을 표현하기 위해 문학을 이용했다. 아메니츠키는 안드레예프 작품 속 인물의 정신 질환에 관해 언급하면서, 이를 "퇴폐 과정의 경계에 있는 불안정한 개인이 (…) 억압적인 사회 분위기와의 투쟁에서 (…) 첫 번째 희생자가" 정치적 반동의 시기에 나타나는 흔한 문제라고 해석했다. "V. M. B-r"라는 필명으로 알려진 어느 의사 역시 정권의 억압하에서 의지가 약한 사람이 증가하는 현상을 문학의 예를 들어 설명했다.[33] "뇌가 모든 힘을 다 써 버리고 다른 장기가 위축되면 그로 인해 의지가 약해진다. 의지를 상실한 사람은 생명력마저 잃게 되고 비관론의 희생양이 된다. 비관의 물결이 (데카당 시인) 낫손과 작품 전체가 '작은 햄릿들'을 전시한 갤러리와 다름없는 가르신과 기타 작가들을 덮쳤다. 더욱이 톨스토이의 주요 사상 중 일부는 과학과 문명, 교육을 통한 인류의 몇 가지 성공에 대해 깊은 실망의 흔적을 남기고 있지 않은가?"[34]

의사 B-r는 이와 관련해 햄릿을 언급하며 수십 년 동안 정신의학에서 진행돼 온 논쟁을 이어 나갔다. 역사학자 윌리엄 바이넘과 마이클 니브는 빅토리아 시대 사람들에게 햄릿의 실성은 욕망과 의지

Psychosis: The Mixing of Science and Politics in Russian Psychiatric Medicine, 1905~1913˝, *Russian Review* 46, 1987, p. 298; B. S. Greidenberg, ˝Psikhologicheskie osnovy nervno-psikhicheskoi terapii˝, *Trudy Pervogo s˝ezda Russkogo soiuza psikhiatrov i nevropatologov, Moskva, 4-11. 9. 1911*, eds. N. A. Vyrubov et al., Moscow: Shtab Moskovskogo voennogo okruga, 1914, pp. 118~141.

33 [옮긴이] 러시아어본에는 이 의사가 베흐테레프(B. M. Вехтерев)일 수 있다고 적고 있다.
34 D. A. Amenitskii, ˝Analiz geroia *Mysli* Leonida Andreeva(K voprosu o paranoidnoi psikhopatii)˝, *Sovremennaia psikhiatriia*, no. 5, 1915, pp. 248~249; Dr. V. M. B-r, ˝Gamlet Shekspira s mediko-psikhologicheskoi tochki zreniia˝, *Arkhiv psikhiatrii*, no. 2, 1897, p. 99.

의 괴리 및 행동 무능력에 인한 것으로 인식됐다고 보았다. 헨리 모즐리는 그의 저서 『정신생리학과 병리학』에서 햄릿의 행동 부족을 언급했다. 1871년 그 저서가 러시아어로 번역된 뒤 러시아 독자는 다음과 같은 내용을 읽을 수 있었다. "논리력이 뛰어난 사람은 (…) 지독할 정도로 열정적인 활동을 못하는 경우가 적지 않으며, 그들의 논거는 너무나 균형이 잘 잡혀 있어서 그중 하나가 다른 하나보다 가중치를 갖지 않는다. 따라서 그들은 어떠한 결론에도 이를 수 없다. 햄릿과 마찬가지로 그들 역시 명상이 행동을 무력하게 했다."[35]

이는 러시아 정신의학자들의 견해와 반대되는 것이었다. 그들은 햄릿에게 공감했기 때문에 햄릿의 정신이상을 정확하게 규명하는 것을 거부했다. 의사 크레플레프는 만약 "초반 세 막에서 보인 햄릿의 모든 행동이 광기에 가까운 상태에서 이뤄진 것"임을 인정하게 되면, "그의 말의 깊은 뜻, 기지, 폭로와 누설은 모두 (…) 의미를 잃게 된다"라고 썼다. 러시아에서 햄릿은 자기성찰과 무위(無爲)의 전형을 상징할 뿐 아니라 권력에 대한 저항을 상징한다. 엘리스는 러시아에서 햄릿의 인기와 관련해 다음과 같이 말한다. "명민하나 고압적이지 않고, 민감한 지혜가 있으며, 고결하고 이상적임에도 목적이나 의지가 약하고, 소위 '감옥'과 같은 정치세계와의 불평등한 투쟁에서 자신의 역할을 하며 올곧이 자기 자신이 되고자 한 19세기 러시아의

---

35 W. F. Bynum and Michael Neve, "Hamlet on the Couch", *The Anatomy of Madness: Essays in the History of Psychiatry*, eds. W. F. Bynum, Roy Porter and Michael Shepherd, 1, London: Tavistock, 1985, p. 297: Henry Maudsley, *The Physiology and Pathology of the Mind*, London: Macmillan, 1867, pp. 153~154. 모즐리의 책은 아이자인(I. Isain)이 러시아어로 번역해 다음과 같이 출간했다. *Fiziologiia i patologiia dushi*, St. Petersburg: Bakst, 1871.

열정적 예술가 모두는 자신이 햄릿의 운명에 직면한 또 다른 햄릿이라고 느꼈다." 의사 B-r는 햄릿이 미치거나 퇴폐한 것이 아니라 신경쇠약증에 걸렸다고 말했다. 왜냐하면 신경쇠약증(그는 아마도 뒤르켐의 정의가 익숙했을 것이다)은 질환이라기보다는 사회적 특성이자 상태이기 때문이다. 즉 햄릿은 의학적 개념의 환자가 아니라 사회적 유형인 것이다. 셰익스피어 시대뿐 아니라 당대에도 "사람들은 틀에 박힌 일상에서 튕겨져 나와, 일부는 낡은 종교, 삶의 방식, 도덕에 관한 의심과 실망으로 인해 낙담한 데 반해, 다른 일부는 새로운 전망으로 흥분했다. 요컨대 그들의 정신적 영역은 특이하고 비정상적인 상태에 있었다". 사회적 이상이 꼭 의학적 정신이상으로 이어진 것은 아니다. 햄릿 및 러시아의 유사 햄릿이 속해 있던 "불완전한 심리 유형", "과도기적 시대의 전형"은 미래에 대한 각기 다른 가능성을 가지고 있었다. 의사 B-r는 그 유형은 "비우호적인 외부 요인으로 인성의 밝은 부분이 계속해서 억압된다면 퇴폐할 것이다. 반대로 보수적이고 억압적인 분위기가 그 작용을 멈춘다면 비판적으로 사고하고 행동하는 사람으로 나아갈 것이다"라고 썼다.[36]

생동감 있는 주인공이 부재했던 세기말 러시아 소설 속에는 "작은 햄릿들"이 살았다. 시코르스키는 러시아 문학 속에는 "미숙한 의지"를 가진 인물들이 무척 많다는 것을 알게 되었으며, 자신은 그 원인을 잘 알고 있다고 생각했다. "의지박약이 여타 슬라브족뿐만 아니라 러시아인의 국민성이기 때문이며 이것이 문학에 방대하게 묘사돼

---

36 A. N. Kremlev, "K voprosu o 'bezumii' Gamleta", *Voprosy psikhologii*, no. 4, 1905, p. 298; Ellis, *Genius of Europe*, p. 133; B-r, "*Gamlet* Shekspira", p. 103, 107.

있다. 오블로모프는 무기력한 사람을 일컫는 일반 호칭이 되었다. 러시아의 교육받은 상당수는 햄릿처럼 활동 억제, 우유부단함, 행동하는 데 무기력이 있을 정도로 사색적이다. 체호프와 베레사예프는 **행동을 취할 것이란 기대에 놓인 사람이 무기력한 채 스스로 이를 인식하고 있는** 가장 분명한 예들을 제시했다."[37] 시코르스키는 곤차로프의 소설 『오블로모프』의 주인공은 선하지만 냉담하며 오랫동안 나태와 의지박약으로 유명한 게으른 러시아 귀족이라고 평했다. 영향력 있는 비평가 도브롤류보프는 오블로모프의 "나태와 무관심은 양육과 환경의 결과"라고 주장하며 곤차로프의 주인공을 모든 러시아인의 현상으로 보고, 이를 "오블로모프주의"라고 불렀다.[38] 도브롤류보프는 오블로모프가 러시아 문학에 자주 등장하는 "잉여인간", 다시 말해 사회적 쾌락을 누리는 바이런적 귀족 혈통의 청년으로 숨막히는 차르 정권하에서 자신의 다양한 재능을 발산할 곳을 찾지 못해 원한과 결단력 부족으로 고통받던 잉여인간의 직계 후손이라고 생각했다.[39] 급진적인 비평가들은 오블로모프주의의 특징을 언급하며 게

---

37 강조는 원문 인용. Sikorskii, "Uspekhi russkogo khudozhestvennogo tvorchestva", p. 613.

38 N. A. Dobroliubov, "What Is Oblomovitism?"(1859), *Belinsky, Chernyshevsky and Dobroliubov: Selected Criticism*, ed. and intro. Ralph E. Matlaw, Bloomington: Indiana Univ. Press, 1976, p. 148.

39 한 비평가가 19세기 초 30여 년간의 "러시아 삶의 백과사전"이라고 일컫은 푸시킨의 소설 『예브게니 오네긴』의 주인공이 그러한 인물이었다. Alexander Pushkin, *Eugene Onegin*(1833), trans. Charles Johnston, intro. John Bayley, Harmondsworth, U. K.: Penguin Books, 1979, p. 52:
그를 매료시킨 그 병은
걸렸을 때 분석됐어야 했다.
가령 화병(火病)처럼, 영국의 사회악이나
러시아의, 줄여 말해, 콘드리아처럼,

으르고 무가치한 개인을 생산할 수밖에 없는 환경, 정치적 자유 부재, 농노제에 기반하고 있는 정권 등을 비난했다. 하나의 사회적 전형으로 일반화된 오블로모프는 다른 한편으로 심리학자에게 아이들에게서 보이는 나태의 발달 단계를 위한 분석 자료를 제공했다. 이에 국가가 강건해지기 위해 아이를 양육할 때 허용해서는 안 되는 금기 사항이 정립됐다.[40]

햄릿류와 오블로모프류가 사는 나라에서 강하고 적극적인 인물은 예외적 경우에 해당했다. 체르니솁스키의 소설 『무엇을 할 것인가?』의 인물들처럼 의지가 강한 사람은 드물었기 때문에 이국적 분

병은 그를 조금씩 정복했고,
다행히도 뇌를 날려 버릴
마음은 없었기에, 대신에
삶이 죽음보다 차갑게 바뀌어 갔다.
그래서 우울하고 불행하게, 해럴드 공자처럼,
그는 거실을 활보했다.
보스턴의 옷이나 가십 문구와 동떨어진 채로,
눈빛은 달콤하지 않았고,
장난스러운 한숨도 없었으며,
그 어느 것도 그의 마음을 자극하거나,
그 어느 것도 몽롱한 감각을 뚫지 못했다.

40 P. P. Kapterev, "Detstvo Il'i Il'icha Oblomova: Psikhologo-pedagogicheskii etiud o prichinakh proiskhozhdeniia i razvitiia leni", *Zhenskoe obrazovanie*, no. 3, 1891, pp. 248~266. 교육을 위한 대안 모델은 학교에서의 모국어와 러시아 문학 심화 공부에서부터 보이스카우트 그룹의 의지 강화 훈련까지 다양했다. 전자는 자유로운 사상을 가진 민족주의자들에 의해 옹호되었고, 후자는 보수는 물론 급진적 믿음을 가진 강경파 모두에 의해 피력됐다. 보이스카우트는 교육을 위해 자신의 군 장교를 영국으로 보낸 차르가 직접 도입했으며, 이후 정신의학자 투티시킨 같은 사회 민주당원으로부터 지지를 얻었다. 투티시킨은 볼셰비키 당에 참여해 러시아 젊은 층의 "오블로모프주의"(Oblomovitism)와 투쟁하는 유일한 방법으로 강한 의지의 교육 유형을 칭송했다. 다음을 참조하라. P. P. Tutyshkin, "Sovremennye voprosy pedagogicheskoi psikhologii i psikhiatrii", Vyrubov et al., *Trudy Pervogo s"ezda*, p. 768. 의사에 의한 보이스카우트 문학의 예는 다음을 참조하라. A. K. Anokhin, *Sputnik iunogo razvedchika: Organizatsiia I zaniatiia s iunymi razvedchikami*, Kiev: I. I. Samonenko, 1916.

위기의 이 책은 독자들에게 감동을 주었다. 투르게네프는 평론『햄릿과 돈키호테』에서 우리는 모두 햄릿 혹은 돈키호테 유형에 속하지만, 자신의 시대에는 돈키호테보다 햄릿이 불균형적으로 많다는 사실에 안타까워했다.[41] 그러나 1880년대 반동의 정점에서 러시아의 돈키호테가 기적처럼 등장했다. 세르반테스의 주인공처럼 그는 미치광이 같아 보였다.[42]

긍정적 주인공을 찾아서

역사학자 피터 헨리가 관찰한 바에 따르면, 돈키호테가 불가능한 일을 시도하면서 선행을 베풀려 하듯이 가르신의 『붉은 꽃』의 주인공 역시 꽃과 대적해 선행을 실천하려 했다.[43] 『붉은 꽃』은 병원 뜰에 핀 달리아꽃이 우주의 악을 품고 있다는 망상에 사로잡힌 정신병 환자의 이야기이다. 그는 우주의 악에 맞서는 "유령 같은" 전투에 뛰어들지만, 병원 직원은 그가 악을 파괴하고 인류를 구하는 임무를 완수

---

41 1860년에 첫 출간된 이 글에 대한 영어본은 다음을 참조하라. I. S. Turgenev, *Hamlet and Don Quixote: An Essay*, trans. Robert Nichols, London: Henderson, 1930. 투르게네프 글에 관한 논쟁 및 러시아인의 지적·문화적 삶에 미친 영향은 다음을 참조하라. L. M. Lotman, *Realizm russkoi literary 60-kh godov XIX veka* (*Istoki i esteticheskoe svoeobrazie*), Leningrad: Nauka, 1974, esp. ch. 1, 3.

42 돈키호테 수용에 대한 러시아어 자료는 다음을 참조하라. Iurii Aikhenval'd, *Don Kikhot na russkoi pochve*, New York: Chalidze, 1982.

43 Peter Henry, *A Hamlet of His Time: Vsevolod Garshin: The Man, His Works and His Milieu*, Oxford: Willem A. Meeuws, 1983, p. 167. 『붉은 꽃』의 역사, 해설과 평가는 7장을 참조하라. 가르신 이야기의 영어본은 다음을 참조하라. Garshin, *From the Reminiscences of Private Ivanov*.

하지 못하도록 막는다. 그러나 그는 마지막 "환상"의 전투에서 승리하고 뻣뻣해진 손가락 사이로 붉은 꽃을 쥔 채 죽는다. 헨리는 『붉은 꽃』이 정신 질환자에 대한 인도적 치료의 요구로 받아들여질 수 있다고 보았다. 하지만 오랜 역사 동안 "광기"와 거침없는 사회 비판을 연결 짓던 러시아의 독자들은 이 소설에서 정치적 의도를 읽어 냈다. "정상적인" 속물들이 그들의 삶을 살아가던 반동의 절정기에 실로 현명한 주인공, 다시 말해 반역자는 "비정상적으로" 발달한 의지로 인해 미친 사람이 돼야 했다. 작가 우스펜스키는 가르신의 죽음 이후 쓴 평론에서 형편없고 희망이 없는 사회 여건 속에서 오직 미친 자만이 삶의 개선에 대해 생각할 수 있다고 강조했다. 비평가 미하일롭스키는 체호프의 『6호실』과 가르신의 『붉은 꽃』을 비교하고, 후자가 더 낫다고 평가했다. 체호프의 "냉담하고", "무관심한" 주인공과 달리 가르신의 미치광이는 귀족의 모든 근원적 미덕을 소유한 자기희생적 인물을 보여 주었다.[44]

정신의학자들 역시 『붉은 꽃』에 주목했다. 엘리스는 이 소설을 "정신이상에 관한 가장 완벽한 이야기"로 간주했다.[45] 시코르스키는 보통 정신의학자들만이 알고 있는 "증상", 즉 조증의 흥분, 안정기로부터 격앙된 상태로의 전환기, 정상과 병리적인 상태의 공존, 생각의 기묘한 결합과 망상으로의 변형 등에 대한 노련한 묘사를 높이 평가

---

44 우스펜스키는 다음에서 인용되었다. Henry, *Hamlet*, p. 166. 미하일롭스키는 다음에서 인용되었다. *Ibid.*, pp. 166~167. 이 부분의 제목을 정한 후 필자는 조셉 프랭크가 이미 그의 논문에서 유사한 구절을 사용했다는 것을 알았다. 다음을 참조하라. "The Search for a Positive Hero", *Through the Russian Prism: Essays on Literature and Culture*, Princeton: Princeton Univ. Press, 1990, pp. 75~82.

45 Ellis, *Genius of Europe*, p. 179.

했지만, 특히 "정신적으로 병을 앓는다고 하더라도 정신 질환이 지성, 위엄과 같은 고상한 품성을 제거하지 않는다"는 사실을 소설 속에서 분명히 표현했다는 데 가치를 뒀다. 그는 『붉은 꽃』의 마지막 부분을 언급하며 다음과 같이 서술했다. "고결하지만 망상에 빠져 모든 에너지를 소진해 버린 환자가 죽은 채 발견되었는데, 그는 고요하고 평화로운 표정을 짓고 있었다. 그의 지친 얼굴은 일종의 자부심에 찬 행복감을 보였다. (⋯) 정신의학자들은 인간에게 극도의 광기를 안겨 주고 인간의 모든 특질을 거의 완벽히 제거하는 진행성 마비류의 매우 위중한 질병에서조차 환자의 감정과 사고는 공감을 통해, 혹은 어떤 다른 환경에 있게 됨으로써 여전히 밝게 번득일 수도 있다는 것을 오래전부터 인지하고 있었다."[46]

　시코르스키는 아동심리학 및 정신의학 전문가로 러시아의 정신 위생을 독려했던 주요 인물이다. 1876년에 외과의사아카데미를 졸업한 뒤 그곳에서 근무했고, 이후 페테르부르크의 성니콜라이병원에서 일했다. 그는 『붉은 꽃』이 출판되자 가르신과 조우했다. 정신의학자와 작가는 우정을 쌓았다. 1883년의 첫 만남 이후 가르신은 "위대한 정신의학자들(지금까지는 거의 없었지만)에게 거대한 힘이 주어질 것이고, 위대한 정신의학자는 야수가 되지 않을 것이므로 그 힘은 영원하리라"고 말했다. 가르신은 시코르스키를 "늘 그렇듯 심성이 온유하고 진지하며 명민하다"고 회상했다. 가르신은 정신의학자들의 연구에 관심을 가지게 되었고, 시코르스키는 그 무렵 교육에 관해 쓴

46　I. A. Sikorskii, "Krasnyi tsvetok: Rasskaz Vsevoloda Garshina", *Vestnik klinicheskoi i sudebnoi psikhiatrii*, no. 1, 1884, p. 348.

자신의 책을 추천했다. 1884년 가르신은 어머니에게 보내는 편지에서 『붉은 꽃』에 대한 시코르스키의 비평은 다른 비평가들의 비정상적이고 적대적인 평론에 대한 완전한 복수가 됐다고 적었다.[47] 그러나 그들의 관계는 오래 지속되지 못했다. 1888년 가르신은 주기적 질환의 발작으로 계단에서 뛰어내려 스스로 목숨을 끊었다.

가르신은 반복되는 정신 질환에도 불구하고 생전에 많은 사랑을 받았고 사후에는 존경을 받았다. 그의 절친한 친구인 파우섹은 다음과 같이 썼다. "내가 상상할 수 있는 완전한 조화의 상태란 모든 면에서 브세볼로트 미하일로비치 [가르신]과 같아질 때라고 자주 생각하곤 했다. 그는 타인의 권리와 감정을 매우 존중했고, 이는 모든 사람의 존엄을 인정할 수 있는 능력으로 언제나 성찰하는, 무의식적이고 본능적으로 타고난 그의 천성이었다." 가르신은 톨스토이처럼 알렉산드르 3세에게 선대 차르(알렉산드르의 아버지)를 죽인 테러리스트를 용서해 달라고 탄원했다. 그는 또한 폴란드계 유태인 학생에게 공격을 당한 페테르부르크의 고관 로리스-멜리코프 공작에게 그 청년을 사형선고로부터 구제해 달라고 간청했다. 로리스-멜리코프를 방문한 뒤 가르신은 야스나야 폴랴나에 있는 톨스토이를 찾는다. 곧이어 쇠약해진 그는 "주기성 정신병"이라는 진단을 받는다. 이후 정신의학계의 소문에 따르면 가르신과 톨스토이는 "인류에 행복을 가져다주는 방법에 대해 밤새도록 토론했고 가르신은 자신의 임무에 대

---

47 시코르스키에 대한 가르신의 논평은 다음을 참조하라. "Pis'ma", *Polnoe sobranie sochinenii v trekh tomakh*, 3, Moscow: Academia, 1934, p. 304, 339. 시코르스키의 책은 다음을 참조하라. *Education in Infancy*(*Vospitanie v vozraste pervogo detstva*, 1884), 3d ed., St. Petersburg: A. E. Riabchenko, 1904.

해 완벽한 확신에 차 집을 나섰다. 그는 톨스토이를 만나고 오는 길에 말 한 마리를 사서 마치 돈키호테처럼 세상의 악을 제거하자는 설교를 하며 툴라 지역을 놀아다녔다. 결과적으로 그는 정신병원에 보내져 그곳에서 몇 달을 보냈다".[48]

정신의학자들은 가르신의 병에 관해 알고 있었으나 가르신이라는 인물과 문학에 깊은 감명을 받았다. 이에 가르신의 경우는 예외적인 상황으로 병의 영향은 무시돼야 한다는 의견이 수용됐다. 다수의 정신의학자가 직업적 호기심으로 가르신에게서 양극성 장애의 흔적을 찾고자 했다. 그들 모두는 가르신이 병을 앓는 동안에도 고귀한 본성이 변함없이 유지되었다는 데에 이견이 없었다. 바제노프는 가르신의 병에 대해 다음과 같이 진단했다. "경험이 없는 사람은 정신 질환이 인간의 마음의 망을 완전히 비튼다고 생각한다. 다양한 경우에, 특히 지능이 손상되지 않았다면 이것은 분명히 틀린 내용이다. 왜냐하면 인간은 질병의 정점에서조차 여전히 인간의 핵심적 자질을 발견할 수 있기 때문이다. 정신착란 시 보이는 내용 자체는 환자의 정상적인 심리로부터 비롯된 것이다. 이런 점에서 가르신의 정신착란은 매우 전형적이었다. 그는 정상 상태뿐만 아니라 발병 상태에서도 여전히 악을 증오했고 적극적인 인류애로 가득 차 인류를 위해 자신을 희생할 준비가 돼 있었다."[49] 바제노프는 자신의 평론 제

---

48 파우섹은 다음에서 인용되었다. P. M. Zinov'ev, *Dushevnye bolezni v kartinakh i obrazakh*, Moscow: Sabashnikovy, 1927, pp. 128~129, p. 131. 지노비예프는 이야기에 자신의 강조를 표시하면서 인용하고 있다. 다음을 참조하라. Fausek's "Reminiscences"(V. M. Garshin, "Vospominaniia", *Polnoe sobranie sochinenii*, St. Petersburg: A. F. Marks, 1910, pp. 28~63). 이러한 사건들에 대한 자전적 설명은 다음을 참조하라. Henry, *Hamlet*, ch. 5.
49 N. N. Bazhenov, "Dushevnaia drama Garshina", *Psikhiatricheskie besedy na literaturnye i*

목을 "가르신의 병"(Garshin's Illness)이 아닌 "가르신 영혼의 드라마"(Garshin's Spiritual Drama)로 붙였다.

정신의학자들은 제1차 러시아 혁명 기간 동안 환자들 사이에서 "가르신 유형"을 발견했다. 라흐틴은 환각 상태에 있는 환자의 사례를 보고했다. 그 환자는 『붉은 꽃』의 주인공처럼 자신의 내면에 어둠의 세력과 빛의 세력 간의 투쟁이 집중돼 있으며, 유혈 사태를 막고 세상의 악을 제거해서 타락해 가는 사람들을 구원하기 위해 자신의 삶을 희생해야만 한다고 믿었다. 라흐틴은 또한 자신이 정신쇠약이라고 진단한 여러 환자를 관찰했다. 그는 환자가 자신의 고귀한 의도와 감정을 표출하지 못하는 무능에서 병이 비롯됐다고 설명했다. 1905년 혁명의 실패 이후 억압적 분위기에서 쓸모없게 된 그들의 이타주의가 왜곡되어 병적인 형태를 갖추게 되었다고 주장하면서 이런 유형의 환자를 "병리적 이타주의자"라고 명명했다. 라흐틴이 이타주의를 병리적으로 묘사한 것은 멸시가 아니었다. "진주가 조개의 병리적 형성체"라는 사실로 진주의 가치가 떨어지지 않듯이, 병리적이라는 용어의 사용이 결코 이타주의의 가치를 떨어뜨리지 않았다. 병리적 이타주의자들은 과거에도 찾아볼 수 있었다. 라흐틴은 소크라테스, 마호메트, 잔 다르크, 오귀스트 콩트 등과 문학 속 인물로 돈키호테를 언급했다.[50]

---

obshchestvennye temy, Moscow: Mamontov, 1903, p. 122.

50 M. Iu. Lakhtin, *Patologicheskii al'truizm v literature i zhizni*, Moscow: Snegirev, 1912, p. 6, 16. 가르신에 대해 기록했던 (혹은 글쓰기에 대해 생각했던) 기타 정신의학자들은 볼프와 오시포프였다. 둘 모두는 가르신 집안의 한 사람을 관찰할 수 있었다. 모스크바대학교 클리닉에 입원을 반복하면서 양극성 장애를 진단받은 사람이었다. "N. E. Garshina's Case Record", in the Archive of the Psychiatric Clinic imeni S. S. Korsakova, of Moscow Medical Academy.

병리적 이타주의자가 남성에 국한된 것은 아니었다. 라흐틴은 젊은 여성이 자신의 감정을 의심하고 자신에게 신랑감이 과분하다고 두려워하며 불안을 경험하는 소위 "약혼녀의 공포"에서 병리적 이타주의의 여성적 변형을 찾았다.[51] 여성은 남성보다 이타주의적 감정을 충족시킬 기회가 거의 없었다. 여성에게는 결혼 이외의 어떠한 탈출구도 없었으며 그들에게 최고의 기회는 고귀한 남성과 결혼하는 것이었다. 투르게네프의 소설『전야』는 여성의 자기희생적 행동을 위한 문화적 모델을 제시했다. 여주인공 옐레나는 불가리아의 민족주의자와 결혼함으로써 고귀한 목적을 달성했고 혁명운동에 자신을 희생했다.[52] 라흐틴은 소설에서와 마찬가지로 약혼녀의 공포를 결혼을 통해 자신을 희생한 젊은 귀족 여성들이 결혼이 자신의 희생에 부합하는 가치를 갖지 않는 것이 아닌가 염려하는 데서 생기는 특정한 불안으로 이해했다.

제1차 혁명이 도래할 무렵 정신의학자들은 더 이상 돈키호테를 정신병자로 여기지 않았다. 그들 중 한 사람이 편집증을 진단하긴 했지만, 그 역시 돈키호테의 병은 정신적 쇠약 단계로 진행되지 않았으며 의식이 명료한 상태로 끝났음을 인정했다.[53] 이러한 전례에 따라 정신의학자들은 병리적이라고 볼 수 있으나 진취적인 특성을 보이

---

51 M. Iu Lakhtin, "Patologicheskii al´truizm v literature i zhizni", *Voprosy nevrologii i psikhiatrii*, no. 7, 1912, p. 294.

52 긍정적인 주인공에 대한 여성적 변형으로서의 옐레나에 대해서는 다음을 참조하라. Rufus W. Mathewson Jr., *The Positive Hero in Russian Literature*, 2d ed., Stanford: Stanford Univ. Press, 1975.

53 M. I. Konorov, "Don-Kikhot kak tsel´naia patologicheskaia lichnost´", *Voprosy psikhologii*, no. 4, 1906, pp. 305~318; no. 6, pp. 494~506.

는 문학 속 인물을 정신적으로 온전한 사람으로 재분류하기 시작했다. 예를 들어 고리키가 그러한 경우이다. 혁명을 반기고 "용감한 자의 광기"를 찬미하는 고리키의 산문, 연극, 시는 20세기 초 몇 년 동안 작가에게 엄청난 인기를 안겨 주었다.[54] 일찍이 몇몇 정신의학자들이 고리키를 논할 때, 가령 그의 소설 『포마 고르데예프』의 주인공을 "전형적인 신경쇠약증 혹은 정신쇠약 환자"로 판단하고 소설 속 인물의 정신이상을 의심했으나, 이제 그들은 서둘러 그들의 건강에 관한 흠 없는 진단서를 제공했다. 대의를 품은 지식인 포마 고르데예프는 결국 자살했다. 아마도 발작이 한차례 일어났을 때로 추정된다. 정신의학자들은 이 결말을 "문학적 전형으로서 부적합"하다고 결론지었다. 샤이케비치는 자신의 논문 「고리키 주인공들의 병인적 특징」(Pathological Features of Gorky's Characters)에서 포마는 "이성적이기보다 감성적인 사람이긴 하지만 (…) 그에게 병리적인 것은 아무것도 없었다"라고 주장했다. 샤이케비치는 포마에게서 "어떠한 정신병의 유기적 경향"도 발견하지 못했기 때문에 충분한 근거에 비춰 그의 "순수한 삶을 향한 모색은 (…) 질병으로 야기된 것이 아니다"라고 주장했다.[55]

무관심한 사람 혹은 사회 변화를 두려워하는 속물과 비교하면 오히려 편집증 환자가 더 나아 보였다. 『광기: 그 의미와 가치』(*Madness: Its Meaning and Value*)의 저자 바불린은 자신의 경험을 통해

---

54 고리키에 대해서는 다음을 참조하라. Richard Hard, *Maxim Gorky: Romantic Realist and Conservative Revolutionary*, London: Oxford Univ. Press, 1962.
55 Shaikevich, "Psikhopatologicheskie", pp. 131~132.

"미치광이"가 사실은 가장 정상적인 사람이라는 견해에 설복당했다. 바불린은 수감생활 전에는 건강했으나 1905년 혁명 기간에 수개월 동안의 독방 감금으로 환각에 시달리게 됐다. 이로 인해 정신 질환에 대해 고찰하게 됐고 특정한 역사적 시점에는 기존 질서 체계에 맞는 "정상적" 구성원보다 "편집증 환자"가 오히려 이롭다는 결론에 이르렀다. 바불린은 역설적으로 다음과 같이 썼다. "편집증은 전반적으로 인간 본성의 가장 조화로운 현상이다. 편집증 환자는 갈등과 모순, 양심의 질책 및 다른 이의 존재를 위협하는 저주스런 질문을 알지 못한다. 편집증 환자는 항상 자신이 위대한 사건을 위한 운명을 지니고 있다고 확신한다."[56]

혁명이 무르익어 감에 따라 러시아 사회가 변형되었다. 러시아 사회는 이제 사회의 주요 가치로 행동, 영웅주의, 자기희생을 강조했다. 이에 발맞춰 많은 정신의학자가 정신 질환의 의미와 정상과 비정상에 관해 재고하였다. 모스크바 정신의학자이자 정신요법 의사인 카나비흐는 정상의 개념에 관한 글에서 "도덕적으로 정상인 사람은 평균적 인간이 아니라 최상의 완전함과 삶의 풍부함을 이룬 사람"이라는 니체의 말을 재해석했다. 그는 이런 종류의 정상은 오직 러시아의 정치적 해방을 통해서만 얻을 수 있다고 주장했다. 영향력 있는 모스크바 정신의학자 토카르스키 역시 이와 유사하게 죽음의 공포에 대한 공개 강의에서 "개인이 사적 존재를 초월해 타인에게 자신의 삶을 바치는 순간 진정으로 강렬한 삶이 시작된다"라고 언급하며 인

---

56 N. Vavulin, *Bezumie, ego smysl i tsennost': Psikhologicheskie ocherki*, St. Petersburg: Vaisberg & Gershunin, 1913, p. 126.

간의 삶은 기간이 아니라 강도로 평가된다고 주장했다. 도르팟 출신의 정신의학자 야로츠키는 실제로 한 사람의 생의 길이는 그의 이상주의의 가치에 달렸다고 말했다. 1905년 혁명 전야에 야로츠키는 마르크스주의 독서 모임에 참여한 죄로 구속, 추방당했다. 그는 장 박테리아가 건강에 미치는 긍정적 영향을 연구한 유명한 면역학자 일리야 메치니코프와 수년간 파리에서 함께 일했다. 야로츠키는 장 박테리아의 중요성이 심하게 과장됐다고 믿었다. "대장의 박테리아가 노년기에 유기체의 건강한 상태를 유지하는 데 현저한 역할을 한다고 주장하는 메치니코프에 동의할 수 없을 것 같다. 오직 메치니코프의 발효유에만 의존할 수는 없다. (…) 이와 대조적으로 우리 세대의 이른 노화를 도덕적 요구와 정권의 감금 사이의 갈등으로 설명하는 톨스토이의 가르침이 훨씬 더 적절해 보인다." 야로츠키는 자신의 저서 『생리학적 요인으로서의 이상주의』(*Idealism as a Physiological Factor*)에서 혁명 실패 후 그 어느 때보다 감옥처럼 되어 버린 러시아에서 이상의 갈구는 제정신을 유지하는 유일한 수단이었다고 적고 있다.[57]

---

57 Iu. V. Kannabikh, "Zametki o 'normal' nom' i 'nenormal' nom'(skhema)", *Psikhoterapiia*, no. 2, 1913, pp. 7~8; A. A. Tokarskii, "Starakh smerti", *Voprosy filosofii*, no. 40, 1897, p. 977. 이 논문은 톨스토이의 가족 내에서 토론되었다. 다음을 참조하라. S. A. Tolstaia, *Dnevniki*, Moscow: Khudozhestvennaia literatura, 1, 1978, p. 363; A. I. Iarotskii, *Idealism kak fiziologicheskii faktor*, Iur'ev: K. Matissen, 1908, p. 183, 284.

신경쇠약증과 급진적 치료

역사학자들은 나약한 의지와 퇴폐처럼 신경쇠약증이라는 개념 역시 가치 판단적이라고 강조했다. 19세기 조앤 버빅은 미국에서 신경쇠약증은 영국이나 유럽 계통의 조상을 둔 세련되고 문명화된 미국인들에게 특정적으로 나타나는 질환으로 보인다고 발표한다.[58] 러시아에서도 이 개념은 정치적 용도로 쓰였다. 그것은 국가의 정신 건강을 책임지고 있는 전문가들의 의견을 뒷받침해 주었다. 그들은 지방정부의 개혁, 학교 교육, 신예술 양식과 같은 정치적이고 사회적인 문제에 관한 공개 토론에 참여하길 원했다. 서구 정신의학자들과 마찬가지로 러시아 정신의학자들도 "정신노동자"가 특히 신경 질환에 취약하다고 믿었다.[59] 그러나 비어드와 미첼이 기술했던 바와 같이, "돈을 좇는 잔혹한 경쟁"으로 과로하고 쉽게 인생의 쾌락에 빠져 폐망한 신경쇠약증의 사업가와 달리, 러시아의 신경쇠약증 환자는 노동의 대가로 어떠한 물질적 특권도 갖지 못하는 이타주의자였다.[60] 러시아 신경쇠약증 환자는 일단 진단을 받으면 요양을 위해 "신경쇠약증 그룹으로 옮기는 것이 허가되는" 서구의 신경쇠약증 환자들 같은 혜택

58 Joan Burbick, *Healing the Republic: The Language of Health and the Culture of Nationalism in Nineteenth-Century America*, Cambridge: Cambridge Univ. Press, 1994, p. 240.
59 앤슨 라빈바흐는 의사들이 환자 중 노동자 집단의 경우 "외상성 신경증"의 범주를 따로 설정했으며, 그것은 중산층 환자의 신경쇠약증과 구별되었다고 주장한다. 다음을 참조하라. Anson Rabinbach, *The Human Motor: Energy, Fatigue and the Origins of Modernity*, Berkeley: Univ. of California Press, 1992, p. 158.
60 비어드(Beard)와 미첼은 다음에서 인용되었다. Burbick, *Healing the Republic*, p. 225.

을 받지 못했다.[61]

전형적인 러시아 신경쇠약증 환자는 근면하고 지적이며 흔히 가난하고 자유의 결핍으로 억눌린 까닭에 신체적으로 건강하지 못했으며 이타적 욕구를 실현하지 못해 고통스러워했다. 그들은 정신의학적 도움이 필요해 보였다. 모스크바의 정신의학자 코르사코프는 이런 종류의 환자에 대한 치료를 높이 평가받아 "러시아 정신노동자를 위해 수고한 명예 의사"라는 명성을 얻었다.[62] 그는 과로한 인텔리겐치아의 실례처럼 40대 초반에 심장마비로 죽었다. 코르사코프 사망 몇 년 뒤 제자이자 친구인 바제노프는 신경쇠약증을 앓는 인텔리겐치아를 위한 특별 클리닉에 대해 고민했다. 그는 러일 전쟁의 후유증으로 정신병을 앓는 병사와 장교를 위한 사립병원 개원 연설에서 전쟁이 끝난 뒤 이 병원이 "또 다른 전투의 장인 노동 현장에서 노동자를 위한 항시적 클리닉, 즉 사립병원에 갈 여유가 없는 전문 기술자들을 위한 클리닉"으로 용도가 변경되기 바란다고 말했다. 바제노프는 인텔리겐치아 구성원은 공립병원이 제공하는 것보다 더 나은 조건에서 치료받을 권리가 분명히 있다고 강조했다.[63]

1904년의 러시아 피로고프학회 참가자들은 "손상된 약한 신경계를 가진 사람, 지치고 초조하고, 신경쇠약증인 환자, 히스테리 및 건강염려증 환자"를 위한 특별 기관 운영에 관해 논의했다. 정신의학

61 윌리엄 마스(William Marrs)는 다음에서 인용되었다. Tom Lutz, *American Nervousness, 1903: An Anecdotal History*, Ithaca, N. Y.: Cornell Univ. Press, 1991, p. 7.

62 N. N. Bazhenov, "Vneuniversitetskaia deiatel'nost' i znachenie S. S. Korsakova, kak vracha i uchitelia", *Psikhiatricheskie besedy*, p. 2.

63 바제노프는 다음에서 인용되었다. M. Iu. Lakhtin, *Chastnaia lechebnitsa dlia dushevno-bol'nykh voinov: Otchet s 19. 5. 1905 po 1. 1. 1906*, Moscow: Russkii trud, 1906.

자 스투핀은 공공선을 위해 자신을 희생해 왔음에도 사설 클리닉과 요양소를 이용할 돈이 없는 사람을 위한 "신경 요양소" 문제를 제기했다. 그들은 독일의 "인민 요양소" 유형을 모델로 정부 보조금을 받는 기관은 정신 질환이 있는 사람에게 개방돼야 한다고 주장했다.[64] 그러나 학회에 모인 대부분의 정신의학자는 요양소라는 아이디어는 그저 희망사항에 불과한 것, 다시 말해 바람직하나 필수적인 것은 아니라고 생각했으며 현재의 사회·정치적 상황에 별다른 도움이 되지 않을 것이라고 주장했다.[65] 그들은 신경쇠약증 및 퇴폐와의 투쟁에서 훨씬 더 효율적인 방법은 영양실조와 비위생적 생활환경에서 비롯된 신경 질환의 원인을 제거하는 것이며 오로지 이런 변화를 가능케 하는 사회 개혁을 통해서 승리를 거둘 수 있다고 주장했다.

1년 뒤 모스크바의 신경학 교수 로트는 정신위생을 보급하는 한편 과로와 신경과민을 호소하는 저소득층 환자를 위한 요양소 설립을 위해 "신경 질환 퇴치 전 러시아인학회" 조직을 제안했다. 동료들은 그의 제안을 또다시 거부했다. 정신 요양소의 선구자 드로즈네스는 요양소가 중요하다는 것에는 동의했지만 더 나은 해결책이라 생각한 자신의 소신대로 "전 세계인에게 신경 질환과 정신 질환을 전염시키는 병리적 요소, 가령 개성을 억누르는 억압적 관치 정권"을 최대한 빨리 제거하자고 제안했다. 정신의학자이자 볼셰비키 당원인 미츠케비치는 요양소 같은 예방 조치를 "동정에 찬 진통제"에 비유

---

64 S. S. Stupin, "K voprosu o narodnykh sanatoriiakh dlia nervno-bol'nykh", *Zhurnal nevropatologii*, no. 3, 1904, p. 363.

65 "Sektsiia nervnykh i dushevnykh boleznei IX-go s'ezda Obshchestva russkikh vrachei v pamiat' N. I. Pirogova", *Zhurnal nevropatologii*, no. 1~2, 1904, p. 269.

하면서 "우리 시대의 근본적 악, 자본주의"에 대한 본질적 치료를 요구했다. 그의 생각에 요양소 보급은 "사회악을 처리하는 듯 보이지만, 실상은 밑 빠진 독에 물 붓기식으로 돈을 쏟아붓는 부르주아식 위선을 조장하는 것"이었다.[66] 볼셰비키 당원인 투티시킨 역시 퇴폐는 "술, 매독, 결핵과 같은 인류의 골칫거리에 의해 발생하며" 이러한 것들은 "일반적으로 사회·정치적 제도의 개선"을 통해서만 극복될 수 있다고 주장했다.[67] 로트는 이어지는 논쟁에서 자신의 입장을 변호하며 자신은 개혁의 필요성을 부인하는 것이 아니라 그것이 너무 늦게 올 것을 두려워한다고 주장했다. 그는 "해가 뜨는 동안 이슬이 눈을 갉아먹을 것이다"[68]라는 러시아 속담을 인용했다. 그는 "신경 질환을 앓는 일하는 인텔리겐치아", 가령 교사, 의사, 작가 등에 대한 긴급 지원을 호소했다. 그들은 죽어 가는 모습을 냉정히 지켜보고 있어야 할 만큼의 많은 수가 아니었다. 로트는 "잘 알려진 사례들로 제대로 치료를 받았다면 살아날 수 있었으나 알코올 의존증때문에 요절

---

66 V. K. Rot, "Obshchestvennoe popechenie o nervno-bol'nykh. Ustroistvo spetsial'nykh sanatorii"(talk given in 1905), *Trudy vtorogo s"ezda otechestvennykh psikhiatrov*, Kiev: Kul'zhenko, 1907, p. 481 ; M. Ia. Droznes, "Vazhneishie zadachi sovremennoi prakticheskoi psikhiatrii", *Trudy vtorogo s"ezda otechestvennykh psikhiatrov*, p. 213. 미츠케비치는 다음에서 인용되었다. I. D. Ermakov, "Desiatyi Pirogovskii s"ezd v Moskve, 25. IV~2.V. 1907", *Zhurnal nevropatologii*, no. 2~3, 1907, p. 551.

67 그러나 몇 년 앞서 투티시킨은 신경정신 질환이 있으나 사설 클리닉을 찾을 형편이 안 되는 사람들을 위한 요양소를 하리코프공립병원 내에 설립하는 데 관여했다. 다음을 참조하라. P. P. Tutyshkin, "Ob ustroistve obshchestvennykh(zemskikh, gorodskikh) lechebnits-pansionatov dlia nervno i dushevno-bol'nykh, to est' uchrezhdenii dvoiako-smeshannogo tipa", *Zhurnal nevropatologii*, no. 1~2, 1902, pp. 206~210.

68 [옮긴이] 바라는 것이 일어날 때까지의 시간 동안 당위성이 변질된다는 뜻.

한 작가들"을 언급했다.[69] 그러나 대다수는 조건이 바뀌면 요양소가 필요하지 않을 것이라는 근본적인 의견에 동의했다.

러시아는 실로 변화의 한가운데에 있었다. 1904년 피로고프학회는 대의정치에 대한 요구를 최종 문건으로 채택했다. 회의의 마지막 분과는 최종 결의안 투표를 저지하기 위해 경찰이 준비한 군 오케스트라의 소음에 의해 중단되었다. 이듬해는 혁명의 빛으로 장식되었다. 젬스트보 급진파는 자체적으로 연합체를 조직해 전문 인텔리겐치아가 주재하는 회의를 여러 차례 요청했다. 그들은 정부의 변화와 정치범 사면, 시민의 인권 및 자유 선언을 요구했다. 여름이 끝나갈 무렵 정부는 국가 두마를 설립해 일본과 평화조약을 체결함으로써 높아지는 반대를 잠재우려 했다. 그러나 두마를 설립하는 법안은 재산소유권에 따른 선거권에 기초한 것으로 독재정치를 재확인했을 뿐, 자유와 인권을 보장하는 데 실패했다. 이에 대응해서 1905년 9월 중순에 새로운 젬스트보 의회가 소집되었는데 이는 곧 있을 선거에서 입헌주의자 후보 명부를 작성하고 적극적으로 선거운동을 펼치려는 목적에서였다.[70]

젬스트보 의회가 열리기 며칠 전 정신의학자들은 키예프에서 시코르스키 등이 조직한 제2차 전국 대의원 대회를 개최했다. 대회는 베흐테레프의 격정적인 연설로 시작되었는데, 이 연설에서 그는 시민 자유의 부재가 정신 건강을 위협하고 있으며 사람들의 "폐활량 부족"의 원인이 되고 있다고 주장했다. 그는 정권이 개인의 자유로

69 로트는 다음에서 인용되었다. Ermakov, "Desiatyi Pirogovskii s"ezd", p. 551.
70 다음을 참고하라. Manning, *Crisis of the Old Order*, pp. 106~137.

운 발달을 막는 장애물이라고 노골적으로 비난했으며, "내 감옥을 개방해 대낮의 빛을 내게 주오"라는 시구를 인용하며 연설을 마무리했다.[71] 감동한 청중은 그를 어깨에 태우고 밖으로 나갔다. 회의의 후원자인 키예프의 부유한 부르주아들은 분개했고 경찰은 시코르스키가 회의를 속개할 권한을 얻을 때까지 대의원 대회를 막았다.

동요했던 1905년에 정신의학학회가 충분히 조직될 수 있었던 것은 키예프 소재 성블라디미르대학교에서 20여 년간의 교수생활 동안 쌓은 시코르스키의 나무랄 데 없는 평판 덕분이었다. 시코르스키의 경력은 페테르부르크에서 시작되었고 그는 1885년에 키예프에서 의장에 임명됐다. 그곳에서 정신의학 잡지 『신경과 정신의학 문제』(*Questions of Nervous and Mental Medicine*)를 창간했고, 이를 통해 아동 정신의학, 심리학, 정신위생학에 관한 글을 광범위하게 출판했다. 그의 이해에 따르면 정신위생학은 아동 교육에서부터 퇴폐, 정신 질환의 전염, 종교 숭배에 이르기까지 광범위한 주제를 포함하고 있었다.[72] 예술의 권위자인 그는 정신의학자는 사회 건강의 가장 정확한

71 A. O. Edel'shtein, *Psikhiatricheskie s"ezdy i obshchestva za polveka*(*K istorii meditsinskoi obshchestvennosti, 1887-1936*), Moscow: Medgiz, 1948, p. 22.

72 시코르스키를 위해 선택된 참고문헌은 다음과 같다. *Psikhopaticheskii etiud*, Kiev: Universitet Sv. Vladimira, 1892; "O velikikh uspekhakh i vozrastaiushchem znachenii psikhiatrii i nevrologii sredi nauk i v zhizni", *Voprosy nervno-psikhicheskoi meditisiny*, no. 1, 1899, pp. 1~14; "Znachenie gigieny vospitaniia v vozraste pervogo detstva", *Vestnik klinicheskoi*, no. 2, 1899, pp. 59~128; "Biologicheskie voprosy v psikhologii i psikhiatrii", *Voprosy nervno-psikhicheskoi meditisny*, no. 1, 1904, pp. 79~114; *Vseobshchaiu psikhologiia s fiziognomikoi*, Kiev: Kul'zhenko, 1904; *Sbornik nauchno-literaturnykh statei po voprosam obshchestvennoi psikhologii, vospitatel'noi i nevno-psikhicheskoi gigieny*, 5 vols., Kiev: F. A. Ioganson, 1900~1904; (제목은 필자의 번역) *Psychological Features of Great Men: Herbert Spencer, Adam Mickievicz, Pushkin, Saltykov, S. P. Botkin, Father Ioann Kronshtadskii*, vol. 1; *The Soul and the Brain of*

지표로 문학을 이용해야 한다고 확신했다. "러시아 민중의 가장 이상적 삶은 창조적인 일에서 드러나며, 정신의학자는 의심의 여지없이 이 숭고한 삶을 병들고, 쇠락하고, 퇴폐적인 삶만큼 긴밀하게 알아야 한다. 그것은 영적 존재의 두 기둥이며, 그 사이의 넓은 영역을 이해하기 위해서는 그것을 더 잘 알아야 한다. 이 중간 지대는 정신의학자가 심리 진단의 토대, 즉 신경 질환과 정신 질환 예방법 및 건강 관리 원리를 적용하는 넓은 지대를 형성한다."[73]

시코르스키의 뛰어난 명성에도 불구하고 정신의학학회가 열리기 오래전부터 내무부는 대회 조직위원에게 보내는 특별 편지에서 정신의학자들이 회의에서 직업적 권한 밖의 어떠한 문제도 논의해서는 안 된다고 경고했다.[74] 시코르스키는 연설에서 정치에 관한 언급은 피함으로써 분위기를 가라앉히려고 했다. 학회의 연설에서 그는 "교육의 심리적 토대"와 문학의 문명화 역할에 관해 이야기했다.

특히 정부가 개혁 프로그램을 선포하고 반대파의 당면 요구를 수용한 후로 시코르스키의 정치 성향은 급진파들과는 거리가 멀어졌다. 프랑스 혁명사에서 자코뱅 지도자들을 병적인 광신자로 규정한 이폴리트 텐처럼[75] 시코르스키는 전반적으로 혁명을 미숙한 힘의 승리로 보았다. 혁명 내내 러시아인의 의지박약은 진정으로 위험이 될 수 있었다. 시코르스키는 "러시아인들의 약한 의지야말로 어떠한 광

Great Men: Gambetta, Turgenev and Helmholtz, vol. 2; Success of Russian Art and its Significance for Social Life, vol. 3; Russian Women-Doctors, vol. 5.

73 Sikorskii, "Uspekhi russkogo", p. 497.

74 Edel'shtein, Psikhiatricheskie s"ezdy, p. 19.

75 프랑스 혁명에 관한 텐의 관점에 대해서는 다음을 참조하라. Jaap va Ginneken, Crowds, Psychology and Politics, 1871-1889, Cambridge: Cambridge Univ. Press, 1992, p. 42.

신자라도 우리를 쉽게 선동할 수 있게 하는 원인이자 우리가 자신 혹은 우리보다 의지가 더 강한 사람들과의 싸움에서 우리의 개성을 지켜내는 데 실패하는 이유"라고 언급하며, 동포들이 스스로 혁명 활동에 뛰어들기보다 자신들의 의지를 강화했어야 한다고 주장했다. 그는 현대 작가들의 책임을 물으며 급진파에 이의를 제기했다. "당신들은 가장 중요한 일인 자신의 영혼을 변화시키는 일은 하지 않으면서 사회의 변화를 희망하고 있으며 고차원적인 원칙을 다루면서 지나치게 자기 확신에 차서 시끄럽게 외치고 있다!"[76]

1905년 정신의학학회에서 급진파가 정부 정책을 비판하는 동안 시코르스키는 감성과 의지를 상실한 채 지성 교육에만 집중하는 학교 제도에 대한 비판에 몰두했다. 그는 교육이 의지를 강하게 만들어야 하지만 강한 의지 자체는 파괴적일 수 있기에 감성과 지성은 균형이 맞춰져야 한다고 주장했다. 예를 들어, 교육을 받지 못한 고리키의 인물들은 강했으나 목적의식이 부족했다. "그들은 부자연스러운 인생 여건 속에 너무나 오래 있었기에 (…) 영혼이 일그러졌다." 그러나 그들의 장래는 베레사예프의 소설 속 나약한 인물들보다는 나았

---

76 Sikorskii, "Uspekhi russkogo", p. 619. 시코르스키는 민족주의자적 확신에 차 "태생적 토양"에 뿌리를 둔 것과 형식적인 전통 교육을 대조했다. 그의 관점은 "자국의 토양 밖에서는 아무것도 견고하게 자라지 못한다는 초기 슬라브주의자들에게서 비롯되었다. 국외 지역에서는 생생하고, 실제적인 것이 아무것도 없다. 그러므로 자국의 역사적 토양에 뿌리를 두지 않거나 원래 그것으로부터 자라난 것이 아닌 좋은 생각이나 연구는 모두 무의미한 것이 되며 낡은 넝마가 된다". 악사코프는 다음에서 인용되었다. Richard Pipes, *Russia under the Old Regime* (New York: Charles Scribner's Sons, 1974), p. 276. 몇 년 후, 정치적 반동 기간에 시코르스키의 민족주의는 의례적 살해로 기소된 유대인의 재판에서 그가 기소 증인이 되도록 했다. 다음을 참조하라. I. A. Sikorskii, *Ekspertiza po delu ob ubiistve Andriushi Inshchinskogo*, St. Petersburg: A. S. Suvorin, 1913. 정신의학자를 포함해 인텔리겐치아의 대다수는 이러한 재판을 경멸했다. 배심원은 최종적으로 피고소인, 베일리스(Beilis)를 무죄로 석방했다.

는데, 그 이유는 "교육만 받았더라면 (…) 고리키가 묘사한 이 사람들은 보다 광범위하고 철학적인 삶의 이해에 도달할 수 있었을 것"이기 때문이다. 시코르스키는 계속해서 학습한 감성과 강한 의지가 도덕성에 중요한 요소이며 따라서 감성 교육에서 문학의 역할은 아무리 강조해도 지나침이 없다, 교과 과정에서 감성과 의지의 최고 스승인 모국어와 국민 문학이 라틴어와 그리스어보다 더 낮게 취급되어서는 안 된다고 주장했다. "언급한 교육이 고전학으로 대체돼서는 안 된다!"[77]

시코르스키의 노력에도 불구하고 학회는 신경 질환과 정신 질환 병인의 결정적 책임이 정부의 억압에 있었음을 천명하는 정치적으로 극단적인 결의안을 채택했고 정부에 폭력 근절을 요구하며 정치범 사면과 자유 등 주요 인권 도입을 촉구했다.

그러나 혁명 막바지에 접어들며 급진파의 목소리에서 확신이 약해졌다. 1905년 가을 토지 징발에 대한 정치적 논쟁에 고무된 소작농들은 지주들이 겁에 질려 자신들에게 땅을 남길 것을 기대하고 상류층의 토지에 불을 질렀다. 12월 모스크바는 바리케이드의 양쪽에서 사람들이 죽어 나가는 극도의 불안을 목도했다. 역사학자 로베르타 매닝이 전하는 바와 같이 그 후 "상류층의 주된 생각은 (…) 혁명과 대치하기 위해 젬스트보의 전통적 과제인 시민 자유 수호를 버리면서까지 정부의 권한을 확대하는 것이었다". 이전에 저항운동의 숨은 추진력이었던 젬스트보 의회는 이제 테러리즘을 비난하며 정부의 억

---

77 Sikorskii, "Uspekhi russkogo", p. 622.

압을 환영했다. 어느 회의에서 의사들은 "조국과 질서에 대한 확고한 지지"의 표시로 군대를 위한 축배를 들기까지 했다.[78]

역사학자 로라 엔젤스타인이 언급했듯이 폭력의 증가에 놀라 혁명을 문명과 진보를 위협하는 사회적 병리로 해석하는 정신의학자들이 점차 늘어났다. 그들은 시코르스키처럼 문화와 교육의 영향력 증대에 희망을 걸었다. 그 당시 모스크바 의사회 의장이자 입헌 민주당 당원이었던 바제노프는 혁명이 평화적으로 발전해야 한다는 견해를 드러냈다. 소논문 「심리학과 정치」(Psychology and Politics)에서 그는 볼셰비키가 대중 봉기를 요구하는 데 따른 위험성을 경고했다. 다시 말해 대중은 제안에 쉽게 동화되지만 구조적으로 행동에는 취약하다는 점을 우려해 혁명가들에게, 대중은, 대중 활동을 통제하고 지시하려는 볼셰비키의 계획에 방해가 될 수도 있는 그들 고유의 법칙이 있다는 심리학의 교훈을 상기시켰다. 즉 "역사적 혈통관계나 경제적 이익이 아닌 시민의 두뇌, 신경 및 인류학적 특성이 모든 사회·정치적 체제의 근간을 이룬다"는 것이다. 바제노프는 혁명이 어디서 잘못되었는지를 규명하기 위해 정신의학병원을 "민주화"하려는 시도와 "혁명가들이 독재정부"를 확립하려는 시도를 지적했다. 두 경우 모두에서 중재자 역할을 했던 바제노프는 이를 정상적 근로조건을 방해하고 환자에게 악영향을 끼치는, 병원 제도에 대한 야만적 침해로 간주했다. 그는 삶을 향상시킬 수 있는 유일한 방법은 교육과 문화를 통한 "매우 느리고 점진적인 영혼의 변화"에 있다고 주장했다.[79]

---

78 Manning, *Crisis of the Old Order*, p. 329.
79 다음을 참조하라. Laura Engelstein, *The Keys to Happiness: Sex and the Search for Modernity in*

정신위생 완화 치료

1906년 혁명의 좌절은 그 어느 부문보다 의료직을 강타했다. 젬스트보에서 일하는 급진파 의사들은 해고되거나 은퇴를 강요당했다. 1907년 피로고프학회지의 탄압받고 순교한 사람 명단에서 1,324명의 의사가 언급됐다.[80] 혁명 초기에 그러했듯이 정신의학자들은 또다시 정부의 "무절제한 폭력"에 놀라, "파괴된" 개인을 만들어 낸 정권을 비난했으며 그들이 최선을 다해 치료함으로써 사회적 변화를 불러오는 것을 반겼다. 젬스트보 정신의학자 야코벤코는 정부의 폭력적인 행동이 무법과 공포 분위기를 조성했으며 "정신 질환의 유행"에 한 몫을 했다고 주장했다. 대조적으로, 혁명으로 인해 자신들의 에너지를 배출하고 긴장을 해소할 통로와 행동할 기회를 얻게 된 지식인에게 혁명은 "건강하고 진취적인 것"이었다. 또 다른 정신의학자 주콥스키는 혁명 기간 "불균형적이고 우울하며 무관심한 개인이 회복되고 재생돼 사회의 쓸모 있는 구성원이 된다"라고 기술했다.[81]

1911년 새로 설립된 러시아 정신의학 및 신경병리학의사협회의 첫 회의에서 회장 세롭스키는 의사들에게 정치적 억압 분위기 속에서 국민보건을 책임질 의사의 의무를 상기시키며 용기를 보여 줄 것을 촉구했다. 시인 콘스탄틴 발몬트의 "나는 자랑스러워지기를 바라

Fin-de-Siècle Russia, Ithaca, N.Y.: Cornell Univ. Press, 1992, pp. 259~260; N. N. Bazhenov, *Psikhologiia i politika*, Moscow: I. D. Sytin, 1906, pp. 13~18.

80 다음을 참조하라. Frieden, *Russian Physicians*, p. 319.

81 야코벤코(Iakovenko)는 다음에서 인용되었다. Brown, "Revolution and Psychosis", pp. 292~293; M. Zhukovskii, "O vliianii obshchestvennykh sobytii na razvitie dushevnykh zabolevanii", *Vestnik psikhologii*, no. 3, 1907, pp. 161~163.

고, 나는 용감해지기를 바란다"라는 유명한 시구를 인용하면서 세릅스키는 이렇게 말했다. "시인들만이 자랑스러워지기를 바라고 용감해지기를 바라는데, 우리 과학의 대표자들도 그래야 합니다. 빛에 인도되어 우리가 사람들을 광기로, 자살과 정신 질환으로 내모는 것은 잘못된 것이라고 솔직하게 소리 내어 말해야만 합니다."[82] 경찰은 세릅스키의 연설을 학회 폐쇄의 구실로 삼았다. 3장에서 언급했듯이 세릅스키는 학회 몇 달 전 100여 명이 넘는 동료들과 함께 교육부장관 카소의 반동 정책에 저항하다 모스크바대학교 교수직에서 물러났다. 곧이어 세릅스키가 10년간 수장이었던 모스크바대학교 정신의학 클리닉(대학교 클리닉)의 직원이 책임자로 채용됐다.[83] 1911년 정신의학 학회의 연설에서 세릅스키는 카소의 이름 "Kasso"를 이용한 말장난으로 이 모든 cas sots("어리석은 일")는 곧 지나갈 것이라고 말했다.[84] 대학의 상황은 안정돼 가는 것처럼 보였고, 동료들의 선택과 달리 사임하지 않은 대학교 클리닉 전 조교수 리바코프가 세릅스키를 대신했다.

리바코프는 상공인 출신, 즉 상인 혹은 기술공의 아들이었던 것으로 보인다. 그는 박사 학위를 받음과 동시에 첫 승진을 하기까지 국가 임용 체계라는 사다리를 밑바닥부터 밟아야 했다. 31세에 마침

---

82 V. P. Serbskii, "Russkii soiuz psikhiatrov i nevropatologov im. S. S. Korsakova", in Vryubov et al., *Trudy Pervogo s"ezda*, 83. 세릅스키는 다음에서 인용되었다. K. D. Bal'mont's poem "I Wish"("Khochu"), 1902. 다음을 참조하라. Konstantin Bal'mont, *Stikhotvoreniia*, Moscow: Khudozhestvennaia literatura, 1990, p. 122.

83 파업에 대해서는 다음을 참조하라. Samuel D. Kassow, *Students, Professors and the State in Tsarist Russia*, Berkeley: Univ. of California Press, 1989, pp. 352~402.

84 Serbskii, "Russkii soiuz psikhiatrov", p. 83.

내 대학교 클리닉의 조교수로 임명되었고 고위 공무원의 딸과 결혼했다. 리바코프가 공석이던 원장 자리에 임용된 1911년에도 병원에는 세릅스키의 영향이 여전히 남아 있었기 때문에 병원을 "길들이는데" 어려움을 겪었다. 일찍이 그가 강의 도중 시범을 위해 환자를 이용하려고 하자 환자를 담당하던 의사는 "동료들이 결정한 바"라고 말하며 그를 돕기를 거부했다.[85] 세릅스키는 강의실에 환자를 옮겨 놓고 강의하는 것을 권장하지 않았었다. 세릅스키가 여전히 직원들에게 영향력을 갖고 있다고 생각한 리바코프는 예전 학생들이 끼치는 "전제적 영향으로부터 선배 의사를 보호할 모두스비벤디[분쟁 해결을 위해 간략하게 체결하는 임시 협정]를 확립"해 줄 것을 세릅스키에게 요청하는 글을 썼다.[86]

모스크바학회는 카소가 임명한 리바코프를 반대했으며 대학교 클리닉의 중심은 더 이상 모스크바 정신의학자들의 것이 아니었다.

85 F. E. Rybakov to V. P. Serbskii, 1911. 10, in Muzei Moskovskoi Meditsinskoi Akademii, f. 525/34, op. 1, ed. khr. 44. 리바코프 임명에 대한 지시가 1911년 4월 10일에 승인되었다. 이 이야기의 젊은 의사는 로젠시테인이었다. 그는 세릅스키를 따라 곧바로 떠났고, 리바코프가 은퇴한 1919년이 되어서야 클리닉으로 복귀했다. 이 충돌에 대해서는 다음을 참조하라. A. O. Edel'shtein, "Psikhiatricheskaia klinika imeni Korsakova za 50 let", *Piat'desiat let Psikhiatricheskoi klinike imeni Korsakova*, Moscow: Pervyi Moskovskii meditsinskii institut, 1940, pp. 9~23.

86 Rybakov to Serbskii, 1911. 10. 1917년, 니콜라이 2세의 퇴위 이후, 주 지방정부는 카소를 지지하는 교수들을 원래 자리로 복직시키기 위한 지시를 내렸다. 리바코프는 퇴직했지만 세릅스키는 지시가 내려진 후 곧 사망했다. 소비에트의 공중보건부 나르콤즈드랍은 리바코프에게 [러시아에서 퇴직을 의미하는] 연금을 보장했으나, 그는 새로운 체제하에서 활동을 계속했으며, 베른슈타인, 네차예프와 함께 베흐테레프의 유명한 정신신경학연구소를 모델로 한 연구 및 실습연구소인 정신신경학박물관을 모스크바에 조직했다. 리바코프는 1920년 모스크바에서 사망했다. 다음을 참조하라. "Formuliarnyi spisok F. E. Rybakova", in Muzei Moskovskoi Meditsinskoi Akademii, f. 523/132, op. 2, ed. khr. 12.

이에 병원의 많은 의사가 참여하는 격주 모임 "작은 금요일"은 다른 주관 기관을 모색했다. 러시아 정신의학 및 신경병리학의사협회의 첫 회의와 1913년의 국제정신건강학회 모두 대학교 클리닉의 존재를 무시했다.[87]

리바코프의 과학적 관심은 항상 최면과 정신요법에 있었다. 그는 1896년에 최면으로 환자를 치료하던 대학교 클리닉에서 처음으로 알코올 의존증 환자를 위한 외래 진료를 조직해 러시아의 절주운동에 기여했다. 그는 1899년 모스크바 정신의학 및 신경병리학의사학회에서 "정신 질환자와 술고래는 같은 피를 나눈 형제"와 같지만, 알코올 의존증은 개인적 질환이 아니라 사회적 질환이라고 주장했다. 그럼에도 그는 여전히 알코올 의존증에 걸린 사람들을 환자로 간주해 모든 치료법을 적용했다. 1904년 리바코프는 피로고프학회에 알코올 의존증 최면 치료에 대한 긍정적인 결과를 보고했다. 알코올 의존증을 제대로 치료할 수 있는 유일한 방법은 의학적 처치가 아닌 사회 개혁에 있음에도 불구하고 결과적으로 알코올 의존증 환자를 위한 외래 진료를 확립하고 최면 처치를 이용하라는 그의 권고는 대회의 최종 결의안에 포함됐다.[88] 실제로, 급진파 동료들이 사회 개혁을 지속적으로 요구하는 동안 리바코프는 정신위생을 위한 한 표를 행사했다. 가령, 급진파 동료들이 국가의 통제를 받지 않는 폭력은 대중

---

87 M. O. Gurevich, "Moskovskaia psikhiatricheskaia klinika v istorii otechestvennoi psikhiatrii", *Piat'desiat let*, pp. 3~8.

88 F. E. Rybakov, "Alkogolizm i dushevnoe rasstroistvo", *Otchety Moskovskogo obshchestva nevropatologov i psikhiatrov za 1897-1901 gg.*, Moscow: G. I. Prostakov, 1901, p. 210; F. E. Rybakov, *Ob organizatsii ambulatorii dlia alkogolikov*, St. Petersburg: Ia. Trei, 1904.

에 병리적 영향을 끼친다고 주장하자 리바코프는 원래 감염되기 쉽고 허약한 개인에게만 영향을 미친다고 조심스럽게 말하는 식이었다. 1905년 정신의학 및 신경병리학의사협회 제2차 회의에서 알코올 의존증 환자 대상 외래 진료에 관한 리바코프의 발언에 대한 논쟁이 있었고, 이에 한 동료는 제기된 지엽적 조치를 비판하고 다음과 같이 본질적인 변화를 촉구했다.

> 알코올 의존증을 치료할 수 있는 우리 의사의 수는 적은데, 우리에 맞서는 것은 관습과 습관이라는 삶의 방식 전체이며, 사회이고, 결정적으로 우리에 맞서는 것은 술을 팔아 10억 루블의 예산 중 4분의 1을 착복하는 정부이다. (…) 우리의 일은 어렵다. 이는 시시포스의 노동이며 사회적 관념은 그 결과에 인색하다. 그래서 다른 경우에서와 마찬가지로 이 문제에서 치료가 아니라 병의 예방에 초점이 맞춰져야 하는 것이다. 이를 고려할 때 나는 리바코프 박사의 아홉 번째 의견 "치료의 이상적인 조직화 등등"에 절대적으로 동의하지 않는다. 그런 일은 당치도 않다! 우리의 이상은 완전히 다르다. 우리 투쟁의 이상은 경제와 사회 개혁이 인구 전체의 건전한 삶의 방식을 장려할 수 있는 그러한 러시아의 건설이다.[89]

리바코프는 최면 등의 치료법에 관심을 가지면서 실험심리학에 몰두했으며 대학교 클리닉의 실험심리학 실험실을 관리했다. 모스크

---

89 리아(S. A. Liass)는 다음의 사설에서 인용되었다. "Vtoroi s"ezd nevropatologov i psikhiatrov", *Obozrenie psikhiatrii*, no. 2, 1906, p. 152.

바대학교 의대생에게 이 과목을 가르친 토카르스키의 사망 이후에 리바코프가 후임이 되어 실험 활동을 이어 갔다. 그는 정신물리학 및 분트학파의 실험과 더불어 동포이자 동료인 베른슈타인과 네차예프뿐만 아니라 프랜시스 골턴, 휴고 뮌스터베르크, 벤자민 부르동, 헤르만 에빙하우스, 크레펠린, 알프레드 비네와 빅토르 앙리가 설계한 실험을 이용했다. 그는 자신만의 장비는 물론이고 실험 계획안도 있었으며 1910년에는 "교수법 및 의료 진단용 맞춤 실험심리학 성격 연구 도감"을 제작했다.[90]

　리바코프는 베른슈타인, 로솔리모 등과 함께 "교육의 의학 및 심리적 측면에 관심 있는 사람을 위한 협회"인 실험심리학회를 조직했다.[91] 협회의 자칭 과제는 정신병원과 학교에서의 실험을 장려하는 것이었다. 러시아 내 크레펠린의 주요 지지자였던 베른슈타인은 내용과는 별개로 병의 형식적 증상에 근거해 환자 의식에 "객관적으로" 접근해야 한다는 견해를 널리 확산시켰다. 가장 잘 알려진 러시아식 실험은 로솔리모의 "심리학 프로필"로 주의력, 지각력, 기억력, 피로감 등 열한 가지 개별적 측정 결과를 사용한 도표("개별 프로필")로 구성되었다.[92]

90　F. E. Rybakov, *Atlas dlia eksperimental'no-psikhologicheskogo issledovaniia lichnosti s podrobnym opisaniem i ob"iasneniem tablits: Sostavlen primenitel'no k tseli pedagogicheskogo i vrachebno-diagnosticheskogo issledovaniia*, Moscow: I. D. Sytin, 1910.

91　"Khronika", *Sovremennaia psikhiatriia*, no. 8, 1910, p. 242.

92　초기 정신 및 신경학적 검사에 대해서는 다음을 참조하라. Milos Bondy, "Psychiatric Antecedents of Psychological Testing (before Binet)", *Journal of the History of the Behavioral Sciences*, 46, no. 2, 1974, pp. 180~194. 병리적 관점의 정신 검사 역사는 다음을 참조하라. John M. Reisman, *A History of Clinical Psychology*, 2d ed., New York: Hemisphere, 1991. 베른슈타인의 객관적 접근법에 대해서는 다음을 참조하라. Bernstein, *Eksperimental'no-*

구(舊)학파 정신의학자들은 실험이 광범위하게 적용된다면 인구 절반이 정신이상자로 밝혀질 것이라고 주장했다.[93] 그런데도 정신위생학자들은 잠자코 이 결론을 수용했다. 그들은 생물학적 결함보다는 실행의 관점에서 정상과 이상이 투과될 수 있는 경계를 설정했다. 리바코프는 사람의 "작업 능력"과 "의지에 따른 행동 능력"에 근거해 정신이상의 기준을 세웠다. 이러한 이해에 따르면 병은 누구에게나 있을 수 있는 것이었다. 그는 모든 정신이상의 침투에 대한 유일한 예방은 "정신 능력 및 합리적으로 조직된 작업을 섬세하고 꾸준하게 훈련하는" 형식의 정신위생이라고 생각했다. 리바코프는 문화와 교육은 인간 내면의 불합리와 싸워야 한다고 굳게 믿었다. 즉 "개인의 조종타인 이성은 위대한 문화로부터 탄생한다. 인류의 역사가

psikhologicheskaia metodika raspoznavaniia dushevnykh boleznei, Moscow: S. P. Iakovlev, 1908; *Eksperimental'no-psikhologicheskie skhemy dlia izucheniia narushenii u dushevno-bol'nykh*, Moscow: S. P. Iakovlev, 1910. 증상학적 접근법에 반대되는 크레펠린의 클리닉 접근법 발전에 대한 논의는 다음을 참조하라. G. E. Berrios and Renata Hauser, "The Early Development of Krapelin's Ideas on Classification: A Conceptual History", *Psychological Medicine* 18, 1988, pp. 813~821. 로솔리모의 검사에 대해서는 다음을 참조하라. "Profili psikhologicheski nedostatochnykh detei(opyt eksperimental'no-psikhologicheskogo issledovaniia stepenei odarennosti)", *Sovremennaia psikhiatriia*, no. 9~10, 1910, pp. 377~412. 리바코프와 달리 로솔리모는 1911년 자신의 동료들을 지지하기 위해 모스크바대학교에서 (신경학 교수라는) 직위를 사임한 사람들 가운데 하나였다. 1914년 그는 러시아 최초의 아동신경학 및 심리학 개인 연구소를 조직하고 이끌었다. 소비에트정부는 학교의 대중 심리 검사를 위해 로솔리모의 테스트를 채택했다. 다음을 참조하라. G. I. Rossolimo, "Metodika massovogo issledovaniia po 'psikhologicheskomu profiliu' i pervonachal'nye dannye", *Zhurnal nevropatologii*, no. 1, 1925, pp. 45~58.

93   "Korrespondentsiia iz sektsii nervnykh i dushevnykh bolezni X-go Pirogovskogo s"ezda, 1907. 4. 26", *Sovremennaia psikhiatriia*, no. 3, 1907, p. 138. 주도적 실험심리학자들 사이에서의 학교 시험에 관한 논쟁은 다음을 참조하라. G. I. Chelpanov, "Zadachi sovremennoi psikhologii", *Voprosy filosofii*, no. 4, 1909, pp. 285~308; Nechaev's response in "Otvet Chelpanovu", *Voprosy filosofii*, no. 5, 1909, pp. 805~810.

이를 증명한다. 문화 발전 단계에서 인간의 위치가 낮을수록 그 안의 야수성을 억누르기가 힘들어진다. 문명화의 진보는 야성에 대한 통제를 보다 쉽고 자유롭게 한다". 노르다우의 충실한 후원자였던 리바코프는 예술 속 타락의 영향에 대한 낮은 기준을 우려했고, "재능과 병리를 같은 토대" 위에 두었다는 이유로 정신이상에 대한 데카당파식 예찬에 대해 비판했다.[94]

보수파 리바코프가 정신이상의 치료 및 예방의 가능성에 대해 긍정적 관점을 가진 데 반해, 급진적 정신의학자들은 억압받는 국가는 절대 건강해질 수 없다고 생각했다. 1909년 여름, 정신분석에 관심을 가진 모스크바의 한 젊은 정신의학자 아사티아니는 융을 만나기 위해 취리히로 갔다. 일반적인 러시아 개업의, 특히 분석학자의 문제를 함께 토론하고 싶었던 그는 정신분석계의 떠오르는 별과의 만남에 큰 기대를 안고 있었다. 후에 융이 프로이트에게 보내는 편지에서 밝혔듯이, 아사티아니는 "저항요법"이라고 불렀던 요법의 "치료적 결과가 부족하다는 것에 대해 불평"했다.[95] 융은 아사티아니에게 그가 처한 상황을 "기술의 불완전"으로 설명했지만, 아울러 "개인이 여울의 물고기처럼 병리적으로 구분되는 러시아의 상황 자체에 문제가

---

94 F. E. Rybakov, "Granitsy sumasshestviia", *Otchety*, pp. 5~6; Rybakov, *Sovremennye pisateli*, p. 21.

95 제임스 라이스는 아사티아니를 언급하고 있는 프로이트와 융 사이의 편지에서 러시아의 전형에 관한 프로이드의 묘사를 볼 수 있음을 알려 주었다. 다음을 참조하라. James Rice, *Freud's Russia: National Identity in the Evolution of Psychoanalysis*, New Brunswick, N. J.: Transaction, 1993, p. 67. 아사티아니에 대해서는 다음을 참조하라. A. D. Zurabashvili and I. T. Mentetashvili, "Vydaiushchiisia psikhiatr M. M. Asatiani", *Zhurnal nevropatologii*, no. 4, 1952, pp. 72~73.

있다"고 생각했다. 프로이트는 다른 이유를 제시했는데, 이것은 듣기 좋으라고 한 말이 아니었다. "당신의 러시아(아사티아니는 사실 그루지야인이었다)는 아마도 세상을 구원하는 치료법 같은 유토피아적 꿈을 갖고 있으며, 그 일이 빨리 진행되지 않는다고 느끼는 듯합니다. 나는 러시아인이 각고의 노력을 기울여야 하는 예술에서 특히 결핍이 있다고 생각합니다."[96]

이 만남에 대한 아사티아니 본인의 인식은 완전히 달랐다. 그는 젊었지만 이미 풍부한 정치적 경험이 있었다. 1905년 혁명 당시 모스크바대학교 클리닉에서 일하던 그는 혁명가들을 수색하던 경찰에 대항해 휴원한 원장 세릅스키의 용기를 목격했다. 그는 융과의 대화 역시 정치적 관점에서 이해했다. 따라서 러시아에서 정신요법을 적용하는 게 불가능한 것은 "러시아라는 재료"의 특성 때문이 아니라 러시아 내 정치적 자유의 결핍 때문이라는 정치적 메시지를 확산시키고자 했다. 러시아 동료들에게 융과의 만남을 얘기하며 자신의 견해는 전적으로 스위스인 스승 덕분이라고 설명했다. 요컨대 그는 "융은, 정신요법은 개인에 반하지 않으면서 자유로운 개인적 발전을 제공하는 특정한 사회조건을 요구한다고 했다. 특별한 사회 제도로 인해 자유로운 개인의 발전을 좀처럼 보장하지 못하고 오히려 개인의 독립을 막는 러시아에서 정신요법은 엄청난 어려움에 직면할 수밖에 없기에 결국 이를 진행하는 것이 문제가 된다"라고 결론지었다.[97]

---

96 C. G. Jung to S. Freud, 1909, in *The Freud/Jung Letters: The Correspondence between Sigmund Freud and C. G. Jung*, ed. William McGuire, London: Hogarth, 1974, pp. 225~227.

97 M. M. Asatiani, "Sovremennoe sostoianie voprosa teorii i praktiki psikho-analiza po vzgliadam Junga", *Psikhoterapiia*, no. 3, 1910, p. 124.

러시아 정신의학자들과 그들의 해외 동료들 사이에서 이해의 차이를 초래한 당대의 정치적 문제들은 러시아 내에서도 정신의학자들을 두 집단으로 분열시켰다. 정치적으로 좌익과 우익으로 갈린 의사들은 신경쇠약증, 의지박약, 퇴폐의 원인 및 치료를 각기 다른 방식으로 해석했다. 급진파 정신의학자들은 적극성이 잠재된 개인의 내면을 억압하고 이들이 이타주의적 의지의 배출구를 찾지 못하도록 만든 외부적인 정치적 환경으로부터 신경쇠약증이 생겨났다고 주장했다. 그들은 사적 자유를 보장하는 정치조건을 창출해 낼 수 있는 개혁과 혁명만이 정신 질환 치료의 유일한 수단이라고 생각했다. 반대로 보수파 정신의학자들은 신경쇠약증이 지엽적 원인, 예컨대 과로와 영양실조, 무지 등의 산물이며 교육과 정신위생으로 국부적 치료가 이뤄져야 한다고 믿었다.

하지만 두 집단 모두 국가에 건전한 것과 해로운 것이 무엇인지를 표상하는 정신 건강의 지표를 문학에서 확인했다. 문학은 쇠퇴, 퇴폐, 정신적 불안정, 이상 결핍에 대해 묘사했음에도 불구하고, 국가의 힘을 되찾을 희망을 심어 주기도 했다. 정신의학자들이 문학에서 일어난 데카당스운동이 정신 건강에 부정적인 영향을 미친다는 점을 강조했음에도 불구하고, 그들은 타락하기보다는 영감을 주는 현대 예술을 더 많이 발견했다. 정신의학자들은 특히 국가의 미래가 불확실한 절체절명의 시기에 문학이 사회를 이끌어 나가야 한다는, 당시 러시아에 만연했던 기대를 다시금 공유했다.

5

{ 천재연구소: 소비에트 초기의 정신의학 }

사회 건설 및 정신과 육체의 자율 교육은 동일한 과정의 두 가지 측면이 될 것이다. 모든 예술, 가령 문학, 연극, 미술, 음악, 건축 등은 사회 건설의 과정에 심미적 형태를 더해 줄 것이다. (…) 인간은 끝없이 더 강해지고 현명해지며 섬세해질 것이다. 신체는 더 조화로워질 것이고 동작은 더 리드미컬해지며 목소리는 더 음악적이 될 것이다. (…) 평범한 인간 유형이 아리스토텔레스, 괴테, 마르크스의 수준으로 올라설 것이다.

—레온 트로츠키[*]

정신 질환의 영향으로 인체에 예상치 못한 능력이 생겨날 수 있다.

—카르포프[**]

• Leon Trotsky, *Literature and Revolution*(1923), trans. Rose Strunsky, Ann Arbor: Univ. of Michigan Press, 1975, p. 256.
•• P. I. Karpov, *Tvorchestvo dushevnobol'nykh i ego vliianie na razvitie nauki, iskusstva i tekhniki*, Moscow: GIZ, 1926, p. 17.

역사가들은 혁명을 거친 러시아를 낭만주의와 계몽주의에 영감받은 유토피아 연구실에 비유하곤 했다. 리처드 스타이츠는 『혁명의 꿈: 러시아 혁명의 유토피아적 환상과 실험적 삶』이라는 책에서 혁명 후 시기를 사람들이 사회적 사고의 틀을 깬 역사상 보기 드문 순간 가운데 하나로 평가했다. 이 시기 사람 대부분은 실질적으로 인류의 멸망에 한계를 설정하고, "인간 본성"을 어떤 불변의 방식으로 규정하며, 실존적이고 신중하며 궁극적으로는 염세적 어조를 갖는 사회적 사고의 틀을 부수려고 노력했다.[1] 혁명 후 시대는 인간 본성의 개척에 이바지했으며 많은 이상을 현실화시켰다. 모스크바 뇌연구소와 중앙노동연구소 및 정신분석연구소는 모두 1917년 혁명 이후 초기 10년 동안 국가의 후원을 받아 설립됐다.[2] 이런 계획에 비춰 볼 때 천재연구

---

1 Richard Stites, *Revolutionary Dreams: Utopian Vision and Experimental Life in the Russian Revolution*, New York: Oxford Univ. Press, 1980, p. 251.
2 모스크바 뇌연구소는 1924년에 레닌의 뇌를 연구하기 위해 설립된 연구 실험실을 개편하면서 1928년에 설립됐다. 다음을 참조하라. Monika Spivak, "Maiakovskii v Institute mozga",

소는 오늘날의 시각에서는 다소 뜬금없어 보일 수 있으나 더없이 유토피아적이었다.

특수 기관에서 천재들을 연구하고 "보호"한다는 생각은 예술이라는 정치문화를 공유하려는 정신의학자들의 열망을 희화한 것으로 볼 수도 있고, 문화를 통제하려는 그들 욕망의 진수로 볼 수도 있다. 이러한 생각은 예술가나 과학자 혹은 기타 "천재"가 의학과 심리학의 연구의 대상이 되는 공립 기관 설립에 논거를 제공했다. 다소 암울하게 들리지만, 이 계획안은 천재를 병적으로 보는 개념만큼이나 천재를 인류의 이상으로 보는 계몽주의적 시각에서 영감을 받았다. 천재연구소는 한마디로 혁명 이전에는 꿈으로만 여겼던 프로젝트를 담고 있었다. 이 계획을 고안한 사람들은 1단계로 국가 주도의 공중보건이라는 맥락 아래 중앙 기관 창설을 원했다. 그런데 그들의 이상은 병자와 재능 있는 사람에 대한 학대를 자동으로 방지하고 예술과 일상을 병합할 수 있는 건강하게 조직된 사회였다. 이 프로젝트가 전개되는 도전의 과정은 문학과 예술에 대한 정신의학자들의 태도가 어떠했는지, 요동치는 혁명 이후 10년의 시기에 병적학이라는 장르에서 무슨 일이 일어났는지를 이야기해 줄 것이다.

Logos, no. 3, 2000, pp. 139~148. 중앙노동연구소는 1920년에 설립됐다. 다음을 참조하라. Kendall Bailes, "Alexei Gastev and the Soviet Controversy over Taylorism", *Soviet Studies* 29, 1977, pp. 373~394; I. E. Sirotkina, "Tsentral'nyi institut truda-voploshchenie utopii?", *Voprosy istorii estestvoznaniia i tekhniki*, no. 2, 1991, pp. 67~72; Stites, *Revolutionary Dreams*, pp. 145~164. 정신분석연구소는 1923년에 설립됐다. 다음을 참조하라. V. I. Ovcharenko, *Psikhoanaliticheskii glossarii*, Minsk: Vysheishaia shkola, 1994.

러일 전쟁을 겪은 러시아가 제1차 세계대전 참전 후 1년여가 지난 시점에도 군대조차 정비하지 못했다는 사실로 볼 때 정신의학 서비스의 준비 역시 부족했던 것이 분명해 보인다. 정신의학 서비스는 적십자, 내무부, 국방부의 담당하에 있었다. 이런 행정 기관들의 형편없는 조직 구성은 운송, 약물, 간호직, 의료진 부족 등의 문제에 어려움을 가중했다. 혁명의 시작과 함께 군 내부 상황은 더 혼란스러워졌다. 1917년 3월 니콜라이 2세가 퇴위하고 일주일도 지나지 않아 페트로그라드 소비에트 노동자와 군인 대의원 단체는 군인들이 "시민의 모든 권리를 누려야 하고" 단체와 조합을 만들 수 있으며, 재판 없이 처벌받거나 기소될 수 없다고 천명했다.[3] 역사학자 브루스 링컨이 지적한 바와 같이 군인들은 전쟁 및 평화와 같은 문제에서부터 장교들이 혁명에 관해 뱉은 "모욕적 발언"에 이르기까지 무엇이든 토론하고 그들만의 위원회를 선출할 수 있는 조직을 구성했다.[4] 이 위원회들은 군대에 혼돈을 주며 한동안 기존 조직과 공존했다.

군의관들은 통제력 상실로 고통받았다. 1905년 혁명 기간 "민주화"라는 표어를 내건 간호사들과 후배 직원들은 최고참 보직 의사들을 강제로 사임시키고 그들만의 행정부를 꾸렸다. 1917년 봄, 대개는

3　니콜라이 2세는 3월 2일/3월 15일(러시아 구력/그레고리력)에 그의 아들을 위해 퇴위한다. 다음의 바실리의 회고록을 참조하라. *The Abdication of Empreror Nicholas II of Russia*, Princeton, N. J.: Kingston, 1984.

4　W. Bruce Lincoln, *Passage through Armageddon: The Russians in War and Revolution, 1914-1918*, New York: Simon & Schuster, 1986, p. 403.

전직 군인이었던 당시 정신의학 간호사들이 자신들의 선임에게 반발하는 사건이 있었다. 아이러니하게도 한 사건이 같은 의사에게서 발생했다. 1906년에 페테르부르크의 성니콜라이병원의 반항적인 직원들에 의해 손수레에 실려 끌려 나가는 수모를 겪었던 레포르마츠키는 1917년 3월, 적십자 서부전선 정신의학부의 책임자로서 정신의학과 간호사 몇 명을 당사자 동의 없이 다른 장소로 전임시키라는 지시를 내렸다. 그 결과 간호사들 무리가 한밤중에 레포르마츠키의 아파트에 침입했고 그에게 사퇴를 요구했다. 그 무리의 리더이자 최근 군인 소비에트에 선출된 여성 의사는 그가 사퇴하면 군인들로부터 "더 난폭한 대우"를 당하는 일을 방지하게 될 것이라고 강조했다.[5]

군대 정신의학계의 혼란에 더해 전국의 정신병원들은 폐원 위협을 느끼고 있었다. 1917년 4월 러시아 정신의학 및 신경병리학의사협회는 새로운 정권에서의 긴급 활동 및 정신의학의 미래를 논의하기 위해 모스크바에서 임시 회의를 가졌다. 확산하는 무질서 상태에 위협받은 정신의학자들은 "모든 것을 제어하는 젬스트보 혹은 군을 담당하는 중앙 행정부" 같은 중앙 통제를 간절히 바랐다.[6] 회의 참가자들은 긴급 상황의 대응책으로 중앙 집권을 기꺼이 수용했지만, 이후에는 정신의학협회, 대학의 정신의학과와 대중이 동등하게 대표가되는 더 민주적인 정신의학 조직을 볼 수 있기를 희망했다.[7] 가장 급

---

5 "Konferentsiia vrachei psikhiatrov i nevropatologov, sozvannaia Pravleniem Soiuza psikhiatrov v Moskve 10-12 aprelia 1917 goda", *Sovremennaia psikhiatriia*, no. 2, 1917, pp. 195~196.

6 스네사레프(P. E. Snesarev)는 같은 책에서 인용되었다.

7 중앙 집권을 옹호하는 것은 긴급 사태를 다루는 "자연스러운" 방법인 듯이 보였다. 존 허친슨이 보여 주었듯이 그것은 무엇보다도 1918년 여름, 최초의 소비에트 공공보건부 설립의 토대

진적이었던 참가자들은 정신의학에 대한 관리가 분권화되길 바라며 중앙에서 통제하는 몇 개의 대형 병원 대신 지방 당국의 관리를 받는 지방 네트워크를 조직했다. 일부 성신의학자의 경우, 병원은 간호사와 대중이 참여하는 선출된 의회에 의해 운영돼야 한다고 주장하며 병원 행정 협력 체계에 의문을 제기했다. 그러나 예측 불가한 정치적 상황 속에서 민주화의 이상은 요원한 목표로 남게 됐다. 냉철한 참가자들은 낙천적인 동료에게 "벚나무의 새 소유주(혁명적 소비에트)"가 정신의학을 어떻게 활용할지에 대해 이미 생각해 둔 바가 있을지도 모른다고 경고했다.[8] 어느 참가자는 효율적인 정신 건강 관리 체계를 확립하기 위해서는 이제 정신의학자들도 그들의 주장을 대중들에게 알려야 하며 새로운 권력과 동맹을 맺어야 한다고 주장했다.[9]

정신 건강 관리의 분권화를 반긴 동료들과 달리 모스크바의 정신의학자 로젠시테인은 러시아의 정신의학은 이런 결정적인 조처를 취하기 위해 중앙의 자금 지원을 거절할 준비가 돼 있지 않다고 주장했다. 기부 후원으로 정신 기관이 잘 발달된 스코틀랜드나 기타 여러 나라들과 달리 러시아에서 정신 건강은 항상 국가적 문제였다. 로젠시테인은 러시아의 경우 비(非)정신의학 의사들이 정신 건강 관리에

를 제공했다. 소비에트 정권은 콜레라의 창궐이라는 위험에 직면해 구체제 의사들이 했을 법한 대처를 했다. 의료와 요양 업무를 관리하고 전염병을 막는 조치를 일원화하기 위해 강력하게 중앙 집권화된 부서를 설립한 것이다. 다음을 참조하라. John F. Hutchinson, *Politics and Public Health in Revolutionary Russia, 1890-1918*, Baltimore: Johns Hopkins Univ. Press, 1990, p. 202.

8 체호프의 「벚꽃동산」(1904) 공연에서, 새 소유주는 상업적으로 재배하기 위해 귀족인 조상 세대가 기르던 과수를 잘라냈다.

9 "Konferentsiia vrachei", pp. 182~183, p. 192.

관심을 갖지 않으며 러시아 사회 자체가 정신 건강 관리를 주도할 준비가 거의 돼 있지 않다고 보았다. 전쟁이 일어나기 전에도 그는 전쟁 전 중앙 집권화된 정신의학의 이점을 확신했으며 미국의 아돌프 마이어가 조직한 정신위생학 운동에서 전례를 발견했다.[10] 러시아 지역 의료의 전통에서 영감을 얻은 로젠시테인은 정신의학은 복지국가를 통해 중앙 집권화돼야 한다고 주장했으며 "벚나무의 새 소유주의" 누구와도 자신의 계획안에 대해 협의할 준비가 돼 있었다. 얼마 지나지 않아 그는 사회주의정부가 다른 정부보다 예방의학이란 목표에 더 호의적임을 알게 됐다. 로젠시테인은 결과적으로 소련에서 정신위생의 가장 활동적인 지지자, 예방정신의학의 설계자가 됐다.

인텔리겐치아는 1917년의 2월 혁명을 반기고 대의정치제로 전환하기 위해 조직을 정비하려 한 임시정부를 지지하기도 했으나 1917년 가을 볼셰비키가 집권하자 경악했다.[11] 많은 전문가들이 나라를 떠났다. 남은 사람들은 그보다 더 심각한 사회질서의 붕괴를 목도했다. 그러나 새로운 정부가 공적 문제에 고민하고 있음을 시사하는 많은 징후들 또한 보았다. 러시아 공동체 의사들은 공중보건은 사회개혁에서 비롯된다는 것을 당국에 알리고 국가의 지지를 얻기 위해 수십 년간 투쟁해 왔다.[12] 이에 가장 적극적이었던 의사들은 혁명에

---

10 *Ibid.*, p. 185.

11 2월 혁명은 러시아 구력으로 2월 27일부터 3월 2일, 그레고리력으로는 3월 12일부터 15일에 벌어졌다. 또한 10월 혁명은 러시아 구력으로 10월 25일, 그레고리력으로는 11월 7일에 발생했다.

12 폴 바인들링이 언급한 바와 같이, 마찬가지로 독일에서 1919년 정치적 격변기의 "사회위생학을 위한 의학 캠페인은 의사에 의해 주도되는 보건국가 부서라는 분명한 목적을 가졌다". 러시아에서와 달리 그들은 성공하지 못했다. Paul Weindling, *Health, Race and German Politics*

희망을 걸었다. 새 정부가 의료 서비스를 무료로 제공해 질병의 예방적 조치를 강화하겠다고 공표하고, 의사가 주도하는 공중보건부가 세워졌을 때 그들의 가장 커다란 소망은 비로소 현실이 되었다.[13]

1918년 초에 설립된 정부의 의과대학협의회는 후에 나르콤즈드랍(공중보건인민위원회)이라는 부서로 재편됐다.[14] 협의회는 소비에트 기관에 "부르주아 전문가들"을 이용하라는 레닌의 요구에 따라 그들의 감독하에 있는 정신과의사협회를 찾아가 정신의학위원회에서 일할 의향이 있는 "조직화에 유능한" 의사 세 사람을 대표로 파견해 달라고 요청했다. 제1차 세계대전과 혁명에 따른 대규모의 손실에도 불구하고 협회는 신속하고 적극적으로 응답했다. 그 구성원들은 중앙 통제만으로도 종국의 파멸로부터 정신의학을 구하고, 전쟁과 혁명으로 인한 수많은 희생자를 도울 수 있다는 확신을 얻었다. 협회의 지도자들은 협의회에 보내는 편지에서 "정신 건강 관리는 국가의 의무이며, 국가 기관의 엄격한 통제와 중앙 조직에 대한 지방 조직의 종

between National Unification and Nazism, 1870-1945, Cambridge: Cambridge Univ. Press, 1989, p. 344.

13 소비에트 공중보건 역사와 혁명 전 지역 의료의 긴밀한 관계에 대해서는 다음을 참조하라. Nancy Madelker Frieden, Russian Physicians in an Era of Reform and Revolution, 1856-1905, Princeton: Princeton Univ. Press, 1981; Susan Gross Solomon and John F. Hutchinson eds., Health and Society in Revolutionary Russia, Bloomington: Indiana Univ. Press, 1990; Hutchinson, Politics. 특히 정신의학자들에 대해서는 다음을 참조하라. Julie Vail Brown, "The Professionalization of Russian Psychiatry: 1857-1922", Ph. D. diss., Univ. of Pennsylvania, 1981.

14 의료자문위원회는 1918년 1월에, 나르콤즈드랍은 7월에 설립됐다. 소비에트 공공보건 관리의 초기 역사에 관한 더 자세한 논의는 다음을 참조하라. Neil B. Weissman, "Origins of Soviet Health Administration: Narkomzdrav, 1918-1928", in Solomon and Hutchinson, Health and Society, pp. 97~120.

속을 바탕으로 유지돼야 한다"라고 주장했다.[15] 선출된 지 얼마 안 된 조합원장 카센코, 서기 프로조로프와 조합원 자하로프(I. I. Zakharov)는 정신의학위원회 근무를 자청했다. 첫 번째 합동 회의에서 위원회는 최전선에서 정신 질환자를 빼내 존폐의 갈림길에 선 병원들을 돕는 긴급 조치 계획을 수립했다. 위원회는 이제 폐쇄될 예정인 적십자처럼 정신의학부가 있는 기관들의 예산에서 이런 활동의 자금을 조달하려 했다.

정신의학위원회의 첫 번째 고민은 대부분 여러 달 동안 연료, 식량, 의약품 배급을 받지 못한 정신병원을 정상화하는 것이었다.[16] 일부 병원에선 환자들이 죽거나 강제로 퇴원당했고, 환자와 직원이 굶주리는 곳도 있었다. 러시아와 우크라이나의 정신병원 개수는 이전 통계의 4분의 1 수준으로 줄어들었다(1912년 4만 2,229명, 1923년 1만 2,950명).[17] 내전 동안 병원에서의 사망자 비율은 40퍼센트에 달했다. 1917년 트베리 정신 질환 거주지에서 378명의 환자가 사망했고, 1918년 초부터 8개월 동안 467명, 1918년 8월에만 138명이 죽었다.[18] 위원회는 병원 지원을 위한 긴급 자금을 마련하려 했으나 이전 자금

---

15 "Ot Russkogo soiuza psikhiatrov i nevropatologov v Sovet vrachebnykh kolegii", 1918. 5, in GARF, f. 482, op. 1, d. 81, ll. 1, pp. 3~4.

16 정신의학위원회는 매우 어려운 과제에 착수했다. 지방병원의 감찰은 내전으로 피폐한 외곽 지역으로의 위험한 출장을 수반했다. 심지어 모스크바 지역을 다니는 것도 문제였으며, 위원회는 병원을 조사하기 위해 전차로 출장을 다니는 정신의학자들이 줄을 서지 않고 앞문으로 전차를 탈 수 있게 허가해 달라고 정부에 요청해야 했다(승객들은 뒷문으로만 승차하게 돼 있었다). 다음을 참조하라. "Nevro-psikhiatricheskaia podsektsiia lechebnoi sektsii Narkomzdrava", 1918. 6. 14~1919. 12. 24, in GARF, f. 482, op. 1, d. 22, l. 15.

17 L. A. Prozorov, "Nastoiashchee polozhenie dela psikhiatricheskoi pomoshchi v SSSR", *Zhurnal nevropatologii*, no. 1, 1925, pp. 93~104.

18 "Nevro-psikhiatricheskaia podsektsiia", l. 28.

수준의 10분의 1 정도만 제공할 수 있었다. 1920년 설문 조사에 따르면, 48개의 병원 중 단 한 곳만 충분한 식량 공급을 하고 있고, 14개 병원이 "만족할 만"하다는 보고를 했으며 나머지 병원은 극심한 공급 부족을 겪었다. 다음해에는 병원의 공식 식량 배급량을 1인당 하루 1000~1200칼로리로 줄일 정도의 기근이 발생했다. 병원 내 정원과 공원의 나무를 베어 연료로 사용했으나 병동의 실내 온도는 차가웠다. 온수, 의약품, 위생 도구가 없는 병원에는 결핵과 티푸스, 콜레라가 창궐했다.[19] 초만원인 병실에서 폭력이 증가했고 구금과 같은 제한 조치의 금지가 원칙이던 병원 가운데 일부에서는 무장 경호원을 고용하는 등 제한 조치들이 도입됐다.[20] 그러나 정신의학위원회의 회장 카셴코와 선임 젬스트보 정신의학자들은 나르콤즈드랍에 러시아 정신의학은 결코 그런 위기 상황에 놓인 적이 없다고 보고했다.[21]

레프 마르코비치 로젠시테인과 소비에트 공중보건 개념

제1차 세계대전이 일어나기 몇 해 전 정신의학자 대다수는 국가의 정신 건강 개선은 향상된 사회조건에서 나온다는 데 의견을 같이했다. 그들은 잘 조직되거나 "건강한" 사회에서는 정신의학이 불필요

19 "Nevropsikhiatricheskaia podsektsiia: Pitanie dushevnobol'nykh", 1921, in GARF, f. 482, op. 1, d. 540, ll. 36~45.
20 L. A. Prozorov, "Polozhenie dela psikhiatricheskoi pomoshchi v SSSR", *Zhurnal nevropatologii*, no. 2, 1926, pp. 97~106.
21 "Protokol zasedaniia Organizatsionnoi podkomissii Narkomzdrava", 1918. 11. 30, in GARF, f. 482, op. 1, d. 495, l. 2.

해져 정신위생과 같은 예방법으로 대체될 것이라고 주장했다. 그들 중 제일 급진적 무리는 전 세계적 사회 변화를 요구했고 정신 건강에 대한 어떠한 편협한 조치도 비겁한 협상이라며 거부했다. 이들은 혁명 이후 자신의 이론을 시험해 볼 수 있었다. 사회주의 러시아는 원칙적으로 정신 질환의 사회·경제적 원인을 제거하여 위생적인 환경을 만드는 바로 그러한 사회를 건설하고 있었다. 급진파는 정신의학자가 사회에서의 직업적 위상을 재고하고, 정신 질환 예방의 방향성을 갖도록 해야 하며, 정신위생 의제에 따라 정신의학 서비스를 개조해야 한다고 주장했다. 그러나 국가가 붕괴 일로에 놓여 있던 1918년에 예방정신의학 프로젝트를 진행한다거나 어떠한 변화의 결과를 시험하는 것은 시기상조였다. 당면한 상황은 여느 때보다 더 활발한 구호 활동을 필요로 했다. 이는 정신의학이 불필요해질 때까지 여전히 갈 길이 멀다는 것을 시사했다. 긴급한 필요 재원을 병원 재건에 돌리는 모험을 고려하는 의사는 거의 없었다. 로젠시테인은 몽상가 중한 명이었다.

로젠시테인은 처음 몇 개월 동안 나르콤즈드랍에 참가했고, 곧바로 이곳에서 중요한 역할을 맡았다. 그의 개인적 성향은 소비에트 정신의학 통제권을 늘리는 데 일조했다.[22] 그는 다년간 세릅스키

---

22 로젠시테인은 1918년 11월 30일, 그 임무에 "지명(선거 없이 임명)"됐다. 로젠시테인에 대해서는 다음을 참조하라. Iu. V. Kannabikh, L. A. Prozorov and I. G. Ravkin, "L. M. Rozenshtein, ego nauchnaia i obshchestvennaia deiatel'nost", *Sovetskaia psikhonevrologiia*, no. 3, 1934, pp. 7~14; D. E. Melekhov and A. V. Grosman, "L. M. Rozenshtein i period stanovleniia sovetskoi sotsial'noi psikhiatrii", *Klinicheskie aspekty sotsial'noi readaptatsii psikhicheski bol'nykh*, ed. R. F. Semenov, Moscow: Institut psikhiatrii, 1976, pp. 235~243; D. N. Pisarev, "L. M. Rozenshtein", *Sovetskaia psikhonevrologiia*, no. 3, 1934, pp. 5~6; A. G. Gerish,

와 바제노프 밑에서 일했고 그들을 스승으로 여겼다. 따라서 그가 사회주의 국가에 가장 적합하다고 믿는 신개념 정신의학의 열렬한 지지자였음에도 불구하고 소비에트와 혁명 이전 정신의학 사이의 연속성을 강조하는 것을 결코 잊지 않았다. 그의 뒤를 이은 소비에트 정신의학자들은 이제 로젠시테인을 영웅적이고 명예로운 것이 된 과거 세대와 그들 세대 간의 연결고리로 여겼다.[23] 한편으로 로젠시테인은 코르사코프로부터 현재의 지도자 간누시킨에 이르는 모스크바 정신의학자의 계보를 잇는 "모스크바 정신의학학파"의 신화 창조에 이바지했다.[24] 다른 한편으로 과거에 극단적 사회주의자였던 그는 새로운 정권을 인정했다. 로젠시테인은 노보로시스크대학교의 대학원생이던 1906년, 혁명 활동으로 오데사에서 체포돼 7개월간의 수감생활을 마친 후 고향에서 추방됐다. 따라서 그는 졸업 후 대학 정신과 클리닉에서 근무한 바 있던 모스크바대학교로 향했다.

모스크바대학교 정신의학 클리닉은 20세기의 첫 10년이 끝나갈 무렵 최고의 전성기를 맞았다. 로젠시테인이 이후 향수에 젖어 회상한 바와 같이 취리히의 유명한 부르크휠즐리병원과 유사했다. 모스

"Rozenshtein, Lev Markovich", *Bol'shaia meditsinskaia entsiklopediia*, 22, Moscow: Sovetskaia entsiklopediia, 1984, pp. 1079~1080.

23 A. O. Edel'stein, "L. M. Rozenshtein i Moskovskaia psikhiatricheskaia shkola", *Problemy nevrastenii i nevrozov*, eds. L. M. Rozenshtein, S. I. Zander and S. I. Gol'dberg, Moscow: GIZ meditsinskoi literatury, 1935, p. 19.

24 L. M. Rozenshtein, "V. P. Serbskii-Klassik Moskovskoi psikhiatricheskoi shkoly", *Psikhogigienicheskie issledovaniia*, 1, Moscow: Gos. Nauchnyi Institut nevro-psikhicheskoi profilaktiki, 1928, pt. 1, pp. 7~16; "Moskovskaia psikhiatricheskaia shkola i N. N. Bazhenov", *Klinicheskaia meditsina*, no. 4, 1924, pp. 131~135; "P. B. Gannushkin kak psikhiatr epokhi", *Trudy Psikhiatricheskoi kliniki Pervogo MMI. Pamiati Gannushkina*, 4, Moscow: Gosizdat, 1934, pp. 13~19.

크바의 정신의학자들은 스위스의 동료들처럼 구금 정신의학이라는 막다른 길을 면하고자 노력했고 정신요법에 관심을 두게 됐다.[25] 심리적 치료의 새로운 가능성에 들뜬 대학교 클리닉의 젊은 정신의학자들은 정신요법 지식의 기원을 따라 베른, 빈, 취리히 등을 여행하며 광범위한 주제에 대해 활발하게 토론했다.[26] 로젠시테인은 클리닉에서 보낸 수년 동안 자신의 이력을 형성하는 중요 경험을 쌓았다. 1911년 로젠시테인이 학부와 보수적인 행정 부처 간의 충돌로 인해 사의를 표하고 세릅스키를 따른 것은 명예가 걸린 문제였다.[27] 로젠시테인은 세릅스키와 함께 병원을 떠난 기타 젊은 의사들과 마찬가지로 바제노프에 의해 채용돼 여성 고등과정에서 바제노프를 돕기도 했다. 로젠시테인은 병원 근무 시 강의도 하면서 개인 환자를 진료했고 진료 중 "정신이상자들에게서 의사로서는 익숙하지 않은 소위 신경증적·정신적·심리적 징후들"을 발견했다.[28]

로젠시테인은 또한 심리학 분야에서 이룬 그 당시의 발전에 관심이 많았고 알코올 의존증 환자의 기억에 관해 최소 하나 이상의 실험 연구를 지휘했다.[29] 로젠시테인은 알코올 의존증에 관한 관심을

---

25 Rozenshtein, "V. P. Serbskii", p. 11.

26 로젠시테인은 막 창간된 잡지 『정신요법』(Psikhoterapiia) 출판에 관한 토론에 기여했다. 그가 베른하임의 책(Hippolyte Bernheim, Neurasthenies et psychonévroses)에 대해 쓴 서평과 히스테리를 주제로 한 피로고프학회의 제11차 대회에 대한 다음의 보고서를 참조하라. Psikhoterapiia, no. 3, 1910, pp. 134~135; no. 6, pp. 265~268.

27 Gerish, "Rozhnshtein", pp. 1079~1080.

28 L. M. Rozhenshtein, "O sovremennykh psikhiatricheskikh techeniiakh v Sovetskoi Rossii", Moskovskii Gosudarstvennyi nevro-psikhiatricheskii dispanser: Psikho-gigienicheskie i nevrologicheskie issledovaniia, ed. L. M. Rozenshtein, Moscow: Narkomzdrav RSFSR, 1928, p. 119.

29 다음을 참조하라. Kannabikh et al., "L. M. Rozenshtein", p. 14.

이후 대규모로 진행한 "신경정신의학 진료소"라는 아이디어로 구체화시켰다. 다른 곳에서처럼 러시아에서도 19세기의 마지막 10년에 정신의학자들이 중요한 역할을 한 과음 반대운동이 일어났다. 정신의학자들은 솔선해서 최면과 정신요법을 이용해 알코올 의존증 환자의 외래 진료를 조직했다. 리바코프는 모스크바대학교 클리닉에 그러한 진료를 편성했다. 외래 진료의 효율성에 관해서는 특히 정신 치료 예산 3분의 1을 거의 독점적으로 받은 자치주가 과음 반대운동을 지원하는 실질적 조치를 취하지 않았다는 점을 고려할 때 여전히 의문으로 남아 있다. 그러나 러시아 정신의학자들은 알코올 의존증 환자 치료를 위하여 더 나은 환경이 제도적으로 가능한지에 대해 적극적으로 논의했다. 1907년 스투핀은 독일에서 이미 시도된 적이 있는 진료소 모델을 도입하자고 제안했다. 그는 금주협회와 밀접하게 관련 있는 알코올 의존증 환자 관련 기관들이 "외래 진료, 중증 클리닉, 만성 환자를 위한 병원과 거주지 및 보호시설의 알코올 의존증 환자에 대한 특별 감시 등"을 통합해야만 한다고 주장했다. 로젠시테인은 이 계획안을 지지했다.[30] 아울러 러시아 정신의학자들은 동일 기관 내에서 알코올 의존증 환자와 경증 정신 질환자를 함께 치료하자는 서구 동료들의 제안에 대해 논의했다.

　　러시아에서 진료소는 새로운 것이었지만 영국과 아일랜드는 전

30　S. S. Stupin, "K voprosu ob obshchestvennom lechenii i prizrenii alkogolikov", *Sovremennaia psikhiatriia*, no. 11, 1907, p. 400; L. M. Rozhenshtein, "K voprosu o lechenii alkogolikov(o protivoalkogol'nykh dispanserakh)", *Zhurnal nevropatologii*, 1915~1916, no. 4, 5, 6, pp. 519~527. 로젠시테인의 이 글은 다음에서 인용되었다. N. V. Ivanov, "Vozniknovenie i razvitie otechestvennoi psikhiatrii", M. D. diss., Moscow, 1954, p. 579.

통적으로 가난한 사람들에게 일반 외래 서비스를 제공해온 바 있었다. 결핵 환자 진료소는 20세기 초 독일과 프랑스, 영국에서 최초로 시작됐다. 일반 진료소와 달리 그곳에서는 치료를 하지 않았으므로 공동체 사업 센터에 가까웠다. 진료소에서는 다양한 사례의 결핵을 진단했으며, 환자들은 대구간유를 받고 가정위생에 대한 조언을 들은 후 "초기"인 경우 요양소로 이송됐다. 독일에서 정보복지 클리닉이라고 불리는 수많은 결핵 진료소는 러시아의 과음 반대, 유아 관리, 암, 반(反)성병 캠페인 등에 적용된 조직 모델을 제공했다.[31] 지역 의료 활동가들은 공동체 관리 센터로서의 진료소의 이점에 사의를 표했다. 결핵 진료소는 최소한 "치료 자원이라기보다는 분류해 격리하는 메커니즘"으로 여겨졌다. 그들의 목적은 "지역의 모든 결핵 물질"을 조사해 기록하고 "적합한 치료를 위해" 환자를 분류해, 이후 각 사례에 대한 정보를 추적 수집하는 것이었다.[32]

알코올 의존증 환자와 신경 질환자의 통합된 제도적 관리 모델

---

31 일반 진료소에 대해서는 다음을 참조하라. John E. Pater, *The Making of the National Health Service*, London: King Edward's Hospital Fund for London, 1981, esp. 2~3; Ronald D. Cassel, *Medical Charities, Medical Politics: The Irish Dispensary System and the Poor Law, 1836-1872*, Woolbridge, U. K.: Boydell, 1997, esp. 130~131. 결핵 진료소에 대해서는 다음을 참조하라. F. B. Smith, *The Retreat of Tuberculosis, 1850-1950*, London: Croom Helm, 1988, pp. 66~67. 프랑스와 독일의 발전에 대해서는 다음을 참조하라. Pierre Guillaume, *Du désespoir au salut: les tuberculeux aux 19e et 20e siècles*, Paris, 1986, pp. 187~215; Paul Weindling, "The Modernization of Charity in Nineteenth-Century France and Germany", *Medicine and Charity before the Welfare State*, eds. Jonathan Barry and Colin Jones, London: Routledge, 1991, pp. 190~206. 독일 결핵 진료소에 대한 논쟁은 다음을 참조하라. Weindling, *Health*, pp. 179~181.

32 Smith, *Retreat*, p. 67. 결핵 진료소의 목적에 관한 발췌글(D. J. Williamson, 1911)은 같은 책에서 인용되었다.

로 진료소를 운영하는 아이디어는 러시아에서 로젠시테인에 의해 처음으로 현실화됐다. 공동체 정신 건강 서비스의 통합은 러시아 정신의학계에서 민감한 사안이었다. 로젠시테인의 동료들은 각기 다른 시기에 가족의 관리, 시골의 거주지, 가난한 환자들을 위한 숙박 요양소, 정신병원의 외래 부서와 같은 다양한 형태의 복지 정신의학을 시도했다. 1913년 그는 러시아의 동료들과 함께 정신의학 서비스의 조직 체계를 조사하러 유럽의 여러 국가를 방문했다. 여행 막바지에는 스코틀랜드의 매우 존경받는 자선병원들을 방문했으며 런던에서는 국제의학학회에 참석했다.[33] 이 학회의 한 분과에서 로젠시테인은 스위스계 미국인 정신의학자 아돌프 마이어의 "정신의학 클리닉의 목표"라는 연설을 들었다.

마이어는 불과 1년 전에 정신위생을 위한 국가위원회를 설립했는데, 이제 동료들 앞에서 개괄적으로 자신들의 정신위생 접근법에 대해 발표하고 있었다. 이런 방법적 틀 속에서 정신의학자들은 정신질환의 사회적 요인에 맞춰 질환 예방에 노력했고 해당 지역의 사회복지사들과 협력했다. 마이어는 새로운 유형의 정신의학 기관이 외래 부서와 진료소를 통합할 것이고 "광역 담당 정신병원이나 병원과 긴밀하게 협력할 것"이라고 주장했다. 병원과는 대조적으로 새로운 기관은 공동체를 지향할 것이고, 그곳에서 실행되는 정신의학은 사회의학의 일부분이 될 것이다. 마이어는 "우리는 환자 자신의 존재라는 관점 혹은 그들이 공동체의 구성원이 되고자 노력한다는 관점에

---

33 N. A. Vyrubov, "Po psikhiatricheskim bol'nitsam Shotlandii", *Sovremennaia psikhiatriia*, no. 9, 1913, p. 694.

서 (…) 환자 개개인에 관한 연구의 필요성을 인정하게 됐다"라고 발표했다.[34] 로젠시테인은 마이어식 접근이 가진 이점에 매우 매료됐으며 18년 뒤에 열린 제1차 국제정신위생학회에서 이에 대해 발표했다.[35] 1913년 여행에서 돌아온 뒤 그는 모스크바 근교의 한 공장 마을에서 공동체 센터에 해당하는, 알코올 의존증 환자와 신경 질환 노동자를 위한 외래 서비스를 열었다.

이 실험은 전쟁으로 중단됐다. 로젠시테인은 전선으로 불려가 군 정신의로 3년을 보냈다. 그가 이미 신경증에 관한 심리 이론의 확고한 지지자가 되었을 무렵, 그는 이러한 관점에서 제1차 세계대전 동안의 포탄 쇼크 논의에 기여했다. 포탄 쇼크는 다른 지역에서와 마찬가지로 러시아에서도 정신의학의 최대 이슈였다.[36] 러시아 정신의학계에서 전쟁 신경증이라는 개념은 러일 전쟁으로 거슬러 올라간다. 이때 처음으로 군에 정신의학 서비스가 도입됐다. 군 정신의학자

---

34 Adolf Meyer, "The Aims of a Psychiatric Clinic"(1913), *The Commonsense Psychiatry of Adof Meyer: Fifty-two Selected Papers*, ed. Alfred Lief, New York: McGraw-Hill, 1948, p. 367. 미국 정신위생운동과 이에 대한 마이어의 역할에 대해서는 다음을 참조하라. Johannes C. Pols, "Managing the Mind: The Culture of American Mental Hygiene, 1920-1950", Ph. D. diss., Univ. of Pennsylvania, 1997.

35 "1913년 국제정신의학자협회의 일원으로서 나는 볼티모어의 아돌프 마이어와 스코틀랜드 정신의학자들이 정신의학을 발전시킬 최선의 방법을 찾기 위해 토론하는 곳에 출석했다. 역사는 마이어와 미국 정신의학자들의 관점이 정확하다는 것을 보여 준다." L. Rozenshtein, "Public-Health Service and Mental Hygiene in the U.S.S.R.", *Mental Hygiene* 4, 1931, pp. 739~743.

36 전쟁 신경증에 대한 논쟁은 다음을 참조하라. *Sovremennaia psikhiatriia*, no. 1, 1915, p. 48. 포탄 쇼크의 역사에 대해서는 다음을 참조하라. Martin Stone, "Shellshok and the Psychologists", *The Anatomy of Madness: Essays in the History of Psychiatry*, ed. W. F. Bynum, Roy Porter and Michael Shepherd, 2, London: Tavistock, 1985, pp. 242~271; Anthony Babington, *Shell Shock: A History of the Changing Attitudes to War Neurosis*, London: Leo Cooper, 1997.

들은 정신병과 간질을 진단하면서 우연히 우울증이나 신경쇠약증과 관련된 특이한 증상들을 발견했다. 당시 개업의들은 이런 환자들의 호소를 꾸며낸 것이나 거짓이라 여기고 흘려듣는 경우가 대부분이었지만 일부는 이 증상의 실상을 믿었다. 극동의 하얼빈육군병원에 근무하는 의사 압토크라토프는 1906년에 러시아와 독일 학술지에 실은 논문에서 해당 장애를 전쟁 상황과 관련한 우울한 성격을 노출하는 급성 신경쇠약 정신병으로 기술했다.[37] 이후의 토론에서 정신의학자들은 당시 만연하던 알코올 의존증과 대중으로부터 외면받던 전쟁 상황이 군대에서의 정신 질환 증가에 원인이 됐을 것이라는 의견에 동의했다. 이와는 대조적으로 제1차 세계대전이 발발하던 당시에는 많은 비판을 받던 국가의 주류 독점이 폐지돼 알코올 의존증이 덜했던 것으로 보인다. 이 전쟁은 러일 전쟁보다 더 많이 대중의 지지를 받은 것으로 평가된다. 그러나 군대가 정신병과 신경증 두 경우에 관한 많은 사례를 독점하였고, 이에 전쟁 관련 정신 질환 문제는 모호하게 남아 있었다. 한 의사의 보고에 따르면 최전방이나 군병원에 있는 누구도 "신경성 질환"을 어떻게 다뤄야 할지 몰랐으며 대다수 군 장교와 정신의는 똑같이 그들을 다른 사람에게 떠넘기려 했다.[38]

전쟁 신경증 문제는 정신의학자를 두 집단으로 나누었다. 한 무리는 전쟁 신경증을 기꺼이 개별적인 병으로 인정한 반면, 다른 무리

---

37 P. M. Avtokratov, "Prizrenie, lechenie i evakuatsiia dushevnobol'nykh vo vremia russko-iaponskoi voiny v 1904~1905 godach", *Obozrenie psikhiatrii*, no. 10, 1906, pp. 665~668. 또한 다음을 참조하라. "P. M. Avtokratov: Nekrolog", *Sovremennaia psikhiatriia*, no. 3, 1915, pp. 153~154.

38 "Khronika", *Sovremennaia psikhiatriia*, no. 1, 1915, p. 48.

는 에밀 크레펠린의 분류에 넣지 못했다는 이유로 그 존재를 인정하고 싶어 하지 않았다. 전쟁 신경증 현상을 인정하는 정신의학자는 최근의 정신요법 발전 경향에 익숙했다.[39] 하지만 다수의 정신의학자는 포탄으로 "타박상을 입은" 병사에 대한 민간 용어가 외상의 심리적 성격을 암시하는 skonfuzhennye(당황한)이었다는 사실을 간과하고 포탄 쇼크의 원인을 장기 손상에서 찾았다. 정신의학자 세갈로프는 외국의 의학 학술지에 실린 논문에 근거해 외상 신경증은 세 종류의 다른 원인에 따를 수 있다고 보았다. 그 세 가지 모두 심리적 외상으로 첫째, 포병 전투 때 경험한 공포, 둘째 충격에 의한 것과 비슷한 말초신경의 물리적 손상, 셋째 총을 발사함에 따라 (고도의 갑작스러운 변화와 비슷한 영향인) 기압의 급격한 변화에 따른 중추 신경계의 손상이다. 신체적 외상이 신경증과 정신병 외에 다른 신경학적 병을 일으킬지도 모른다는 생각이었다. 이에 세갈로프는 지상에 있는 사람들을 그가 "감압"이라고 부른 것으로부터 보호하기에 충분할 정도로 높은 안전한 발사 궤적을 계산했다.[40] 외상 신경증의 유기적 설명을 연구했던 정신의학자들이 세갈로프의 분석을 기꺼이 수용했음에도 불구하고 정신요법을 지향하는 몇몇 의사는 "심리적 원인

39 M. O. Shaikevich, "Eshche o psikhozakh v voiskakh", *Sovremennaia psikhiatriia*, no. 10, 1913, p. 790, 795.

40 P. M. Zinov'ev, "Privat-dotsent T. E. Segalov", *Klinicheskaia meditsina* 22, 1928, p. 226; T. E. Segalov's "K voprosu o sushchnosti kontuzii sovremennymi artilleriiskimi snariadami(*Morbus decompressionis*)", *Sovremennaia psikhiatriia*, no. 3, 1915, pp. 103~117; "K voprosu ob organicheskikh i funktsional'nykh zabolevaniiakh pri kontuzii artilleriiskimi snariadami. Stat'ia vtoraia", *Sovremennaia psikhiatriia*, no. 6, 1915, pp. 263~270.

을 저 멀리 서고로 치워 두기에는 아직 이르다"라고 주장했다.[41] 로젠시테인은 신체적 외상의 역할, 즉 실제의 "타박상"이 심하게 과장됐다고 생각했다. 그의 견해에 따르면 전투와 총격은 넘치기 직전인 이전 외상의 영향을 야기한 마지막 한 방에 지나지 않았다. 그는 이러한 "잠재적 외상반응"이 "감정적", 즉 심리적 원인에 의한 것이라고 말했다. 이런 관찰들을 발표한 논문 「타박상 환자의 정신병리학」(On Psychopathology of the Confused)은 군의 검열로 엄격하게 편집됐다.[42]

연속된 끔찍한 전쟁과 혁명은 러시아 정신의학자들이 심리적 외상의 개념을 수용하게 했다. "전쟁과 혁명의 희생자"라는 용어가 정신의학 출판물과 국가 관리 주재 회의 의사록 모두에 등장하기 시작했다. (시간이 흐르면서 1917년 혁명으로 출범한 정권에 대한 충성으로 점차 "과 혁명"이라는 뒷부분이 사라졌다.) 로젠시테인은 "두 차례의 전쟁과 기근, 혁명에 지친" 대중의 신경과민 증가에 대해 경고했다. 역사적으로 신경성 피로의 개념은 정신위생에 관한 이해에 근거를 제공해 주었으며 신경과민에 대한 로젠시테인의 설명도 같은 역할을 했다. 그는 "신경정신의학" 프로젝트, "신(新)정신의학 통합"을 신중히 고려했다. 이를 통해 "정신의학자와 정신위생학자 및 프로이트와 아들러의 이론을 일부 수용한 유물론적 사고의 정신요법가들이 손을 맞잡게 하려" 했다. 그는 신경정신의학 혹은 "활동성 정신의학"이 정

---

41 Shaikevich, "Eshche o psikhozakh", p. 795. 세갈로프의 설명을 수용한 사람들의 예는 다음을 참조하라. G. Ia. Troshin, *Travmaticheskii nevroz po materialam tekushchei voiny*, Moscow: Shtab Moskovskogo voennogo okruga, 1916.

42 로젠시테인은 다음에서 인용되었다. Kannabikh et al., "L. M. Rozenshtein", 11. 검열에 대해서는 다음을 참조하라. D. N. Pisarev, "L. M. Rozenshtein".

신 질환의 초기 발견과 진단을 위한 방법을 발전시킬 것이며 질환 예방에 이바지할 것이라고 주장했다. 사회정신의학과 정신위생, 정신요법은 모두 "더 적극적인 정신의학 실천을 향한 진보"였다.[43] 로젠시테인은 구금에서 보호 차원의 예방정신의학으로 전환하는 데 중요한 단계로 새로운 시대에 생겨날 정신의학 차등화를 예상했다. 급성 질환, 주로 정신병을 다루는 "주요" 정신의학과 달리 새로운 "비주류의" 정신의학은 이른바 경증 질병, 가령 정신 신경증과 기타 가벼운 장애를 인지하고 치료할 것이다. 그는 이렇게 경미하고 "온건한" 질병군이 더 심각한 불치의 정신 질환을 예방할 수 있는 정신의학의 구심점이 되리라 생각했다.

일반적인 예방의학처럼 예방정신의학의 질환에도 합리적으로 조직된 사회가 제거해야 하는 사회적 요인이 있다고 추정되었다. 로젠시테인은 전통적으로 질병의 사회적 요인을 우려하는 러시아의 "오래된 지역 의료"가 서구 의학보다 예방정신의학을 위한 더 나은 토대를 제공한다고 강조했다. 그는 또한 새 정권이 "가정과 직장에서의 건강한 삶으로의 순환뿐만 아니라 정신의학에서의 새로운 이론적 통합의 이례적인 기회"가 되리라 생각했다.[44] 그러나 1920년대 초 예방정신의학에 대한 그의 요구는 나르콤즈드랍과 정신의학자협회 모두를 장악한 기존의 젬스트보 정신의학자들에게 비현실적으로 보였다. 혁명 이후의 첫 번째 정신의학 회의는 낡은 정신의학 체계뿐 아

---

43 Rozenshtein, "O sovremennykh psikhiatricheskikh techeniiakh", pp. 119~120.
44 로젠시테인은 애국적이었으나 정신의학 분야에서의 외국의 발전에 감사해 하며 서구의 정신위생학을 "세계적으로 중요한 요소"로 불렀다. 인용은 다음을 보라. Kannabikh et al., "L. M. Rozenshtein", p. 8.

니라 정신병원의 복원을 촉구했다. 그로부터 2년 후에도 생존의 위기에 처해 있는 러시아에서 정신위생 프로젝트는 여전히 불가능해 보였다. 1921년 전국적 기근이 일어났을 때 로젠시테인은 썩은 고기를 먹는 사례와 인육을 먹는 사례를 연구했지만 정신위생에 관해서는 어떠한 조사 계획도 세우지 못했다.[45]

당시 정신위생에 반대하는 한 가지 주장은 재정 부족이 이유였는데 자신들의 분야를 재편하려는 계획에 반대하는 임상 정신의학자들은 또 다른 의견을 냈다. 일반적인 사회의학뿐만 아니라 예방정신의학 프로젝트는 전통적인 의학에 위협적으로 보였고 첫출발부터 심각한 잠재적 갈등을 내재하고 있었다. 그러나 1920년대 초 나르콤즈드랍 내 사회의학에 관한 아이디어는 매우 큰 영향력을 가지며 장려됐다. 1922년 사회위생이 대학 교육 과정에 도입되었고 사회위생 관련 기관과 학술지가 창립됐다.[46]

공중보건 분야에서 초대 소비에트 "인민위원"(장관)이었던 세마시코는 독일의 사회 의료 제안자 및 러시아 공동체 정신의학자들의 조언에 따라 치료보다는 위생과 생활 여건 개선에 비중을 두었다. 그는 아직은 미미한 수준인 위생 유토피아의 개념을 실현하고자 애썼다.[47] 1919년 제8차 당 의회 대의원들은 "프롤레타리아 계급 독재가

45 L. M. Rozenshtein, "K psikhopatologii krainego golodaniia(nekrofagiia i antropofagiia)". 사례에 대한 참고문헌은 다음을 참조하라. A. Kozhevnikov, "O deiatel'nosti Obshchestva nevropatologov i psikhiatrov v Moskve", *Zhurnal nevropatologii*, no. 1, 1925, pp. 123~131.

46 Susan Gross Solomon, "Social Hygiene and Soviet Public Health, 1921-1930", in Solomon and Hutchinson, *Health and Society*, p. 189.

47 *Ibid.*, p. 180. 독일에서의 사회 의료보장에 대해서는 다음을 참조하라. Weindling, *Health*, esp. ch. 3, 6. 요양소 유토피아에 대해서는 다음을 참조하라. pp. 76~80.

부르주아사회의 맥락에서는 달성 불가능한 모든 범위의 위생 및 치료 방법을 가능하게 만들었다"라고 자랑스럽게 말했다.[48] 세마시코는 1924년 "우리는 전국적으로 유행하는 티푸스를 이겨 내고 쉴 수 있는 여유가 생기면 나라의 일반 보건 계획을 정교히 보완해 점진적으로 실현시켜 나갈 것"이라고 밝혔다.[49] 새로운 예방의학은 전통적으로 치료와 보호 관리 중심인 병원에 집중되었던 구(舊)의학과는 완전히 다른 유형의 기관에 기반을 둘 예정이었다. 예방의학 센터는 치료, 예방, 위생 교육을 겸비하고 결핵이나 알코올 의존증 진료소 모델을 따르게 될 것이었다. 로젠시테인이 전쟁 전에 신경 질환자와 알코올 의존증 환자를 위해 설립한 진료소는 이제 소비에트 정신의학의 주류 기관들을 위한 모델이 되었다.[50]

정신위생의 제도화

레닌은 최초의 소비에트 발전소 건설을 축하하며 다음과 같이 말한다. "공산주의는 국가 전역에 전기 공급이 더해진 소비에트 권력과 같다." 이 구절은 농업 국가인 러시아에서 산업화의 중요성을 강조하

---

48 1919년의 성명은 와이즈만의 논문(Weissman, "Origins of Soviet Health Administration", p. 106)에 인용된 다음에서 보고되었다. *Postanovleniia KPSS i sovetskogo pravitel'stva ob okhrane zdorov'ia naroda*, 1958.

49 N. A. Semashko, "O zadachakh obshchestvennoi nevrologii i psikhiatrii", *Sotsial'naia gigiena*, no. 3~4, 1924, p. 93.

50 로젠시테인의 동료 한 사람은 이후 그의 외래 진료를 "배아 단계의 진료소"로 해석했다. L. L. Rokhlin, "Programma kursa psikhogigieny", *Sovetskaia psikhonevrologiia*, no. 3, 1934, p. 94.

는 연설에 자주 인용된다. 로젠시테인이라면 레닌의 표현을 빗대어 공산주의는 소비에트 권력에 더해진 국가 전역에 걸친 "진료소"와 같다고 말했을 수도 있다. 1923년 11월 제2차 정신의학 및 신경의학 제 문제에 관한 범러시아인학회에서 그는 "소비에트 정신의학의 새 과제"에 관해 발표했다. 그와 그의 협력자인 정신의학자 지노비예프가 주장한 바와 같이 이 과제는 정신위생을 발전시키고 신경정신의학 진료소, 예컨대 정신 질환자 및 신경 질환 환자를 위한 의료, 사회, 교육 기관을 조직하는 것으로 이뤄져 있었다. 그들은 진료소가 정신병원, 정신 질환 격리촌, 신경증 요양소 등 입원을 규제하는 정신 건강 관리의 지역 센터가 되는 모습을 그렸다. 그러나 진료소는 그전까지 정신의학에서 알려지지 않았던 외래 환자 상담, 퇴원 환자 관리와 국민 정신위생 조사와 같은 기능도 담당해야 했다. 진료소는 의료 기관인 것만큼이나 관리를 받는 이들에게 적합한 일자리와 건강한 여가생활을 제공하는 사회적 기관이었다. 위생 교육에 큰 비중을 뒀는데, 이는 예방의학의 제1의 목표가 정신이상자가 아니라 "정신이상자 주변의 정상적인 사람"이었기 때문이다.[51]

로젠시테인과 지노비예프는 진료소의 방문객이 간혹 병원의 환자와 중복되곤 하지만 예방정신의학은 "질병이 아직 유기체의 작동 능력을 훼손시키지 않은" 사례를 주로 다뤄야 한다고 제안했다. 이에 신경증 환자가 진료소의 혜택을 가장 크게 받게 될 것으로 예상

51 레닌은 다음에서 인용되었다. Stites, *Revolutionary Dreams*, p. 49; P. M. Zinov'ev, *K voprosu ob organizatsii nevro-psikhiatricheskikh dispanserov*(razvitie myslei vtoroi chasti doklada na Vtorom Vserossiiskom soveshchanii po voprosam psikhiatrii i nevrologii, November 12-17, 1923), Moscow, 1924, pp. 1~4.

됐다. 그들은 의지가 약한 개인으로 삶 속에서 "특정한 자율적 질서"를 필요로 했고 그들의 활동은 통제돼야 했다. 이것이 왜 진료소에서 쓰이는 방법이 "정신요법에서 빌려 온" 것이며, 왜 "대량의 집단 암시"를 포함하는지를 설명해 준다. 지노비예프는 신경증 환자가 진료소의 "최상의 재료"가 된다고 말했다. 그럼에도 불구하고 신경증 환자는 보통 자신을 아픈 사람으로 인식하지 않는 데다가 치료의 가능성에 대해 알지 못하기 때문에 그들이 자발적으로 진료소에 올 것이라고 기대해서는 안 된다고 경고했다. 신경증 환자는 "정신 질환자와 정신 질환의 위험이 있는 사람을 찾아 나서는" 정신위생 전문가에 의해 구조돼야 한다. 이러한 과제를 해결하기 위해 진료소는 사회복지사가 직장과 주거 지역에서 검사를 실행할 수 있도록 훈련해야 했다.[52] 여론에 영향을 줌으로써 잠재적 대상자를 간접적으로 선별하는 개인 정신요법가와 달리 진료소에는 직접적이고 확고하게 행동할 공적 권력이 충분히 주어질 예정이었다. 따라서 국가의 지원을 얻으려는 노력은 정신위생의 제도화에 매우 중요했다. 그러나 이러한 정신위생의 공적인 위상으로 인해 정신위생의 고압적인 성격을 강화시킨 부정적인 측면이 드러났고, 이는 특히 진료소의 경우에 분명했다.

임상 정신의학자들은 이 프로젝트가 발표된 회의를 장악했다. 그들은 병원의 부흥을 논의했으며, 최종안에는 진료소 프로젝트는 언급되지 않았다.[53] 그러나 당시 로젠시테인은 정치계뿐만 아니라 의

52 P. M. Zinov'ev, *K voprosu*.

53 "Proekt rezoliutsii Vtorogo Vserossiiskogo soveshchaniia psikhiatrov i nevro-patologov", 1922, in GARF, f. 482, op. 1, d. 194, ll. 38~39.

학계에서도 지위가 확고한 상태였으므로 그의 의견은 무시될 수 없었다. 그는 1921년에 박사 학위를 취득했으며 모스크바대학교에서 강의를 시작했다. 2년 뒤 로젠시테인의 첫 논문 「정신 질환 병인학에서의 심리적 요소」(Psychic Factors in the Etiology of Mental Illness)가 발표됐다.[54] 그는 나르콤즈드랍의 최고 책임자가 되었고, 친(親)볼셰비키적인 직업협회와 정치협회에 참여했다. 로젠시테인은 결과적으로 정신의학자가 취할 수 있는 모든 주요 자리를 차지했다. 러시아(이후의 소비에트) 정신의학 및 신경병리학의사협회의 회장이었고 정신신경학자 및 유물론자협회를 세우고 관장했으며 협회의 학술지 『소비에트 정신신경학』(Soviet Psychoneurology)을 발행했다. 그는 "의학에서의 마르크스주의와 레닌주의" 학회와 전 러시아 과학자·공학자협회(VARNITSO)의 회원이기도 했다. 정신의학위원회의 힘의 균형 역시 점차 변화해 젬스트보 정신의학자의 영향력은 사라졌으며 예방의학의 개념은 성공을 거둔다.

1924년 로젠시테인은 모스크바 정신신경학연구소에 최초로 정신위생부를 개설하는 데 성공한다. 모스크바 정신신경학연구소는 페트로그라드에 있는 베흐테레프의 정신신경학회아카데미의 대항마로 1920년에 설립되었으며 "실질적" 서비스의 일환으로 부서 산하 진료소를 두었다. 그러나 몇 달 후 진료소는 부서보다 더 성장했다. 그 부서는 나르콤즈드랍이 곧 폐지할 예정이었다. 반면, 진료소는 독립적 지위 및 모스크바 주립신경정신의학진료소라는 새로운 명칭을 얻고

---

54 L. M. Rozenshtein, *Psikhicheskie faktory v etiologii dushevnykh boleznei*, Moscow: Gosizdat, 1923.

중앙정부 예산으로 자금 지원을 받았다.[55] 대부분의 의학 기관이 지역에서 자금을 조달한 것과 달리 정부 차원의 진료소 자금 지원은 정부가 사회의학에 중점을 둔다는 것을 시사했다.[56] 이런 후원에 힘입어 로젠시테인은 임상 정신의학자의 반대를 극복하고 정신위생이 주를 이루는 소비에트 정신의학으로의 탈바꿈을 가속화할 수 있었다.

진료소는 인류학, 신경학, 정신생리학, 정신 기법 실험실뿐 아니라 언어 치료, 정신요법, 정신분석을 위한 충분한 공간의 실험실들을 갖추고 모스크바 중심에 위치한 18세기 궁전에 터를 잡았다. 로젠시테인은 대규모 활동을 향한 자신의 열망을 이루기에 충분한 24명의 직원을 두었다. 장비는 해외에서 들여왔다. 10월 혁명 10주년에 완공 예정으로 입원 환자 클리닉의 건축이 시작됐다.[57] 진료소 연구의 피실험자로는 참전병, 창녀, 중동 출신 학생, 당 관료, 산업 노동자, 죄수, 알코올 의존증 환자, 기존 정신병원 환자 등이 포함됐다. 연구는 각 집단을 위한 실용적 진단을 목표로 삼았다. 또한 직원들은 모스크바 전역의 주택 위생 검사를 시행했다. 그들이 조사한 건물 중 "음주의 집"으로 알려진 한 곳은 정신 건강에 해로운 악조건의 모델로 지속적인 연구 대상이 됐다.[58]

55 "Otchet o rabote Moskovskogo gorodskogo nevropsikhiatricheskogo dispansera za 1926", in GARF, f. 482, op. 1, d. 619, l. 38.

56 닐 와이즈먼(Neil B. Weissman)이 지적한 바와 같이 "의료시설의 거의 전체 네트워크가 지역의 자금 조달로 옮겨진 반면(세마시코는 심지어 모스크바에서조차 "우리 기관들의 수는 한 손으로 꼽을 수 있다"고 주장했다), 보건 관련 기본 부서들과 반사회 질병 캠페인은 주 예산 안에 남아 있었다. Weissman, "Origins of Soviet Health Administration", p. 110.

57 "Otchet o rabote Moskovskogo gorodskogo", ll. 38~48.

58 이 저서는 1917년 세갈로프의 지도하에 씌었다. 그는 정신의학자들에게 유연할 것과, 새 정권에는 그들의 전략을 적용할 것을 요구했다.

프롤레타리아 국가 건강 관리 서비스에 대한 노동자 우선 접근권이 당의 법령으로 승인됐다.[59] 진료소는 직장 산업 노동자에게 건강 검진 우선권을 주었고 이는 "위생 허가증" 도입으로 이어졌다. 생활조건과 근로조건뿐 아니라 개인의 육체적·정신적 상태에 대한 세밀한 보고서는 노동자에게는 로젠시테인식 개념대로라면 산업에 적응할 가장 좋은 기회를, 산업에는 개인의 결함뿐만 아니라 특별한 능력과 성향에 대한 아이디어를 제공해 줄 것으로 기대됐다.[60] 초기 8개월 동안 진료소는 4000개의 기록물을 보유하게 됐다. 1928년에는 4만 3000명 이상의 사람들이 자신의 직장에서 검사를 받았다. 그들 중 상당수는 일종의 정신 건강 관리가 필요한 것으로 판명이 났다. 그러나 진료소 직원은 어떤 면에서는 결과가 인위적이며 정신병과 건강에 어떤 기준을 적용하는지가 결과에 영향을 미친다는 것을 깨달았다. 이에 연구원들은 건강과 질병의 경계에 있는 사람을 기술하기 위해 도입된 "경증 신경성"이 부정확한 정의로 인해 지나치게 광범위하게 적용된다는 점을 지적했다. 이 범주는 "약간의 병적 반응을 보이지만 병적 증상이 거의 진행되지 않았음에도 불구하고 사회적 생활조건이 부정적이고, 필요한 심리적 보호 관리가 제대로 이뤄지지 않으면 증상이 악화할 수 있는 노동자들"을 포함했다. 마찬가지로 신경쇠약증의 정의 기준은 "혁명의 외상적 경험"으로부터 제한적인 개인 예산, 형편없는 주거환경, 과로에 이르기까지 확대돼 있었다. 진료소 검사

59 E. I. Lotova, "Pervyi eksperiment po dispanserizatsii (Iz istorii dispanserizatsii v Moskve v dvadtsatykh godakh)", *Sovetskaia meditsina*, no. 5, 1985, pp. 119~122.

60 L. Rozenshtein, "The Development of Mental Hygiene in Russia (USSR)", *Mental Hygiene* 3, 1930, p. 646.

관의 말에 따르면 "질병에 뚜렷한 특징이 없을 뿐만 아니라 아주 건강한 생활환경을 가진 사람만이 정상의 범주에 속할 수 있었다."[61] 그러므로 "직업으로 인한 성격적 결함을 감지하기 위한" 이 조사에서 공장 노동자의 54%, 의료 노동자의 71.8%, 상점 점원의 75.9%, 교사의 76%가 신경성 혹은 정신성 질환을 앓고 있다는 결과가 나왔다는 사실은 놀랄 일이 아니다.[62]

사람들은 다양한 방식으로 처치, 즉 "진료소화"됐다. 일부는 병원으로 보내졌고 일부는 요양소와 휴양시설에서 휴식을 취하도록 권고받았으며, 또 다른 일부는 개선된 식이요법을 따르고 운동을 하거나 공동체 일에 참여하도록 조언을 받았다. 노동자들에게 내려진 처방, 가령 과로하지 말고 야근하지 말며 일의 유형이나 직종을 바꾸라는 것 등은 사실 그들 고용주에게 내려진 것이었다. 주택을 바꾸라는 권고가 특히 따르기 힘들었다. 그러나 진료소 직원들은 "요구되는 것은 값비싼 식이요법 식당, 요양소 등 일상의 보건화를 위한 대규모의 사회적 행동이 아니라 (그리고) 무엇보다도 정신 위행 홍보"라며 그들의 권고가 고용주의 예산에 과도한 부담을 주는 것은 아니라고 주장했다.[63] 로젠시테인과 그의 동료들은 생활조건과 근로조건이 점진적으로 개선되리라 믿으며 예방의학의 당면 과제로 "개인 및 대중에 대한 재교육"을 강조했다. 소아과학은 1920년대 교육, 아동심리학, 학

61 I. A. Berger and I. D. Dobronravov, "O gigienicheskoi dispanserizatsii", *Zhurnal nevropatologii*, no. 2, 1925, pp. 56~57.

62 로젠시테인은 다음에서 인용되었다. T. I. Iudin, *Ocheriki istorii otechestvennoi psikhiatrii*, Moscow: Medgiz, 1951, p. 376.

63 Berger and Dobronravov, "O gigienicheskoi dispanserizatsii", p. 70.

교 위생과 여타 많은 관련 주제들을 다루는 학문 분야인데, 소비에트 소아과학의 지도자 잘킨드는 정신위생이 "치료적이고 예방적일 뿐 아니라 위생과 교육을 겸비한 교육적 방법"이라고 주장했다.[64]

　　로젠시테인의 정신위생 개념에 따라 사회주의와 정신의학이라는 두 가지 계몽주의 프로젝트가 병행됐다. 둘 모두 합리적 이성과 교육에 대한 믿음이라는 계몽주의적 특징을 보인다. 혁명과 사회주의 국가 건설은 마르크스주의 이론의 "강철 논리"를 따르게 됐다. 이에 정신의학 역시 합리주의에 따라 정보화되었고 정신 관리 및 교육으로 이해됐다. 정신요법에서도 무엇보다 먼저 환자의 이성에 중점을 두는 치료법으로 '합리적 설득'[65]이 대두됐다. 러시아 정신의학자들은 혁명이 일어나기 훨씬 이전부터 서구 동료들처럼 합리적 치료법을 선호했으며 소비에트 정신위생에 관한 이상주의자들은 이들의 신념을 계승했다. 지노비예프는 "해로운 정신사회적 영향을 누그러뜨리는 방법"으로 교육과 정신요법을 같은 범주로 분류했다. 소련에서 "정신요법적 개인주의"가 집단주의 이념에 반하는 것으로 간주돼 비판받자 정신요법은 "신경증 환자 소모임에서의 위생 교육"으로 바뀌었다. 교육으로 인식된 정신요법은 가장 가혹한 이데올로기적 비판의 시대에서조차도 정신위생 내에 남게 된다.[66]

64　A. B. Zalkind, "The Fundamentals and the Practice of Mental Hygine in Adolescence and Youth in Soviet Russia", *Mental Hygiene* 3, 1930, p. 647.

65　[옮긴이] 설득(persuasion)은 심리학에서 한 사람의 태도나 행동이 강박당함 없이 다른 사람과의 의사소통을 통해 영향받는 것을 뜻한다. 작은따옴표는 옮긴이의 것.

66　"Chem budet zanimat'sia Moskovskii gorodskoi nevropsikhiatricheskii dispanser v 1927/1928 gg.", in GARF, f. 482, op. 1, d. 619, ll. 53~58. 러시아와 소련에서의 심리 치료 역사에 대해서는 다음을 참조하라. Ivanov, "Vozniknovenie i razvitie".

진료소는 그 시대의 언어를 통한 "위생 교육의 대중 전파"를 목적으로 다양한 청중과 노동자 클럽의 대중을 대상으로 강의를 개설했다. 또한 공장과 대학에 정신위생 부서(직역하면 "서재"와 "구석")를 설치했다. 동양 노동자 공산주의대학교 산하 정신위생 부서가 학생 시절의 결핍에 따른 악영향에 대한 연구는 물론이고 정신적 피로에 관한 여러 주제의 연구를 담당했다.[67] 1924년 모스크바 진료소는 의사를 대상으로 사회정신의학과 정신위생에 관한 특별 과목을 교육하기 시작한다.[68] 해당 과목은 1920년대 말과 1930년대 초 일부 대학의 교육 과정에 도입되었다. "정신위생을 수반한 사회정신신경학"이라는 두 개의 강좌가 하나는 모스크바에, 다른 하나는 하리코프에 개설됐다.[69] 로젠시테인과 동료들은 전국에 진료소 네트워크를 형성하기 위해 노력했고 국가 예산에 진료소를 포함하라고 정부에 압력을 가했다. 네트워크는 제2차 세계대전 이후 점차 모든 지역으로 확대됐다.[70]

---

67 L. Rokhlin, "College of Mental Hygiene in the Ukraine (USSR)", *Mental Hygiene* 3, 1930, pp. 662~663.

68 "Otchet o rabote Instituta nevro-psikhiatricheskoi profilaktiki za 1928-1929 gg.", in GARF, f. 482, op. 10, d. 1748, ll, 42~49.

69 로젠시테인은 제1모스크바국립의과대학교에서 가르쳤다. 하리코프의 정신신경학대학교의 학장 자리는 로흘린이 맡았다. 그는 또한 하리코프 정신신경아카데미 내의 사회정신신경학 및 정신위생학 연구소의 책임자였다. 다음을 참조하라. L. L. Rokhlin, "O prepodavanii psikhogigieny", *Sovetskaia psikhonevrologiia*, no. 3, 1934, pp. 58~90.

70 "Protokol Moskovskogo Soveta Narodnykh Komissarov, 1926. 6. 2.: Khodataistvo o vkliuchenii v smetu nevropsikhiatricheskikh dispanserov", in GARF, f. 259, op. 10a, d. 61, ed. khr. 6. 로젠시테인과 동료들의 프로젝트는 약 40년 후 미국 정부가 통과시킨 정신 지체 시설과 지역사회 정신 건강 센터 건설법에 따라 제안된 것과 비교할 만한 것이었다. 결코 실현되지 못한 그 장기 목표는 2000개 센터의 국가적 네트워크를 설립하는 것이었다. 다음을 참조하라. Ellen Herman, *The Romance of American Psychology: Political Culture in the Age of Experts*, Berkeley: Univ. of California Press, 1995, p. 253.

로젠시테인의 프로젝트가 정신의학을 완전히 통제하는 매개체 역할을 함으로써 나르콤즈드랍 최고 관료들의 마음을 움직일 수 있었다. 소비에트 초기 정신 건강 관리는 국가의 독점 사업이 됐다. 비록 신(新)경제 정책하에 몇몇 사설 클리닉이 문을 열기도 했지만, 정책이 끝나는 1928년에 이르자 어느 관계자의 말처럼 "사설 정신의학 시설은 지구상에서 자취를 감췄다."[71] 모든 정신의학 기관은 병원, 요양소, 거주지를 포함해 나르콤즈드랍에 귀속됐으나 대학교 클리닉과 일부 철도병원은 예외였다. 정신위생 계획은 정신의학의 균질화에 이바지했으며 진료소와 정신병원, 이 두 기관에 집중됐다. 로젠시테인의 계획에 따르면 전자가 후자를 통제해야 했다. 그의 계획은 나르콤즈드랍의 무한한 신뢰를 받는 듯 보였다. 1924년 세마시코는 국가 보건화의 주도적 권력인 정신위생 전문가들에 관해 다음과 같이 말했다. "우리는 노동의 건강화에 대해 이야기하고 있다. 그러나 이 문제와 관련해 가장 먼저 언급해야 하는 것은 신경병리학자들이다. 현재 우리 노동자들의 상태를 선점하고 있는 작업 최적화 문제는 신경병리학자와 정신의학자 없이는 해결될 수 없다. 우리는 낡고 미개한 일상의 건강화에 대해서 이야기하고 있으므로 이 문제에서 역시 신경병리학자의 견해에 특별한 주의를 기울여야 한다. 우리는 젊은 세대 맞춤 교육에 관해 이야기하고 있다. 그러니 신경병리학자와 정신의학자 말고 누가 최고의 교육자(더 정확히는 아동학자)이겠는가!"[72]

71 V. A. Grombakh, "Moskovskaia psikhiatricheskaia organizatsiia", *Zhurnal nevropatologii*, no. 1, 1925, p. 107.

72 N. A. Semashko, "O zadachakh obshchestvennoi nevrologii i psikhiatrii", *Sotsial'naia gigiena*, no. 3~4, 1924, p. 93.

모든 정신의학자가 이러한 사회정신의학으로의 전환에 참여토록 요구받았다. 1925년 모스크바의 한 정신과 의사는 "모스크바의 건강 관리 조직 전체가 점진적으로 모든 부분(병원, 외래와 응급 서비스, 위생 교육, 통계, 그 밖의 서비스)이 서로 밀접하게 이어져 복합 기능을 갖는 하나의 진료소로 바뀔 것"이라는 기대의 목소리를 냈다.[73] "건강하게" 구조화된 사회에서 국가가 통제하는 정신 건강 관리 체계가 정신의학자들의 노력 대비 효율성을 보장해 줄 것이라고 기대했다. 1930년대 초 미국 국가정신위생위원회의 의료원장인 프랭크우드 윌리엄스는 로젠시테인의 초대를 받고 여러 차례 소련을 방문했다. 로젠시테인은 윌리엄스에게 국가 정신위생 체계가 어떻게 작동하는지를 설명하고 전국의 진료소, 요양소와 국가 전역에 있는 청소년 캠프 등을 소개했다. 윌리엄스는 깊이 감명받고 귀국 이후 그가 본 것에 대한 보고서와 기사, 책을 펴냈다. 그의 동료들에게 전달된 메시지는 그들의 나라에서는 절대 달성된 적이 없는 목표, 전체 정신위생의 효율적 체계야말로 특정한 사회적 조건 아래에서만 성공할 수 있다는 내용을 담고 있었다. 정신위생은 국민의 건강을 진심으로 걱정하고 국가적 캠페인을 조직할 수 있는 사회주의 국가에서만 대중 속에 파고들어 그들의 삶을 변화시키고 인간 본성을 개선할 수 있었다. 윌리엄스는 더 나은 새로운 유형의 인간은 정신위생학자의 도움을 받는 러시아에서 탄생할 것이라고 믿었다.[74]

---

73 Grombakh, "Moskovskaia psikhiatricheskaia organizatsiia", p. 111.
74 다음을 참조하라. Frankwood E. Williams, *Russian, Youth and the Present-Day World: Further Studies in Mental Hygiene*, New York: Farrar & Rinehart, 1934; Pols, "Managing the Mind", pp. 379~382.

천재를 위한 정신위생

세기말 러시아에서는 정신의학자에서 정치인에 이르기까지 각자 나름의 방법을 다양하게 고안했지만, 한편으로는 여전히 사회공학에 대한 믿음을 간직했다. 개혁파는 사회조건의 개선에, 급진파는 공산주의 혁명에 희망을 걸었다. 이와는 대조적으로 의학 전문가는 인간 본성을 바꾸기 위해 경제·정치적 변화뿐만 아니라 특별 조치 역시 절대적으로 필요하다고 주장했다. 이는 서양에서 이미 우생학, 정신기법, 정신위생이라는 이름으로 제안된 바 있다. 이 방법론의 지지자들은 혁명 이후 매우 소규모로 그러한 것들을 시도할 수 있었다.[75] 1921년 로젠시테인이 사회의학과 예방정신의학 관련 계획을 숙고하고 있을 때, 다른 유사 프로젝트가 등장했다. 그것은 이 프로젝트 발의자의 주장처럼 재능이 있으나 착취당하고 학대받는 사람들을 돌보는 것을 골자로 하는 프로젝트였다. 프로젝트 발의자는 미사여구를 써 가며 "위대한 사람의 일생에도 슬픈 부분이 있다는 것을 누가 모르겠는가"라고 자문했고, 스스로 해당 부분을 다음과 같이 정리했다.

---

75 혁명 이후 러시아에서의 유토피아주의에 대해서는 다음을 참조하라. Stites, *Revolutionary Dreams*. "새로운 인간 프로젝트"에서 심리학자와 정신의학자의 역할에 대해서는 다음을 참조하라. Raymond A. Bauer, *The New Man in Soviet Psychology*, Cambridge: Harvard Univ. Press, 1952; Alexander M. Etkind, *Eros of the Impossible: The History of Psychoanalysis in Russia*, trans. Noah Rubins and Maria Rubins, Boulder, Colo.: Westview, 1997; David Joravsky, "The Construction of the Stalinist Psyche", *Cultural Revolution in Russia, 1928-1931*, ed. Sheila Fitzpatrick, Bloomington: Indiana Univ. Press, 1978, pp. 105~128. 소비에트 연방에서의 정신 기법에 대해서는 다음을 참조하라. Lewis H. Siegelbaum, "*Okhrana Truda*: Industrial Hygiene, Psychotechnics and Industrialization in the USSR", in Solomon and Hutchinson, *Health and Society*, pp. 224~245.

재능 있는 사람의 새로운 사상에 관한 동시대 사람들의 철저한 오해, 권력의 취향과 욕구에 맞지 않을 경우 취해지는 창조적인 혁신에 대한 고발. 편집자, 재편집자, 여타 대리인을 통한 예술가의 예술작품에 대한 믿을 수 없는 착취, 영재 학대하기, 사회·경제적 조건에 순응하고 비굴하게 굴면서 고객의 비위를 맞추고 자신을 광고하고 영혼을 파는 등 이 모든 것에 무능해 가난에 찌들어 살고 요절하는 재능 있는 사람들, 부패한 언론에 의해 오용되는 그들. 혹은 정반대로 재능 있는 사람들이 프티부르주아 계급의 세속적인 취향에 맞춰 사이비예술, 매춘예술, 문학, 과학, 연극을 생산할 때, 그들이 광대 노릇을 하고 포즈를 취하며 스스로를 거만하게 홍보할 때 등. 굶주리지 않기 위한 이 모든 것.[76]

저자는 사회주의가 천재를 악용할 수 있게 하는 조건을 제거해야 하지만 상황은 개선되지 않을 것으로 추측했다. 그는 천재는 개인주의적이고 비사교적인 성향을 지니며, 잦은 병으로 어떠한 사회에도 순응하기 어려워한다고 주장했다. 천성이 반사회적인 천재들은 정신병원과 교도소에 감금되는 등 쉽게 사회의 희생양이 되었다. 그런데도 병을 치료하고 다른 사람과 마찬가지로 사회화된다면 그들은 창작 능력을 소실할지도 모른다. 제안자는 의학의 특별한 분파인 미학적 의학이 학대로부터 천재를 보호하고 천재의 작품 창작을 증대시켜야 한다고 주장했다.[77]

76 G. V. Segalin, "Institut genial'nogo tvorchestva", *Klinicheskii arkhiv*, no. 1, 1928, p. 53.
77 G. V. Segalin, "O zadachakh evropatologii kak otdel'noi otrasli psikhopatologii",

약자 보호가 국가 정책인 사회주의사회에서만 미학적 의학이 실현될 수 있었다. 국가는 사회복지를 위한 일반 부서와 나란히 천재를 위한 특별 기관, 즉 진료소와 "천재적 광인을 위한 사회복지부"(departments of social welfare for mad geniuses; sobez genial'nogo bezumtsa, sobez는 사회복지부의 약자로 상용된다)를 설립해야 한다. 기관들은 적대적 환경으로부터 재능 있는 사람을 보호하고 그들이 사회적으로 가치 있는 작업을 완수할 수 있도록 호의적인 조건을 갖추는 것을 도울 것이다.[78] 학자와 공학자를 포함해 소위 부르주아 전문가를 향한 새로운 정책이 이러한 계획을 장려했다. 정부는 그들을 공격하는 것에서 "그들을 얻는 것"으로 계획을 변경했다. 1921년 신경제 정책의 도입은 학자들의 상황을 안정시켰고, 학자들의 생활 개선을 위한 중앙위원회의 설립은 국가적 지원과 요양원 같은 특권을 약속했다.[79]

"새로운 인간"은 궁극적 목표였다. 전쟁, 기근, 혁명을 거친 이들에게 일어난 참혹한 결과를 없애는 데 몰두한 소비에트 정부는 여러 가지 교육, 관리 프로그램을 진행했다.[80] 천재를 위한 기관의 계획은

Klinicheskii arkhiv, no. 1, 1925, p. 10.

78 프로젝트의 이 부분, 즉 유용한 환경을 제공하는 것에 관한 부분은 이후 신경정신의학 진료소가 일상의 것이 되었을 때 덧붙여졌다. Segalin, "Institut genial'nogo tvorchestva".

79 *Piaat' let raboty Tsentral'noi komissii po uluchsheniiu byta uchenykh pri Sovete narodnykh komissarov RSFSR(TsEKUBU), 1921-1926*, Moscow: Izdanie TsEKUBU, 1927, pp. 3~16에 인용한 Michael David-Fox, *Revolution of the Mind: Higher Learning among the Bolsheviks, 1918-1929*, Ithaca, N. Y.: Cornell Univ. Press, 1997, p. 56.

80 소비에트 이상으로서의 교육과 계몽에 대해서는 다음을 참조하라. David-Fox, *Revolution of the Mind*; Sheila Fitzpatrick, *The Commissariat of Enlightenment: Soviet Organization of Education and the Arts under Lunacharsky, October 1917-1921*, Cambridge: Cambridge Univ. Press, 1971; Robert Tucker, "Lenin's Bolshevism as a Culture in the Marking",

이러한 틀 안에서 신동은 물론이고 제도 교육 내에서 정신 발달상 뒤처져 보이지만, 그럼에도 불구하고 재능 있는 사람으로 성장할 가능성을 보이는 아이들 모두를 돌보도록 설계됐다. 아이들은 특수학교로 보내지거나 개별적인 발달 상담을 제공받도록 했다. 이 계획의 발의자 세갈린은 이러한 복지 기관과는 별도로 천재연구소로 일원화되는 "천재들"에 관한 연구 프로그램을 제안했다. 그는 "재능 있는 사람의 뇌와 몸은 아직 체계적인 연구의 대상이 된 적이 없기 때문에 연구소는 예외 없이 모든 뛰어난 사람의 뇌에 대한 의무적인 해부를 명해야 하며, 필요하다면 사후 차후의 연구를 위해 해부학박물관에 보관될 시체에 대한 부검을 해야 한다"고 주장했다.[81]

연구소에 부과된 또 다른 과제로는 정신을 창조적 상태로 길러내고 예술적 창작을 조절하는 것으로 알려진 자극제를 실험하는 것이 있었다. 세갈린은 현대 부르주아사회에서 미술은 "거의 히스테리적인 형태"(almost hysterical forms; pochti sploshnoe klikushestvo, klikushestvo는 특히 소작농 여성에게 영향을 주는 러시아적인 히스테리의 형태로 간주됐다)로 퇴폐하고 있다고 경고했다. 따라서 객관적인 미술 전문가의 감정서가 박물관과 화랑 등에서 "미치광이 예술가"인 척하는 사람의 허위 예술품과 "진짜 창작의 병"에 영감을 받은 천재적 예술작품을 구별하는 데 도움을 줄 것이다. "미학적 의학" 전문가는 법정신의학자와 함께 활동하며, 일반적으로 외설과 "반사회적" 미술에

Bolshevik Culture: Experiment and Order in the Russian Revolution, ed. Abbott Gleason et al., Bloomington: Indiana Univ. Press, 1985.
81 Segalin, "Institut genial'nogo tvorchestva", pp. 55~56.

의구심을 보이는 법정에 전문적인 견해를 제공했다.[82] 이는 예술가 집단과 예술운동이 급격히 늘어나고 사설 출판사가 재등장한 신경제 정책의 자유로워진 환경 속에서 적절한 것이었다. 정부는 이러한 집단을 통제하기 위해 문학과 미술에 관한 정책을 재조정했고 새로운 검열 기관을 만들었다.[83]

미학적 의학 프로젝트는 로솔리모에 의해 형식화된 예술과 미학 교육 통제에 관한 기존 정신의학 개념과 매우 유사했다. 19세기 초에 이러한 아이디어를 고안해 낸 로솔리모는(4장 참고) 혁명 후 러시아에 머물렀다. 아동신경학, 정신학, 심리학에 관한 그의 연구는 국가의 지원을 받았다. 지방 출신 무명 정신의학자의 미학적 의학 프로젝트에서 자신의 이전 아이디어를 떠올렸던 로솔리모는 자신이 책임자로 있던 모스크바의 아동신경학연구소에서 그 계획안이 발표되도록 힘썼다. 그는 또한 화가 바실리 칸딘스키, 문학비평가 아이헨발트(Iu. A. Aikhenvald), 심리학자 리브니코프(Rybnikov), 정신분석학자 예르마코프가 포함된 위원회 설립을 도왔다. 그러나 위원회는 전혀 제 기능을 발휘하지 못했다. 미학적 의학 프로젝트는 폐기되었고 프로젝트의 발의자 세갈린은 모스크바에서 자취를 감췄다.[84]

---

82 *Ibid.*, pp. 57~59.

83 도서관과 출판 업무에 관한 주무 부처인 문학부는 1922년 교육인민위원회 산하에 설립됐다. 다음을 참조하라. Herman Ermolaev, *Censorship in Soviet Literature, 1917-1991*, Lanham, Md.: Rowman & Littlefield, 1997, p. 3.

84 B. Ia. Vol'fson, "'Panteon mozga' Bekhtereva i 'Insitut genial'nogo tvorchestva' Segalina", *Klinicheskii arkhiv*, no. 1, 1928, p. 52. 로솔리모의 말년에 관한 논쟁에 대해서는 다음을 참조하라. Vas. Khoroshko, "Pamiati professora G. I. Rossolimo", *Klinicheskaia meditsina* 22, 1928, pp. 223~225.

새로운 국가의 선구자

세갈린은 모스크바의 부유한 유대계 제조업자의 아들이었다. 그는 여러 해 동안 러시아와 독일에서 예술과 해부학을 공부했다. 세갈린이 의학 학위 도전을 결심했을 때 이미 체호프에 의해 잘 묘사된 전형인 "영원한 대학생"이 돼 있었다. 그는 예나대학교와 할레대학교 (20세기 초 그가 러시아를 떠난 것은 당시 확산하는 반유대주의 분위기 및 학살의 영향 때문이었던 것 같다)에서 공부했다. 19세기의 마지막 10년 동안, 예나대학교는 에른스트 헤켈과 그의 동료들 덕분에 "사회진화론의 거점"으로서 명성을 얻는다. 1898년 예나대학교의 역사학자 오토카르 로렌즈는 조상의 생식질에 관한 아우구스트 바이스만의 개념에 자신의 접근법을 적용한 계통학 서적을 출간했다.[85] 세갈린이 독일에 도착한 1905년, 헤켈은 자신의 생물학적 근거에 기반해 삶, 미술, 심리학을 개혁하려는 목표를 가지고 일원주의연맹을 설립한다. 세갈린은 특히 동시대 예술가들이 헤켈의 유기론적인 관념과 자신들의 예술 사이에서 발견한, 가령 아르누보와 이사도라 덩컨의 율동적 안무에서 유행하는 자연스러운 형식과 같은 유사점에 더욱 매료되었는지 모른다.

1904년 예나대학교에서는 진화 법칙의 사회 적용에 관한 최고 논문을 뽑는 등 다양한 사회생물학적 프로젝트를 독려하는 대회가 열렸다. 같은 해에 이 대학교의 정신의학자 빌헬름 스토로마이어

---

85   Weindling, *Health*, p. 231.

(Wilhelm Stromeyer)는 통계적 계통학에 바탕을 둔 정신병리학 연구에 착수했으며, 이것은 곧이어 언스트 루딘(Ernst Rüdin)에 의해 열정적으로 전개됐다. 1년 후, 인종위생운동이 시작됐다. 세갈린은 아리아 인종을 순화한다는 계획에 동의할 수 없었지만, 천재 양성이라는 또 다른 우생학적 관념에 몰두하게 됐다. "진화의 방식은 종의 존재로부터 우월한 종으로 이끈다"라는 니체의 격언이 알프레트 플로에츠에게 영감을 줘 인종위생학에 대한 첫 논문을 쓰도록 했다. 그것은 또한 노르다우, 바이닝거와 같은 작가의 도움을 받아 의학과 생물학을 관통하는 천재 예찬을 부추겼다.[86]

세갈린은 1913년 러시아로 돌아온 후, 자신의 독일 의학 학위를 러시아 학위로 전환하고 국가임용 자격을 취득하기 위한 특별 시험에 응시해 합격했다. 카잔대학교에서 정신의학을 가르치기 시작할 무렵에 그는 이미 37세였다. 3년 뒤 (1915년부터 치시가 이끌었던, 1장 참조) 키예프의 적십자 정신신경병원에 발령받으면서 그의 경력은 다시 중단된다. 세갈린은 볼셰비키가 우크라이나를 점령한 이후에 적군(赤軍)의 의료위원회에서 일했다. 이 위원회는 티푸스의 유행을 막기 위해 조직됐다. 그는 군 징집이 해제된 뒤, 우랄 소재 예카테린부르크(1925년 이후로 스베르들롭스크)의 한 마을에 정착해 새로 설립된 우랄대학교 의과대학을 조직하는 데 이바지했다. 대학에서는 정신의학과 신경학을 가르쳤고 폴리테크닉대학에 정신 기법 실험실을 설립하기도 했다. 그는 공적 부문에서도 적극적이었다. 경범죄 관

---

86   *Ibid.*, pp. 141~154, p. 123, 234.

런 지방정부위원회의 일원으로, 스탈린 집권기 너무나 흔했던 정치 재판 전문가로, 노동위생 기관부터 오페라 극장에 이르는 다양한 기관의 고문으로 활동했다. 소련 의료 기관의 일부가 된 세갈린은 자신의 예술적 관심을 버리지 않았고 대학교 클리닉 환자들을 모델로 "정신병원 혹은 전쟁의 희생양"이라는 거대한 그림을 그렸다. 세갈린은 제2차 세계대전 동안 지역 인사와 참전용사의 초상화 미술관을 설립했으며, 자신도 그들의 초상화 몇 점을 그렸다. 그는 또한 언론 사설의 초고를 썼으며, 심지어 최고위층 관료로 인식되던 전국작가동맹에 선출됐다.[87]

지역적 영향력을 얻었음에도 불구하고 세갈린의 주요 계획은 미완의 꿈으로 남았다. 그의 계획은 정신 질환과 적합성, 리더십, 천재성 등 부정적 자질과 긍정적 자질 모두에 대한 유전 연구를 위해 독일에서 정신과 의사들이 유전자 데이터 은행을 도입한 것과 같은 발전에 버금가는 것이었으므로 프로젝트의 비현실성 때문은 아니었다.[88] 동시대의 학자들 역시 특출한 사람의 뇌를 수집하자는 세갈린의 생각이 베흐테레프의 "뇌의 판테온"이라는 아이디어를 예고했다

---

87 그림 및 세갈린의 문학 기록보관소의 대부분은 전쟁 이후 소실되었고 당시 세갈린은 우랄을 떠났다. "전암 병변 증후군"에 대한 그의 마지막 의학 저술은 1948년으로 기록된다. 세갈린에 대한 다양한 자전적 정보들은 다음을 참조하라. Iu. Sorkin, "Polivalentnyi chelovek", *Nauka Urala*, no. 12, 1992, pp. 4~5.

88 1921년 루딘은 이러한 목적을 위해 "인구총조사"를 편집하기 시작했으며, 5년 뒤 독일 내무부는 그가 책임자로 있는 통계 부서에 범죄 기록을 정부와 공유할 권리 및 공식 지위를 제공했다. 1930년 독일 정신의학자들은 80만 명의 개인 자료를 확보했고 각 개인의 육체와 정신 상태의 상관관계를 살펴 크레치머 유형학을 이용해 범주화하게 될 "정신-바이오그램"을 만드는 과제에 착수했다. 다음을 참조하라. Weindling, *Health*, pp. 384~385.

고 생각했다.[89] 그러나 베흐테레프와는 달리 세갈린은 국외에서 오랜 시간을 보내고 러시아에 완전히 정착하지 못한 괴짜 시골뜨기였다. 모스크바에서 계획 발표는 잘 진행되었지만, 권력과 가까운 의사들의 관심을 지속적으로 끌어내지는 못했다. 그는 1925년 자신이 창간하고 거의 혼자서 출판 운영을 맡았던 학술지에 맞춰 프로젝트를 재조정했다.

마을 사람들에게 세갈린은 "일부 환상적인 생각을 품고 있는 정신 나간 기인"으로 보였으나, 동시대 관찰자는 그에 대해 "기이함이 없는 것은 아니지만 가장 흥미로운 사람"이라고 평했다.[90] 세갈린은 다른 유명 인사들과 함께 "그런 사람들을 모으기 좋아하는" 막심 고리키와 서신 왕래를 했다. 그는 또한 오귀스트 포렐, 랑게, 발터 리세 등에게 학술지 투고를 의뢰했다.[91] 그 학술지는 『모든 정신병리적 편견과 함께 창작품뿐만 아니라 천성에 관한 병리적 물음에 바쳐진, 천재와 (유로병리학의) 재능에 관한 임상 기록보관소』(*Clinical Archive of Genius and Talent (of Europathology), Dedicated to the Questions of Pathology of a Gifted Personality as Well as of Creative Work with Any Psychopathological Bias*)라는 길고 복잡한 제목을 달고 있었다.[92] 학술지는 주로 세갈린

---

89 Vol'fson, "'Panteon mozga'", p. 52. 1926년 세갈린의 학술지는 로솔리모의 신경학연구소에 보관되어 있는 코르사코프, 코제브니코프, 바크메체프(Bakmet'ev) 등 유명한 의사들의 뇌를 손수 해부한 내용을 담고 있는 카푸스틴의 논문을 게재했다. 다음을 참조하라. A. A. Kapustin, "O mozge uchenykh v sviazi s problemoi vzaimootnosheniia mezhdu velichinoi mozga i odarennost'iu", *Klinicheskii arkhiv*, no. 2, 1926, pp. 107~114.

90 Sorkin, "Polivalentnyi", p. 4.

91 다음의 예를 참조하라. Walther Riese, "Bolezn' Vinsenta Van Goga", *Klinicheskii arkhiv*, no. 2, 1927, pp. 137~146.

92 *Klinicheskii arkhiv genial'nosti i odarennosti(evropatologii), posviashchennyi voprosam patologii*

의 글로 채워진 이론 부문과 병적학 부문의 두 가지 주요 부문으로 나뉘었다. 그는 첫 번째 이론 기사에서 새로운 학문 분야의 탄생을 알렸다. 세갈린은 이를 상호교환 가능한 신계통학(ingeniology), "병리적"일 뿐 아니라 "건강한" 기원을 갖는 창작에 대한 연구, 정신질환이 창작에 미치는 영향에 관한 연구인 유로병리학(europathology)이라고 불렀다. 후자의 용어는 부분적으로 "찾았다"라는 뜻의 그리스 단어 heureka(유레카)에서 유래했으나(heuristic, 즉 "발견적 교수법" 역시 여기서 유래했다) eugenic(우생학), eurhythmic(율동적인) 같은 당시의 신조어와도 닮아 있다. 그 이름이 무엇이든, 새로운 학문은 넓은 스펙트럼으로, 가령 정상에서 일시적인 정신이상까지, 아이에서 정신이상 천재에 이르기까지 창조적인 사람들을 연구했다. 세갈린은 "간질 환자의 영감"과 히스테리 환자의 그것을 구별하기 위한 "실용적 기호학과 진단법"의 개요, 즉 창의적 진단 구성을 자신의 당면 과제 중 하나로 언급했다. "화학자가 양지에서 빛의 스펙트럼으로 광물의 구성을 알아내는 것처럼 쉽게", 정신의학자는 한 사람의 예술적 스타일을 봄으로써, 그의 병을 진단할 수 있었다.[93]

그러나 세갈린의 주된 관심은 창작 능력을 생산하고 자극할 수

---

genial'no-odarennoi lichnosti, a takzhe voprosam odarennogo tvorchestva, tak ili inache sviazannogo s psikhopatologicheskimi uklonami: Vykhodit otdel'nymi vypuskami ne menee 4 raz v god pod redaktsiei osnovatelia etogo izdaniia doktora meditsiny G. V. Segalina, zaveduiushchego psikhotekhnicheskoi laboratorii i prepodavatelia Ural'skogo universiteta. 이 제목은 마크 애덤스가 번역한 제목에서 가져왔다. 다음을 참조하라. Mark B. Adams, "Eugenics in Russia, 1900-1940", *The Wellborn Science: Eugenics in Germany, France, Brazil and Russia*, ed. Mark B. Adams, New York: Oxford Univ. Press, 1990, p. 167.

93 Segalin, "Institut genial'nogo tvorchestva", p. 57.

있다고 확고히 믿고 있던 정신 질환에 맞춰졌다. 그는 독일에서 천재에 대한 예찬과 인종위생이라는 아이디어를 접했다. 그는 평균적으로 건강한 사람 이상으로 천재를 끌어올리고, 퇴폐의 원인을 질병보다는 평범함에서 찾는 작가의 글을 읽었다. 이러한 작가들은 아프든 건강하든 간에 천재는 인류에 미래로의 길을 제시하며, 숭배되고 예찬돼야 한다고 생각했다.[94] 유사한 방식으로, 타락과 관련한 혁명 전의 비관적 시각은 인류의 자유롭고 진보적인 진화라는 신념에 자리를 내주었다. 1920년대 심리학자 비고츠키와 정신의학자 지노비예프는 『소비에트 의학 백과사전』(*Soviet Medical Encyclopedia*)에서 이탈리아 정신의학자 엔리코 모르셀리의 연구를 언급하며 천재를 "진화하는 인간 유형의 진보적 변종"으로 정의했다.[95] 세갈린은 천재를 검사, 분석, 보호, 자극함으로써 인간 종은 스스로를 연마해 미증유의 최고 수준으로 오를 수 있다고 주장했다.

세갈린은 "자연은 (…) 오직 하나의 구분, 즉 반복되는 것과 창조적인 작품 사이의 구분만을 알기" 때문에, 정상과 비정상을 나누어 구분해서는 안 된다고 선언했다. 그는 구분은 병과 건강 사이가 아니라, 생산적인 병과 비생산적인 병 사이에 있어야 한다고 주장했다. 세갈린은 창작의 병을 출산에 비유했다. 온 나라가 파멸에 이르러 갱생

94 T. I. Iudin, "(Review of) *Norm und Entartung der Menschen*, (by) Kurt Hildebrandt", *Russkii evgenicheskii zhurnal*, no. 1, 1924, p. 72.

95 L. S. Vygotsky and P. M. Zinov'ev, "Genial'nost'", *Bol'shaia meditsinskaia entsiklopediia*, 6, Moscow: Sovetskaia entsiklopediia, 1929, p. 612. 모르셀리에 대해서는 다음을 참조하라. Patrizia Guarneri, "Between Soma and Psyche: Morselli and Psychiatry in Late-Nineteen-Century Italy", *The Anatomy of Madness: Essays in the History of Psychiatry*, eds. W. F. Bynum, Roy Porter and Michael Shepherd, 3, London: Routledge, 1988, pp. 102~124.

을 기다릴 때, 어쩌면 러시아의 일상적 모습을 출산하는 여자에 빗대어 생각하고 있었는지도 모른다. 많은 사람이 희생 없는 부활은 불가능하며 국가의 공산주의적 갱생을 위해 막중한 대가를 치러야 한다고 믿었다. 1926년, 정신의학자 카르포프는 "인간 진화의 과정에서 어떤 개인은 다른 이보다 앞서고, 그들은 불안정하고 정신 질환에 취약하기 때문에 (…) 인류는 무질서한 상태에 빠지는 개인들을 진화의 여정에 남겨 두고 희생시킨다"라고 적었다. "나무를 자르면 부스러기가 날아오른다"라는 구절은 그 당시의 언어로 격언이 되었고, 정치적 억압을 정당화하기 위해 자주 쓰였다. 세갈린은 같은 은유를 사용해 인간 진화와 병리, 즉 부스러기를 선(先)진화의 불가피한 대가에 빗대었다. 그의 계획은 "부스러기" 수의 최소화, 즉 이러한 과정에서 사라지는 천재의 수를 최소화하는 데 목표를 두었다.[96]

우생학과의 논쟁

세기말에 천재성은 유전되는 특질로 다뤄졌고, 그 자체로 사회위생학자와 우생학자의 관심을 끌었다. 1909년, 국제인종위생학회의 설립자들은 그 당시에 기사 작위를 받은 『유전적 천재』(Hereditary Genius)의 작가 프랜시스 골턴을 회장직에 앉혔다. 1923년 독일의 의사 알프레드 그로트얀은 천재의 생물학, 재능, 지적 장애에 대한 강의를 시

---

96 Karpov, *Tvorchestvo dushevnobol'nykh*, p. 7; Segalin, "Institut genial'nogo", p. 56.

작했다.[97] 서양의 학회보다 늦게 설립된 러시아 우생학회는 종종 그들의 뒤를 따랐다. 러시아 우생학자들은 루딘의 요청에 따라 러시아에 체류하며 연구를 수행한 독일 태생의 수학자 레온하르트 오일러의 가계도를 조사했다. 그들은 자신들의 직관에 따라 작가 도스토옙스키, 톨스토이, 미하일 레르몬토프, 화가 세로프, 혁명가 베라 피그네르, 작곡가 스크랴빈 등의 가계도도 추적했다.[98] 정신의학자 갈라챤과 유딘은 가르신의 가계도를 재구성했고, 그의 가족 구성원 중 상당수가 양극성 장애를 앓았음을 밝혔다.[99]

우생학계 내에서 재능과 정신 질환의 관련성에 대한 롬브로소학파의 신념은 이어졌다. 에른스트 크레치머는 천재는 악마라는 고대의 개념을 되풀이하며 병리적 "악마"가 우수한 유전적 재능에 덧붙여질 때 천재가 등장한다고 썼다. 세갈린은 "정신적으로 균형을 이룬 사람은 전쟁도 혁명도 일으키지 못하며 시를 쓰지도 못한다"라는 크레치머의 경구에 공감하여 이를 인용했다. 그러나 크레치머는 퇴

---

97 Weindling, *Health*, p. 151, 153.

98 오일러의 계통학에 대해서는 다음을 참조하라. "Rodoslovnye Gertsena, Lermontova, Chaadaeva, Kropotkina, Tolstogo, Raevskogo, Razumovskikh, Repninykh i Volkonskikh, Pushkina, Euler'a, Trubetskikh, Puni i dr. 1921", in ARAN, f. 450, op. 4, d. 26, ll. 115~116. 도스토옙스키와 그 밖의 사람들에 대해서는 다음을 참조하라. "Evgenicheskie zametki: Russkoe evgenicheskoe obshchestvo v 1923 godu", *Russkii evgenicheskii zhurnal*, no. 1, 1924, p. 60.

99 A. G. Galach'ian and T. I. Iudin, "Opyt nasledstvenno-biologicheskogo analiza odnoi maniakal'no-depressivnoi sem'i", *Russkii evgenicheskii zhurnal*, no. 3~4, 1924, pp. 321~342. 비록 마크 애덤스가 러시아에서 우생학이 정신의학 혹은 위생학의 한 분야가 아니라 사회적 책임에 맞춰진 새로운 실험생물학의 한 지류로 시작됐다는 것을 지적하고 있지만, 그는 이 분야에 중요한 역할을 한 많은 정신의학자를 열거하고 있다. 다음을 참조하라. Adams, "Eugenics in Russia", pp. 158~159, pp. 166~167.

폐학자로서 병이 "천재의 불꽃"을 만들어 내긴 하지만, 또한 가계의 쇠퇴가 시작되었음을 뜻하기도 한다고 생각했다. "천재의 성장에 가장 유리한 상황은 (…) 고차원 종의 오래된 가계가 퇴폐의 증상을 보이기 시작하는 시점에 만들어진다."[100] 천재는 종종 가족의 재산을 탕진하는 무모한 사람, "새벽의 여명보다는 저물녘의 노을"에 비유된다.[101] 정신이상이라는 오명은 물론 천재는 좀처럼 아이를 만들지 못하고, 자주 자손이 없는 처지에 놓인다는 속설은 우생학자들로 하여금 천재들이 좋은 가계를 형성할 수 있다는 것을 의심하게 했다. 러시아 우생학자들의 지도자 콜초프는 약하고 심지어 때론 병약한 천재가 가계를 잇는 것에 대해선 예외를 두었다. 왜냐하면 보통 사람의 자손에겐 고도로 진화된 능력은 드물지만 그러한 배우자에게서 건강과 힘을 얻을 수 있기 때문이다. 그럼에도 불구하고 그는 톨스토이의 자손에 명백히 실망을 표하면서, 톨스토이가 우생학적인 배우자를 만나지 못한 것을 안타까워했다.[102]

1921년 유전학자 필립첸코는 새로 설립된 페트로그라드 우생국을 위해 과학자와 음악가에 대한 조사를 실시했다. 그는 보통의 사람들보다 재능 있는 개인에게 정신 질환을 앓는, 특히 모계 친척이 더

---

100 (Ernst Kretschmer), "Doklad Kretschmera v Miunkhenskom obshchestve po gigiene ras 11. 11. 1926, na temu 'genial'nost' i vyrozhdenie'", *Klinicheskii arkhiv*, no. 2, 1927, p. 177; Ernst Kretschmer, *The Psychology of Men of Genius*, trans. R. B. Cattell, London: Kegan Paul, Trench, Truber, 1931, p. 16.

101 Vygotsky and Zinov'ev, "Genial'nost'", p. 614.

102 N. K. Kol'tsov, "O potomstve velikikh ludei", *Russkii evgenicheskii zhurnal*, no. 4, 1928, p. 164, pp. 175~176.

많음을 발견했다.[103] 이 결과는 "위대한 사람의 출현은 병리학과 밀접한 관련이 있다"는 세갈린의 신념을 강화했고, 그는 자신의 학술지에 서둘러 필립첸코의 연구에 관해 보고했다. 그는 이제 "천재는 (…) 잠재적 재능을 가진 하나의 혈통과 유전적 신경증과 정신이상을 가진, 일반적으로 모계의 혈통인, 두 혈통의 교잡의 결과"라고 주장했다.[104] 창작의 병이라는 낭만주의적인 시각은, "정신이상의 유전자가 창작의 유전자를 드러낸", 그렇지 않았다면 천재의 가계에 잠복해 있었을 과정으로서, 유사-유전학 용어로 재개념화됐다.

　　정신 질환의 역할에 대한 믿음은 유로병리학을 주류 우생학에서 분리시켰다. 우생학자는 단종[불임]이라는 방법을 쓸지라도 정신병을 제거해야 한다고 그 중요성을 강조했지만, 세갈린은 네거티브 방식의 우생학 방법론, 특히 정신 질환자의 단종에 격렬히 반대했다. 러시아의 엄청난 인구 감소를 고려할 때 대규모의 단종은 논외가 되어야 했다. 가장 열성적인 우생학자들조차도 주로 단종을 수입된 "인디언 아이디어"로 비판적으로 보았다.[105] 그러나 러시아 우생학회는 1920년대 초 단종에 대해 논의하며 그러한 생각을 즉각 거부하지는

103 Iu. A. Filipchenko, "Statisticheskie resul'taty ankety po nasledstvennosti sredi uchenykh Peterburga", Izvestiia Buro po evgenike, no. 1, 1922, pp. 5~22; D. M. D'iakonov and L. L. Lus, "Raspredelenie i nasledovanie spetsial'nykh sposobnostei", Izvestiia Buro po evgenike, no. 1, 1922, pp. 72~104; Iu. A. Filipchenko, "Nashi vydaiushchiesia uchenye", Izvestiia Buro po evgenike, no. 1, 1922, p. 37; Iu. A. Filipchenko, "Rezul'taty obsledovaniia leningradskikh predstavitelei iskusstva", Izvestiia Buro po evgenike, no. 2, 1924, p. 28.

104 G. V. Segalin, "Patogenez i biogenez velikikh liudei", Klinicheskii arkhiv, no. 1, 1925, pp. 28~29.

105 "인디언 아이디어"는 러시아 정신의학자 류블린스키(Liublinskii)가 미국의 단종 프로그램에 붙인 이름이었다. 다음을 참조하라. Mark B. Adams, "Eugenics as Social Medicine in Revolutionary Russia", in Solomon and Hutchinson, Health and Society, pp. 211~212.

않았다.[106] 콜초프는 "성서의 전설에 따르면, 모든 마을 사람과 수공업자의 근원이 되는 카인의 단종은 엄청난 근시안의 표상이 되었을 수도 있다"라고 지적했다. 그러나 그는 『카라마조프가의 형제들』의 등장인물, 동네 바보이자, 간질 환자, 살인자의 어머니 리자베타 스메르댜샤야의 경우에는 단종의 문제를 고려해 볼 수 있다고 생각했다.[107] 이와는 대조적으로, 그녀의 병이 자손에 재능을 "유발"했을지도 모른다고 생각한 세갈린은 그녀나 그 누구의 단종에도 단호히 반대했다. 그는 "선(先)진화적인" 병을 인식하지 못하는 우생학자들을 비판했고, "개인의 우생학적 네거티브 가치라는 개념"과 그 자신의 "유로 포지티브 가치"의 개념 사이에 타협할 수 없는 격차를 보았다.[108]

1925년 세갈린이 자신의 학술지를 출판하자마자, 우생학자들은 반론을 폈다. 1926년 11월, 러시아 우생학회 모임에서 유로병리학에 대해 토론하는 동안 포포프는 우생학을 단종과 혼동했다며 세갈린을 비난했다. 그는 세갈린이 연구를 엉성하게 했을 뿐만 아니라 구식의 통계 방법을 사용했다고 비판했다. 세갈린은 사실상 창조적 "유전자"가 존재하며 이 유전자는 병에 의해 방출되기 전까지 잠재적 상태에 있다고 주장했다. 그는 이것을 "천재의 생물 발생 법칙"(헤켈의 법칙에서 유추해 명명했으나 공통점은 거의 없다)이라고 불렀다. 포포프는

---

106 우생적 단종의 주요 대변인은 볼로츠코이(M. V. Volotskoi)였다. 다음을 참조하라. "O polovoi sterilizatsii nasledstvenno defektivnykh", *Russkii evgenicheskii zhurnal*, no. 2, 1922~1924, pp. 201~222.

107 "Diskussiia po povodu doklada M. V. Volotskogo v zasedanii Evgenicheskogo obshchestva 30. XII. 1921", *Russkii evgenicheskii zhurnal*, no. 2, 1922~1924, p. 222.

108 Segalin, "O zadachakh", II; Segalin, "K patogenezu leningradskikh uchenykh i deiatelei iskusstv", *Klinicheskii arkhiv*, no. 3, 1928, p. 20.

진짜 유전 메커니즘은 완전히 다르다는 것과 "멘델이 (세갈린이 제안한 대로 창조적 '유전자'를 내보내는) '분리 인자'는 물론 종에 존재하지 않는 새로운 형질의 출현도 알지 못했다"는 점을 언급하면서 세갈린의 생물 발생 법칙을 조소했다. 그는 다음과 같이 언급하며 세갈린의 무지를 교정했다. "부모의 유전자형에서 열성 형질을 가진 표현형을 생산하는 유전자의 재결합만이 있을 뿐이다." 포포프는 세갈린이 출처를 제대로 인용하지 않은 점을 들어 학자로서의 입지를 공격했고 그의 참고문헌에 대한 정당성을 의심했다. 포포프의 시각에서 볼 때 세갈린은 정신 질환의 개념을 얼토당토않게 넓혀 놓아서 어떤 이상한 습관이나 약간의 편차도 병의 증상이 되도록 했다. 포포프는 이것이 그와 그의 지지자들이 가장 건전한 천재, 예컨대 푸시킨, 고리키, 톨스토이 등에 대해서조차 정신 질환이 있다고 말하게 한다고 주장했다. 그는 그러한 시도는 독자에게 문제의 예술가에 대해서가 아니라 학술적 목적일지라도 예술가의 불행에 철저하게 매몰된 사람들에 대해 (…) 짐을 지우는 혼란스런 감정, 오명을 준다고 주장했다. 세갈린은 "우리의 어머니인 자연과 같은, 우리의 위대한 창작자의 작품을 먹칠하도록 그에게 허락한 어떠한 근거"도 아직 얻지 못했다.[109]

콜초프는 천재를 설명하기 위해 돌연변이에 대한 가설이 필요하지는 않다고 주장했는데, 아마도 이는 천재의 "유전적 구조"에 대

109 N. V. Popov, "K voprosu o sviazi odarennosti s dushevnoi bolezn'iu(po povodu rabot doktora Segalina i drugikh)", *Russkii evgenicheskii zhurnal*, no. 3~4, 1927, pp. 145~146, p. 150, 154. 헤켈의 "생물 발생 법칙"에서 개체 발생(배아의 성장)은 계통 발생(종의 진화 역사)을 따른다. 다음을 참조하라. P. J. Bowler, *The Fontana History of the Environmental Sciences*, London: Fontana, 1992, pp. 337~339.

한 세갈린의 환상에 대한 반응이었을 것이다. 그의 견해에 따르면 천재의 유전자형은 "대다수의 러시아인에게 널리 퍼져 있는" 유전자의 운 좋은 조합에 지나지 않는 것이었다. 콜초프의 논문은 세갈린뿐만 아니라 전쟁과 혁명으로 인해 러시아 인구에 가해진 손상을 걱정하는 우생학자들과도 논쟁거리가 되었다. 일부는 특히 프롤레타리아의 상류 계급에 저항한 테러의 결과로 형성된 "좋은 혈통"의 상실에 대해 걱정했다. 이와는 반대로, 콜초프는 "좋은 유전자"가 평범한 사람에게 있다고 보았고, 수세기 동안 러시아 인구에 축적된 "유전자 풀"은 재능 있는 다수의 사람을 생산해 내기에 충분하다고 주장했다. 그는 평범한 러시아인의 겸손한 혈통이 러시아인의 억누를 수 없는 생명력에 확신을 준다고 믿은 작가 고리키와 레오니드 레오노프, 오페라 예술가 표도르 샬랴핀, 대학교수 크라코프를 연구했다. 콜초프는 "천재의 주요 특징은 에너지, 작업 능력, 사업가적 능력, 창의력, 신체적 건강"이므로 천재를 병약하기보다는 강건한 사람으로 보고자 했다. 그는 평범한 사람은 언제나 이런 특징을 풍부히 지니고 있으며, 필요한 것은 이러한 건강하고 활기찬 혈통에 "언어 및 합리적 사고의 두뇌 중심부"를 강화할 몇몇 "강화 유전자"가 더해지는 것뿐이라고 주장했다. 그는 이러한 일이 세련된 귀족의 자손이 더 건강한 하층 계급 출신의 여자와 "죄를 범하던" 과거에 자주 일어났다고 기술했다. "푸시킨의 구절에서와 같이 푸시킨, 레르몬토프, 게르첸, 톨스토이는 예쁜 여배우와 미인 소작농들을 쫓아다니며 '바쿠스와 비너스에 헌신하며 보낸' 열정적인 청년기에 틀림없이 많은 사생아를 남겼을 것이다." 나폴레옹과의 전쟁 동안, 프랑스인은 "고도로 발달한 언어 중추"를 가지고 러시아에 침입해 러시아인에게 유용한 "강화 유전자"를 남겨 놓았다. 콜초프는 생포된 프랑스 병사들이 고리키의 고향인 니즈니 노보고로드만큼 멀리 떨어진 동쪽 지역에서도 살았음을 지적했다.[110]

콜초프의 논문은 「우리 비드비젠치 계보학」(The Genealogies of Our Vydvizhentsy)이라는 이념적인 제목을 달고 있었다. 소비에트의 신종 언어인 비드비젠치("발탁된 사람")는 정치적·계급적 배경으로 인해 능력에 비해 지위가 훨씬 더 올라간 사람을 의미했다. 콜초프는 따라서 승격된 사람은 귀족처럼 그들만의 "계보"를 가질 수 있다고 주장하며 일거양득의 효과를 거뒀다. 그는 새로운 관료에 아첨했고, 다른 계보학자들과 진행하던 계보학 프로젝트를 지지했다. 콜초프는 또한 우생학의 평판을 사회 변화와 사회 유동성에 적대적이지 않은 학문으로 향상시키길 원했던 것일지도 모른다.[111] 그는 작가, 예술가, 교수를 비드비젠치라고 부름으로써, 필시 그들이 대중과 "유전적으로" 매우 밀접하다는 것을 알리고, 따라서 프롤레타리아의 공격으로부터 지식인 계급을 보호하고자 했던 것으로 보인다.

세갈린이 포렐에게 자신의 학술지 『임상 기록』(Clinic Archive)에 투고해 달라고 요청했을 때, 스위스의 원로 포렐은 세갈린의 연구 계획을 은연중에 비판하는 짧은 편지를 보냈다. 포렐은 천재를 건강하게 그리고 싶었으며, "병적 천재는 우리에게 충분하지 않으며, 그들은 우생학의 도움을 받아 점진적으로 정상화되어야 한다. (…) 현재

---

110 N. K. Kol'tsov, "Rodoslovnye nashikh vydvizhentsev", *Russkii evgenicheskii zhurnal*, no. 3~4, 1926, pp. 142~143.

111 이런 방식으로 우생학을 제시하고자 한 콜초프의 바람은 1998년 4월 7일, 개인적인 연락으로 키릴 로시야노프(Kirill Rossiianov)를 통해 필자에게 전달됐다.

진행되고 있는 카코제니크(Kakogenik, 좋은 형질의 전파에 대항하는 나쁜 형질의 확산)를 제거하는 것이 필요하다"라고 썼다. 세갈린을 비판하는 소비에트 우생학자들은 신임을 잃은 천재는 병적이라는 롬브로소학파의 관점과 거리를 두었다.[112] 서양의 동료들처럼, 그들은 사회적으로 우월한 사람이 생물학적으로도 우월해야 한다고 믿었다. 그들은 또한 비드비젠치 집단의 타고난 능력에 대해 논평을 하지 않는 것을 선호했다. 건강한 천재에 대해 언급할 때 "가장 위대한 창조주인 자연"과도, 사회적 창조주인 권위자와도 타협하지 않았다.

소비에트의 천재

초기 소비에트의 우상파괴주의 분위기 속에 이전의 성스러운 이름들이 재고됐다. 옛 문화는 프롤레타리아의 비판으로 스스로 정화의 길로 뛰어들었다. 새 정권에 대한 지지를 최초로 선언했던 문학협회들, 미래파 예술가들, 프롤렛쿨트(Proletkult, 노동자 문화조직협회, "프롤레타리아 문화"의 줄임말)는 "현대성이라는 배에서 푸시킨과 도스토옙스키를 배 밖으로 밀겠다"라고 위협하며 옛것에 대한 무정부주의적 공격을 시작했다.[113] 혁명 이전처럼, 새로운 문화적 비평이 정신의학의 지지를 받을 준비가 되어 있었다. 푸시킨은 혁명 이전의 비평가들

---

112 August Forel, "Europathologie und Eugenik", *Klinicheskii arkhiv*, no. 1, 1928, p. 51.
113 다음에서 인용되었다. Gleb Struve, *Russian Literature under Lenin and Stalin, 1917-1953*, Norman, Okla.: Univ. of Oklahoma Press, 1971, p. 14.

에게 시인의 본보기이자 정신의학자들에게 완벽한 정신 건강의 모범이었을 것이나, 혁명 이후에는 문학청년 투르크당이 고전을 비판했고, 젊은 세대의 정신의학자들은 푸시킨의 정신 건강을 의심했다.[114] 지노비예프는 "푸시킨을 올바르게 이해하기 위해서는 정신의학적 관점에서 그가 매우 가치 있는 사람이었지만 사이코패스였다는 것을 받아들일 필요가 있다"라고 썼다. 그는 누군가를 "사이코패스"라고 부르는 것은 도덕적 판단이 아니며, 그 단어는 뛰어난 사람들에게도 자유롭게 적용될 수 있다고 설명했다. 천재에게 있을 수 있는 정신 질환의 일말의 가능성마저 배제하는 것은 "재능 있는 작가와 예술가의 보헤미안적 습관뿐만 아니라 보통 사람을 학대하는 그들의 경향을 정당화시키는 것이 될 수 있다". 자연의 법칙에 천재도 예외가 아니었으며, 그들의 거만한 행동이 용서될 수도 없었다. 마찬가지로, 로젠시테인은 크레치머의 성격 분류에 따르면 푸시킨이 "순환병질"이며, 푸시킨의 유명한 모순은 이따금씩 나타난 "경조증 상태" 때문이라고 추측했다. 또 다른 정신의학자 갈란트는 유행하는 내분비학 이론의 관점에서 개인적 차이는 분비선 샘의 기능의 차이라고 주장했다. 그는 푸시킨을 비대한 생식선을 가진 색정광으로, 고골을 "생식선 기능 저하 유형"이자 정신분열증 환자로 분류했다.[115]

---

114 여기에서 언급된 혁명 이전 비평가는 치시(1장을 참조하라)와 시코르스키이다. 시코르스키는 푸시킨이 이국적 정서에 예외적 민감성을 지니고 있다는 도스토옙스키의 유명한 말에 의거해 푸시킨의 "국제적 혹은 전 인류적 정신"에 관해 열광적으로 적었다. 시코르스키는 이러한 자질의 근인을 푸시킨이 에티오피아 조상을 둔 데에서 찾았다. I. A. Sikorskii, *Antropologicheskaia i psikhologicheskaia genealogiia Pushkina*, Kiev: Kul'zhenko, 1912.

115 P. M. Zinov'ev, "O zadachakh patograficheskoi raboty", *Trudy Psikhiatricheskoi kliniki Pervogo MMI. Pamiati Gannushkina*, 4, Moscow: Gosizdat, 1934, p. 411, 413; L. M.

젊은 세대 정신의학자들은 선배들이 작가의 고통에 대한 존경심으로 그들의 정신 질환에 대해 말하지 않으려 한 것이 "절대적으로 부당"하다고 느꼈다.[116] 세갈린은 천재연구소를 구상하며 부서들 중 한 곳에서 위인의 약점과 질병을 의도적으로 회피하는 기존의 낡은 방식으로 전기를 다시 집필하도록 계획했다. 그는 또한『임상 기록』의 기고가들에게 뛰어난 인물에 관한 병적학을 쓰도록 권했다. 정신의학자 루르만은 도스토옙스키의 "밝은 면과 그늘진 면"의 철저한 조사를 주장했다. 조사는 정신분석적 관점에 입각하여 도스토옙스키의 병을 히스테리적 간질로 해석한 작가 타티아나 로젠탈에 의해 곧바로 수행됐다. 세갈린은 도스토옙스키의 간질이 진짜가 아니라 "정서적", 즉 외상의 영향에 의한 것이라는 로젠탈의 견해에 동의했다.[117]

과거에 대한 재평가가 진행되는 동안 혁명은 엄청난 문학적 실험을 야기했다. 상대적으로 자유로운 정치적 분위기 속에서 문학 및 예술운동 단체가 급격히 증가했다. 상징주의의 후계자 아크메이스트

Rozenshtein, "Psikhopatologiia myshleniia pri maniakal'no-depressivnoy psikhoze i osobye paralogicheskie formy maniakal'nogo sostoianiia", *Zhurnal nevropatologii*, no. 7, 1926, pp. 5~28; I. B. Galant, "Evroendokrinologiia velikikh russkikh pisatelei i poetov", *Klinicheskii arkhiv*, no. 1, 1927, p. 50; no. 3, pp. 203~242. 1920년대 초, 기타 대서양 지역에서와 마찬가지로 유럽에도 해부학에 기초한 유형학이 유행했다. 독일인 베리오스에 따르면, 미국 정신의학자 버먼(L. Berman)은 "분비샘 하나가 개인의 인생사를 주도할 수 있기 때문에, 부신, 뇌하수체, 갑상선, 중심흉선, 중심생식선 등으로 '호르몬 유형'을 식별할 수 있다고 생각했다". German E. Berrios, *The History of Mental Symptoms: Descriptive Psychopathology since the Nineteenth Century*, Cambridge: Cambridge Univ. Press, 1996, p. 434.

116 N. A. Iurman, "Bolezn' Dostoevskogo", *Klinicheskii arkhiv*, no. 1, 1928, p. 62.

117 *Ibid.*, T. K. Rozental', "Stradanie i tvorchestvo Dostoevskogo(psikhoanaliticheskoe issledovanie), *Voprosy izucheniia i vospitaniia lichnosti*, no. 1, 1919, pp. 88~107; G. V. Segalin, "Evropatologiia genial'nykh epileptikov: Formy i kharakter epilepsii u velikikh liudei", *Klinicheskii arkhiv*, no. 3, 1926, pp. 143~187.

(acmeist, 문학운동을 뜻하며 "정점"(acme)에서 유래한 용어)는 호전적인 미래파 예술가, 시각적 이미지주의자, 도시화의 진행을 두려워하는 농민 시인 및 산업화를 찬미하고 새로운 문화는 예술이 아니라 과학과 기술에 바탕을 두어야 한다고 주장하는 프롤레타리아 작가들과 공존했다. 공산당 지도자들은 "공산주의 동조자"(fellow travelers)로서 비(非) 프롤레타리아 작가의 존재를 인정했지만, 알렉산드르 블로크, 안드레이 벨리, 안나 아흐마토바 같은 "부르주아" 작가를 깨부수거나 혹은 개혁하고자 했다. 이런 시인들이 정신의학의 관심 대상이 되었던 것은 우연이 아니다. 블로크의 시가 "병들고" 그의 낭만주의가 "건강하지 않다"라고 주장한 문학비평가이자 모스크바의 정신의학자 민츠는 블로크의 "상태"를 간질로 진단했다.[118]

스몰렌스크 출신 민츠의 동료 그리네비치는 프롤레타리아 비평가들이 반복하던, 상징주의와 데카당스는 현실로부터의 도피라는 혁명 이전의 관점을 인용했다. 그는 소위 농민 시인들이 "사회주의로부터 (…) 무지크(muzhik)[119]의 환상세계, 경건하고 조각상처럼 딱딱한 러시아"로 탈출했다고 말했다. 상징주의자와 이미지주의자는 이성에 앞서는 생각에 자신을 숨겼으며, 아크메이스트는 신비주의를 택했고, 미래파 예술가는 혁명에 무관심한 몰락한 지식인이자 자유분방한 사람에 지나지 않았다. 그들은 문학의 선구자인 척하는 "가장 나쁜 의미의 무정부주의자"이자 새로운 질서에 위험스러운 범죄 집단이었다. 그리네비치는 "체카(Cheka, "비상위원회", 공안 경찰)에서 정치위

---

118 Ia. V. Mints, "Alexander Blok(patograficheskii ocherk)", *Klinicheskii arkhiv*, no. 3, 1928, p. 53.
119 [옮긴이] 제정 러시아 시대의 농민 남성을 지칭한다.

원들과 싸웠다"라고 자랑하는 시인을 "사이코패스"로 묘사했으며, 그 시인은 언젠가 그의 "무정부주의적 영향"으로 교수형에 처해질 것이라고 예견했다(그 시인은 "공산주의 동조자" 그룹 세라피온 형제의 일원인 니콜라이 티호노프였다). 자신을 "객관적 정신병리학자"라고 소개한 그리네비치는 불안정하고 비관적이며 의심이 많고 조현병을 앓는 "부르주아" 시인은 건강한 프롤레타리아 작가에게 길을 내주어야 한다고 결론지었다. 그는 정신적으로 혼란스러운 "부르주아" 작가와는 달리, 새로운 소비에트 작가는 "고전의 명료함, 정확함, 단순함"을 부여받았다고 주장했다.[120]

1926년의 시작은 세르게이 예세닌의 비극적 죽음으로 주목받았다. 30세의 시인은 호텔방에서 정맥을 긋고 작별시를 쓴 후 목을 매었다. 그는 자유로운 영혼과 거친 삶으로 볼셰비키의 비평은 물론 게페우(GPU, 국가정치보안부, 공안 경찰)의 박해, 모두의 표적이 되었다. "예세니니즘"(Eseninism)은 프롤레타리아 비평가의 언어로 표현하면 "소비에트의 정치적 통일체를 해치는 위험한 병이자, 요구되는 삶의 낙천적 태도에 부적합한 퇴폐한 (⋯) 개인주의의 징표"와 동의어가 됐다.[121] 사람들은 세상을 놀라게 한 그의 죽음이 혁명에 환멸을 느낀 젊은이들의 자살 붐을 일으켰다고 생각했다. 공중보건위원장 세마시코는 자살의 확산을 인정했으나 파괴적인 영향에 대한 반작용을 위해 자살의 위험을 과장하는 것을 경고하는 두 편의 논문을 썼다. 그

120 V. S. Grinevich, "Iskusstvo sovremennoi epokhi v svete patologii", *Klinicheskii arkhiv*, no. 1, 1928, p. 49. 그리네비치는 1928년 스물네 살의 나이에 폐결핵으로 사망했다. 다음을 참조하라. "Nekrolog V. S. Grinevicha", *Klinicheskii arkhiv*, no. 3, 1928, p. 79.

121 Struve, *Russian Literature*, p. 26.

는 자살한, 몰락한 예세닌은 근본적으로 건강한 소비에트 청년의 본보기가 될 수 없다고 발표했다.[122]

예세닌이 정신 질환을 앓았고 현실과 거리를 두고 지냈다는 세마시코의 주장을 뒷받침할 근거가 있었다. 그의 자살 한 달 전쯤 한편으로는 무질서한 생활과 과음으로부터 예세닌의 회복을 돕고, 다른 한편으로는 정권의 재구속을 막기 위해 그를 모스크바대학교 정신의학 클리닉에 입원시켰던 것이다.[123] 세마시코처럼 『임상 기록』에 글을 실은 몇몇 기고가들은 예세닌의 자살을 알코올 의존증의 증거로 받아들였다. 그들 중 한 사람은 예세닌이 "알코올 의존증 환자들에게서 흔한 짐승 같은 범죄 본능"에 자신의 재능을 묻었다고 주장했다. 농민 가정에서 자란 예세닌은 자주 자신의 시에 자연과 동물에 대한 사랑을 드러냈다. 정신의학자의 관점에서 이런 시들은 그의 "수컷 동물성애"의 반영이었다. 또 다른 정신의학자는 프롤레타리아 평론가들이 예세닌의 시가 당시의 활기찬 시대정신과 맞지 않다고 본 점을 언급하며, 예세닌의 자살 결정은 "당대 사람들의 건강하고 생기 있는 정신과의 부조화에 따른 충돌"에 의한 것이라고 주장했다.[124]

122 1926년 세마시코의 논문들에 대한 설명은 다음을 참조하라. Constantin V. Ponomareff, *Sergey Esenin*, Boston: Twayne, 1978, pp. 154~155.

123 글라스노스트라는 포스트 소비에트 분위기에서 경축된 1995년 예세닌 100주년 기념식은 "충격적"인 생물학적 발견의 계기가 되었다. 전직 범죄 수사관이 쓴 작품과 정신의학자를 인터뷰한 예세닌 전기 작가의 작품 등 두 편의 최근 작품은 예세닌이 클리닉에 있었던 이유에 대해 전혀 반대되는 해석을 하고 있다. 다음을 참조하라. Eduard Khlystalov, *13 ugolovnykh del Sergeia Esenina: Po materialam sekretnykh arkhivov i spetskhranov*, Moscow: Rusland, 1994, esp. 62~64; Anatolii Panfilov, *Esenin bez tainy: bolezni poeta i tragediia 28 dekabria 1925 g.: poiski i issledovaniia*, Moscow: Narodnaia kniga, 1994.

124 I. B. Galant, "O dushevnoi bolezni S. Esenina", *Klinicheskii arkhiv*, no. 2, 1926, p. 132; V. S. Grinevich, "K patografii Esenina", *Klinicheskii arkhiv*, no. 1, 1927, p. 94.

전기를 병적학으로 다시 쓰자는 세갈린의 권유에 젊은 모스크바 정신의학자 민츠는 예수까지도 재평가하며 화답했다. 종교적 인물의 병리는 새로운 현상이 아니었지만, 무신론이 국가 정책이 된 시기였으므로, 정신의학자들은 특히 그들에 대해 쓰도록 권고받았다.[125] 민츠는 예수에게서 편집증을 진단했고, 그 원인을 그의 무기력한 체질에서 찾았다. 민츠는 마르크스주의 분석을 통해 기독교의 창시자가 수공업자 집안 출신의 "프티 부르주아적" 사회 배경을 가졌던 것으로 결론을 냈다. 이 젊은 무신론자는 크리시나, 부처, 조로아스터, 무함마드, 사보나롤라의 경우도 마찬가지이며, 이러한 예언자들은 유사한 삶의 여정과 공통된 병리를 가지고 있다고 주장했다. "그들은 자신이 세상을 구원할 운명을 가진 신이라고 믿었고, 성인이 된 후 상대적으로 늦은 시기에 가족을 떠났으며, 은둔, 고독, 단식의 삶을 거쳐, 방랑자가 됐고 환각에 빠진다. 악마가 그들을 유혹하려 하지만 실패하고, 그들은 추종자를 얻어 비슷한 종류의, 예를 들면 히스테리 환자의 치료 같은 기적을 만들어 낸다."[126]

125 슈바이처는 예수를 "병리적으로 보려는" 시도에 대한 자신의 비평(The Psychiatric Study of Jesus: Exposition and Criticism, 1911, trans. and intro. Charles R. Joy, Boston: Beacon, 1948)에서 다음의 세 저자에 응답했다. George de Loosten(Dr. Georg Lomer), Jesus Christ from the Standpoint of Psychiatry, 1905; William Hirsch, Conclusions of a Psychiatrist, 1912; Charles Binet-Sanglé, The Insanity of Jesus. 1910~1915년 전체 저서 가운데 네 권이 출간되었다. 러시아 정신의학자 간누시킨 역시 종교를 신봉하는 사람들의 엑스터시를 병리 현상으로 연구했다. 다음을 참조하라. "La volupté, la cruauté et la religion", Annales médico-psychologiques 14, 1901, pp. 353~375. 러시아어 번역은 다음을 참조하라. "Sladostrastie, zhestokost' i religiia", Izbrannye trudy, ed. O. B. Kerbikov, Moscow: Meditsina, 1964, pp. 80~94. 혁명 이후 러시아에서의 호전적 무신론에 대해서는 다음의 예를 참조하라. Stites, Revolutionary Dreams, pp. 105~109.
126 Ia. V. Mints, "Iisus Khristos-kak tip dushevnobol'nogo", Klinicheskii arkhiv, no. 3, 1927, p.

유명한 작가들도 병리 진단으로부터 예외가 아니었다. 고리키는 18세에 자살을 시도했다는 이유로 정신이상이 의심됐다.[127] 톨스토이, 도스토옙스키, 니체, 바이런, 네크라소프, 오노레 드 발자크에게도 똑같은 진단이 이뤄졌다.[128] 세갈린은 톨스토이의 보수성과 작품 속 "간실의 강도"에서 병의 흔적을 발견해 그를 "정서적 간질"로 진단했다. 그는 차르 정권과의 싸움에서 톨스토이가 충분히 나서지 않았고 혁명의 필요성을 수용하지 않았다고 주장하며 톨스토이를 비난했던 초기 급진파 비평가를 따랐다. 세갈린의 글은 바쿠 출신 동료 루드네프를 설복시켰다. 루드네프는 "톨스토이의 세계관과 우리 모두를 놀라게 했던 1870년대 말 그의 갑작스러운 변화 모두는 분명해졌다"라고 전했으며, 톨스토이가 간질을 앓았다는 더 많은 증거를 『광인의 수기』에서 찾았다고 적었다. 이것이 세갈린의 진단을 뒷받침했다.[129]

톨스토이에 대한 세갈린의 논문이 결국 『임상 기록』의 폐간을 야기했을 수도 있다. 1920년 말, 광적으로 혁명을 추종하려는 시도와

245.

127 I. B. Galant, "O suitsidomanii Maksima Gor'kogo: Lichnost' M. Gor'kogo v svete sovershennogo im v dekabre 1887 goda pokusheniia na samoubiistvo", *Klinicheskii arkhiv*, no. 3, 1925, pp. 93~109; I. B. Galant, "O psikhopatologii snovidnoi zhizni(*Traumleben*) Maksima Gor'kogo: O dvukh snakh M. Gor'kogo i tolkovanii ikh L'vom Tolstym", *Klinicheskii arkhiv*, no. 3, 1925, pp. 111~114. 갈란트는 고리키의 정신병 묘사에 관한 긴 논문을 작가의 35주년 기념일에 헌정했다. 다음을 참조하라. I. B. Galant, "Psikhozy v tvorchestve Maksima Gor'kogo", *Klinicheskii arkhiv*, no. 2, 1928, pp. 5~112.

128 G. V. Segalin, "Obshchaia simptomatologiia evro-aktivnykh (tvorcheskikh) pristupov", *Klinicheskii arkhiv*, no. 1, 1926, pp. 3~78.

129 G. V. Segalin, "Evropatologiia lichnosti i tvorchestva L'va Tolstogo", *Klinicheskii arkhiv*, no. 3~4, 1919, pp. 5~148; V. I. Rudnev, "*Zapiski sumasshedshego* L. Tolstogo", *Klinicheskii arkhiv*, no. 1, 1929, p. 69; G. V. Segalin, "*Zapiski sumasshedshego* L'va Tolstogo kak patograficheskii dokument", *Klinicheskii arkhiv*, no. 1, 1929, pp. 73~78.

무정부주의 정신이 한풀 꺾였고, 소비에트 문학 체제는 고전으로 회귀했다. 톨스토이와 도스토옙스키는 예정에 없었으나 둘 모두 소비에트 문학 판테온에 수용됐다. 1920년대를 이끈 주요 비평가 보론스키는 "도스토옙스키의 비관주의를 톨스토이와 함께 제한하고 톨스토이의 낙천주의를 도스토옙스키와 함께 조정하기 위한" 계획을 세웠다. 그는 여러 시기에 걸쳐 다양한 마르크스주의 사상가들이 톨스토이를 존중했다는 사실을 무정부주의자들에게 상기시켰다. 구(舊) 러시아 마르크스주의자 중 한 명은 톨스토이의 "작품이 과학적인 연구에서처럼 경험에서 나온 것"이기 때문에 "진실에 입각해 용어를 사용하자면 톨스토이는 사실주의자(리얼리스트)"라고 언급했다.[130] 레닌은 톨스토이의 무저항철학을 공격하긴 했지만, 러시아 문학에서의 그의 독특한 위상을 존경했으며, 새로운 소비에트의 작가들보다 그를 선호했다. 그는 전례가 없었던 90권 분량의 톨스토이 전집 출판을 지원했다. 1928년 톨스토이 탄생 100주년은 혁명 이전 작가를 기념하는 최초의 대규모 정부 후원 행사였다. 그 행사는 교육부장관 루나차르스키의 기조연설과 함께 볼쇼이 극장에서 일곱 시간 동안의 축하로 진행됐다.[131]

톨스토이에 관한 세갈린의 논문은 『임상 기록』이 발간된 지 4년째 되는 1929년에 게재되었다. 다음 호는 발표는 되었지만 출간되지

---

130 보론스키(1923)는 다음에서 인용되었다. Robert A. Maguire, *Red Virgin Soil: Soviet Literature in the 1920s*, Princeton: Princeton Univ. Press, 1968, pp. 280~281. 연장자 마르크스주의자 악셀로드-오르토독스(L. I. Aksel'rod-Ortodoks)는 다음에서 인용되었다. *Ibid.*, p. 299.

131 축제에 대해서는 다음을 참조하라. S. L. Frank, "Tolstoi i bol'shevism"(1928), *Russkoe mirovozzrenie*, St. Petersburg: Nauka, 1996, pp. 455~459.

않았다. 스탈린의 정치 캠페인 패턴에 따라 폐간되는 잡지는 정치적 지도자들이 아니라 정신의학자들이 쓴 일련의 비판적인 글들로 꾸며졌다. 지방의 정신의학자 발라반은 정신신경학자−유물론자협회의 공식 기관지 『소비에트 정신신경학』에 톨스토이에 관한 세갈린의 논평을 비평하는 글을 실었다. 그는 톨스토이에 대한 세갈린의 진단이 작가의 국제적인 명성에 익숙한 독자들에게 혼란을 줄 것이라고 주장했다. 톨스토이를 건전한 정신의 사실주의자로 보는 레닌과 루나차르스키의 시각은 환각을 일으키는 작가의 모습을 떠올리는 세갈린과 극명히 대조되었다. 세갈린은 톨스토이가 50세 이전에 이미 "조증 상태"에 있었으며, 후에 "정서적 간질"이 "우울증 상태"로 바뀌었다고 주장했다. 발라반의 관점에 따르면, 세갈린은 이미 문학사 학자들이 폐기한, 톨스토이의 "갑작스러운 위기"라는 시대에 뒤떨어진 클리셰를 반복할 뿐이었다. 발라반은 톨스토이의 변화가 병으로 설명되어서는 안 된다고 주장했고, 세갈린이 의학적 지식을 축적하지 못한 채 의심스러운 롬브로소학파의 견해를 재생산한다고 비판했다.[132]

발라반의 논문으로 세갈린의 주도권은 끝이 났다. 1920년대 말까지도 세갈린은 여전히 천재연구소에 가망이 있다고 믿었다. 모스크바에서 "한 심리학회"가 "유로신경연구소"에 대한 아이디어를 검토해 보고 있다는 말을 듣고 그의 희망이 되살아났다. 그는 또한 과학학술원이 과학자들의 생활과 근로조건을 관리하는 "중앙 기관"을 설립하기로 했다는 이야기를 들었다. 아울러, 신경정신의학 진료소의

---

132 N. I. Balaban, "O patologicheskom v lichnosti L'va Tolstogo: Kriticheskii ocherk", *Sovetskaia psikhonevrologiia*, no. 3, 1933, pp. 108~111.

성공은 세갈린이 "창조적인 사람들을 위한 특수한 진료소"에 대한 문제를 제기하도록 부추겼다. 실제로 사회위생학자들의 비전이 확대됐고, 그들은 모든 의학 기관을 "통합된 진료소"의 통제하에 두자는 운동을 전개했다.[133] 그들의 목표는 인구를 관리하고, 모든 노동자에게 제공되는 보건 주민증을 도입하고, "작업 능력 계수를 측정하며", "정기 검진, 치료, 위생 및 사회적 구호"를 제공하는 것이었다.[134] 세갈린은 천재를 위한 진료소가 유사한 방식으로 "비정상적이고 반사회적인 예술"을 통제하고 "유로요법"의 도움을 받아 "비생산적인 유로신경증"을 촉진시킬 것으로 보았다.[135] 그러나 이러한 계획은 일반적으로 정신위생, 사회위생 등에 부정적이 된 사회 분위기에 따라 천재연구소, 미학적 의료 등과 함께 폐기되었다.

　　1930년대 서구 사회주의 의사들의 주목을 받으며 널리 공표된 공중보건 전략에도 불구하고 나르콤즈드랍은 위기를 맞고 있었다.[136]

133　다음의 예를 참조하라. Ia. G. Oppengeim, *Rekonstruktsiia zdravookhraneniia i edinyi dispanser*, Moscow: Mosoblispolkom, 1930; N. A. Semashko, *Health Protection in the U.S.S.R.*, London: Victor Gollancz, p. 1934.

134　V. I. Smirnov ed., *Sotsialisticheskaia rekonstruktsiia zdravookhraneniia*, Moscow: GIZ, 1930, p. 5. 이 경우에서처럼 소비에트 위생학자들은 독일 동료들을 하나의 모델로 보았다. 바인들링은 보건 주민증이라는 개념이 1914년 이전에 독일에서 등장했다고 언급한다. 다음을 참조하라. Weindling, *Health*, pp. 384~385. 볼셰비키 혁명 직후 임마누엘 엔크맨(Emmanuel Enchmen)에 의해 소개된 "정신 및 육체 주민증"이라는 아이디어는 독일 위생학자들에 의해 제안된 보건 주민증에 대응할 만한 러시아식 형태를 제공할 수도 있었다. 그러나 그의 아이디어는 상위 볼셰비키 당원들에게 혹독하게 비판받았고, 엔크맨은 자신의 "새로운 생물학 이론"을 발전시킬 수 없었다. David Joravsky, *Soviet Marxism and Natural Science, 1917-1932*, New York: Columbia Univ. Press, 1961, pp. 93~97.

135　G. V. Segalin, "Izobretateli kak tvorcheskie nevrotiki(evronevrotiki)", *Klinicheskii arkhiv*, no. 2, 1929, pp. 70~72.

136　소비에트 건강 관리 체계에 대한 논쟁은 다음을 참조하라. Jerome Davis ed., *The New Russia: Between First and Second Five-Year Plan*, New York: John Day, 1933; Arthur Newsholme and

강제 산업화와 국영화의 결과에 대처할 자금이 부족했기 때문이다. 복지는 지방의 기근으로 인한 도시 인구 증가를 감당할 수 없었다. 예방의학이라는 야망과 사회 현실의 간극은 분명했다. 1931년 정부의 법령은 환자의 수가 예상 인원을 수차례 초과함에 따라 직원과 병상이 부족해진 정신병원의 냉혹한 현실을 반영한 것이었다. 법령은 로젠시테인의 신경정신의학 예방연구소에 정신 치료를 축소하도록 지시했으며, 이는 연구소가 예방 전략에서 벗어나도록 만들었다. 또한 법령의 지시는 어떠한 예방정신의학 기관도 설립하지 말라는 것이었다.[137] 진료소 캠페인은 더뎌졌고 캠페인의 주 발의자들이 자취를 감췄다. 1930년에 사회위생의 지지자 세마시코는 공중보건위원장 지위를 박탈당했다. 새로운 나르콤즈드랍의 전략은 더 계급 지향적이었으며 직장 내 노동자를 위한 의료시설의 설립에 중점을 두었다.[138]

로젠시테인은 "사회생활의 모든 측면에 의학적 통제를 확대하

John Adam Kingsbury, *Red Medicine: Socialized Health in Soviet Russia*, Garden City, N.Y.: Doubleday, Doran, 1934; Henry E. Sigerist, *Socialized Medicine in the Soviet Union*, New York: Norton, 1937. 지거리스트의 저서에 관한 출판사의 다음과 같은 논평은 독자에게 경종을 울렸다. "객관적일지라도, (⋯) (그 책은) 소비에트연방 내에서 얻어진 것과 같은 그러한 적절한 조건하에서 사회주의적 의료의 실현 가능성을 보여 준다. 소비에트연방의 정신 위생학에 대해서는 다음을 참조하라. Frankwood Williams, *Soviet Russia Fights Neurosis*, London: Routledge, 1934.

137 *Zdravookhranenie v gody vosstanovleniia i sotsialisticheskoi rekonstruktsii narodnogo khoziaistva SSSR, 1925-1940: Sbornik dokumentov i materialov*, Moscow: Meditsina, 1973, pp. 174~176. 1928년 1월, 로젠시테인의 신경정신의학 진료소는 연구소로 승격됐다. 다음을 참조하라. "Protokol zasedaniia kollegii Narkomzdrava ot 13. 1. 1928", in GARF, f. 482, op. 1, d. 618, ll. 2~3.

138 Christopher M. Davis, "Economics of Soviet Public Health, 1928-1932: Development Strategy, Resource Constraints and Health Plans", in Solomon and Hutchinson, *Health and Society*, pp. 146~174.

고, 사회주의 공중보건을 정신위생으로 대체하려” 했다고 비판을 받았다.[139] 지노비예프가 “진료소는 스스로 건강하다고 생각하는 사람들 가운데서 고객을 찾아야 한다”라고 무심결에 한 말이 여론이 정신위생 반대로 돌아서게 하는 계기가 됐다.[140] 위생학자들은 전체 인구가 병적으로 보일 정도까지 정신이상과 직무 외상의 개념을 확장했다고 비난받았다. 비평가들은 과도하게 광범위한 정신위생의 개념은 의사-위생학자들에게 경제와 정치를 포함해 “삶의 모든 복잡한 관계를 다루고 가르치고 지시하고 통제하고 간섭할 부당한 권리”를 부여했다고 지적했다.[141] 당황한 로젠시테인의 동료들은 정신위생과 관련한 문제는 존재하지 않으며 “다수의 사람이 스스로 엄청난 정도의 융통성을 발휘해 새로운 상황에 적응해 왔다”라고 주장하기 시작했다. 그들은 “전쟁과 혁명의 희생양”을 위한 국가적 지원의 필요성이 현저하게 줄어들고 있다고 발표했다.[142] 많은 신경증 환자들이 정신 건강 관리를 받을 필요가 있다고 고집했던 로젠시테인은 공개적으로 자신의 견해를 철회하도록 요구받았다.[143] 그는 2년 뒤 사망했다. 그의

---

139 Kannabikh et al., “L. M. Rozenshtein”, p. 8.

140 Zinov'ev, K voprosu ob organizatsii, 5. 지노비예프는 정신 질환이 분명한 사람을 주병원이나 정신병원에 옮길 때 환자의 생각이나 주변인들의 판단이 아닌 “해당 사례 유형”에만 집중해야 한다는 마이어의 말을 달리 표현했을 뿐이다. 다음을 참조하라. Adolf Meyer, “Aims of a Psychiatric Clinic”, p. 360. 죽을 때까지 높은 전문적 명성을 얻었던 마이어와 달리 지노비예프는 대학의 자리에서 퇴출됐다. 소문에 의하면 그는 1930년대 중반 모스크바에서 사라졌다가 아제르바이잔에서 나타났다. 그곳에서 그는 의대 정신의학장을 맡았다.

141 Kannabikh et al., “L. M. Rozenshtein”, p. 8.

142 A. B. Zalkind, “Mental-Hygiene Activities in Russia(USSR)”, Mental Hygiene 3, 1930, p. 650; G. A. Tiganova, “K voprosu o polozhenii invalidov voiny v RSFSR”, Zhurnal nevropatologii, no. 3, 1927, p. 330.

143 그러나 1933년 말까지 관련 기록은 미국, 프랑스, 독일 정신위생학 운동의 지도자의 이름을

신경정신의학 예방연구소는 진료소화에 강경하게 반대하는 임상 정신의학자들의 손에 넘어갔다. 새로운 행정부는 정신위생 부서를 "실험 부서"로 개명함으로써, 현재 정신의학연구소가 된 연구소의 이름에서 예방에 대한 방점을 없앴다.[144]

지방의 정신의학자라는 세갈린의 주변적 위치는 물리적 압력으로부터 그를 보호했다. 그러나 유로병리학에 관한 그의 생각은 태동 단계에서 이미 파기된 것과 같았다. 이제 서구에서 급진적이라는 함의를 갖게 된 우생학 관련 협회로 인해 유로병리학은 더 쉽게 공격에 노출됐다. 1928년, 독일 정신위생학회와 런던 우생학회는 정신 질환 예방법으로 단종 캠페인을 벌였다. 3년 뒤, 국가사회주의자들은 독일 의회에 유전성 범죄자들의 단종을 청원했다. 독일 인종우생학의 창시자 알프레트 플로에츠는 역사학자 폴 웨인들링이 언급한 바와 같이 "카우츠키 추종자에서 히틀러 지지자로 탈바꿈했다".[145] 이러한 전개는 소련에서는 절대 용납될 수 없었고 우생학의 지위를 위협했다고 소비에트 우생학 역사학자 마크 애덤스는 말한다. 1930년 러시아

호의적으로 다뤘다. 다음을 참조하라. "Psychohygiene" by L. M. Rozenshtein, L. Rokhlin and A. Edel'shtein in the *Major Medical Encyclopedia* (*Bol'shaia meditsinskaia entsiklopediia*), 27, Moscow:OGIZ, 1933, pp. 749~762.

144 1935년 6월에 임명된 로젠시테인의 계승자 브누코프(V. A. Vnukov)는 과거에 모스크바대학교 정신의학 클리닉의 책임자였다. 또한 그는 관계자로 주목할 만한 기록물을 보유했다. 다음을 참조하라. "Pasport Gosudarstvennogo nauchno-issledovatel'skogo instituta nervo-psikhiatricheskoi profilaktiki im. professora V. V. Kramera", 1928, in GARF, f. 482, op. 28, d. 208, ll. 2~5. 정신위생학은 실패했음에도 불구하고 정신의학 조직에 관한 지울 수 없는 족적을 남겼다. 소비에트 이후 러시아에서도 신경정신의학 진료소는 여전히 정신 건강 체계의 토대로 남는다.

145 Weindling, *Health*, pp. 451~452, p. 579. 독일 사회주의자 카를 카우츠키는 초년에는 마르크스주의자였다.

우생학회는 해산하였고, 기관지는 세갈린의 잡지와 거의 같은 시기에 폐간됐다. "생물학과 사회학을 잇는 어떠한 분야도 대변혁을 온전히 견뎌 내지 못했다."[146] 마르크스주의철학에서 민감한 사안인 사회와 생물학의 연결은 생물학 내에서 정치적 투쟁의 초점이 됐다.[147]

문학도 마찬가지로 정치화됐다. 1920년대 공산당은 문학적 투쟁을 주의깊게 감시하고 있었다. 20년대 말에 이르자, 가장 호전적인 프롤레타리아 집단 라프(RAPP, 러시아 프롤레타리아 작가동맹)가 여타 모두를 제압했으며, 당 결의안은 모든 문학협회를 폐지하고 공산주의 당파를 중심으로 한 소비에트 작가동맹의 독점을 공고히 했다.[148] 스탈린은 개혁된 작가를 "인간 영혼의 기술자"로 상향했다. 1934년 동맹 회의에서 언급되었듯이 이 구절은 "낡은 유형의 낭만주의, 즉 부존재의 삶과 부존재의 인물을 그려 내는 낭만주의로부터의 탈출을 의미하며, 독자를 삶의 모순과 억압으로부터 불가능의 세계인 유토피아로 우회시키는 것"을 의미했다.[149] 그러나 역사가들이 증명하고

---

146 Adams, "Eugenics as Social Medicine", pp. 218~219.

147 이 시기 소비에트 생물학은 역사가들로부터 상당한 관심을 받았다. 다음을 참조하라. Loren R. Graham, *Science, Philosophy and Human Behavior in the Soviet Union*, New York: Columbia Univ. Press, 1987; Joravsky, *Soviet Marxism*; N. L. Krementsov, *Stalinist Science*, Princeton: Princeton Univ. Press, 1997; E. S. Levina, *Vavilov, Lysenko, Timofeev-Resovskii: Biologiia v SSSR: istoriia i istoriografiia*, Moskva: AIRO-XX, 1995; Alexander Vucinich, *Science in Russian Culture*, Stanford: Stanford Univ. Press, 1963.

148 이 시기에 대한 충분한 문헌이 있다. 다음의 예를 참조하라. Herman Ermolaev, *Soviet Literary Theories, 1917-1934: The Genesis of Socialist Realism*, Berkeley: Univ. of California Press, 1963; Max Hayward and Leopold Labedz eds., *Literature and Revolution in Soviet Russia, 1917-1962: A Symposium*, London: Oxford Univ. Press, 1963; Maguire, *Red Virgin Soil*.

149 Struve, *Russian Literature*, p. 262에 인용된 A. A. Zhdanov, *Sovetskaia literatura-samaia ideinaia, samaia peredovaia literatura v mire*, 1934.

있듯이 1934년 의회에서 시작된 사회주의리얼리즘의 억압적 독트린은 혁명 이전의 급진적 비평과 예술의 사회적 과제라는 개념에 뿌리를 둔 것이었다.[150]

작가동맹의 진지한 구성원들은 "미치광이, 수행자, 이교도, 몽상가, 혁명가, 회의론자"가 문학을 창작했다는 견해를 달가워하지 않았다.[151] 사회주의리얼리즘의 대변인인 알렉산드르 파데예프는 한때 "사회주의 사상"이 "진정한 예술가의 천재성"과 결합한다면 "인류 발전의 새 발걸음"이 내딛어질 것이라고 주장했다. 그러나 파데예프의 관점에서 "진정한 예술가의 천재성"은 건강한 것이었다. 병든 천재에 대한 롬브로소학파의 견해는 전혀 수용되지 못했다. 롬브로소학파의 견해를 방어한 정신의학자들은 과학적 중립을 주장하며 스스로를 변호할 수 없었다. 롬브로소가 자신을 방어하는 글에서 "하지만 자연은 똑같은 토양의 비슷한 세균들로부터 쐐기풀과 재스민, 제비꽃과 장미를 자라게 하지 않았는가?"라고 적자, 그의 동시대인들은 그가 자신의 이론으로 천재를 "더럽혔다고" 비난했다. 1930년대에는 과학자가 자연의 법칙을 밝힐 뿐이라는 주장은 더는 통하지 않았다. 정치적으로 중립적인 정신의학의 신화는 중단됐다.[152]

정신의학자들은 롬브로소와 뫼비우스의 전통에 거리를 두면서 병적학 장르를 거부했다. 지노비예프만이 여전히 "모든 사람들은 어

---

150 사회주의리얼리즘의 혁명 이전 뿌리에 대해서는 다음을 참조하라. Rufus W. Mathewson Jr., *The Positive Hero in Russian Literature*, 2d ed., Stanford: Stanford Univ. Press, 1975.

151 예브게니 자먀찐은 다음에서 인용되었다. Ermolaev, *Censorship*, p. 47.

152 파데예프는 다음에서 인용되었다. Ermolaev, *Soviet Literary Theories*, p. 148; Cesare Lombroso, *The Man of Genius*, London: Walter Scott, 1910, p. ix.

느 정도 병리적"이라고 주장하며, 어떤 평범한 사람에 관해서도 병적학을 쓸 수 있다고 말했다. 하지만 1934년 그는 "위인의 공적인 사회적 평가"는 정신의학의 범위 밖에 있다고 서둘러 주장하기도 했다. 모스크바 정신의학자의 지도자, 간누시킨은 절충적인 장르를 거부했다. 조합원에게 남기는 그의 마지막 메시지가 된 한 권의 책(1933)에서 그는 다음과 같이 썼다. "역사는 오로지 결과에 관심을 가지며, 주로 사적이고 개별적이 아닌, 일반적이고 영원한 성격을 띤 요소에 관심을 둔다. 생물학적 가치가 자신의 창작물과 같은 중요성을 갖지 못하는 창조적 인물은 결과적으로 역사의 뒤안길로 사라졌다. 천재가 퇴폐인지 선세대의 현상인지 가리는 논쟁은 무익하며 생물학적·사회학적 시각의 부정확한 혼돈에 기인한다."[153]

간누시킨은 병리학뿐만 아니라 정신요법과 정신분석에도 의문을 가졌다. 1920년대 초 도브비나가 모스크바대학교에 정신요법 강좌 개설을 발표하자 간누시킨은 입문 강의에 대한 자신의 견해를 드러냈다. 그는 학생들에게 "우리 중 누구나 환자와 접촉하는 매 순간 정신요법을 실행하고 있기" 때문에 넓은 의미에서 정신요법은 특별하지 않으며, 오히려 정식 정신요법은 위험할 수 있음을 지적하며 사실상 해당 과목을 낮게 평가했다. 간누시킨은 합리적 치료법을 수용하긴 했으나 최면과 정신분석에 대해 우려했다. "최면은 (⋯) 사람을

153 Zinov'ev, "O zadachakh patograficheskoi raboty", pp. 415~416; P. B. Gannushkin, *Klinika psikhopatii: ikh statika, dinamika, sistematika*, Moscow: Sever, 1933, p. 55. 또한 다음에서 인용되었다. D. A. Amenitskii, "Epilepsiia v tvorcheskom osveshchenii F. M. Dostoevskogo", *Trudy Psikhiatricheskoi kliniki Pervogo MMI. Pamiati Gannushkina*, 4, Moscow: Gosizdat, 1934, pp. 430~431. 간누시킨에 대해서는 다음을 참조하라. A. G. Gerish, *P. B. Gannushkin*, Moscow: Meditsina, 1975.

어리석은 바보로 만들고 (…) 정신분석은 환자의 성생활에 노골적으로 개입해서 그의 정신에 충격을 준다. 나는 의사가 모르핀이나 다른 마약 중독에서처럼 의사들 스스로가 질병을 일으킬 수도 있는 것을 적어도 한 차례 이상 목격했다. '프로이트' 병에 걸린 환자에 대해서도 (동일하게) 말할 수 있다."[154] 프랑스와 독일의 전통적 정신의학 이념을 교육받은 간누시킨은 유전적으로 물려받은 체질과 선천적 퇴폐성의 측면에서 환자를 진료했으므로, 정신요법이 그들에게 이로울 수 있다고 생각하지 않았다. 병적학이라는 용어는 점차 사라졌다. 대신 작가의 일대기와 사회적 환경에 비춰 작가의 스타일을 분석하는 학문을 지칭하기 위해 **사회지학**(sociography)이라는 용어가 문학사에 등장했다.[155] 전기의 순수한 사회적 개념이 창조적 삶의 추진력으로서 생물학적 질병의 개념을 대체했다. 이는 공식적으로 규정된 낙관적 분위기와 모순되는 시각이었다.

병적학의 또 다른 주요 지지자인 예르마코프는 세갈린과 함께 침묵을 강요당했다. 예르마코프도 세갈린처럼 전문 화가였으며 "예술세계"라는 이름의 선봉대에 속해 있었다. 그는 1902년 모스크바 대학교를 졸업한 뒤 대학교 정신의학 클리닉에서 근무했고 러일 전쟁 당시 외상성 정신병을 연구하면서 정신분석에 관심을 가지게 됐

---

154 P. B. Gannushkin, "O psikhoterapii i psikhoanalize", *Izbrannye trudy*, ed. O. B. Kerbikov, Moscow: Meditsina, 1964, p. 284.

155 P. B. Gannushkin, "Postanovka voporsa o granitsakh dushevnogo zdorov'ia" (1908), *Izbrannye trudy*, p. 108. 로버트 매콰이어(Robert Maquire)가 사회지학의 예로 언급한 저서는 다음을 참조하라. G. Zalkind, *G. P. Kamenev(1772-1803)(Opyt imushchestvennoi kharakteristiki pervogo russkogo romantika)*, Kazan', 1926. 이 언급은 다음에서 인용되었다. *Red Virgin Soil*, p. 301.

다. 그는 1920년 어린아이를 위한 정신분석 기숙학교를 세웠고, 3년 뒤 모스크바에 정신분석연구소를 공동으로 창립했다. 당대의 사람들은 예술작품과 예술가의 생애에 대한 그의 관심 때문에 그의 정신분석을 "예술적" 혹은 "미학적"이라고 불렀다. 1923~1925년 예르마코프는 고골과 푸시킨에 대한 자신의 연구를 출간했고, 일련의 번역과 원작으로 이뤄진 잡지 『심리 정신분석 도서관』(*Psychological and Psychoanalytic Library*)을 편집했다. 또한 그는 자신이 모스크바대학 병원에서 진료했던 화가 브루벨과 도스토옙스키의 병적학을 썼다.[156] 1920년대 초반 정신분석학자들은 프로이트주의를 마르크스주의와 통합하고 싶어 했으나 이러한 논쟁은 1920년대 말에 퇴출당했다.[157] 예르마코프의 정신분석연구소는 문을 닫았고, 그의 『도서관』 출판도 멈추었다. 1930년대, 정치적 혐의로 체포되기 전까지 예르마코프는 정신병원의 자문역으로 일하곤 했으며, 1942년 굴라크에서 사망했다.

병적학에 관한 글쓰기에 그늘이 드리워졌으나, 병적학의 종말은 그 시대의 정치적 사건들 때문만은 아니었다. 롬브로소의 천재관에 대한 비판은 19세기에 시작됐다. 이와 유사하게, 병적학이 위인을 치료하는 적합한 방법인지에 관한 의문은 소비에트 정신의학자가 결과

---

156 도스토옙스키에 대한 예르마코프의 저술 일부는 다음과 같이 출판되었다. "Psikhoanaliz u Dostoevskogo", *Rossiiskii psikhoanaliticheskii vestnik*, no. 3~4, 1994, pp. 145~154. 예르마코프에 대해서는 다음을 참조하라. M. I. Davydova and A. V. Litvinov, "Ivan Dmitrievich Ermakov", *Rossiiskii psikhoanaliticheskii vestnik*, no. 1, 1991, pp. 115~127; M. M. Davydova, "Nezavershennyi zamysel: K istorii izdaniia trudov Z. Freida v SSSR", *Sovetskaia bibliografiia*, no. 3, 1989, pp. 61~70.

157 마르크스주의와 정신분석에 대해서는 다음을 참조하라. Elisabeth Roudinesco, *La bataille de cent ans: Histoire de psychanalyse en France, Vol. 2: 1925-1985*, Paris: Seuil, 1986, esp. 50~70; V. M. Leibin ed., *Zigmund Freid, Psikhoanaliz i russkaia mysl'*, Moscow: Respublika, 1994.

적으로 병적학을 "부르주아" 장르로 결론 내린 시기인 1930년대 훨씬 이전에 일어났다. 즉 병적학에 대한 거부는 소련에서조차 사상뿐만 아니라 지적 근거에 따른 것이었다. 이에 1981년 철학자 솔로비요프는 정신의학과 정신분석 글쓰기에서 흔히 보이는 병에 의해 삶이 움직인다는 비관적인 관점을 "해석학" 혹은 "실존주의적" 전기에 나타난 더 밝은 어조와 비교함으로써 병적학을 비판했다.

> 해석학 전기 작가들이 자아 정체성, 자아 성취, 의무감에 대해 말하는 데 반해, 병적학자는 개인의 자아와 외부의 분열, 이전에는 통합되었던 병든 부분을 본다. 이 분열은 때때로 분투(슈테판 츠바이크), 자아 소외(칼 야스퍼스), 순응하여 승화하도록 하는 온전한 모순(프로이트)으로 해석된다. 그러나 일반적인 가설은 인간 발달 초기의 충동이 병으로부터 온다는 것이었다. 무수히 다양한 역사적 인물이 테이블에 모여 있는데 수평 상자에는 정신적 외상과 변칙이, 수직 상자에는 그들에 반응하는 전형적 방식이 있다.[158]

솔로비요프의 "해석학 전기"에 대한 선호는 실존주의의 지적 논거와 사회적 낙관주의를 옹호하는 사상적 논거 모두의 영향에 따른 것이었다.

1980년대 말 글라스노스트[개방]와 함께 병적학 글쓰기가 재등장했다. 그 장르의 부흥은 세갈린의 고향 스베르들롭스크(소련의 멸

---

158 E. Iu. Solov'ev, "Biograficheskii analiz kak vid istoriko-filosofskogo issledovaniia", *Voprosy filosofii*, no. 9, 1981, pp. 140~141.

망과 함께, 원래 이름인 예카테린부르크를 되찾았다)에서 시작됐다. 그는
동료에게 병적학을 쓸 것을 권유했고, 병적학이 소비에트 시기에 사
라진 것을 정치적 원인으로 보았다. 그는 혁명 이전의 정신의학과의
연속성 회복과 정치인이 훼방을 놓은 정신요법과 천재에 대한 "객관
적" 연구 같은 프로젝트의 부흥을 요구했다. 이 우랄의 정신의학자가
기존의 동료들처럼 천재에 대한 "객관적" 연구를 강조했음에도 불구
하고, 그의 선언서는 전형적인 글라스노스트 출판물의 형식으로 쓰
였고, 이런 연구들이 정치적 문화에 확고히 정착되어 있다는 것을 재
차 확인시켜 준다. 병적학 장르의 다채로운 역사는 정신의학의 풍성
한 문화적 의미를 반영한다.[159]

---

159 V. N. Iuzhakov, "Patografiia kak zabytyi aspekt sotsiokul'turnykh issledovanii v
  psikhiatrii", *Nezavisimyi psikhiatricheskii zhurnal*, no. 3, 1994, pp. 55~62. 유자코프의 성명은
  화가 브루벨의 병적학도 담고 있었다. 사람들은 장르를 소생시키자는 그의 요구를 들었고,
  1996년 같은 학술지에 두 편의 병적학이 실렸다. 다음을 참조하라. V. E. Lerner, E. Vitsum
  and G. M. Kotikov, "Bolezn' Gogolia i ego puteshestivie k sviatym mestam", *Nezavisimyi
  psikhiatricheskii zhurnal*, no. 1, 1996, pp. 63~71; A. V. Shuvalov, "Patograficheskii ocherk o
  Daniile Kharmse", *Nezavisimyi psikhiatricheskii zhurnal*, no. 2, 1996, pp. 74~78.

참고문헌

1. 기록보관소 자료

Arkhiv Rossiiskoi akademii nauk(Archive of the Russian Academy of Sciences), f. 450, op. 4.

Gosudarstvennyi arkhiv Rossiiskoi Federatsii(State Archive of the Russian Federation), f. 259, op. 10a; f. 482, op. 1; f. 482, op. 10; f. 482, op. 28.

Moskovskii kul'turnyi fond. Arkhiv russkoi emigratsii, sostavlennyi A. M. Okunevym(Moscow Cultural Foundation. Archive of Russian Emigration, comp. A. M. Okunev. F. 175. Personalia).

Muzei Moskovskoi Meditsinskoi Akademii, f. 523/132, op. 2; f. 525/34.

Muzei Preobrazhenskoi bol'nitsy. F. 103. Arkhiv N. N. Bazhenova. 1904~1916.

Tsentral'nyi gosudarstvennyi arkhiv literatury i iskusstva(Central State Archive of Literature and Arts), f. 2299, op. 1.

Tsentral'nyi gosudarstvennyi arkhiv istorii i arkhitektury Moskvy(Central State Archive of the History and Architecture of Moscow), f. 1, op. 2; f. 363, op. 1; f. 418, op. 63.

2. 출간 도서

Amenitskii, D. A. "Analiz geroia *Mysli* Leonida Andreeva(K voprosu o paranoidnoi psikhopatii)." *Sovremennaia psikhiatriia*, no. 5, 1915: 223~251.

_____. "Epilepsiia v tvorcheskom osveshchenii F. M. Dostoevskogo." In

Trudy Psikhiatricheskoi kliniki Pervogo MMI. Pamiati Gannushkina. Vol. 4: 417~431. Moscow: Gosizdat, 1934.

_____. "Psikhopatologiia Raskol'nikova, kak oderzhimogo naviazchivym sostoianiem." *Sovremennaia psikhiatriia*, no. 9, 1915: 373~388.

Anokhin, A. K. *Sputnik iunogo razvedchika: Organizatsiia i zaniatiia s iunymi razvedchikami.* Kiev: I. I. Samonenko, 1916.

Apostolov, N. N. *Zhivoi Tolstoy: Zhizn' L'va Nikolaevicha Tolstogo v vospominaniiakh i perepiske.* St. Petersburg: Lenizdat, 1995.

Asatiani, M. M. "Sovremennoe sostoianie voprosa teorii i praktiki psikhoanaliza po vzgliadam Jung'a." *Psikhoterapiia*, no. 3, 1910: 117~124.

A-t. "Genii na sude psikhiatra." *Novoe vremia*, no. 6380 (December 1, 1894).

Avtokratov, P. M. "Prizrenie, lechenie i evakuatsiia dushevnobol'nykh vo vremia russko-iaponskoi voiny v 1904~1905 godakh." *Obozrenie psikhiatrii, nevrologii i eksperimental'noi psikhologii*, no. 10, 1906: 665~668.

Bajenoff, N. *Gui de Maupassant et Dostoïewsky: Etude de psychologie comparée.* Lyon: A. Stork & Masson, 1904.

_____. *La révolution russe: Essai de psychologie sociale.* Paris: Bloud et Gay, 1919.

Bajenoff, N., and N. Osipoff. *La suggestion et ses limites.* Paris: Bloud et Cie, 1911.

Bakhtin, Mikhail. *Problems of Dostoevsky's Poetics.* Edited and translated by Caryl Emerson. Introduction by Wayne C. Booth. Theory and History of Literature, vol. 8. Minneapolis: University of Minnesota Press, 1984.

Balaban, N. I. "O patologicheskom v lichnosti L'va Tolstogo. Kriticheskii ocherk." *Sovetskaia psikhonevrologiia*, no. 3, 1933: 108~111.

Bazhenov, N. N. *Bolezn' i smert' Gogolia.* Moscow: Kushnerev, 1902.

_____. "Bolezn' i smert' Gogolia." *Russkaia mysl'*, no. 1, 1902: 133~149; no. 2: 52~71

_____. "Bol'nye pisateli i patologicheskoe tvorchestvo." In *Psikhiatricheskie besedy na literaturnye i obshchestvennye temy*, 10~40. Moscow: Mamontov, 1903.

_____. "Dr. N. N. Bazhenov on Gogol." In *The Completion of Russian Literature*, edited by Andrew Field, 83~99. New York: Atheneum, 1971.

Abridged translation of N. N. Bazhenov, *Bolezn'i smert' Gogolia* (1902).

_____. "Dushevnaia drama Garshina." In *Psikhiatricheskie besedy na literaturnye i obshchestvennye temy*, 104~122. Moscow: Mamontov, 1903.

_____. *Gabriel Tarde: Lichnost', idei i tvorchestvo*. Moscow: Kushnerev, 1905.

_____. *O prizrenii i lechenii dushevnobol'nykh v zemstvakh, i v chastnosti o novoi Riazanskoi psikhiatricheskoi lechebnitse*. St. Petersburg: M. M. Stasiulevich, 1887.

_____. *O znachenii autointoksikatsii v patogeneze nervnykh simptomokompleksov*. Khar'kov: Gubernskaia uprava, 1894.

_____. *Proekt zakonodatel'stva o dushevno-bol'nykh i ob"iasnitel'naia zapiska k nemu*. Moscow: Gorodskaia tipografiia, 1911.

_____. *Psikhiatricheskie besedy na literaturnye i obshchestvennye temy*. Moscow: Mamontov, 1903.

_____. *Psikhologiia kaznimykh*. Moscow: I. D. Sytin, 1906.

_____. *Psikhologiia i politika*. Moscow: I. D. Sytin, 1906.

_____. *Simvolisty i dekadenty: Psikhiatricheskii etiud*. Moscow: Mamontov, 1899.

_____. "Vneuniversitetskaia deiatel'nost'i znachenie S. S. Korsakova, kak vracha i uchitelia." In *Psikhiatricheskie besedy na literaturnye i obshchestvennye temy*. Moscow: Mamontov, 1903.

_____. "Vtoroi mezhdunarodnyi kongress po kriminal'noi antropologii." *Voprosy filosofii i psikhologii*, no. 2, 1889: 17~41.

Bekhterev, V. M. *Avtobiografiia (posmertnaia)*. Moscow: Ogonek, 1928.

_____. "Dostoevsky i khudozhestvennaia psikhopatologiia." Reprinted in S. Belov and N. Agitova, "V. M. Bekhterev o Dostoevskom." *Russkaia literatura*, no. 4, 1962: 134~141.

_____. "Voprosy vyrozhdeniia i bor'ba s nim." *Obozrenie psikhiatrii, nevrologii i eksperimental'noi psikhologii*, no. 9, 1908: 518~521.

Belinsky, G. V. "Letter to N. V. Gogol." In *Belinsky, Chernyshevsky, and Dobroliubov: Selected Criticism*, edited and with an introduction by Ralph E. Matlaw, 83~92, Bloomington: Indiana University Press, 1976. Letter dated 1847.

Bely, Andrei. *Mezhdu dvukh revolutsii*. Moscow: Khudozhestvennaia literatura, 1990.

Bem, A. L. "Razvertyvanie sna(*Vechnyi muzh* Dostoevskogo)." In *Uchenye zapiski, osnovannye Russkoi uchebnoi kollegiei v Prage*. Vol. 1: 45~59. Prague, 1924.

Berberova, Nina. *Liudi i lozhi: russkie masony XX stoletiia*. New York: Russica, 1986.

Berger, I. A., and I. D. Dobronravov. "O gigienicheskoi dispanserizatsii." *Zhurnal nevropatologii i psikhiatrii imeni S. S. Korsakova*, no. 2, 1935: 49~72.

Bernstein, A. N. *Eksperimental'no-psikhologicheskaia metodika raspoznavaniia dushevnykh boleznei*. Moscow: S. P. Iakovlev, 1908.

_____. *Eksperimental'no-psikhologicheskie skhemy dlia izucheniia umstvennykh narushenii u dushevnobol'nykh*. Moscow: S. P. Iakovlev, 1910.

B-r, Dr. V. M. "*Gamlet* Shekspira s mediko-psikhologicheskoi tochki zrenia." *Arkhiv psikhiatrii, neirologii i sudebnoi psikhologii*, no. 2, 1897: 39~107.

Cattell, James McKeen. *An Education in Psychology: James McKeen Cattell's Journal and Letters from Germany and England, 1880-1888*, selected and edited by Michael M. Sokal. Cambridge: MIT Press, 1981.

Chechott, V. "Max Nordau o Vagnere." *Kievlianin*, no. 337(1895).

Chelpanov, Georgii. "Izmerenie prosteishikh umstvennykh aktov." *Voprosy filosofii i psikhologii*, no. 9~10, 1896: 19~57.

_____. *Obzor noveishei literatury po psikhologii(1890–1896)*. Kiev: Universitet Sv. Vladimira, 1897.

_____. "Zadachi sovremennoi psikhologii." *Voprosy filosofii i psikhologii*, no. 4, 1909: 285~308.

Chernyshevsky, N. G. "(Review of) Zapiski o zhizni Nikolaia Vasil'evicha Gogolia, St. Petersburg, 1856." In *N. V. Gogol' v russkoi kritike*, edited by A. K. Kotov and M. Ia. Poliakov, 391~406. Moscow: Khudozhestvennaia literatura, 1953. First published 1856.

Chizh, V. F. "Appertseptivnye protsessy u dushevno-bol'nykh," *Arkhiv psikhiatrii, neirologii i sudebnoi psikhologii*, no. 1~2, 1886: 1~32.

_____. *Bolezn' N. V. Gogolia*. Moscow: Kushnerev, 1904.

_____. "Bolezn'N. V. Gogolia." *Voprosy filosofii i psikhologii*, no. 2, 1903: 262~313; no. 3: 418~468; no. 4: 647~681; no. 1, 1904: 34~70.

_____. *Dostoevsky kak psikhopatolog*. Moscow: M. Katkov, 1885.

_____. "Eksperimental'noe issledovanie vnimaniia vo vremia sna." *Obozrenie psikhiatrii, nevrologii i eksperimenlal'noi psikhologii*, no. 9, 1896: 671~675.

_____. "Eksperimental'nye issledovaniia po metodu komplikatsii, ob appertseptsii prostykh i slozhnykh predstavlenii(iz laboratorii professora Wundta)." *Vestnik klinicheskoi i sudebnoi psikhiatrii i nevropatologii*, no. 1, 1885: 58~87.

_____. "Intellektual'nye chuvstvovaniia u dushevno-bol'nykh." *Nevrologicheskii vestnik*, no. 1, 1896: 27~52; no. 2: 69~88; no. 3: 1~18.

_____. "Izmerenie vremeni elementarnykh psikhicheskikh protsessov u dushevnobol'nykh(iz kliniki professora Flechsig'a)." *Vestnik klinicheskoi i sudebnoi psikhiatrii i nevropatologii*, no. 2, 1885: 41~66.

_____. "K ucheniu ob organicheskoi prestupnosti." *Arkhiv psikhiatrii, neirologii i sudebnoi psikhologii*, no. 1, 1893: 137~176.

_____. *Kriminal'naia antropologiia*. Odessa: G. Beilenson & I. Iurovskii, 1895.

_____. *Metodologiia diagnoza*. St. Petersburg: Prakticheskaia meditsina, 1913.

_____. "Metody nauchnoi psikhologii." *Arkhiv psikhiatrii, neirologii i sudebnoi psikhologii*, no. 1, 1894: 46~59.

_____. "Nravstvennost' dushevno-bol'nykh." *Voprosy filosofii i psikhologii*, no. 3, 1891: 122~148.

_____. "O bolezni Gogolia: Lektsia, chitannaia 20 marta 1903 g. v Iur'evskom obshchestve estestvoispytatelei." *Saratovskii listok* 70(1903).

_____. "Obozrenie sochinenii po kriminal'noi antropologii." *Arkhiv psikhiatrii, neirologii i sudebnoi psikhologii*, no. 3, 1893: 105~118.

_____. "Otvet Kaplanu(Po povodu stat'i g. Kaplana: 'Pliushkin i Starosvetskie pomeshchiki')." *Voprosy filosofii i psikhologii*, no. 4, 1903: 755~759.

_____. "Pis'mo redaktoru." *Nevrologicheskii vestnik*, no. 3, 1895: 174.

_____. "Pliushkin, kak tip starcheskogo slaboumiia." *Vrachebnaia gazeta*, no. 10, 1902: 217~220.

_____. "Pochemu vozzreniia prostranstva i vremeni postoianny i nepremenny?" *Voprosy filosofii i psikhologii*, no. 3, 1896: 229~264.

_____. "Psikhologiia fanatizma." *Voprosy filosofii i psikhologii*, no. 1, 1905: 1~36; no. 2: 149~186.

_____. *Pushkin kak ideal dushevnogo zdorov'ia*. Iur'ev: Tipografiia universiteta, 1899.

_____. "Shirota vospriiatiia u dushevno-bol'nykh." *Arkhiv psikhiatrii, neirologii i sudebnoi psikhologii*, no. 1~2, 1890: 23~38.

_____. *Turgenev kak psikhopatolog*. Moscow: Kushnerev, 1899.

_____. *Uchebnik psikhiatrii*. St. Petersburg: Sotrudnik, 1911.

_____. "Vremia assotsiatsii u zdorovykh i dushevno-bol'nykh." *Nevrologicheskii vestnik*, no. 2, 1894: 95~116.

_____. "Znachenie bolezni Pliushkina(po povodu stat'i d-ra Ia. Kaplana: 'Pliushkin. Psikhologicheskii razbor ego?)." *Voprosy filosofii i psikhologii*, no. 4, 1902: 872~888.

_____. "Znachenie politicheskoi zhizni v etiologii dushevnykh boleznei." *Obozrenie psikhiatrii, nevrologii i eksperimental'noi psikhologii*, no. 1, 1908: 1~12; no. 3: 149~162.

_____, ed. *O razvitii eticheskikh vozzrenii. Iz lektsii Wundt'a*. Moscow: Universitetskaia tipografiia(M. Katkov), 1886.

Darwin, Charles. *The Descent of Man, and Selection in Relation to Sex*. With an introduction by John Tyler Bonner and Robert M. May. Princeton: Princeton University Press, 1981. First published 1871.

Davis, Jerome, ed. *The New Russia: Between First and Second Five-Year Plan*. New York: John Day, 1933.

Déjerine J.-J., and E. Gauckler. *Funktsional'nye proiavleniia psikhonevrozov i ikh lechenie psikhoterapieiu(Les manifestations fonctionnelles des psychonévroses: leur traitement par la psychothérapie)*. Translated by V. P. Serbskii. Moscow: Kosmos, 1912.

D'iakonov, D. M., and L. L. Lus. "Raspredelenie i nasledovanie spetsial'nykh sposobnostei." *Izvestiia Buro po evgenike*, no. 1, 1922: 72~104.

"Diskussiia po povodu doklada M. V. Volotskogo v zasedanii Evgenicheskogo obshchestva 30. XII. 1921." *Russkii evgenicheskii zhurnal*, no. 2, 1922~1924: 220~222.

Dobroliubov, N. A. "What Is Oblomovitism?" In *Belinsky, Chernyshevsky, and Dobroliubov: Selected Criticism*, edited and with an introduction by Ralph E. Matlaw, 133~175. Bloomington: Indiana University Press, 1976. First published 1859.

Dosuzhkov, F. N. "Nikolai Evgrafovich Osipov kak psikhiatr." In *Zhizn' i smert'*, edited by A. L. Bem, F. M. Dosuzhkov, and N. O. Lossky, 25~45. Prague: Petropolis, 1935.

Dovbnia, E. N., and L. M. Rozenshtein. *Pervyi s"ezd russkikh nevropatologov i psikhiatrov*. Moscow: Shtab Moskovskogo voennogo okruga, 1911.

Droznes, M. Ia. *Osnovy ukhoda za nervno-i dushevnobol'nymi, vyrabotannye v vide opyta dlia sluzhebnogo personala chastnoi lechebnitsy dlia nervno-i dushevnobol'nykh doktora M. Ia. Droznesa v Odesse*. Odessa: Isakovich & Beilenson, 1897.

_____. "Vazhneishie zadachi sovremennoi prakticheskoi psikhiatrii." In *Trudy vtorogo s"ezda otechestvennykh psikhiatrov*. Kiev: Kul'zhenko, 1907.

Durkheim, Emile. *Suicide: A Study in Sociology*. London: Routledge & Kegan Paul, 1952. First published 1897.

Edel'shtein, A. O. "L. M. Rozenshtein i Moskovskaia psikhiatricheskaia shkola." In *Problemy nevrastenii i nevrozov*, edited by L. M. Rozenshtein, S. I. Zander, and S. I. Gold'berg, 17~19. Moscow: GIZ meditsinskoi literatury, 1935.

_____. "Psikhiatricheskaia klinika imeni Korsakova za 50 let." In *Piat'desiat let Psikhiatricheskoi klinike imeni Korsakova*, 9~23. Moscow: Pervyi Moskovskii meditsinskii institut, 1940.

_____. *Psikhiatricheskie s"ezdy i obshchestva za polveka(K istorii meditsinskoi obshchestvennosti), 1887–1936*. Moscow: Medgiz, 1948.

Ellis, Henry Havelock. *The Criminal*. 3d ed. London: Walter Scott, 1901.

_____. *The Genius of Europe*. Westport, Conn.: Greenwood Press, 1951.

Ermakov, I. D. "Desiatyi Pirogovskii s"ezd v Moskve, 25. IV~2.V.1907." *Zhurnal nevropatologii i psikhiatrii imeni S. S. Korsakova*, no. 2~3, 1907:

544~572.

_____. *Ocherki po analizu tvorchestva Gogolia(Organichnost' proizvedenii Gogolia)*. Moscow: GIZ, 1922.

_____. "Psikhoanaliz u Dostoevskogo." *Rossiiskii psikhoanaliticheskii vestnik*, no. 3~4, 1994: 145~154.

"Evgenicheskie zametki. Russkoe evgenicheskoe obshchestvo V 1923 godu." *Russkii evgenicheskii zhurnal*, no. 1, 1924: 60.

Fel'tsman, O. B. "O psikhoanalyze i psikhoterapii." *Sovremennaia psikhiatriia*, no. 1, 1909: 257~269.

_____. "Vpechatleniia o poezdke k Dubois(Pis'mo iz-za granitsy)." *Psikhoterapiia*, no. 1, 1910:49.

Filipchenko, Iu. A. "Nashi vydaiushchiesia uchenye." *Izvestiia Buro po evgenike*, no. 1, 1922: 22~38.

_____. "Rezul'taty obsledovaniia leningradskikh predstavitelei iskusstva." *Izvestiia Buro po evgenike*, no. 2, 1924: 5~28.

_____. "Statisticheskie resul'taty ankety po nasledstvennosti sredi uchenykh Peterburga." *Izvestiia Buro po evgenike*, no. 1, 1922: 5~22.

Forel, August. "Europathologie und Eugenik." *Klinicheskii arkhiv genial'nosti i odarennosti*, no. 1, 1928: 51.

Fouillée, Alfred. *Esquisse psychologique des peuples européens*. 4th ed. Paris: Félix Alcan, 1903.

Frank, S. L. "Tolstoi i bol'shevism." In *Russkoe mirovozzrenie*, 455~459. St. Petersburg Nauka, 1996.

Galach'ian, A. G., and T. I. Iudin. "Opyt nasledstvenno-biologicheskogo analiza odnoi maniakal'no-depressivnoi sem'i." *Russkii evgenicheskii zhurnal*, no. 3~4, 1924: 321~342.

Galant, I. B. "Evroendokrinologiia velikikh russkikh pisatelei i poetov." *Klinicheskii arkhiv genial'nosti i odarennosti*, no. 1, 1927: 19~65; no. 3: 203~242.

_____. "O dushevnoi bolezni S. Esenina." *Klinicheskii arkhiv genial'nosti i odarennosti*, no. 2, 1926: 115~132.

_____. "O psikhopatologii snovidnoi zhizni(*Traumleben*) Maksima Gor'kogo: O dvukh snakh M. Gor'kogo i tolkovanii ikh L'vom

Tolstym." *Klinicheskii arkhiv genial'nosti i odarennosti*, no. 3, 1925: 111~114.

_____. "O suitsidomanii Maksima Gor'kogo: Lichnost' M. Gor'kogo v svete sovershennogo im v dekabre 1887 goda pokusheniia na samoubiistvo." *Klinicheskii arkhiv genial'nosti i odarennosti*, no. 3, 1925: 93~109.

_____. "Psikhozy v tvorshestve Maksima Gor'kogo." *Klinicheskii arkhiv genial'nosti i odarennosti*, no. 2, 1928: 5~112.

Gannushkin, P. B. *Klinika psikhopatii : ikh statika, dinamika, sistematika*. Moscow: Sever, 1933.

_____. "La volupté, la cruauté et la religion." *Annales médico-psychologiques* 14(1901): 353~375. Translated into Russian as "Sladostrastie, zhestokost'i religiia," in P. B. Gannushkin, *Izbrannye trudy*, edited by O. B. Kerbikov (Moscow: Meditsina, 1964), 80~94.

_____. "O psikhoterapii i psikhoanalize." In *Izbrannye trudy*, edited by O. B. Kerbikov, 283~284. Moscow: Meditsina, 1964. Lecture given in the 1920s.

_____. "Postanovka voprosa o granitsakh dushevnogo zdorov'ia." In *Izbrannye trudy*, edited by O. B. Kerbikov, 97~108. Moscow: Meditsina, 1964. First published 1908.

Garshin, Vsevolod. *From the Reminiscences of Private Ivanov and Other Stories*. Translated by Peter Henry, Liv Tudge, Donald Rayfield, and Philip Taylor. London: Angel Books, 1988.

_____. "Pis'ma." In *Polnoe sobranie sochinenii v trekh tomakh*. Vol. 3. Moscow: Academia, 1934.

Giliarovskii, V. F. "Lichnost'i deiatel'nost" N. N. Bazhenova(1856-1923) (Nekrolog)." *Zhurnal psikhologii, nevropatologii i psikhiatrii*, no. 3, 1923: 5~14.

Gogol, Nikolai. *Diary of a Madman and Other Stories*. Translated and with an introduction by Ronald Wilks. London: Penguin Books, 1972.

_____. *Selected Passages from Correspondence with Friends*. Translated by Jesse Zeldin. Nashville: Vanderbilt University Press, 1969. First published 1847.

Greidenberg, B. S. "Psikhologicheskie osnovy nervno-psikhicheskoi terapii." In *Trudy Pervogo s"ezda Russkogo soiuza psikhiatrov i nevropatologov, Moskva, 4-11. 9. 1911*, edited by N. A. Vyrubov et al., 118~141. Moscow: Shtab Moskovskogo voennogo okruga, 1914.

Grinevich, V. S. "Iskusstvo sovremennoi epokhi v svete patologii." *Klinicheskii arkhiv genial'nosti i odarennosti*, no. 1, 1928: 34~50.

_____. "K patografii Esenina." *Klinicheskii arkhiv genial'nosti i odarennosti*, no. 1, 1927: 82~94.

Grombakh, V. A. "Moskovskaia psikhiatricheskaia organizatsiia." *Zhurnal nevropatologii i psikhiatrii imeni S. S. Korsakova*, no. 1, 1925: 105~112.

Gurevich, M. O. "Moskovskaia psikhiatricheskaia klinika v istorii otechestvennoi psikhiatrii." In *Piat'desiat let psikhiatricheskoi klinike imeni Korsakova*, 3-8. Moscow: Pervyi Moskovskii meditsinskii institut, 1940.

Iarotskii, A. I. *Idealism kak fiziologicheskii faktor*. Iur'ev: K. Matissen, 1908.

Iudin, T. I. "(Review of) *Norm und Entartung der Menschen*, (by) Kurt Hildebrandt." *Russkii evgenicheskii zhurnal*, no. 1, 1924: 72.

Iurman, N. A. "Bolezn' Dostoevskogo." *Klinicheskii arkhiv genial'nosti i odarennosti*, no. 1, 1928: 61~85.

_____. "(Review of) *Vopros o nravstvennom pomeshatel'stve v svete panidealisticheskoi psikhologii sovesti*, (by) K. Ia. Grinberg." *Psikhiatricheskaia gazeta*, no. 7, 1916: 126~127.

Iuzhakov, V. N. "Patografiia kak zabytyi aspekt sotsiokul'turnykh issledovanii v psikhiatrii." *Nezavisimyi psikhiatricheskii zhurnal*, no. 3, 1994: 55~62.

Ivanov-Razumnik, R. V. *Istoriia russkoi obshchestvennoi mysli. Individualism i meshchanstvo v russkoi literature i zhizni XIX veka*. 3d ed. St. Petersburg: M. M. Stasiulevich, 1911.

"Iz Obshchestva nevropatologov i psikhiatrov v Moskve." *Obozrenie psikhiatrii, nevrologii i eksperimental'noi psikhologii*, no. 5, 1906: 388~389.

Kachenovskii, Dr. *Bolezn' Gogolia. Kriticheskoe issledovanie*. St. Petersburg: Svet, 1906.

Kannabikh, Iu. V. "Zametki o 'normal'nom' i 'nenormal'nom' (skhema)." *Psikhoterapiia*, no. 2, 1913: 7~8.

Kannabikh, Iu. V., L. A. Prozorov, and I. G. Ravkin, "L. M. Rozenshtein, ego nauchnaia i obshchestvennaia deiatel'nost." *Sovetskaia psikhonevrologiia*, no. 3, 1934: 7~14.

Kaplan, Ia. F. "Pliushkin i Starosvetskie pomeshchiki (po povodu stat'i prof. V. F. Chizha 'Znachenie bolezni Pliushkina')." *Voprosy filosofii i psikhologii*, no. 3, 1903: 599~645.

_____. "Pliushkin. Psikhologicheskii razbor ego." *Voprosy filosofii i psikhologii*, no. 3, 1902: 796~813.

Kapterev, P. P. "Detstvo Il'i Il'icha Oblomova: Psikhologo-pedagogicheskii etud o prichinakh proiskhozhdeniia i razvitiia leni." *Zhenskoe obrazovanie*, no. 3, 1891: 248~266.

Kapustin, A. A. "O mozge uchenykh v sviazi s problemoi vzaimootnosheniia mezhdu velichinoi mozga i odarennost'iu." *Klinicheskii arkhiv genial'nosti i odarennosti*, no. 2, 1926: 107~114.

Karpov, P. I. *Tvorchestvo dushevnobol'nykh i ego vliianie na razvitie nauki, iskusstva i tekhniki*. Moscow: GIZ, 1926.

Karpov, V. P. *Osnovnye cherty organicheskogo ponimaniia prirody*. Moscow: Put', 1913.

Kashina-Evreinova, A. *Podpol'e geniia (seksual'nye istochniki tvorchestva Dostoevskogo)*. Petrograd: Tret'ia strazha, 1923.

Khoroshko, Vas. "Pamiati professora G. I. Rossolimo." *Klinicheskaia meditsina* 22 (1928): 223~225.

"Khronika," *Obozrenie psikhiatrii, nevrologii i eksperimental'noi psikhologii*, no. 8, 1908: 510~511.

"Khronika." *Sovremennaia psikhiatriia*, no. 6, 1907: 191; no. 10, 1907: 383; no. 8, 1910: 242; no. 10, 1913: 836~837; no. 1, 1915: 48.

Kol'tsov, N. K. "O potomstve velikikh ludei." *Russkii evgenicheskii zhurnal*, no. 4, 1928: 164~177.

_____. "Rodoslovnye nashikh vydvizhentsev." *Russkii evgenicheskii zhurnal*, no. 3~4, 1926: 103~143

"Konferentsiia vrachei psikhiatrov i nevropatologov, sozvannaia Pravleniem Soiuza psikhiatrov v Moskve 10~12 aprelia 1917 goda." *Sovremennaia psikhiatriia*, no. 2, 1917: 175~242.

Konorov, M. I. "Don-Kikhot kak tsel'naia patologicheskaia lichnost'."
Vestnik psikhologii, kriminal'noi antropologii i gipnotizma, no. 4, 1906:
305~318; no. 6: 494~506.

Korolenko, V. G. "Tragediia velikogo iumorista(Neskol'ko myslei o
Gogole)." In *N. V. Gogol' v russkoi kritike*, edited by A. K. Kotov and M.
Ia. Poliakov, 536~594. Moscow: Khudozhestvennaia literatura, 1953.

"Korrespondentsiia iz sektsii nervnykh i dushevnykh boleznei X-go
Pirogovskogo s"ezda, 26. 4. 1907." *Sovremennaia psikhiatriia*, no. 3, 1907:
138.

Korsakov, S. S. "Ob ustroistve chastnykh lechebnits." *Zhurnal nevropatologii
i psikhiatrii imeni S. S. Korsakova*, no. 5~6, 1901: 937~965.

Kovalevskii, P. I. "Genii i sumasshestvie." In *Vyrozhdenie i vozrozhdenie.
Sotsial'no-bio-logicheskii ocherk*, 111-166. St. Petersburg: Akinfiev i
Leontiev, 1899.

_____. "Ioann Groznyi i ego dushevnoe sostoianie." In *Psikhiatricheskie
eskizy iz istorii*. Vol. 2. Khar'kov: Zil'berberg, 1893.

(Kozhevnikov, A). "O deiatel'nosti Obshchestva nevropatologov i
psikhiatrov v Moskve." *Zhurnal nevropatologii i psikhiatrii imeni S. S.
Korsakova*, no. 1, 1925: 123~131.

Kraepelin, Emil. *Memoirs*. Berlin: Springer-Verlag, 1987. First published
1983.

Krasnushkina, M. A. "Preobrazhenskaia bol'nitsa v period rukovodstva N.
N. Bazhenovym." In *Sbornik nauchnykh trudov, posviaschennykh 150-letiiu
Moskovskoi psikhonevrologicheskoi bol'nitsy N 3*, 440~446. Moscow:
Moskovskaia psikhonevrologicheskaia bol'nitsa N 3, 1963.

Kremlev, A. N. "K voprosu o 'bezumii' Gamleta." *Vestnik psikhologii,
kriminal'noi antropologii i gipnotizma*, no. 4, 1905: 295~304.

(Kretschmer, Ernst). "Doklad Kretschmera v Miunkhenskom obshchestve
po gigiene ras 11. 11. 1926 na temu 'genial'nost'i vyrozhdenie.'"
Klinicheskii arkhiv genial'nosti i odarennosti, no. 2, 1927: 177.

_____. *The Psychology of Men of Genius*. Translated by R. B. Cattell.
London: Kegan Paul, Trench, & Truber, 1931. First published 1929.

Kropotkin, Peter. *Ideals and Realities in Russian Literature*. New York: Alfred

Knopf, 1915.

Kutanin, M. P. "Bred i tvorchestvo." *Klinicheskii arkhiv genial'nosti i odarennosti*, no. 1, 1929: 3~35.

Lakhtin, M. Iu. *Chastnaia lechebnitsa dlia dushevno-bol'nykh voinov: Otchet s 19. 5. 1905 po 1. 1. 1906.* Moscow: Russkii trud, 1906.

_____. "Patologicheskii al'truizm v literature i zhizni." *Voprosy nevrologii i psikhiatrii*, no. 7, 1912: 289~294.

_____. "Stradaniia kak istochnik chelovecheskikh verovanii." *Voprosy nevrologii i psikhiatrii*, no. 11, 1913: 481~492.

Lange, N. N. "O znachenii eksperimenta v sovremennoi psikhologii." *Voprosy filosofii i psikhologii*, no. 4, 1894: 566~578.

Lerner, V. E., E. Vitsum, and G. M. Kotikov. "Bolezn' Gogolia i ego puteshestvie k sviatym mestam." *Nezavisimyi psikhiatricheskii zhurnal*, no. 1, 1996: 63~71.

Lombroso, Cesare. *The Man of Genius*. London: Walter Scott, 1891. First published as *Genio e follia* (Milan, 1863).

Lossky, N. O. *Dostoevsky i ego khristianskoe miroponimanie*. New York: Izdatel'stvo imeni Chekhova, 1953.

_____. *History of Russian Philosophy*. London: Allen & Unwin, 1952.

_____. "N. E. Osipov kak filosof." In *Zhizn' i smert'*, edited by A. L. Bem, F. M. Dosuzhkov, and N. O. Lossky, 46~54. Prague: Petropolis, 1935.

Lourié, Ossip. *La psychologie des romanciers russes du XIXe siècle*. Paris: Félix Alcan, 1905.

L'vov-Rogachevskii, V. L. "V. Veresaev." In *Die Russische Literatur des 20. Jahrhunderts*, edited by S. A. Vengerov, 145~172. Munich: Wilhelm Fink, 1972.

Makovitskii, D. P. "Lev Nikolaevich's departure from Yasnaya Polyana." In *Reminiscence of Lev Tolstoy by His Contemporaries*. Moscow: Foreign Language Publishing House, 1969, 240~258. First published 1938.

Mann, Thomas. "Dostojewski—mit Massen." In *Gesammelte Werke*. Vol. 9: 656~674. Hamburg: S. Fischer, 1974. First published 1945.

Maudsley, Henry. *Fiziologiia i patologiia dushi*. Translated into Russian by I. Isain. St. Petersburg: Bakst, 1871. First published 1867.

Merezhkovskii, D. S. "Gogol." In *Izbrannye stat'i : Simvolizm, Gogol',* *Lermontov,* 163~286. Munich: Wilhelm Fink, 1972. First published 1909.

_____. *L. Tolstoy i Dostoevsky.* 3d ed. St. Petersburg: M. V. Pirozhkov, 1902~1903.

Meyer, Adolf. "The Aims of a Psychiatric Clinic." In *The Commonsense* *Psychiatry of Adolf Meyer : Fifty-two Selected Papers,* edited by Alfred Lief, 359~368. New York: McGraw-Hill, 1948.

Mikhailovsky, N. K. *Dostoevsky: A Cruel Talent.* Translated by Spencer Cadmus. Ann Arbor: Ardis, 1978. First published 1882.

_____. *Literaturnye vospominaniia i sovremennaia smuta.* St. Petersburg: Vol'f, 1900.

Mints, Ia. V. "Alexander Blok (patograficheskii ocherk)." *Klinicheskii arkhiv* *genial'nosti i odarennosti,* 1928, no. 3: 45~53.

_____. "Iisus Khristos—kak tip dushevnobol'nogo." *Klinicheskii arkhiv* *genial'nosti i odarennosti,* no. 3, 1927: 243~252.

Mitskevich, S. I. *Zapiski vracha-obshchestvennika (1888–1918).* 2d ed. Moscow: Meditsina, 1969.

Möbius, P. J. *Ausgewälte Werke.* 5 vols. Leipzig: Barth, 1909.

Mochul'skii, K. V. *Dukhovnyi put' Gogolia.* Paris: YMCA Press, 1934.

Mukhin, N. I. "Neirasteniia i degeneratsiia." *Arkhiv psikhiatrii, neirologii i* *sudebnoi psikhologii,* no. 1, 1888: 49~67.

N. Ch. "Psikhopatologicheskie proiavlenia novoi very grafa L'va Tolstogo." *Iuzhnyi krai,* no. 3378, 3381, 3383 (1890).

Nabokov, V. V. *The Defence.* Translated by Michael Scammell in collaboration with the author. Oxford: Oxford University Press, 1986. First published in 1929 as *Zashchita Luzhina.*

Nechaev, A. P. "Otvet Chelpanovu." *Voprosy filosofii i psikhologii,* no. 5, 1909: 805~810. "Nekrolog V. S. Grinevicha." *Klinicheskii arkhiv genial'nosti i* *odarennosti,* no. 3, 1928: 79.

Newsholme, Arthur, and John Adam Kingsbury. *Red Medicine : Socialized* *Health in Soviet Russia.* Garden City, N.Y.: Doubleday, Doran, 1934.

Nietzsche, Friedrich, *Ecce Homo.* Translated by Anthony M. Ludovici. New York: Russell & Russell, 1964. First published 1908.

Nikinin, M. P. "Chekhov kak izobrazitel' bol'noi dushi." *Vestnik psikhologii, kriminal'noi antropologii i gipnotizma*, no. 1, 1905: 1~13.

Nikulin, L. V. *Gody nashei zhizni*. Moscow: Moskovskii rabochii, 1966.

Nitsche, Paul, and Karl Willmans. *The History of the Prison Psychoses*. Translated by Francis M. Barnes and Bernard Glück. New York: Journal of Nervous and Mental Diseases Publishing Company, 1912.

Nordau, Max. *Degeneration*. New York: D. Appleton, 1895. Reprint, Lincoln: University of Nebraska Press, 1993. First published as *Entartung* (Berlin: C. Dunker, 1892).

_____. *Psikhofiziologiia geniia i talanta*. St. Petersburg: Vestnik znanii, 1908.

_____. "The Psychophysiology of Genius and Talent." In *Paradoxes*, 116~202. Authorized translation from the German. Chicago: L. Schick.

_____. *Vyrozhdenie*. Translated by V. Genkevich. Kiev: Ioganson, 1894. First published as *Entartung* (1892).

_____. *Vyrozhdenie*. Translated by R. I. Sementkovskii. St. Petersburg: Pavlenkov, 1894. First published as *Entartung* (1892).

Novikov, M. M. *Ot Moskvy do N'iu-Iorka: Moia zhizn'v nauke i politike*. New York: Izdatel'stvo imeni Chekhova, 1952.

Oppengeim, Ia. G. *Rekonstruktsiia zdravookhraneniia i edinyi dispanser*. Moscow: Mosobliispolkom, 1930.

Osipov, N. E. "Beseda s Dubois." *Zhurnal nevropatologii i psikhiatrii imeni S. S. Korsakova*, no. 5~6, 1910: 1773.

_____. "*Dvoinik*: Peterburgskaia poema Dostoevskogo (Zapiski psikhiatra)." In *O Dostoevskom*. Vol. 1, edited by A. L. Bem, 39~64. Prague: Legiographie, 1929.

_____. "Dvulikost'i edinstvo meditsiny." In *Russkii narodnyi universitet v Prage: Nauchnye trudy*. Vol. 2: 175~192. Prague: Russkii narodnyi universitet, 1929.

_____. "Eshche o psikhoanalyze." *Psykhoterapija*, no. 4~5, 1910: 153~172.

_____. "Korsakov i Serbskii (Pervye professora psikhiatrii Moskovskogo univer siteta)." In *Moskovskii universitet, 1755-1930: Iubileinyi sbornik*, edited by V. B. El'ia shevich, A. A. Kizevetter, and M. M. Novikov, 405~426. Paris: Sovremennye zapiski, 1930.

_____. "Moskovskii psikhiatricheskii kruzhok 'Malye piatnitsy.'" *Zhurnal nevropatologii i psikhiatrii imeni S. S. Korsakova*, no. 2~3, 1912: 456~487.

_____. "Mysli i somneniia po povodu odnogo sluchaia 'degenerativnoi psykhopatii.'" *Psikhoterapiia*, no. 5, 1911: 189~215.

_____. "Nevrasteniia." In *Zhizn'i smert'*, edited by A. L. Bem, F. M. Dosuzhkov, and N. O. Lossky, 79~106. Prague: Petropolis, 1935.

_____. "O bol'noi dushe." *Zhurnal nevropatologii i psikhiatrii imeni S. S. Korsakova*, no. 5~6, 1913: 657~663.

_____. "O logike i metodologii psikhiatrii." *Zhurnal nevropatologii i psikhiatrii imeni S. S. Korsakova*, no. 2~3, 1912: 459~465.

_____. "O naviazchivoi ulybke." *Zhurnal nevropatologii i psikhiatrii imeni S. S. Korsakova*, no. 4, 1912: 570~578.

_____. "O nevroze boiazni(*Ängstneurose*)." *Zhurnal nevropatologii i psikhiatrii imeni S. S. Korsakova*, no. 5~6, 1909: 783~805.

_____. "O 'panseksualizme' Freuda." *Zhurnal nevropatologii i psikhiatrii imeni S. S. Korsakova*, no. 5~6, 1911: 749~756.

_____. "Psikhologicheskie i psikhopatologicheskie vzgliady Fzeida." *Zhurnal nevropatologii i psikhiatrii imeni S. S. Korsakova*, no. 3~4, 1908: 564~584.

_____. "Psikhologiia kompleksov." *Zhurnal nevropatologii i psikhiatrii imeni S. S. Korsakova*, no. 6, 1908: 1021~1074.

_____. "Psikhoterapiia v literaturnykh proizvedeniiakh L. N. Tolstogo(otryvok iz raboty 'Tolstoy i meditsina')." *Psikhoterapiia*, no. 1, 1911: 1~21.

_____. "Revoliutsiia i son." In *Russkii Narodnyi universitet v Prage. Nauchnye trudy*. Vol. 4: 175~203. Prague: Russkii narodnyi universitet, 1931.

_____. "Strashnoe u Gogolia i Dostoevskogo." In *Zhizn'i smert'*, edited by A. L. Bem, F. M. Dosuzhkov, and N. O. Lossky, 107~136. Prague: Petropolis, 1935.

_____. "Zapiski sumasshedshego, nezakonchennoe proizvedenie L. N. Tolstogo: K voprosy ob emotsii boiazni." *Psikhoterapiia*, no. 3, 1913: 141~158.

_____. "Zhizn'i smert'." In *Zhizn'i smert'*, edited by A. L. Bem, F. M. Dosuzhkov, and N. O. Lossky, 67~78. Prague: Petropolis, 1935.

_____. "Život a smrt." In *Russkii narodnyi universitet v Prage: Nauchnye trudy*. Vol. 1: 138~146. Prague: Russkii narodnyi universitet, 1928.

Ossipoff, N. *Tolstois* Kindheitserinnerungen. *Ein Beitrag zur Freuds Libidotheorie*. Leipzig: Imago-Bücher, II, 1923.

Ovsianiko-Kulikovskii, D. N. "Istoriia russkoi intelligentsii." In *Sobranie sochinenii*. Vol. 8, pt. 2. The Hague and Paris: Mouton, 1969. First published 1903~1914.

_____. *Literaturno-kriticheskie raboty*. Vol. 2. Moscow: Khudozhestvennaia literatura, 1989.

"P. M. Avtokratov. Nekrolog." *Sovremennaia psikhiatriia*, no. 3, 1915: 153~154.

"Pamiati professora F. F. Erismana." *Voprosy psikhologii*, no. 2: 1963: 189.

"Petr Mikhailovich Zinov'ev. Nekrolog." *Zhurnal nevropatologii i psikhiatrii imeni S. S. Korsakova*, no. 2, 1966: 324~325.

Pisarev, D. N. "L. M. Rozenshtein." *Sovetskaia psikhonevrologiia*, no. 3, 1934: 5~6.

Polosin, M. P. "Doktor meditsiny Nikolai Evgrafovich Osipov (1877 - 1934)." In *Zhizn' i smert'*, edited by A. L. Bem, F. M. Dosuzhkov, and N. O. Lossky, 3~24. Prague: Petropolis, 1935.

Popov, N. V. "K voprosu o sviazi odarennosti s dushevnoi bolezn'iu (po povodu rabot doktora Segalina i drugikh)." *Russkii evgenicheskii zhurnal*, no. 3~4, 1927: 133~154.

Portugalov, Iu. V. "Po povodu polemiki prof. V. F. Chizh i d-ra Ia. F. Kaplana (Zametki chitatelia-psikhiatra)." *Voprosy filosofii i psikhologii*, no. 1, 1903: 146~155.

Postnikov, S. P. *Russkie v Prage, 1918–1928*. Prague: S. P. Postnikov, 1928.

Prichard, J. C. "Nravstvennoe pomeshatel'stvo." *Arkhiv psikhiatrii, neirologii i sudebnoi psikhologii*, no. 3, 1893: 53~68.

Prozorov, L. A. "Nastoiashchee polozhenie dela psikhiatricheskoi pomoshchi v SSSR." *Zhurnal nevropatologii i psikhiatrii imeni S. S. Korsakova*, no. 1, 1925: 93~104.

_____. "Polozhenie dela psikhiatricheskoi pomoshchi v SSSR." *Zhurnal nevropatologii i psikhiatrii imeni S. S. Korsakova*, no. 2, 1926: 97~106.

"Publichnye vystupleniia N. E. Osipova v Prage." In *Zhizn' i smert'. Sbornik rabot v pamiat' N. E. Osipova*, edited by A. L. Bem, F. M. Dosuzhkov, and N. O. Lossky, 60~64. Prague: Petropolis, 1935.

Pushkin, Alexander. *Eugene Onegin*. Translated by Charles Johnston with an introduction by John Bayley. Harmondsworth, U. K.: Penguin Books, 1979. First published 1833.

Richet, Charles. *L'Homme et l'intelligence: fragmentes de physiologie et de psychologie*. Paris: Félix Alcan, 1884.

Riese, Walther. "Bolezn' Vinsenta Van Goga." *Klinicheskii arkhiv genial'nosti i odarennosti*, no. 2, 1927: 137~146.

Rivers, W. H. R. "Experimental Psychology in Relation to Insanity." *Journal of Mental Science* 14 (1895): 591~597.

Rokhlin, L. L. "College of Mental Hygiene in the Ukraine(USSR)." *Mental Hygiene* 3(1930): 661~671.

_____. "O prepodavanii psikhogigieny." *Sovetskaia psikhonevrologiia*, no. 3, 1934: 58~90.

_____. "Programma kursa psikhogigieny." *Sovetskaia psikhonevrologiia*, no. 3, 1934: 91~99.

Rossolimo, G. I. *Isskustvo, bol'nye nervy i vospitanie*. Moscow: G. I. Prostakov, 1901.

_____. "Metodika massovogo issledovaniia po 'psikhologicheskomu profiliu' i pervonachal'nye dannye." *Zhurnal nevropatologii i psikhiatrii imeni S. S. Korsakova*, no. 1, 1925: 45~58.

_____. "Profili psikhologicheski nedostatochnykh detei(opyt eksperimental' nopsikhologicheskogo issledovaniia stepenei odarennosti)." *Sovremennaia psikhiatriia*, no. 9~10, 1910: 377~412.

Rot, V. K. "Obshchestvennoe popechenie o nervno-bol'nykh. Ustroistvo spetsial'nykh sanatorii." In *Trudy Vtorogo s"ezda otechestvennykh psikhiatrov*, 478~499. Kiev: Kul'zhenko, 1907.

Rozanov, V. V. "Pushkin i Gogol." In *Nesovmestimye kontrasty zhitiia: literaturnoesteticheskie raboty raznykh let*, 225~233. Moscow: Iskusstvo,

1990. First published 1891.

_____. "Tri momenta v istorii russkoi kritiki." In *Sochineniia*, 154~169. Moscow: Sovetskaia Rossiia, 1990, 154~169. First published 1892.

Rozenshtein, L. M. "The Development of Mental Hygiene in Russia(USSR)." *Mental Hygiene* 3(1930): 644~647.

_____. "K voprosu o lechenii alkogolizma(o protivoalkogol'nykh dispanserakh)." *Zhurnal nevropatologii i psikhiatrii imeni S. S. Korsakova*, no. 4~5~6, 1915~1916: 519~527.

_____. "Moskovskaia psikhiatricheskaia shkola i N. N. Bazhenov." *Klinicheskaia meditsina*, no. 2, 1924: 132~134.

_____. "O sovremennykh psikhiatricheskikh techeniiakh v Sovetskoi Rossii." In *Moskovskii Gosudarstvennyi nevro-psikhiatricheskii dispanser: Psikhogigienicheskie i nevrologicheskie issledovaniia*, edited by L. M. Rozenshtein, 115~121. Moscow: Narkomzdrav RSFSR, 1928.

_____. "P. B. Gannushkin kak psikhiatr epokhi." In *Trudy Psikhiatricheskoi kliniki Pervogo MMI. Pamiati Gannushkina*. Vol. 4: 13~19. Moscow: Gosizdat, 1934.

_____. *Psikhicheskie faktory v etiologii dushevnykh boleznei*. Moscow: Gosizdat, 1923.

_____. "Psikhopatologiia myshleniia pri maniakal'no-depressivnom psikhoze i osobye paralogicheskie formy maniakal'nogo sostoianiia." *Zhurnal nevropatologii i psikhiatrii imeni S. S. Korsakova*, no. 7, 1926: 5~28.

_____. "Public-Health Service and Mental Hygiene in the USSR." *Mental Hygiene* 4(1931): 739~743.

_____. "(Review of) *Neurasthenie et psychonévroses*, (by) Hippolyte Bernheim." *Psikhoterapiia*, no. 3, 1910: 134~135.

_____. "V. P. Serbskii—klassik Moskovskoi psikhiatricheskoi shkoly." *Psikhogigienicheskie issledovaniia*. Vol. 1, pt 1: 7~16. Moscow: Gos. nauchnyi institut nevropsikhicheskoi profilaktiki, 1928.

Rozenshtein, L. M., L. Rokhlin, and A. Edel'shtein. "Psikhogigiena." In *Bol'shaia meditsinskaia entsiklopediia*. Vol. 27: 749~762. Moscow: OGIZ, 1933.

Rozental', T. K. "Stradanie i tvorchestvo Dostoevskogo(psikhoanaliticheskoe

koe issle-dovanie)." *Voprosy izucheniia i vospitaniia lichnosti*, no. 1, 1919: 88~107.

Rudnev, V. I. "Zapiski sumasshedshego L. Tolstogo." *Klinicheskii arkhiv genial'nosti i odarennosti*, no. 1, 1929: 69~71.

Rybakov, F. E. "Alkogolizm i dushevnoe rasstroistvo." In *Otchety Moskovskogo obshchestva nevropatologov i psikhiatrov za 1987-1901 gg.* Moscow: G. I. Prostakov, 1901.

_____. *Atlas dlia eksperimental'no-psikhologicheskogo issledovaniia lichnosti s podrobnym opisaniem i ob"iasneniem tablits : Sostavlen primenitel'no k tseli pedagogicheskogo i vrachebno-diagnosticheskogo issledovaniia.* Moscow: I. D. Sytin, 1910.

_____. "Granitsy sumasshestviia." In *Otchety Moskovskogo obshchestva nevropatologov i psikhiatrov*, 5~6. Moscow: G. I. Prostakov, 1905.

_____. *Ob organizatsii ambulatorii dlia alkogolikov.* St. Petersburg: Ia. Trei, 1904.

_____. *Sovremennye pisateli i bol'nye nervy. Psikhiatricheskii etud.* Moscow: V. Richter, 1908.

Rybakov, P. V. "Nekrolog N. N. Bazhenova." *Moskovskii meditsinskii zhurnal*, no. 2, 1923: 224~226.

"Sanatorii 'Kriukovo' N. A. Vyrubova." *Sovremennaia psikhiatriia*, no. 1, 1909: inside front cover.

Schweitzer, Albert. *The Psychiatric Study of Jesus: Exposition and Criticism.* Translated and with an introduction by Charles R. Joy and foreword by Winfred Overholser. Boston: Beacon Press, 1948. First published 1911.

Segalin, G. V. "Evropatologiia genial'nykh epileptikov: Formy i kharakter epilepsii u velikikh liudei." *Klinicheskii arkhiv genial'nosti i odarennosti*, no. 3, 1926: 143~187.

_____ __. "Evropatologiia lichnosti i tvorchestva L'va Tolstogo." *Klinicheskii arkhiv genial'nosti i odarennosti*, no. 3~4, 1929: 5~148.

_____. "Institut genial'nogo tvorchestva." *Klinicheskii arkhiv genial'nosti i odarennosti*, no. 1, 1928: 53~59.

_____. "Izobretateli kak tvorcheskie nevrotiki (evronevrotiki)." *Klinicheskii arkhiv genial'nosti i odarennosti*, no. 2, 1929: 5~73.

_____. "K patogenezu leningradskikh uchenykh i deiatelei iskusstv." *Klinicheskii arkhiv genial'nosti i odarennosti*, no. 3, 1928: 3~22.

_____. "O zadachakh evropatologii kak otdel'noi otrasli psikhopatologii." *Klinicheskii arkhiv genial'nosti i odarennosti*, no. 1, 1925: 7~23.

_____. "Obshchaia simptomatologiia evro-aktivnykh(tvorcheskikh) pristupov." *Klinicheskii arkhiv genial'nosti i odarennosti*, no. 1, 1926: 3~78.

_____. "Patogenez i biogenez velikikh liudei." *Klinicheskii arkhiv genial'nosti i odarennosti*, no. 1, 1925: 24~90.

_____. "Zapiski sumasshedshego L'va Tolstogo kak patograficheskii dokument." *Klinicheskii arkhiv genial'nosti i odarennosti*, no. 1, 1929: 73~78.

Segaloff, Timofei. *Die Krankheit Dostojewskys : Eine ärztlich-psychologische Studie mit einem Bildnis Dostojewskys*. Grenzfragen der Literatur und Medizin in Einzeldarstellungen, vol. 5, edited by S. Ramer. Munich: Ernst Reinhardt, 1907.

Segalov, T. E. "Bolezn' Dostoevskogo." Translated by F. Ge. *Nauchnoe Slovo*, no. 4, 1929: 91~98. First published 1907.

_____. "K voprosu o sushchnosti kontuzii sovremennymi artilleriiskimi snariadami(*Morbus decompressionis*)." *Sovremennaia psikhiatriia*, no. 3, 1915: 103~117.

_____. "K voprosu ob organicheskikh i funktsional'nykh zabolevaniiakh pri kontuzii artilleriiskimi snariadami: Stat'ia vtoraia." *Sovremennaia psikhiatriia*, no. 6, 1915: 263~270.

"Sektsia nervnykh i dushevnykh boleznei IX-go s"ezda Obshchestva russkikh vrachei v pamiat' N. I. Pirogova." *Zhurnal nevropatologii i psikhiatrii imeni S. S. Korsakova*, no. 1~2, 1904: 196~276.

Semashko, N. A. *Health Protection in the U.S.S.R.* London: Victor Gollancz, 1934.

_____. "O zadachakh obshchestvennoi nevrologii i psikhiatrii." *Sotsial'naia gigiena*, no. 3~4, 1924: 93~94.

Serbskii, V. P. "Prestupnye i chestnye liudi." *Voprosy filosofii i psikhologii*, no. 5, 1896: 660~679.

_____. "Russkii soiuz psikhiatrov i nevropatologov im. S. S. Korsakova."

In *Trudy Pervogo s"ezda Russkogo soiuza nevropatologov i psikhiatrov,*
4-11. 9. 1911, edited by N. A. Vyrubov et al., 64~83. Moscow: Shtab
Moskovskogo voennogo okruga, 1914.

Serebrianikov, V. "Eksperimental'naia psikhologia." In *Entsiklopedicheskii*
slovar'. Vol. 40: 285~290. Leipzig: Brockhaus & Efron, 1904.

Shaikevich, M. O. "Eshche o psikhozakh v voiskakh." *Sovremennaia*
psikhiatriia, no. 10, 1913: 789~797.

_____. *Psikhologiia i literatura.* St. Petersburg: Ts. Kraiz, 1910.

_____. "Psikhopatologicheskie cherty geroev Maksima Gor'kogo." *Vestnik*
psikhologii, kriminal'noi antropologii i gipnotizma, no. 1, 1904: 55~57; no. 2:
40~50; no. 3: 124~141.

_____. "Psikhopatologicheskii metod v russkoi literaturnoi kritike."
Voprosy filosofii i psikhologii, no. 3, 1904: 309~334.

Shaw, G. B. *The Sanity of Art: An Exposure of the Current Nonsense about*
Artists Being Degenerate. London: Constable, 1911.

Shenrok, V. I. "Itogi gogolevskoi iubileinoi literatury." *Vestnik vospitaniia,*
no. 6, 1902: 1~31.

_____. *Materialy dlia biografii N. V. Gogolia.* 6 vols. Moscow: Lissner &
Geshel', 1897.

Shestov, Lev. "Dostoevsky and Nietzsche: The Philosophy of Tragedy."
Translated by Spencer Roberts. In *Dostoevsky, Tolstoy, and Nietzsche,*
141~322. Athens, Ohio: Ohio University Press, 1969. First published
1903.

Shuvalov, A. V. "Patograficheskii ocherk o Daniile Kharmse." *Nezavisimyi*
psikhiatricheskii zhurnal, no. 2, 1996: 74~78.

Sigerist, Henry E. *Socialized Medicine in the Soviet Union.* New York: Norton,
1937.

Sikorskii, I. A. *Antropologicheskaia i psikhologicheskaia genealogiia Pushkina.*
Kiev: Kul'zhenko, 1912.

_____. "Biologicheskie voprosy v psikhologii i psikhiatrii." *Voprosy*
nervno-psikhicheskoi meditsiny, no. 1, 1904: 79~114.

_____. *Ekspertiza po delu ob ubiistve Andriushi Iushchinskogo.* St. Petersburg:
A. S. Suvorin, 1913.

_____. "Krasnyi tsvetok. Rasskaz Vsevoloda Garshina." *Vestnik klinicheskoi i sudebnoi psikhiatrii i nevropatologii*, no. 1, 1884: 344~348.

_____. *O knige V. Veresaeva* Zapiski vracha(*Chto daet eta kniga literature, nauke i zhizni?*). Kiev: Kushnerev, 1902.

_____. "O velikikh uspekhakh i vozrastaiushchem znachenii psikhiatrii i nevrologii sredi nauk i v zhizni." *Voprosy nervno-psikhicheskoi meditsiny*, no. 1, 1899: 1~14.

_____. *Psikhologicheskoe napravlenie khudozhestvennogo tvorchestva Gogolia*(*Rech' v pamiat' 100-letnei godovshchiny Gogolia, April 10, 1909*). Kiev: Universitet Sv. Vladimira, 1911.

_____. *Psikhopaticheskii etiud*. Kiev: Universitet Sv. Vladimira, 1892.

_____. "Russkaia psikhopaticheskaia literatura, kak material dlia ustanovleniia novoi klinicheskoi formy—*Idiophrenia paranoides*." *Voprosy nervno-psikhicheskoi meditsiny*, no. 1, 1902: 5~48.

_____. *Sbornik nauchno-literaturnykh trudov*. 5 vols. Kiev: F. A. Ioganson, 1900~1904.

_____. "Uspekhi russkogo khudozhestvennogo tvorchestva: Rech' v torzhestvennom zasedanii II-go s"ezda otechestvennykh psikhiatrov v Kieve." *Voprosy nervnopsikhicheskoi meditsiny*, no. 3, 1905: 497~504; no. 4: 608~622.

_____. *Vospitanie v vozraste pervogo detstva*. 3d ed. St. Petersburg: A. E. Riabchenko, 1904.

_____. *Vseobshchaia psikhologiia s fiziognomikoi*. Kiev: Kul'zhenko, 1904.

_____. "Znachenie gigieny vospitaniia v vozraste pervogo detstva." *Vestnik klinicheskoi i sudebnoi psikhiatrii i nevropatologii*, no. 2, 1899: 59~128.

Sleptsov-Teriaevskii, O. N. *Sinestezicheskii sposob izuchenia akkordov*. Petrograd: Sirius, 1915.

Smirnov, V. I., ed. *Sotsialisticheskaia rekonstruktsiia zdravookhraneniia*. Moscow: GIZ, 1930.

Solov'ev, E. Iu. "Biograficheskii analiz kak vid istoriko-filosofskogo issledovaniia." *Voprosy filosofii*, no. 9, 1981: 133~145.

Solov'ev, Vladimir. "Tri rechi v pamiat' Dostoevskogo." In *Literature and*

National Identity: Nineteenth-Century Russian Critical Essays, edited by Paul Debreczeny and Jesse Zeldin, 169~179. Lincoln: University of Nebraska Press, 1970. First published 1881~1883.

Sorkin, Iu. "Polivalentnyi chelovek." *Nauka Urala*, no. 12, 1992: 4~5.

Stupin, S. S. "K voprosu o narodnykh sanatoriiakh dlia nervno-bol'nykh." *Zhurnal nevropatologii i psikhiatrii imeni S. S. Korsakova*, no. 3, 1904: 360~376.

_____. "K voprosu ob obshchestvennom lechenii i prizrenii alkogolikov." *Sovremennaia psikhiatriia*, no. 11, 1907: 385~400.

Sukhotina-Tolstaia, T. L. *Vospominaniia*. Moscow: Khudozhestvennaia literatura, 1976.

Tarnovskaia, P. "Cesare Lombroso." *Vestnik klinicheskoi i sudebnoi psikhiatrii i nevropatologii*, no. 1, 1885: 278~296.

Tchisch, Woldemar von. "Über die Zeitverhältnisse der Apperception einfacher und zusammengesetzter Vorstellungen, untersucht mit Hülfe der Complicationsmethode." *Philosophische Studien*, no. 2, 1885: 603~634.

Tekut'ev, F. S. *Istoricheskii ocherk kafedry i kliniki dushevnykh i nervnykh boleznei pri Imperatorskoi Voenno-Meditsinskoi Akademii*. St. Petersburg: Voennaia tipografia, 1898.

Tiganova, G. A. "K voprosu o polozhenii invalidov voiny v RSFSR." *Zhurnal nevropatologii i psikhiatrii imeni S. S. Korsakova*, no. 3, 1927: 325~330.

Tokarskii, A. A. "Strakh smerti." *Voprosy filosofii i psikhologii*, no. 40, 1897: 931~978.

_____, ed. *Zapiski psikhologicheskoi laboratorii pri psikhiatricheskoi klinike Imperatorskogo Moskovskogo universiteta*. 5 vols. Moscow: Kushnerev, 1895~1901.

Tolstaia, S. A. *Dnevniki, Part 2: 1891–1897*. Moscow: Sabashnikovy, 1929.

Tolstoy, L. N. *Anna Karenina*. Translated by Aylmer Maude. New York: Norton, 1970. First published 1875~1876.

_____. *The Death of Ivan Ilych*. Translated by Aylmer Maude. New York: New American Library, 1960. First published 1886.

_____. "The Memoirs of a Madman." In *Tolstoi Centenary Edition*. Vol. 15:

210~225. London: Humphrey Milford, 1934. First published 1912.

_____. "O bezumii." In *Polnoe sobranie sochinenii*. Vol. 38: 395~411. Moscow: Khudozhestvennaia literatura, 1936.

_____. *Tolstoy's Diaries*. Edited and translated by R. F. Christian. London: HarperCollins, 1994. First published in Tolstoy's *Complete Works(Polnoe sobranie sochinenii)*, ed. V. G. Chertkov(Moscow: Khudozhestvennaia literatura, 1937~1958), vols. 46~90.

_____. *War and Peace*. London: Penguin Books, 1964. First published 1865~1869.

_____. "What Then Must We Do?" Translated by Aylmer Maude. In *Tolstoi Centenary Edition*. Vol. 30: 1~372. London: Humphrey Milford, 1934. First published 1885.

Tolstoy, S. N. *Ocherki bylogo*. 3d ed. Tula: Priokskoe knizhnoe izdatel'stvo, 1965. First published 1949.

Troshin, G. Ia. "Genii i zdorov'e N. V. Gogolia." *Voprosy filosofii i psikhologii*, no. 1, 1905: 37~82; no. 2: 187~249; no. 3: 333~383.

_____. *Pushkin i psikhologiia tvorchestva*. Prague: Society of Russian Physicians in Czechoslovakia, 1937.

_____. *Travmaticheskii nevroz po materialam tekushchei voiny*. Moscow: Shtab Moskovskogo voennogo okruga, 1916.

Trotsky, Leon. *Literature and Revolution*. Translated by Rose Strunsky. Ann Arbor: University of Michigan Press, 1975. First published 1923.

Turgenev, I. S. "Gogol." In *N. V. Gogol v russkoi kritike i vospominaniiakh sovremennikov*, edited by S. Mashinskii, 317~323. Moscow: GIZ detskoi literatury, 1951. First published 1869.

_____. *Hamlet and Don Quixote: An Essay*. Translated by Robert Nichols. London: Hendersons, 1930. First published 1860.

Tutyshkin, P. P. "Ob ustroistve obshchestvennykh(zemskikh, gorodskikh) lechebnitspansionatov dlia nervno- i dushevno-bol'nykh, to est' uchrezhdenii dvoiakosmeshannogo tipa." *Zhurnal nevropatologii i psikhiatrii imeni S. S. Korsakova*, no. 1~2, 1902: 206~210.

_____. "Sovremennye voprosy pedagogicheskoi psikhologii i psikhiatrii." In *Trudy Pervogo s"ezda Russkogo soiuza psikhiatrov i nevropatologov*,

4-11. 9. 1911, edited by N. A. Vyrubov et al, 761~772. Moscow: Shtab Moskovskogo voennogo okruga, 1914.

Vavulin, N. *Bezumie, ego smysl i tsennost': Psikhologicheskie ocherki*. St. Petersburg: Vaisberg & Gershunin, 1913.

Vengerov, S. A. *Istochniki slovaria russkikh pisatelei*. St. Petersburg: Imperatorskaia, Akademiia Nauk, 1900.

Vereshchaka, Stepan. "Russkii psikhiatricheskii kruzhok v Prage." In *Zhizn' i smert'*, edited by A. L. Bem, F. M. Dosuzhkov, and N. O. Lossky, 55~57. Prague: Petropolis, 1935.

Vogüé, Eugène-Melchior de. *Le roman russe*. 3d ed. Paris: Plon-Nourrit, 1892.

Vol'fson, B. Ia. "'Panteon mozga' Bekhtereva i 'Institut genial'nogo tvorchestva' Segalina." *Klinicheskii arkhiv genial'nosti i odarennosti*, no. 1, 1928: 52~60.

Volotskoi, M. V. "O polovoi sterilizatsii nasledstvenno defektivnykh." *Russkii evgenicheskii zhurnal*, no. 2, 1922~1924: 201~222.

Vorob'ev, V. V. "Degeneraty i ikh obshchestvennoe znachenie." In *Otchety Moskovskogo Obshchestva nevropatologov i psikhiatrov za 1901–1902 gg.*, 9~10. Moscow: Kushnerev, 1902.

"Vtoroi s"ezd nevropatologov i psikhiatrov." *Obozrenie psikhiatrii, nevrologii i eksperimental'noi psikhologii*, no. 2, 1906: 152.

Vul'fert, A. K. "Vozrazheniia na referat d-ra Bazhenova o s"ezde kriminal'noi antropologii." *Voprosy filosofii i psikhologii*, no. 2, 1889: 41~46.

Vygotsky, L. S., and P. M. Zinov'ev, "Genial'nost'." In *Bol'shaia meditsinskaia entsiklopediia*. Vol. 6: 612~615. Moscow: Sovetskaia entsiklopediia, 1929.

Vyrubov, N. A. "Po psikhiatricheskim bol'nitsam Shotlandii." *Sovremennaia psikhiatriia*, no. 9, 1913: 694~734.

―――. "Psikho-analiticheskii metod Freud'a i ego lechebnoe znachenie." *Zhurnal nevropatologii i psikhiatrii imeni S. S. Korsakova*, no. 1~2, 1909: 1~28.

―――. "Psikhoterapevticheskie vzgliady S. S. Korsakova." *Psikhoterapiia*, no. 3, 1910: 1~10.

_____. *Psikhoterapevticheskie zadachi sanatorii dlia nevrotikov*. Moscow: Kushnerev, 1910.

Williams, Frankwood E. *Russia, Youth and the Present - Day World : Further Studies in Mental Hygiene*. New York: Farrar & Rinehart, 1934.

_____. *Soviet Russia Fights Neurosis*. London: Routledge, 1934.

Wulff, Moshe. "Die russische psychoanalytische Literatur bis zum Jahre 1911." *Zentralblatt für Psychoanalyse : Medizinische Monatsschrift für Seelenkunde*, no. 7~8, 1911: 364~371.

Zalkind A. B. "The Fundamentals and the Practice of Mental Hygiene in Adolescence and Youth in Soviet Russia." *Mental Hygiene* 3(1930): 647~649.

Zalkind, G. G. P. *Kamenev(1772-1803)(Opyt imushchestvennoi kharakteristiki pervogo russkogo romantika)*. Kazan', 1926.

Zhukovskii, M. "O vliianii obshchestvennykh sobytii na razvitie dushevnykh zabolevanii." *Vestnik psikhologii, kriminal'noi antropologii i gipnotizma*, no. 3, 1907: 128~164.

Zinov'ev, P. M. *Dushevnye bolezni v kartinakh i obrazakh*. Moscow: Sabashnikovy, 1927.

_____. *K voprosu ob organizatsii nevro-psikhiatricheskikh dispanserov (razvitie myslei vtoroi chasti doklada na Vtorom Vserossiiskom soveshchanii po voprosam psikhiatrii i nevrologii, November 12–17, 1923)*. Moscow, 1924.

_____. "O zadachakh patograficheskoi raboty." In *Trudy Psikhiatricheskoi kliniki Pervogo MMI. Pamiati Gannushkina*. Vol. 4: 411~416. Moscow: Gosizdat, 1934.

_____. "Privat-dotsent T. E. Segalov." *Klinicheskaia meditsina* 22(1928): 226.

옮긴이 후기

러시아의 심리학자이자 인류학자인 이리나 시롯키나는 러시아 작가의 정신 병리에 관한 전기적 기록, 이른바 병적학을 통해 대중에게 잘 알려지지 않은 러시아의 정신의학사를 소개하고 있다. 러시아 사회에서 작가는 사회의 목소리이자 시대의 상징으로 특별한 위상을 지녔다. 또한 러시아 지식인에게 문학비평은 사회적 기능을 수행하는 중요한 통로였고 이는 정신의학 분야에서도 마찬가지였다. 따라서 러시아에서 사회 구호 기관으로 시작된 정신의학이 전문성을 인정받아 정신 장애 치료를 담당하는 의학의 한 분야로 제도화되기까지 정신의학자들은 병적학을 전략적으로 이용하였다.

『문학 천재 진단하기』의 첫 장을 여는 독자들은 어쩌면 실제로 도스토옙스키가 간질이나 기타 질환을 앓았는지 혹은 톨스토이의 물질주의 거부가 히스테리인지에 관한 구체적인 진단을 기대할지 모른다. 그러나 이 책은 작가의 병력에 관한 실상보다 러시아의 대문호에 대한 정신의학자들의 변화하는 진단을 기술함으로써 광기와 천재성에 관한 의학 논평이 어떻게 이데올로기와 시대의 압력에 편승했는지를 보여 준다. 그렇다고 정신의학자에 대한 시롯키나의 어조가 비판적이거나 부정적인 것은 아니다. 책에서는 1880년부터 1930년대 제국-소비에트로의 격동기에 정신의학자들이 대문호의 병적학 저술에 열중했으며 문학비평을 가장해 자신들의 의학적 권위와 사회적 지위를 강화했다는 사실 이상으로, 정신의학의 진보와 국가보건 발전에 심혈을 기울인 정신의학자들의 행적과 노력에 방점을 둔다.

1~3장은 우리에게 친숙한 고골, 도스토옙스키, 톨스토이의 병적학과 치시, 바제노프, 오시포프 등 유명 정신의학자의 전기적 소개에 할애된다. 4장에서는 퇴폐와 혁명이라는 양극단의 혼돈기에 문학예술비평과 정신보건 제도화를 위해 분투한 정신의학자들의 도전이 그려지며, 5장에선 국가 주도의 천재연구소에 관한 논평이 다뤄진다.

시롯키나는 영어본 출간 약 6년 뒤에 5장 소비에트 의료 시스템 형성과 우생학에 관한 내용을 수정 보완하고 푸시킨에 관한 장을 추가해 『대문호와 정신의학자: 19세기 말~20세기 초 러시아 문화사 속 정신의학』이라는 제목의 러시아어본을 출간한다.

영어본 『문학 천재 진단하기』는 책이 출간된 2001~2002년도 슬라브어 문학 분야 최고의 작품으로 평가받아 미국 현대언어협회(Modern Language Association)로부터 알도 앤 잔 스카글리오네(Aldo and Jeanne Scaglione) 상을 수상했다.

언어 연구, 논문 집필과 같은 학술적 경험이 전부인 언어학자가 번역이라는 대중적 영역에 발을 들여 작가정신을 간접 체험하게 된 데는 '우연'이 크게 작용했다. 『문학 천재 진단하기』는 원래 그린비 출판사 슬라비카 총서에 포함된 책으로 기획되었다. 총서의 창간 번역서인『러시아 문화사 강의』(2011)에서 딘 워스의 언어에 관한 짧은 글을 옮긴 인연으로 이 책을 번역하게 되었다.

대변혁의 시기 러시아의 의학과 정치 사회의 상호작용을 문학에 잘 버무려 낸 전문서가 처음 기획과 달리 단행본으로 출간된 데는 전문적 내용을 쉽게 풀어낸 대중적 요소가 한몫했다. 도스토옙스키와 톨스토이의 삶과 작품에 관한 뒷이야기, 일반에 거의 알려지지 않은 대문호의 병적 관련 다양한 에피소드가 흥미롭다. 정신 병리에 관한 전문 용어가 적극적으로 사용되지만, 독서를 방해하기보다 오히려 지적 근육을 자극하고 새로운 분야에 대한 이해를 돕는다. 소개되는 모든 사건과 논평이 상당량의 참고문헌과 함께 제공된다는 점도 이 책이 갖는 특별한 장점 중 하나이다. 책에서 다루고 있는 방대한 양의 정보와 다층적 논점으로부터 행간의 의미를 놓치지 않기 위해 영어본 번역과 러시아어본을 비교하는 노력을 아끼지 않았다. 각주에서 러시아어본과의 차이를 설명한 옮긴이 주석을 찾는 재미도 있으리라 기대한다. 특히 신경을 쓴 부분은 일견 양립 불가해 보이는 이 책의 두 가지 장점인 전문성과 대중성의 균형이었다. 예컨대 독자의 깊이 있는 독서를 위해 참고문헌의 원서 제목을 러시아어가 아닌 영어권에 소개된 번역서의 제목으로 병기한 것이나 전문 의학 영역과 일상의 영역에서 가능한 한 중립적인 용어를 사용한 것 등이 그러하다. 모든 용어의 선택에 이러한 원칙이 적용되었지만, 러시아 문학계에서 인정되는 관행과 조화가 되도록 각 작가와 관련된 분야의 전공자 및 전문가로부터 용어에 대한 감수를 받았다. 1장 이경완 선생님, 2장 신봉주 선생님, 3장 백승무 선생님, 4장 차지원 선생님, 5장 김민아 선생님께서 국내에서 통용되는 인명, 저널명, 작품명이나 폭넓게 인정되는 용어 사용에 관한 자문에 응해 주셨고 박진환 선생님, 서광진 선생님, 정하경 선생님, 최진석 선생님은 자연스러운 우리말 표현에 도움을 주셨다. 모두가 한 분 한 분 해당 분야의 전문가들로 시간과 노력을 들여 흔쾌히 번역의 완성도를 높여 주신 데 대해 감사의 말씀을 올린다. 아울러 원고를 꼼꼼하게 교정해 주신 박선미 편집자님과 좋은 인문학서 출간에 늘 앞장서는 그린비 출판사 편집진께도 감사드린다.

총 400여 페이지의 번역을 마치며 한 줄의 사심을 얹는 것은 독자도 눈감아 주리라 여기며, 지면을 빌려 평소 표현에 서툴렀던 가족에게 감사와 사랑의 마음을 전한다.

2021년 가을

이수현